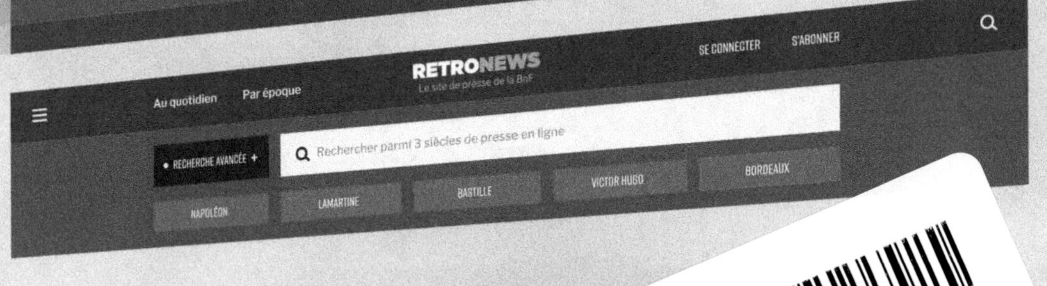

Découvrez l'histoire par les archives de presse

RETRONEWS
Le site de presse de la BnF

www.retronews.fr

Le Gérant : H. LE SOUDIER.

Imp. G. St-Aubin et Thévenot. — J. Thévenot, successeur, St-Dizier (Hte-Marne). 28.2.98.

REVUE

DE

LÉGISLATION OUVRIÈRE

ET SOCIALE

REVUE

DE

Législation Ouvrière

ET SOCIALE

LOIS ET RÈGLEMENTS — DÉBATS ET PROJETS PARLEMENTAIRES

CONGRÈS — BIBLIOGRAPHIE

PARAISSANT TOUS LES TROIS MOIS SOUS LA DIRECTION DE

M. GEORGES PAULET

PROFESSEUR DE LÉGISLATION OUVRIÈRE A L'ÉCOLE DES SCIENCES POLITIQUES

DEUXIÈME ANNÉE. — 1898.

PARIS

LIBRAIRIE H. LE SOUDIER

174, BOULEVARD SAINT-GERMAIN, 174.

Dix francs par an.

REVUE DE LÉGISLATION OUVRIÈRE

ET SOCIALE[1]

LES CAISSES PATRONALES

de retraite et de prévoyance
et la loi du 27 décembre 1895

(Suite) [2]

VIII. Des versements facultatifs.

Si la loi de 1895 a contraint les patrons au versement dans des caisses tierces et déterminées de tous les fonds affectés aux retraites, elle n'a pas imposé la même mesure aux autres institutions de prévoyance, qui n'ont pas la retraite pour objet. En ce qui concerne les fonds de ces institutions, le versement n'est que *facultatif*.

Cette distinction ressort nettement de l'opposition de textes présentée par les articles 2 et 3 de la loi. Elle n'est pas attestée moins catégoriquement par les travaux préparatoires.

« Obligation de verser à une caisse différente de celle du chef d'entreprise, et offrant toute garantie, les sommes destinées à assurer des retraites, tel est le principe », écrivait le rapporteur de la commission du Sénat. « Cette obligation toutefois, ajoutait-il, la Chambre des députés l'a restreinte et nous la restreignons avec elle *aux Caisses de retraites proprement dites*. Pour les autres institutions de prévoyance, telles que caisses de secours en cas d'accidents ou de maladie, une telle garantie est moins nécessaire. Elles n'exigent chaque année que des sommes peu importantes, qui peuvent presque toujours être prélevées sur l'actif général sans difficulté ; la pratique des assurances, qui entre de plus en plus dans nos mœurs, y pourvoit le plus souvent. *Il était donc inutile d'astreindre de ce chef les patrons à faire des versements spéciaux.* » Et plus loin, dans le même rapport, M. Thézard, précisant encore cette distinction fondamentale, disait : « Dans ces diverses caisses, laissées ainsi au choix des chefs d'entreprise, *le versement sera obliga-*

toire, lorsqu'il s'agira des fonds de retraites ; il *sera facultatif en ce qui concerne les Caisses de secours et autres institutions de prévoyance.* »

Les fonds de toutes les institutions de prévoyance autres que les institutions de retraites forment donc la première catégorie des versements facultatifs. La seconde provient des institutions de retraites elles-mêmes pour ce qui concerne les sommes retenues par les patrons sur les salaires et les sommes reçues ou promises par eux, *antérieurement à l'application de la loi de 1895.*

Cette autre distinction ressort encore d'un texte formel, l'article 3 de la loi : « Toutes les sommes qui, *a l'avenir*, seront retenues sur les salaires des ouvriers et toutes celles que les chefs d'entreprise auront reçues ou se seront engagés à fournir en vue d'assurer des retraites devront être versées..... » Et le rapporteur de la loi, dans la discussion au Sénat, donnait le sens très net de cette disposition : « Il serait *désirable* qu'on pût arriver à reconstituer peu à peu le capital correspondant aux retenues passées. Nous espérons bien que ce système sera suivi par un grand nombre de patrons, *mais nous n'avons pas cru pouvoir l'imposer.* »

Quant à la *date* à partir de laquelle ces versements des sommes affectées aux retraites ont perdu leur caractère facultatif, pour devenir obligatoires, nous ne pouvons que nous en référer aux éclaircissements donnés ci-dessus (§ II).

Le caractère facultatif de certains versements étant ainsi reconnu, où ces versements peuvent-ils être faits ?

D'abord, et sans contestation possible, à la Caisse des dépôts et consignations, en vertu de l'article 2 de la loi.

Ensuite dans une Caisse de dépôt quelconque, puisque le versement, pouvant n'être pas fait, peut *à fortiori* être fait par le patron dans toute caisse autre que la sienne. C'est même à coup sûr un vœu du législateur, puisqu'il est spécifié dans l'article 4 de la loi que « le seul fait du dépôt opéré soit à la Caisse des dépôts et consignations, *soit à toute autre caisse*, des sommes ou valeurs affectées aux institutions de prévoyance, quelles qu'elles soient, confère aux bénéficiaires de ces institutions un droit de gage ».

Parmi ces caisses, on peut mentionner en première ligne les caisses d'épargne, qui ont,

---

(1) *Ce numéro contient l'indication des travaux parlementaires jusqu'à la clôture de la session, ainsi que les plus importantes des dernières lois votées par la sixième législature et promulguées dans le deuxième trimestre.*

(2) Voir le *Numéro du 4e trimestre 1897, page 97.*

pour les entreprises industrielles, l'avantage de la proximité et qui, pour les ouvriers, offrent à peu près les mêmes garanties que la Caisse des dépôts et consignations, chargée de centraliser et de placer leurs fonds.

On sait qu'aux Caisses d'épargne ordinaires et à la Caisse nationale d'épargne postale les versements ne peuvent dépasser aujourd'hui 1500 francs, mais qu'aux termes des dispositions combinées de l'article 13 de la loi du 9 avril 1881 et de l'article 4 de la loi du 20 juillet 1895, ce maximum est élevé à 15.000 francs pour les sociétés de secours mutuels et qu'il peut être fixé au même chiffre par décision ministérielle pour « les institutions de coopération, de bienfaisance, et autres sociétés de même nature ». Il semble évident que le Ministre du commerce ne refuserait pas le bénéfice de cette assimilation aux institutions patronales de prévoyance et dès lors ces institutions, au moins les institutions moyennes, auraient dans les caisses d'épargne des établissements de dépôt volontaire à leur portée.

Les versements facultatifs pourraient-ils enfin être effectués, non plus dans une caisse tierce *quelconque*, mais dans des caisses que la loi du 27 décembre 1895 semble avoir spécialement créées et organisées en vue des retraites, c'est-à-dire dans les « caisses syndicales » ou dans les « caisses patronales » autorisées en vertu de cette loi ? L'affirmative ne serait point douteuse, si l'on pouvait s'en rapporter exclusivement aux travaux préparatoires. M. Thézard, dans son savant rapport au Sénat, admettait de façon catégorique cette éventualité. En parlant des caisses syndicales, et la solution ne peut qu'être la même pour les caisses patronales, il écrivait : « Dans ces diverses caisses... le versement sera obligatoire, lorsqu'il s'agira des fonds de retraites. il sera facultatif en ce qui concerne les caisses de secours et autres institutions de prévoyance. » Pour net et autorisé qu'il soit, ce commentaire ne paraît pas traduire fidèlement le texte qu'analysait le Rapporteur et il semble bien que ce texte doive finalement prévaloir.

On ne peut oublier que l'article 2 règle les versements facultatifs, que l'article 3 règle les versements obligatoires en vue des retraites, et que c'est ce dernier article seul qui, sans aucune référence à l'article 2, prévoit les caisses syndicales et patronales et détermine leur fonctionnement.

Le même article, dans son premier alinéa, spécifie très nettement que « toutes les sommes qui, à l'avenir, seront retenues sur les salaires des ouvriers et toutes celles que les chefs d'entreprise auront reçues ou se seront engagés à fournir en *vue d'assurer des retraites* devront être versées soit..., soit à des caisses syndicales ou patronales spécialement autorisées *à cet effet* ».

Le même article encore, dans son deuxième alinéa, prévoit l'organisation obligatoire du transfert d'une caisse syndicale ou patronale à d'autres caisses « *des sommes inscrites au livret* de chaque intéressé », disposition qui vise évidemment les fonds de retraite, et non les ressources, annuellement liquidées, d'une caisse de secours, de chômage ou d'accident.

Enfin cet article 3, dans son troisième alinéa, commande le placement de tous les fonds des caisses syndicales ou patronales, sans exception ni distinction, en valeurs limitativement déterminées et l'on n'aperçoit pas qu'il y eût raison d'imposer cette obligation uniforme, si elle eût dû s'appliquer aux fonds qui ne sont point affectés aux retraites et dont le dépôt même, n'est point obligatoire.

Il apparaît donc que la formule trop générale mise en avant par le Rapporteur de la loi au Sénat doit être abandonnée et qu'il y aurait lieu, si le cas se présentait, de s'en tenir au texte légal lui-même, en adoptant la distinction suivante.

La Caisse syndicale ou patronale autorisée peut recevoir les fonds qui ne font pas l'objet d'un versement obligatoire, mais seulement lorsque ces fonds sont déposés en vue d'assurer un service de *retraites*. Ainsi le patron ayant obtenu l'érection de sa Caisse de retraites en Caisse patronale autorisée pourra y verser les fonds correspondant aux retenues, aux libéralités ou aux engagements antérieurs à l'application de la loi. Il est même à présumer que, dans cette hypothèse, tous les patrons prudents voudront recourir à cette mesure.

Au contraire, la Caisse syndicale ou patronale autorisée ne sera point admise à recevoir les fonds des institutions de secours, d'accidents, etc., qui viendraient s'y mêler aux fonds de retraite et compliquer singulièrement le contrôle administratif.

L'examen de la question des dépôts volontaires resterait incomplet, si l'on ne se préoccupait du taux de l'intérêt servi à ces dépôts, au moins lorsqu'ils sont faits dans l'établissement que leur ouvre spécialement la loi, c'est-à-dire à la Caisse des dépôts et consignations.

Ainsi que nous l'avons déjà mentionné, le législateur concédait aux versements bénévoles de toutes les institutions de prévoyance un taux de faveur, concession d'ailleurs critiquable par certains côtés, mais concession certaine. L'article 2 de la loi créait de ce chef aux institutions bénéficiaires un droit qui paraissait péremptoire.

Il est vrai que cet article porte : « La Caisse des dépôts et consignations *est autorisée* à recevoir, à titre de dépôt, etc. », et qu'on a pu à la rigueur inférer de cette formule que l'*autorisation* donnée à la Caisse des dépôts n'emportait point *obligation* corrélative pour elle.

Mais si l'on se reporte aux dispositions initiales de l'ordonnance royale du 3 juillet 1816, concernant d'une manière générale les dépôts volontaires, on constate que la même expression régit ce service, pourtant obligatoire, de la Caisse des dépôts et consignations : « La Caisse des dépôts et consignations, porte l'article 7 de l'ordonnance, *est autorisée à recevoir les dépôts volontaires des particuliers.* »

C'est bien dans le même sens que l'interprétait au Sénat le Ministre des finances, M. Tirard, lorsqu'il faisait part de ses craintes sur le taux d'intérêt consenti : « Ce qui éveille ma susceptibilité, disait-il, c'est de voir qu'*on impose à l'Etat des obligations* qui finiront par le mettre en perte. *Je demande donc que la Caisse des dépôts et consignations soit consultée.* » La Caisse des dépôts et consignations ne fut pas consultée, le texte fut voté dans la même séance en sa teneur primitive, puis ratifié par la Chambre, et son dernier alinéa porte expressément : « Les *sommes* ainsi reçues porteront intérêt à un taux égal au taux d'intérêt du compte des caisses d'épargne. »

Mais le Règlement d'administration publique a cru pouvoir réaliser indirectement ce que le Parlement n'avait point accordé aux préoccupations du Ministre des finances.

Impuissant à faire disparaître l'*intérêt* que le législateur promettait formellement aux « sommes » versées, il a fait disparaître d'autorité les *sommes* elles-mêmes, en édictant qu'au delà d'un certain chiffre, fixé sans contradiction et sans règle par la commission de surveillance de la Caisse des dépôts et consignations, ces *sommes* sont converties nécessairement et, au besoin, d'office en *valeurs*.

IX. Droit de gage et privilège.

Qu'il s'agisse de dépôts facultatifs ou de dépôts volontaires, que ces dépôts aient été effectués à la Caisse des dépôts et consignations, à une Caisse syndicale ou patronale ou « à toute autre caisse », dit l'article 4 de la loi, le « seul fait du dépôt » confère aux bénéficiaires « un droit de gage, dans les termes de l'article 2073 du Code civil ».

Ce droit de gage existe, quelle que soit la nature des institutions de prévoyance auxquelles correspondent les dépôts effectués. Bien que dans la pensée du législateur et dans la réalité des faits il doive s'appliquer surtout aux fonds de retraites, il peut, le cas échéant, s'attacher aux dépôts opérés par les institutions de secours ou autres.

Cette généralité du gage résulte des mots quelles qu'elles soient », qui, malgré l'amphibologie de l'article 4, doivent être rapportés aux mots « institutions de prévoyance » et non aux mots « sommes ou valeurs ». Elle résulte aussi des explications catégoriques fournies par le Rapporteur du Sénat à l'appui de cet article, dont il interprétait visiblement la formule, en la reprenant. Le droit de gage, écrivait M. Thézard, « s'appliquera, non seulement aux fonds des caisses de retraites, mais à ceux de *toutes les institutions de prévoyance, quelles qu'elles soient* ».

Applicable à toutes les institutions de prévoyance, le droit de gage naît, d'autre part, de tous les dépôts effectués à leur profit, quelle que soit la caisse dépositaire et quelle que soit l'origine des fonds déposés.

Même si le dépôt n'a pas été fait régulièrement, lorsqu'il s'agit de versements obligatoires, dans l'une des caisses spécifiées par la loi et à plus forte raison s'il s'agit de versements facultatifs, le « seul fait du dépôt » dans une caisse quelconque confère le droit de gage

Il suffit, d'un côté, que la caisse dépositaire soit juridiquement distincte de celle du chef d'entreprise, qu'elle soit, comme on l'a fréquemment redit dans les rapports parlementaires et dans les discussions, une *caisse tierce*, et, d'un autre côté, que les dépôts dans cette caisse aient été faits avec affectation spéciale à l'institution de prévoyance bénéficiaire.

Il n'est pas nécessaire d'ailleurs que ces dépôts aient été faits postérieurement à la loi nouvelle. Eussent-ils été effectués il y a dix ans, du moment où ils avaient été déposés dans une caisse tierce et qu'ils y restaient affectés à une institution de prévoyance, ils ont été saisis par le droit de gage, du seul fait de la promulgation de la loi.

Le droit de gage ainsi établi devra garantir dans une certaine mesure les droits des ouvriers, lorsque leurs patrons auront fait *régulièrement* les dépôts de fonds prescrits dans les caisses tierces.

Cette garantie disparaissant, si les dépôts n'ont point été réellement effectués, la loi a muni les ouvriers d'un autre droit distinct, mais limité. Elle leur a accordé « un *privilège* sur tous les biens meubles et immeubles du chef de l'entreprise, lequel prendra rang concurremment avec le privilège des salaires des gens de service établi par l'article 2101 du Code civil ».

Mais, à la différence du droit de gage, qui s'applique à tous les fonds déposés depuis l'origine, le privilège couvre seulement une partie des fonds qui auraient dû ou pu être effectivement déposés, à savoir « pour la dernière année et ce qui sera dû sur l'année courante ».

Le privilège ne devrait évidemment pas s'exercer, si les sommes déposées, et dès lors frappées du droit de gage, étaient suffisantes pour couvrir les reprises statutaires des ouvriers. Dans le cas contraire, mais jusqu'à concurrence du montant des retenues, des dons ou des subventions patronales des deux dernières années et pour la partie de ces fonds qui n'aura pas été effectivement versée dans une caisse tierce, les ouvriers bénéficiaires feraient valoir, à l'aide du privilège, le surplus de leur créance sur l'actif social.

Ce cumul éventuel des deux garanties ne semble pas pouvoir être dénié, en présence des dispositions juxtaposées dans les deux alinéas de l'article 4 de la loi.

Il convient seulement de se demander quand l'une de ces garanties ou ces deux garanties pourront être mises en exercice, sur quelle créance elles porteront, comment la créance collective ainsi protégée sera répartie entre les co-bénéficiaires et enfin sous quelle forme le paiement leur en sera distribué.

À se contenter d'une lecture superficielle de l'article 4 de la loi, on pourrait incliner à soutenir que l'exercice du droit de gage est ouvert en tout état de cause aux intéressés et que chacun d'eux, toutes les fois que sa créance personnelle de retraite, par exemple, devient exigible, pourrait provoquer, à due concurrence, la réalisation de sa part indivise dans le gage commun. Une étude plus attentive du texte et de l'esprit de la loi conduit a une conclusion différente.

Le gage, dans l'économie de la loi, n'apparaît pas comme une sûreté donnée à chacun des ouvriers bénéficiaires, et par conséquent créanciers. Il constitue une sûreté indivisible, tant que le gage n'est pas réalisé, au profit de *l'ensemble* des créanciers, c'est-à-dire au profit de l'institution de prévoyance elle-même. Sa réalisation ne peut être demandée à l'appui de l'exigibilité particulière de chacune des créances individuelles, mais uniquement à l'appui de l'exigibilité générale de la créance collective.

C'est dire que la réalisation du gage, comme cette exigibilité collective elle-même, ne se conçoit que dans les cas limitativement prévus à l'article 1er de la loi.

Cette solution paraît commandée:

1° Par la formule générale de cet article 1er, qui domine toute la loi, cette loi, comme l'ont précisé à maintes reprises les travaux préparatoires, n'ayant eu exclusivement en vue que l'hypothèse de la faillite ou d'événements assimilables, au point de vue de la sauvegarde des intérêts collectifs des ouvriers;

2° Par l'expression générale de l'article 4, qui confère le droit de gage, sur « les sommes *affectées aux institutions de prévoyance* », non pas aux créanciers successifs pris individuellement, mais « *aux bénéficiaires* de ces institutions », c'est-à-dire aussi bien à ceux qui sont en cours d'acquisition de retraites qu'à ceux qui viennent de les acquérir;

3° Par la disposition de l'article 4 qui, dans le même ordre d'idées, prévoit l'exercice du droit de gage « dans la mesure des droits acquis et des droits éventuels », la comparaison totale de ces droits et, le cas échéant, leur réduction proportionnelle, impliquant dans la pratique la survenance d'une liquidation finale.

Dès lors le droit de gage et le privilège ne trouvent leur application que dans trois hypothèses :

1o De plein droit, en cas de faillite, de liquidation judiciaire ou de déconfiture, la créance collective des ouvriers devenant exigible comme celles de tous les autres créanciers de la faillite;

2° De plein droit encore, en cas de « fermeture de l'établissement industriel ou commercial », la créance collective des ouvriers devenant ici exigible en vertu de la disposition expresse de la loi de 1895;

3o « En cas de cession volontaire » de l'établissement, mais seulement si le cessionnaire ne consent pas « à prendre les lieu et place du cédant ».

Dans ce dernier cas, la créance ne devient pas exigible de plein droit Dépend-il même des ouvriers d'ouvrir cette exigibilité ?

Les premiers travaux préparatoires pourraient être, il est vrai, invoqués en ce sens. Le promoteur de cette disposition, M. de Ramel, disait à la Chambre (séance du 2 mais 1891) que la créance des ouvriers devient exigible « en cas de cession de commerce, à moins que, *par la volonté commune des ouvriers et du cessionnaire*, celui-ci consente à se substituer aux obligations de son cédant à l'égard de la Caisse ». Plus tard, la commission de la Chambre, accusant cette pensée, disait par l'organe de M. Guieysse : « Il peut très bien arriver que le cessionnaire ne présente pas les mêmes garanties aux intéressés que le cédant et il ne paraît pas juste que le contrat qui les lie ne dépende que de l'une des parties. La liquidation n'est pas obligatoire, mais elle doit pouvoir être demandée, comme dans le cas de fermeture de l'établissement commercial ou industriel. »

Mais le texte nouveau que la Commission proposait à l'appui de cette solution n'a point été adopté par la Chambre et, par conséquent, la solution elle-même ne peut plus être retenue.

Le texte du dernier alinéa de l'article 1er de la loi est, au surplus, formel. Il déclare la créance des ouvriers exigible en cas de cession, « *a moins que le cessionnaire ne consente* à prendre les lieu et place du cédant ». C'est dire que cette exigibilité conditionnelle dépend, non de la volonté des ouvriers participant aux institutions de prévoyance, mais du refus par le patron nouveau de tenir à l'égard de ces institutions tous les engagements du patron cédant.

Le droit commun, comme le rappelait le rapporteur au Sénat, c'est que « le cessionnaire succède à toutes les obligations comme à tous les droits du cédant ». On a voulu seulement lui laisser la faculté de répudier les engagements de son prédécesseur, s'il les trouve imprudents ou insuffisamment gagés.

La créance collective des ouvriers ne devient donc exigible que si, au moment de la cession, le cessionnaire ne prend pas l'initiative de signifier son intention de continuer tous les engagements du cédant à l'égard des institutions de prévoyance. Cette signification pourra d'ailleurs, le cas échéant, prendre la même forme que l'engagement initial et résulter d'une addition aux règlements ou aux statuts, d'une promesse affichée dans l'usine, etc...

Ce point est d'importance, à considérer que l'interprétation contraire aboutirait à la précarité complète des institutions de prévoyance, si, à chaque cession d'établissement, un certain nombre de bénéficiaires, sacrifiant l'avenir au présent, se laissaient entraîner à l'attrait d'une liquidation immédiate et pouvaient invoquer le droit de l'obtenir.

Ces divers cas précisés, à quels remboursements peuvent prétendre les créanciers privilégiés ?

Si le patron a simplement exercé des retenues sur les salaires, ou s'il s'est contenté de recevoir des dons ou de promettre le versement de sommes déterminées pour l'institution de prévoyance, deux hypothèses s'ouvrent.

Ou bien il a versé soit à la Caisse des dépôts et consignations ou dans une caisse syndicale ou patronale autorisée, s'il s'agit d'une institution de retraites, soit dans une caisse *tierce* quelconque, s'il s'agit d'autres institutions de prévoyance, l'intégralité des sommes ainsi retenues, reçues ou promises ; et alors il a, quant à lui, réalisé intégralement ses obligations contractuelles et légales : le droit de gage s'exerce sur toutes ces sommes déposées, mais il n'y a point place au privilège.

Ou bien, le patron n'a point déposé les sommes retenues, reçues ou promises, ou bien encore il n'en a déposé qu'une partie : alors le droit de gage s'exerce, le cas échéant, sur les sommes déposées, et, en outre, le privilège arme les ouvriers pour un recouvrement complémentaire. Il les couvre seul, s'il n'y a eu aucun dépôt. Mais, de toute façon, le privilège ne porte que sur l'année courante et l'année antérieure, et uniquement pour « toutes les sommes non utilisées conformément aux statuts ».

Cette dernière solution se trouve encore applicable, si le patron, tout en exerçant des retenues ou en recevant ou promettant des fonds, s'est engagé en même temps à servir des retraites de chiffres déterminés. Le droit de gage couvre, s'il est possible, la créance intégrale des ouvriers ; quant au privilège, il n'atteint que les fonds non utilisés conformément aux statuts pendant une période maxima de deux années.

Aux sommes irrégulièrement employées par l'établissement il faut d'ailleurs ajouter, dans tous les cas, l'intérêt conventionnel dont elles étaient productives et, à défaut de convention, un intérêt égal à l'intérêt fixé an-

nuellement « pour la Caisse nationale des retraites pour la vieillesse ».

En sens inverse, si la réalisation du gage représente une somme supérieure à la quotité des versements que devait faire le patron ou des engagements qu'il avait pris, le surplus doit évidemment faire retour à la masse des créanciers, les dépôts faits par le patron représentant la couverture approximative et éventuelle des charges qu'il a assumées, mais n'emportant pas attribution définitive de propriété au profit des bénéficiaires.

La créance collective de l'institution de prévoyance ainsi réalisée en totalité ou en partie, soit par l'exercice du droit de gage, soit par l'exercice du privilège, soit par l'exercice successif des deux droits, comment en répartir l'émolument entre les individus bénéficiaires, à des titres différents, de l'institution ?

Un système qui avait d'abord prévalu dans les délibérations parlementaires assurait la pleine satisfaction des droits acquis, ne laissant que le surplus des disponibilités aux droits éventuels. Les délibérations postérieures et le Règlement d'administration publique qui les a interprétées ont plus exactement fait, et avec plus de justice, un sort égal aux droits acquis et aux droits en cours d'acquisition.

S'il s'agit d'une institution de retraites et si l'on suppose, au jour de la faillite, par exemple, 100 ouvriers déjà retraités et touchant leurs pensions, et 1500 ouvriers encore en activité, mais comptant déjà, qui vingt-cinq ans, qui vingt ans, qui dix ans de service valables pour la retraite, on fera, si l'on peut ainsi s'exprimer, le nécessaire pour *ramener ces droits à l'unité*.

On calculera le *capital* nécessaire pour constituer théoriquement, à l'âge des intéressés et auprès de la Caisse nationale des retraites pour la vieillesse, soit la pension déjà acquise, soit la fraction proportionnelle représentée par les années de service déjà admissibles en liquidation, eu égard aux conditions d'attribution déterminées par les statuts. Le capital ainsi calculé représentera la créance individuelle de chaque bénéficiaire. Il sera payé intégralement, si l'actif disponible couvre la totalité de ces créances ; il ne sera payé, dans le cas contraire, qu'au prorata de la proportion existant entre le total des créances liquides ou fictives et le montant de l'actif disponible.

Quand il s'agit d'une institution de secours, d'accident, etc., dont la liquidation s'opère généralement par année, on a admis comme droit acquis la créance du bénéficiaire établie dans les conditions statutaires et comme droit éventuel le remboursement des cotisations des douze mois échus et des subventions correspondantes.

Le « mode de restitution », qui n'offre pas de difficulté pour ces institutions, présentait au contraire un très grand intérêt pour les institutions de retraites, le capital représentatif des pensions liquidées ou attendues pouvant atteindre un chiffre relativement considérable.

Il eût été désirable assurément que ce capital pût garder l'affectation première que lui avait assignée la commune volonté des parties. Le premier rapport présenté par la Commission de la Chambre était très affirmatif sur ce point. « Il est inadmissible, écrivait M. Gueysse, que, dans le cas d'une caisse de retraites, par exemple, les sommes, objet du privilège ou du gage, soient remises directement aux intéressés ; la part attribuée a chacun d'eux dans la collectivité doit être appliquée aux livrets individuels de retraite »

Malheureusement cette considération judicieuse n'a pas trouvé de sanction dans la loi. Le Règlement d'administration publique a donc dû se contenter de pousser indirectement à ce mode de restitution normal, en décidant (art. 16) que les sommes liquides revenant aux bénéficiaires sont payées « soit par transfert à la Caisse nationale des retraites pour la vieillesse .., soit par voie de versement direct aux intéressés, *s'ils en font la demande écrite* ». En l'absence de cette volonté manifeste de recouvrement en capital, le Règlement d'administration publique établit donc cette *présomption*, que le vœu des intéressés est de maintenir l'affectation primitive des sommes recouvrées.

X. SANCTIONS DE LA LOI.

Nous avons essayé de résumer les diverses hypothèses et de résoudre les principales difficultés que peut comporter l'application de la loi du 27 décembre 1895. Nous devons maintenant nous demander quelles sont les sanctions prévues pour le cas d'inexécution des dispositions ou des formalités légales.

La loi présente incontestablement certaines dispositions d'ordre public (applicables par conséquent aux ouvriers étrangers aussi bien qu'aux ouvriers français), qu'il n'est pas loisible aux conventions particulières des parties d'écarter ou de modifier :

1° Exigibilité, dans les cas et les conditions que nous avons signalés, de toutes les sommes non utilisées conformément aux statuts des institutions de prévoyance patronales ;

2° Garantie, dans les mêmes cas, du droit de gage et du privilège ;

3° Versement des fonds de retraites et, le cas échéant, des fonds correspondant à l'exécution des « conventions spéciales » supplémentaires, dans l'une des caisses visées à l'article 3 de la loi.

Les ouvriers intéressés ne pourraient renoncer contractuellement au bénéfice de ces dispositions ou, s'ils y renonçaient, ce contrat serait entaché de nullité en ce qui concerne cette renonciation.

Mais, si la loi contient ainsi certaines prescriptions d'ordre public, que les contrats ne peuvent transgresser, elle n'en reste pas moins essentiellement, quant à l'exécution et aux voies d'exécution. une loi de *droit privé*. L'inobservation de ses prescriptions ne constitue ni un délit ni une contravention et n'encourt aucune répression pénale. La loi de 1895 représente, en définitive, comme la loi du 27 décembre 1890, un complément aux dispositions du Code civil concernant le louage d'ouvrage.

Il en résulte que les tribunaux administratifs n'ont point à connaître des difficultés nées de son exécution ou de son inexécution et que l'administration, c'est-à-dire, dans l'espèce, le ministère du Commerce n'a pas qualité pour contraindre les chefs d'entreprise à son application, et notamment à la réalisation des versements obligatoires.

Si les dispositions légales sont mal appliquées ou si elles restent inappliquées, c'est aux intéressés seuls, c'est-à-dire aux ouvriers et employés, bénéficiaires actuels ou éventuels des institutions de prévoyance, qu'il appartient de faire valoir leurs droits devant les tribunaux judiciaires, et, comme le prévoyait le rapporteur, d' « exiger que le versement soit opéré » par les patrons.

Seulement le législateur de 1895, pour leur faciliter l'exercice de ce droit d'action, a créé en leur faveur une dérogation au principe de la non-représentation en justice et à l'adage juridique, aux termes duquel *Nul en France ne plaide par procureur*. Étendant l'exception contenue dans l'article 17 de la loi du 24 juillet 1867 et reprenant textuellement la disposition déjà insérée dans la loi du 29 juin 1894, sur les retraites des ouvriers mineurs, la loi de 1895 dispose que, « pour toutes les contestations relatives à leurs droits dans les caisses de prévoyance, de secours et de retraite », les intéressés peuvent charger un mandataire d'ester pour eux en justice.

Le mécanisme de la désignation de ce mandataire est défini par l'article 10 du règlement d'administration publique, auquel nous ne pouvons que renvoyer. Il suffit de constater que cette *faculté* de donner un mandat collectif, pour la représentation en justice, n'entame à aucun degré le droit individuel des ouvriers qui ne veulent point agir en justice. ou qui veulent agir personnellement, ou qui veulent choisir un autre mandataire collectif que celui désigné par la majorité du groupe auquel ils s'étaient d'abord associés.

Le texte de la loi est clair sur ce point, celui du règlement d'administration publique encore plus, et les travaux préparatoires ne sont pas moins décisifs. Il a été reconnu, à plusieurs reprises, dans la séance du Sénat du 28 février 1895, que « ce que la majorité peut faire, c'est de désigner un mandataire pour représenter tous les membres *qui la composent* »; que « la minorité ne sera pas forcée de plaider, si elle ne le veut pas »; et qu'en tous cas, « les *actions individuelles* sont réservées ».

Le mandataire collectif n'est donc pas nécessairement le représentant de la collectivité intéressée à la gestion de l'institution de prévoyance, mais seulement le représentant de ceux des intéressés, quel que soit leur nombre, qui veulent agir en justice.

XI. Caractère provisoire de la loi et obligations définitives des patrons

Il serait puéril de se dissimuler que les dispositions complexes de la loi nouvelle ont alarmé ou refroidi les initiatives patronales, qui, particulièrement depuis les enseignements et le succès de l'exposition d'économie sociale de 1889, s'étaient attachées à la constitution de caisses de retraites ou de prévoyance.

Quelques patrons, en présence de dotations et de calculs insuffisants, ont pu craindre la révélation publique d'un déficit latent; d'autres ont redouté les formalités des dépôts obligatoires et les troubles qu'apporterait aux assises primitives de leurs institutions l'abaissement de capitalisation résultant de ces dépôts. La plupart se sont montrés découragés ou irrités par ce qu'ils considéraient comme une intrusion illégitime du législateur dans le mécanisme d'institutions librement fondées et alimentées.

Le Parlement lui-même ne s'était pas mépris sur l'éventualité de ces mécontentements et sur les conséquences regrettables qu'ils pouvaient entraîner. Mais les Rapporteurs, au Sénat comme à la Chambre, et presque tous les membres qui ont pris part à la discussion ont répété à l'envi que ces dispositions n'étaient que transitoires, qu'elles devaient prochainement céder la place aux dispositions plus complètes d'une loi générale sur les retraites ouvrières, qu'en un mot la loi du 27 décembre 1895 avait un caractère essentiellement *provisoire*.

« Il s'agit d'une loi ayant un caractère *provisoire* », écrivait M. Guieysse dans son premier rapport à la Chambre. « Votre commission, ajoutait le Rapporteur dans la discussion, n'a pas voulu préjuger l'avenir de ces sociétés de prévoyance et de ces caisses de retraites, en examinant tout ce qu'il y avait lieu de faire pour elles; c'est une question qui demeure absolument réservée et qui sera examinée à fond quand il s'agira d'établir un règlement pour toutes les caisses de retraites en général. Pour le moment, c'est une simple mesure de précaution immédiate, une simple fissure que le Gouvernement et la Commission ont entendu boucher. » Et, dans une autre intervention, le même Rapporteur redisait encore : « Cette loi n'a été faite que dans un but *transitoire*. »

Malgré ce caractère indiscutable, les dispositions de la loi, jusqu'à l'avènement plus ou moins prochain d'une loi générale, gardent tout leur empire et, au regard des patrons actuellement à la tête d'institutions de prévoyance, elles emportent ou maintiennent des obligations définitives. Ce sont ces obligations qu'il est nécessaire de mesurer, surtout en ce qui concerne les retraites, les autres institutions de prévoyance se liquidant généralement par année et ne présentant à ce point de vue qu'une importance très secondaire.

La loi imposant aux chefs d'entreprise la condition toute nouvelle du dépôt dans une caisse tierce, que les statuts ou les règlements des caisses existantes n'avaient point prévu et qui peut troubler assez profondément leur économie, la première idée qui vient à l'esprit, c'est que les patrons, s'ils ne veulent pas se plier à ces exigences nouvelles, se trouvent *ipso facto* déliés de leurs engagements antérieurs. C'était la théorie exprimée dans la discussion par le Président de la Commission du Sénat.

A serrer d'un peu plus près la question, il ne semble pas que cette résiliation de contrat apparaisse aussi simple et il convient de distinguer les hypothèses.

Si d'abord le patron ne faisait que des retenues sur les salaires, ou ne s'était engagé qu'à des subventions déterminées, sans fixer la quotité des retraites à servir, rien de changé à ses engagements.

Ce que la loi modifie, ce n'est pas la quotité de ses versements, c'est le lieu de capitalisation. Si, du fait de cette modification, la capitalisation s'abaisse, les ouvriers seront seuls à en subir le contre-coup par des diminutions ultérieures dans la liquidation des retraites. Le patron ne peut se plaindre, ni le contrat tomber.

Si, au contraire, le patron a promis des pensions de chiffres déterminés, dans certaines conditions d'âge et d'ancienneté, sans opérer de retenues à cet effet et sans promettre lui-même de versements périodiques, alors, comme nous l'avons précédemment indiqué, la loi n'a point d'application et ici encore rien n'est changé au contrat primitif.

Reste le cas où le patron, tout en exerçant des retenues ou en s'engageant à des versements périodiques pour assurer la constitution des retraites, a promis que ces retraites atteindraient des chiffres déterminés.

Dans ce cas, disait dans la discussion le Président de la Commission du Sénat, « il est bien évident qu'il est dégagé de cette promesse par les prescriptions impératives de la loi » sur les versements obligatoires dans une des caisses qu'elle spécifie. C'est un premier système. La survenance de la loi et de ses prescriptions nouvelles aurait opéré de plein droit résolution du contrat, sans distinction.

Certains commentateurs de la loi ont préconisé depuis une solution approchante, mais moins absolue. D'après eux « les chefs d'industrie *seraient libres de rompre les conventions antérieures à la loi, si l'exécution de ces conventions devait leur imposer des charges nouvelles*, non existantes au moment où serait intervenue la convention primitive ». C'est un second système. Le contrat serait résolu de plein droit, mais seulement si le jeu des dispositions légales imposait au chef d'entreprise une charge nouvelle, si minime fût-elle d'ailleurs.

Il ne semble pas que l'exacte interprétation de la loi laisse place ni à l'une ni à l'autre de ces solutions.

Le patron qui, tout en exerçant des retenues ou en fournissant des subventions, a pris l'engagement de servir des pensions déterminées, est débiteur conditionnel de sommes fixes, sous certaines réserves d'âge et d'ancienneté stipulées dans les statuts ou le règlement de la caisse de retraites. Le jour où ces conditions se trouvent remplies, après la loi aussi bien qu'avant la loi, la créance de chaque ouvrier bénéficiaire devient exigible. Que les fonds servant à la constitution des pensions aient été obligatoirement versés depuis la loi dans des caisses spécifiées, que même de ce fait la capitalisation ait pu être moins avantageuse que si elle avait continué à se faire dans la caisse de l'établissement industriel ou commercial, cela ne modifie pas essentiellement l'engagement pris par le patron et il ne paraît pas possible de soutenir juridiquement que, de ce seul fait accessoire, l'engagement lui-même cesse d'exister.

Ce que le patron peut prétendre et la seule chose qu'il puisse prétendre, c'est que sa dette conditionnelle de retraite doit être équitablement réduite en proportion de la réduction d'intérêts qu'ont pu subir, en fait, pendant un laps de temps déterminé, c'est-à-dire depuis la réalisation des dépôts dans une caisse tierce, les capitaux destinés à constituer, en s'accumulant, cette retraite. Et comme, dans l'hypothèse, il est débiteur, c'est à lui à établir cette réduction de capitalisation et à justifier la réduction de pension corrélative.

Son engagement demeure ; il peut seulement faire prononcer, moyennant preuve à faire, une sorte de rescision du contrat pour lésion du fait de la loi, et dans la mesure de cette lésion.

C'est, au surplus, ce qui se réalisera automatiquement pour les caisses de retraites dont les fonds, naguère mêlés aux fonds sociaux de l'entreprise et gérés par elle, seront, si le patron suit cette voie, versés désormais à la Caisse nationale des retraites pour la vieillesse. Les mêmes retenues et les mêmes subventions, capitalisées par cette caisse, pourront produire finalement des retraites inférieures aux évaluations primitives.

Mais les ouvriers ne pourront pas plus se plaindre de cette diminution, conséquence de la loi survenue, que le patron ne pourrait s'en réclamer pour rompre le contrat et cesser les subventions promises.

XII. Conclusion.

Ce bref commentaire théorique pouvait paraître utile pour l'intelligence d'un texte assez mal venu, peu clair dans certaines de ses dispositions et d'une complexité que ne semblaient point exiger les sauvegardes toutes spéciales qu'on avait à l'origine en vue.

Que si maintenant, la théorie mise de côté, on voulait rechercher, au point de vue pratique, les conséquences de la législation nouvelle, on pourrait donner à cette étude les conclusions suivantes :

Si des établissements industriels ou commerciaux possédant des institutions de prévoyance venaient maintenant à sombrer, comme naguère les mines de Terrenoire et le Comptoir d'Escompte, les ouvriers rentreraient vraisemblablement, soit par l'exercice du droit de gage, soit par l'exercice du privilège, dans l'intégralité des sommes affectées à leurs Caisses de secours, d'accidents, etc. C'est là un résultat certain, mais de peu de portée, les sommes ainsi remboursables étant généralement assez minimes.

Dans le même cas, pour les Caisses de retraites, ils ne risqueraient plus d'être écartés, comme les employés du Comptoir d'Escompte, de la répartition de l'actif de la faillite. Il leur suffira, en effet, d'établir — et ce sera le cas général — qu'il y a eu des retenues subies, des sommes versées ou des versements promis par le patron, pour que de plein droit les ouvriers bénéficiaires, à titre immédiat ou à titre éventuel, puissent produire comme créanciers à la faillite. C'est là le résultat capital et peut-être, au vrai, la seule conséquence importante de la loi.

Les ouvriers peuvent, en outre, apparaître en créanciers privilégiés, puisque la loi les arme, suivant les cas, du droit de gage de l'article 2073 du Code civil et du privilège de l'article 2101. Mais il faut observer que le privilège ne couvre, au maximum, que deux années de versements, ce qui ne représente qu'une fraction très mince des pensions attendues. Quant au droit de gage, il ne vaudra qu'en raison même de la bonne foi et de la prudence du patron, qui aura pu, comme nous l'avons montré, faire des dépôts en valeurs sans consistance ou retirer abusivement les fonds déposés.

Enfin, sans même supposer la loi tournée, il faut prévoir qu'elle peut être purement et simplement inappliquée. Pour avoir raison de cette inapplication, une seule sanction : la condamnation judiciaire ; un seul moyen : le procès intenté au patron par ses ouvriers. Or à qui fera-t-on considérer comme pratiquement possibles des instances ainsi engagées contre leurs patrons par des ouvriers, qui, pour mieux garantir l'éventualité lointaine d'une retraite, s'exposeraient à un congédiement presque certain et sacrifieraient ainsi leur salaire présent ?

Au demeurant, la loi a rempli son but vis-à-vis des créanciers de l'établissement industriel : elle leur soustrait, si le patron a exécuté ses prescriptions, l'actif des institutions de retraites. C'était le but du projet de loi primitif ; c'est aussi le seul qui puisse être toujours finalement atteint.

Mais, vis-à-vis de l'entreprise, la loi ne donne à l'ouvrier que des garanties illusoires :

Ce qu'on doit déposer pour lui peut n'être pas, à beaucoup près, la représentation de la pension qu'on lui a promise ;

Ce qu'on doit déposer, même dans cette mesure, peut être impunément réduit ou repris ;

Ce qu'on doit déposer peut n'être même pas déposé du tout, puisqu'il n'y a pas de sanction pénale et que la sanction civile serait comparativement beaucoup plus préjudiciable à l'ouvrier qui la provoquerait qu'au patron qui l'aurait encourue.

Si la législation et la réglementation nouvelles peuvent émouvoir et gêner le patron soucieux de légalité, elles sont donc absolument illusoires a l'égard du patron sans scrupules.

Quant aux ouvriers, si elles leur confèrent un droit effectif à l'encontre des autres créanciers de l'entreprise, elles ne les prémunissent aucunement contre les imprudences ou les fraudes possibles du patron : malgré l'appareil de leurs dispositions impératives, elles n'ajoutent aucune garantie sérieuse, aucune sûreté efficace à celles que voudrait spontanément consentir ce patron lui-même.

LÉGISLATION

Responsabilité des accidents industriels.

— Loi du 9 avril 1898 concernant les responsabilités des accidents dont les ouvriers sont victimes dans leur travail (1).

Titre Ier. — *Indemnités en cas d'accidents.*

Art. 1er. — Les accidents survenus par le

---

(1) On fait généralement remonter les travaux préparatoires de cette loi à la proposition déposée à la Chambre des députés le 29 mai 1880 par M. Martin Nadaud (n° 2660). Cette proposition ne comprenait qu'un seul article et tendait uniquement au renversement de la preuve.

De 1880 à 1898, de nombreuses propositions, d'importance et de tendance fort diverses, se sont successivement fait jour ; de nombreuses discussions se sont engagées sur ces propositions et sur les projets du gouvernement, tant à la Chambre qu'au Sénat. Sans entrer dans leur longue

fait du travail, ou à l'occasion du travail, aux

énumération, il semble suffisant d'indiquer ici les dernières phases parlementaires de la loi, depuis huit ans.

A la suite de votes divergents à la Chambre et au Sénat, le gouvernement avait déposé à la Chambre un « projet nouveau » le 28 juin 1890 (n° 746). Ce projet, avec plusieurs propositions subséquentes émanant de l'initiative parlementaire, fut l'objet d'un rapport de M. Louis Ricard le 25 février 1892 (n° 1926). Il vint en discussion devant la Chambre les 18 mai, 3 juin, 5 juin, 6 juin, 8 juin et 10 juin 1893.

Transmis au Sénat le 26 juin 1893 (n° 233), il fut rapporté par M. Poirrier le 3 avril 1895 (n° 73), et discuté en première délibération les 10 juin, 11 juin et 13 juin 1895. M. Poirrier présenta un rapport supplémentaire le 28 juin 1895 (n° 146) et la première délibération fut reprise les 4 juillet, 5 juillet, 8 juillet, 28 octobre, 7 novembre, 8 novembre, 21 novembre, 22 novembre. 25 novembre, 26 novembre, 28 novembre, 2 décembre, 3 décembre et 5 décembre 1895. La deuxième délibération commença le 28 janvier 1896, puis, sur le rapport d'un nouveau rapporteur, M. Thévenet, déposé le 2 mars 1896 (n° 48), fut reprise sur des bases différentes les 17 mars, 19 mars, 20 mars, 23 mars et 24 mars 1896.

Renvoyé à la Chambre le 2 avril 1896 (n° 1890), le projet fut rapporté par M. Maruejouls le 7 juillet 1897 (n° 2624 et annexe), et discuté les 26 octobre et 28 octobre 1897.

Transmis au Sénat le 5 novembre 1897 (n° 14), objet d'un rapport de M. Thévenet le 29 janvier 1898 (n° 15), il a été discuté en première délibération les 3 mars, 4 mars et 7 mars 1898, et en seconde délibération les 15 mars, 18 mars et 19 mars.

Le projet est revenu à la Chambre le 22 mars 1898 (n° 3142), a été rapporté par M. Maruéjouls le 24 mars (n° 3150) et a été définitivement voté, sans discussion, le 26 mars.

Il serait impossible d'étudier, en simples notes, les nouveautés et les conséquences d'une loi qui introduit dans notre législation civile des modifications profondes.

Nous ne pouvons qu'en signaler, pour cette étude, les traits essentiels :

1° La législation nouvelle n'est applicable qu'à l'industrie ou aux travaux se rapprochant de la fabrication industrielle au point de vue des risques d'accidents (transports, chargements, explosifs, machines agricoles).

2° Dans ces industries ou travaux, la loi vise tous les ouvriers ou employés, quel que soit leur nombre, dès qu'il y a au moins, d'une manière habituelle, un patron et un ouvrier ou apprenti opérant ensemble.

3° Pour ces ouvriers et employés, le régime de responsabilité patronale déduit par la jurisprudence de l'article 1382 du Code civil est remplacé obligatoirement, et sans dérogation possible, par le régime de la loi nouvelle.

4° Ce régime repose sur la théorie du « Risque professionnel », déjà consacrée par plusieurs législations étrangères.

« On part de cette idée, rappelait le rapporteur du projet au Sénat, qu'il est impossible a l'ouvrier, avec sa volonté seule, avec sa volonté personnelle, de se soustraire à des accidents qui ont été multipliés par le perfectionnement de l'outillage. Et c'est ainsi qu'on est amené à dire : tous les accidents qui auront lieu dans une usine seront couverts par le risque professionnel. En d'autres termes, on ne recherchera plus la cause de l'accident ; on ne se demandera plus s'il a été produit par un cas fortuit ou de force majeure ou même par une faute du patron ou une faute de l'ouvrier : tout cela est englobé d'une façon absolue dans le risque professionnel » (*Séance du 4 mars 1898*).

La faute *intentionnelle*, soit de l'ouvrier, soit du

ouvriers et employés occupés (1) dans l'indus-

---

patron, reste seule en dehors du risque ainsi défini.

Quant a la faute non intentionnelle, mais grossière, lourde, comme disaient les jurisconsultes, ou *inexcusable*, comme la qualifie la loi, elle reste bien dans le risque professionnel. Mais elle donne lieu a une réduction ou a une majoration d'indemnités, suivant qu'elle incombe a l'ouvrier ou au patron.

5° Le législateur n'a point admis, pour le règlement des indemnités, l'institution de tribunaux techniques, de juridictions arbitrales.

Les juridictions de droit commun demeurent compétentes, et l'appel reste ouvert contre leurs décisions, au moins en matière d'incapacités permanentes.

6° Mais les indemnités dues en vertu du risque professionnel ne sont pas laissées a l'appréciation judiciaire. Le législateur, faisant *transaction* globale entre les divers intérêts généraux en présence, a fixé suivant les hypothèses des indemnités *forfaitaires*, pour permettre, d'une part, aux industriels de supputer à l'avance la majoration de frais généraux que le risque professionnel leur impose, et, d'autre part, aux assureurs de réaliser sur des données fixes des combinaisons d'assurances destinées à couvrir les industriels de l'aléa qu'ils courent.

7° Ces indemnités prennent, en principe, au regard des interesses, la forme de *pensions*. Elles ne peuvent leur être versées en capital que dans des conditions definies et partiellement.

8° L'industrie échappe à la nécessité de gager initialement ces pensions et d'immobiliser brusquement tous les capitaux représentatifs.

Elle échappe de même a l'obligation individuelle de l'assurance, chaque patron demeurant libre de rester son propre assureur, s'il ne veut s'assurer dans une mutualité, dans un syndicat de garantie ou auprès des compagnies libres d'assurances.

9° Néanmoins, en cas d'accident ayant causé la mort ou une incapacité permanente, l'ouvrier ou ses ayants droit gardent la certitude de toucher les indemnités dont ils sont créanciers, quelle que soit la solvabilité du patron débiteur. L'Etat, au moyen d'un fonds de garantie alimenté par des taxes additionnelles a la contribution des patentes et à la redevance des mines, assure le paiement immédiat des indemnités en souffrance.

L'assurance obligatoire, qui avait été votée anterieurement par la Chambre, subsiste ainsi dans la loi, mais reduite, comme mécanisme, à l'indispensable. Comme le disait le ministre du commerce à la Chambre, on a « substitué à l'obligation de l'assurance en matière d'accident *l'obligation de l'assurance en matière d'insolvabilité* ».

Cette assurance, ou bien, si l'industriel s'est individuellement ou collectivement assuré, cette reassurance est, au surplus, une *assurance d'Etat*. Elle fonctionne au moyen d'un *impôt* qui, malgré sa spécialité, ne peut être considéré comme un fonds special de *primes*, puisqu'il est épargné a certains patrons concourant au risque commun et puisqu'il frappe les autres sans tenir compte de la proportionnalité de leur part dans ce risque. Comme le faisait observer le ministre du commerce au Senat, il y a a une « garantie de l'Etat venant renforcer les garanties individuelles », c'est-à-dire, en définitive, « *l'Etat assureur* contre le risque d'insolvabilité ».

10° Cette charge de réassurance laissée à l'Etat implique la surveillance des organismes libres d'assurance : compagnies privées, mutualités, syndicats de garantie.

La loi prévoit donc une organisation de contrôle, qui est déléguée à des règlements d'administration publique, mais dont on peut prévoir la nécessaire complexité, si l'on observe qu'un contrôle insuffisant et, par suite, l'insolvabilité possible des assureurs auraient pour consequence une aggravation considérable de l'impôt à percevoir sur les patentés et les exploitants de mines.

trie du bâtiment, les usines, manufactures, chantiers, les entreprises de transport par terre et par eau (2), de chargement et de déchargement, les magasins publics, mines (3), minières, carrières et, en outre, dans toute exploitation ou partie d'exploitation dans laquelle sont fabriquées ou mises en œuvre (4) des matières explosives, ou dans laquelle il est fait usage d'une machine mue par une force autre que celle de l'homme ou des animaux (5), donnent droit, au profit de la victime ou de ses représentants, à une indemnité à la charge (6) du chef d'entreprise, à la

---

(1) « Ceux que la loi veut protéger, a dit M. de Marcère au Sénat, avec l'assentiment de la commission, ce sont les *ouvriers* qui sont *attachés* à l'établissement et qui, de ce fait, touchent un salaire, qui sont exposés aux accidents et encourent le risque professionnel en cette qualité..... Par conséquent, cette loi ne peut s'appliquer en aucune façon à des *personnes étrangères à l'industrie*, mais qui peuvent accidentellement se trouver présentes dans l'atelier ou dans la mine... » (*séance du 3 mars* 1898).

(2) La loi ne vise que les transports par voies navigables ou flottables. Les transports *maritimes* sont régis par une loi spéciale ; voir ci-après, page 133, la loi du 1er avril 1898.

(3) Il n'est pas douteux que les *délégués mineurs* qui travaillent encore dans les mines et qui, dans ce travail, sont victimes d'un accident bénéficient des dispositions de la loi.

Quant aux délégués qui sont « d'anciens ouvriers de la mine », il avait été déclaré à la Chambre, dans son avant-dernière délibération, que la loi leur était applicable. Mais la question a été résolue en sens inverse par le Sénat, sans que la Chambre se soit depuis opposée à cette solution.

A cet égard, dit le rapporteur du Sénat, « la commission s'est adressée au gouvernement, qui lui a promis de prévoir le cas des délégués mineurs dans la loi sur les caisses de secours actuellement pendante devant la Chambre des députes » (*séance du 15 mars* 1898).

(4) « Le seul *emploi* de ces substances ne doit évidemment pas donner lieu à l'application de la loi... L'article 1er vise la *fabrication*, la *manipulation industrielle* de ces substances et seulement les accidents qui peuvent survenir dans l'usine où elles sont préparées pour la consommation et à l'occasion de cette préparation » (*Rapport de M. Thévenet au Sénat*).

(5) Cette formule vise particulièrement les exploitations *agricoles* où il est fait emploi de moteurs à vapeur.

A part cette exception, les professions agricoles sont en dehors de la législation nouvelle. Mais le gouvernement s'est engagé à préparer ultérieurement une loi spéciale pour les accidents agricoles proprement dits.

« Nous n'avons pas voulu, disait au Sénat le ministre du commerce, vous apporter ici une loi sur les accidents agricoles, *cette loi reste à faire...* Nous voulons restreindre pour un instant nos efforts, mais nous ne renonçons pas le moins du monde a organiser plus tard une loi protégeant également dans leur travail les ouvriers agricoles » (*séance du 3 mars* 1898).

(6) Le chef d'entreprise assujetti à cette réparation éventuelle peut, à son choix, comme l'indique le titre IV de la loi, rester son propre assureur ou s'assurer auprès d'une compagnie, d'une mutualité ou d'un syndicat de garantie.

Mais, s'il s'assure, il ne peut, comme beaucoup d'industriels le font aujourd'hui, faire supporter à ses ouvriers, par voie de retenue sur le salaire, la charge partielle de cette assurance. Le législateur a négligé, peut-être à tort, de spécifier cette

condition que l'interruption de travail ait duré plus de quatre jours.

Les ouvriers qui travaillent seuls d'ordinaire ne pourront être assujettis à la présente loi par le fait de la collaboration accidentelle d'un ou de plusieurs de leurs camarades.

ART. 2. — Les ouvriers et employés désignés à l'article précédent ne peuvent se prévaloir, à raison des accidents dont ils sont victimes dans leur travail, d'aucunes dispositions autres que celles de la présente loi (1).

Ceux dont le salaire annuel dépasse deux mille quatre cents francs (2,400 fr.) ne bénéficient de ces dispositions que jusqu'à concurrence de cette somme. Pour le surplus, ils n'ont droit qu'au quart des rentes ou indemnités stipulées à l'article 3, à moins de conventions contraires quant au chiffre de la quotité.

ART. 3. — Dans les cas prévus à l'article 1er, l'ouvrier ou l'employé a droit (2) :

Pour l'incapacité absolue et permanente (3), à une rente égale aux deux tiers de son salaire annuel ;

Pour l'incapacité partielle et permanente, à une rente égale à la moitié de la réduction que l'accident aura fait subir au salaire ;

Pour l'incapacité temporaire, à une indemnité journalière égale à la moitié du salaire touché au moment de l'accident, si l'incapacité de travail a duré plus de quatre jours et à partir du cinquième jour.

Lorsque l'accident est suivi de mort, une pension est servie aux personnes ci-après désignées, à partir du décès, dans les conditions suivantes :

A. Une rente viagère égale à 20 0/0 du salaire annuel de la victime pour le conjoint survivant non divorcé ou séparé de corps, à la condition que le mariage ait été contracté antérieurement à l'accident.

En cas de nouveau mariage, le conjoint cesse d'avoir droit à la rente mentionnée ci-dessus ; il lui sera alloué, dans ce cas, le triple de cette rente à titre d'indemnité totale.

B Pour les enfants, légitimes ou naturels, reconnus avant l'accident, orphelins de père ou de mère, âgés de moins de seize ans, une rente calculée sur le salaire annuel de la victime à raison de 15 0/0 de ce salaire s'il n'y a qu'un enfant, de 25 0/0 s'il y en a deux, de 35 0/0 s'il y en a trois, et 40 0/0 s'il y en a quatre ou un plus grand nombre.

Pour les enfants, orphelins de père et de mère, la rente est portée pour chacun d'eux à 20 0/0 du salaire.

L'ensemble de ces rentes ne peut, dans le premier cas, dépasser 40 0/0 du salaire ni 60 0/0 dans le second.

C. Si la victime n'a ni conjoint ni enfant (4)

---

interdiction ; mais elle ressort de l'esprit et du texte de la loi.

L'article 30 dispose que « toute convention contraire à la présente loi est nulle de plein droit ». Or la loi a précisément pour objet de mettre, comme le precise son article 1er, « à la charge du chef d'entreprise » toutes les indemnités qu'elle prévoit. Le patron qui ferait désormais contribuer ses ouvriers aux primes d'une assurance pour couvrir le risque des indemnités dont il est constitué débiteur éventuel se *déchargerait* en réalité d'une responsabilité légale : il tirerait ainsi profit d'une convention « contraire à la loi » et, par conséquent, nulle.

Cette interprétation, qui ne saurait faire doute, a été d'ailleurs indirectement mise en évidence lors de la discussion de l'article 5, dans la deuxième délibération du Sénat (*séance du 18 mars 1898*).

Expliquant comment on avait été amené à laisser les industriels s'exempter du paiement des frais de maladie et des indemnités temporaires, à condition d'affilier leurs ouvriers à des sociétés de secours mutuels et de participer pour un tiers au moins aux cotisations, le ministre du commerce declarait, sans rencontrer sur ce point de contradiction, que, d'après les statistiques, « le payement d'un tiers par le patron suffirait pour le couvrir de l'*intégralité de sa dette* pour cette nature d'accident » et que, par conséquent, on ne faisait point échec au principe de la loi, « qui a décidé que, quoi qu'il arrive, *la totalité de ces frais incomberait au patron* ».

(1) Ainsi que l'a remarqué M. Goujon dans la discussion a la Chambre, si « le parquet juge nécessaire de poursuivre » le patron « pour blessure ou homicide par imprudence, l'ouvrier n'aura plus la faculté qu'il a aujourd'hui de se porter *partie civile* devant le tribunal correctionnel » (*séance du 26 octobre 1897*).

Et, dans ce cas, comme le faisait observer le rapporteur du Sénat, « lorsque la juridiction pénale est saisie, la juridiction civile doit attendre la décision correctionnelle ou criminelle qui pourrait intervenir » (*séance du 4 mars 1898*).

(2) L'article 30, en déclarant nulle « toute convention contraire à la présente loi », interdit notamment toute modification contractuelle définitive de la *quotité* des indemnités déterminées par l'article 3.

Comme le remarquait le rapporteur de la loi au Sénat, « on ne pourra déroger à la loi par aucune convention antérieure à l'accident et les indemnités qui ont été fixées par la loi seront definitivement acquises, alors même que le patron et

l'ouvrier auraient été d'accord pour les modifier » (*séance du 18 mars 1898*).

Non seulement le patron ne peut modifier les clauses forfaitaires de la loi au detriment de l'ouvrier ; mais il ne pourrait même valablement s'engager à les modifier *à l'avantage de l'ouvrier*.

M. Grivart, dans la discussion au Sénat, demandait qu'il fût « loisible à un patron de promettre à ses ouvriers, comme réparation des accidents qu'ils pourraient subir dans son usine, des *indemnités plus fortes* que celles que la loi alloue ». Cette disposition additionnelle, malgré l'adhésion de la Commission, a été repoussée par le Sénat (*séance du 19 mars 1898*).

(3) Par incapacité « absolue et permanente », il faut entendre, suivant les explications données au Sénat par le ministre du commerce, celle de « l'ouvrier qui est contraint à ne plus travailler, qui est devenu une non-valeur industrielle absolue ; car c'est dans ces termes qu'il convient de definir cette sorte d'incapacité » (*séance du 15 mars 1898*).

Le rapporteur confirmait, dans la même séance, cette interprétation, en disant : « Il s'agit ici d'un homme qui est atteint dans les sources mêmes de la vie par l'accident dont il a été victime. »

(4) On a envisagé, dans la discussion au Sénat, « l'hypothèse où un ouvrier victime d'accident a à la fois à sa charge des enfants au-dessous de

dans les termes des paragraphes A et B, chacun des ascendants et descendants qui était à sa charge recevra une rente viagère pour les ascendants et payable jusqu'à seize ans pour les descendants. Cette rente sera égale à 10 0/0 du salaire annuel de la victime, sans que le montant total des rentes ainsi allouées puisse dépasser 30 0/0.

Chacune des rentes prévues par le paragraphe C est, le cas échéant, réduite proportionnellement.

Les rentes constituées en vertu de la présente loi sont payables par trimestre ; elles sont incessibles et insaisissables.

Les ouvriers étrangers, victimes d'accidents, qui cesseront de résider sur le territoire français recevront, pour toute indemnité, un capital égal à trois fois la rente qui leur avait été allouée.

Les représentants d'un ouvrier étranger ne recevront aucune indemnité si, au moment de l'accident, ils ne résidaient pas sur le territoire français.

Art. 4. — Le chef d'entreprise supporte en outre les frais médicaux et pharmaceutiques et les frais funéraires. Ces derniers sont évalués à la somme de cent francs (100 fr.) au maximum.

Quant aux frais médicaux et pharmaceutiques, si la victime a fait choix elle-même de son médecin, le chef d'entreprise ne peut être tenu que jusqu'à concurrence de la somme fixée par le juge de paix du canton, conformément aux tarifs adoptés dans chaque département pour l'assistance médicale gratuite.

Art. 5. — Les chefs d'entreprise peuvent se décharger pendant les trente, soixante ou quatre-vingt-dix premiers jours à partir de l'accident, de l'obligation de payer aux victimes les frais de maladie et l'indemnité temporaire, ou une partie seulement de cette indemnité, comme il est spécifié ci-après, s'ils justifient :

1° Qu'ils ont affilié leurs ouvriers à des sociétés de secours mutuels et pris à leur charge une quote-part de la cotisation qui aura été déterminée d'un commun accord, et en se conformant aux statuts-type approuvés par le ministre compétent, mais qui ne devra pas être inférieure au tiers de cette cotisation ;

2° Que ces sociétés assurent à leurs membres, en cas de blessures, pendant trente, soixante ou quatre-vingt-dix jours, les soins

médicaux et pharmaceutiques et une indemnité journalière.

Si l'indemnité journalière servie par la société est inférieure à la moitié du salaire quotidien de la victime, le chef d'entreprise est tenu de lui verser la différence.

Art. 6. — Les exploitants de mines, minières et carrières peuvent se décharger des frais et indemnités mentionnés à l'article précédent moyennant une subvention annuelle versée aux caisses ou sociétés de secours constituées dans ces entreprises en vertu de la loi du 29 juin 1894.

Le montant et les conditions de cette subvention devront être acceptés par la société et approuvés par le ministre des travaux publics.

Ces deux dispositions seront applicables à tous autres chefs d'industrie qui auront créé en faveur de leurs ouvriers des caisses particulières de secours en conformité du titre III de la loi du 29 juin 1894 (1). L'approbation prévue ci-dessus sera, en ce qui les concerne, donnée par le ministre du commerce et de l'industrie (2).

Art. 7. — Indépendamment de l'action résultant de la présente loi, la victime ou ses représentants conservent, contre les auteurs de l'accident autres que le patron ou ses ouvriers et préposés, le droit de réclamer la réparation du préjudice causé, conformément aux règles du droit commun.

---

(1) Indirectement, ce texte crée ainsi d'une pièce, pour l'industrie en général, des caisses de secours *facultatives*. Il suffit, pour les instituer, de se conformer aux dispositions de la loi du 29 juin 1894.

(2) La loi ne substitue expressément l'approbation du ministre du commerce à celle du ministre des travaux publics, en ce qui concerne les caisses de secours des industries autres que celles des mines, que pour le montant et les conditions de la subvention annuelle offerte par les patrons.

Mais la loi du 29 juin 1894 prévoyait, pour les caisses de secours des ouvriers mineurs, d'autres interventions du ministre des travaux publics.

Le ministre des travaux publics autorise l'agrégation aux caisses principales d'industries annexes (art. 9) ; — approuve les statuts des caisses et toutes les modifications statutaires (art. 14) ; — fait prendre communication des livres, procès-verbaux et pièces comptables par les ingénieurs des mines (art. 15) ; — reçoit annuellement le compte rendu de la situation financière et l'état des cas de maladie ou de mort (art. 15) ; — prononce, après avis du conseil général des mines, la dissolution des caisses pour inexécution des statuts ou violation de la loi (art. 17).

Est-il admissible que le ministre des travaux publics et le conseil général des mines gardent compétence pour les caisses des industries étrangères aux mines et ne relevant pas, dès lors, de ce département ministériel ? il serait difficile de le soutenir. D'autre part, le législateur n'a pas pris soin de déléguer à un règlement d'administration publique l'adaptation qui semble indispensable.

Il est à présumer qu'un décret rendu sur le rapport des ministres du commerce, des travaux public et de l'intérieur devra régler la question et transporter au département du commerce et au conseil supérieur du travail les attributions dévolues, en la lettre, au département des travaux publics et au conseil général des mines.

---

seize ans et un ou plusieurs ascendants ».

« Il n'est rien dû aux ascendants, disait M. Grivart, même lorsqu'ils étaient à la charge d'un ouvrier qui tombe victime d'un accident, tant que les enfants qu'a laissés cet ouvrier jouissent du droit à la pension fixée par la loi. Mais le jour où ce droit disparaît, les ascendants ne pourraient-ils avoir droit à la pension à laquelle les enfants n'ont plus à prétendre ? »

Le rapporteur, interprétant le sens littéral du texte, maintenu au fond par le Sénat après discussion, a répondu : « Les ascendants ne doivent avoir aucun droit, même lorsque les enfants auront atteint l'âge de seize ans » (*séance du 15 mars 1898*).

L'indemnité qui leur sera allouée exonérera à due concurrence le chef d'entreprise des obligations mises à sa charge.

Cette action contre les tiers responsables pourra même être exercée par le chef d'entreprise, à ses risques et périls, au lieu et place de la victime ou de ses ayants droit, si ceux-ci négligent d'en faire usage.

ART. 8. — Le salaire qui servira de base à la fixation de l'indemnité allouée à l'ouvrier âgé de moins de seize ans ou à l'apprenti victime d'un accident ne sera pas inférieur au salaire le plus bas des ouvriers valides de la même catégorie occupés dans l'entreprise.

Toutefois, dans le cas d'incapacité temporaire, l'indemnité de l'ouvrier âgé de moins de seize ans ne pourra pas dépasser le montant de son salaire.

ART. 9. — Lors du règlement définitif de la rente viagère, après le délai de revision prévu à l'article 19, la victime peut demander que le quart au plus du capital nécessaire à l'établissement de cette rente, calculé d'après les tarifs dressés pour les victimes d'accidents par la caisse des retraites pour la vieillesse, lui soit attribué en espèces.

Elle peut aussi demander que ce capital, ou ce capital réduit du quart au plus comme il vient d'être dit, serve à constituer sur sa tête une rente viagère réversible, pour moitié au plus, sur la tête de son conjoint. Dans ce cas, la rente viagère sera diminuée de façon qu'il ne résulte de la réversibilité aucune augmentation de charges pour le chef d'entreprise.

Le tribunal, en chambre du conseil, statuera sur ces demandes (1).

ART. 10. — Le salaire servant de base à la fixation des rentes s'entend, pour l'ouvrier occupé dans l'entreprise pendant les douze mois écoulés avant l'accident, de la rémunération effective (2) qui lui a été allouée pendant ce temps, soit en argent, soit en nature.

Pour les ouvriers occupés pendant moins de douze mois avant l'accident, il doit s'entendre de la rémunération effective qu'ils ont reçue depuis leur entrée dans l'entreprise, augmentée de la rémunération moyenne qu'ont reçue, pendant la période nécessaire pour compléter les douze mois, les ouvriers de la même catégorie.

Si le travail n'est pas continu, le salaire annuel est calculé tant d'après la rémunération reçue pendant la période d'activité que d'après le gain de l'ouvrier (3) pendant le reste de l'année (4).

TITRE II. — *Déclaration des accidents et enquête.*

ART. 11. — Tout accident ayant occasionné une incapacité de travail doit être déclaré, dans les quarante-huit heures, par le chef d'entreprise ou ses préposés, au maire de la commune qui en dresse procès-verbal.

Cette déclaration doit contenir les noms et adresses des témoins de l'accident. Il y est joint un certificat de médecin indiquant l'état de la victime, les suites probables de l'accident et l'époque à laquelle il sera possible d'en connaître le résultat définitif.

La même déclaration pourra être faite par la victime ou ses représentants.

---

(1) Aussi bien pour la reversibilité constituée sur la tête du conjoint que pour l'obtention d'une partie de l'indemnité en capital, l'intervention du tribunal, en chambre du conseil, est indispensable. Ni dans un cas ni dans l'autre, et malgré l'accord des parties, la victime de l'accident n'a le droit d'obtenir le capital partiel ou de constituer la réversion, ni le droit de fixer, dans les limites légales, la *quotité* de ce capital ou de cette rente réversible. Ce point a été, devant le Sénat, l'objet d'un débat qui a abouti au retrait d'un amendement présenté par M. Félix Martin.

« Le tribunal, a dit le rapporteur, *statuera* sur toutes les demandes, quelles qu'elles soient, qui ont pour but de transformer la pension en un capital ou de transformer une rente en la faisant passer sur la tête d'une autre personne » (*séance du* 18 *mars* 1898).

(2) Parmi les nombreuses difficultés auxquelles ne manquera pas de donner lieu l'application de cet article, il en est deux qui ont été spécialement envisagées dans la discussion au Sénat.

A. Le salaire annuel s'entend de tout le « prix du travail effectif ».

M. Léonce de Sal posait la question suivante : « Ne doit-on pas comprendre dans le salaire de l'ouvrier les *heures supplémentaires* qu'il est d'usage, dans certaines corporations, de faire ? »

Et le rapporteur a répondu : « On comprendra dans le salaire *tout ce que* l'ouvrier gagne » (*séance du* 18 *mars* 1898).

B. S'il y a des chômages *accidentels*, le salaire qui eût correspondu a ce temps de chômage parait devoir être ajouté au salaire annuel effectivement payé.

« Lorsqu'on calcule un salaire annuel, disait le rapporteur, *on ne tient pas compte des causes accidentelles qui sont venues interrompre le travail* et, par conséquent, *diminuer le salaire annuel* de l'ouvrier ; on apprécie le salaire dans son ensemble » (*séance du* 18 *mars* 1898).

(3) Ce mode de supputation du gain pour les périodes d'inactivité dans l'établissement où l'accident s'est produit a donné lieu, dans la dernière discussion au Sénat, à deux interprétations contradictoires (*séance du* 18 *mars* 1898).

D'après le *Rapporteur* de la Commission, on doit ajouter au salaire effectivement touché dans l'établissement industriel envisagé la « moyenne des gains » effectivement réalisés par la victime dans d'autres établissements ou professions, c'est-à-dire l'appoint normal de son salaire principal.

D'après le *Président* de la Commission, au contraire, on doit faire état des journées d'inactivité comme si elles avaient été fictivement payées au taux du salaire de l'établissement. « Ce ne sont pas seulement les jours d'activité qui lui sont comptés, *ce sont tous les jours de l'année, à supposer qu'il y eût eu une activité constante.* »

Bien que cette dernière interprétation ait paru recueillir l'adhésion du Sénat, puisqu'elle a motivé le retrait d'un amendement présenté en sens divergent par M. Leydet, il ne semble pas qu'elle puisse être retenue : elle est à la fois contraire à la réalité des choses et au sens littéral de la loi.

(4) Il s'agit, non d'une *année* moyenne, considérée à titre de type, mais, suivant la formule du premier alinéa, des « douze mois écoulés avant l'accident ».

Cela ressort et du sens général de l'article et du retrait d'un amendement présenté par M. Leydet au Sénat, dans la séance du 18 mars 1898.

Récépissé de la déclaration et du certificat du médecin est remis par le maire au déclarant.

Avis de l'accident est donné immédiatement par le maire à l'inspecteur divisionnaire ou départemental du travail ou à l'ingénieur ordinaire des mines chargé de la surveillance de l'entreprise.

L'article 15 de la loi du 2 novembre 1892 et l'article 11 de la loi du 12 juin 1893 cessent d'être applicables dans les cas visés par la présente loi.

ART. 12. — Lorsque, d'après le certificat médical, la blessure paraît devoir entraîner la mort ou une incapacité permanente absolue ou partielle de travail, le maître transmet immédiatement copie de la déclaration et le certificat médical au juge de paix du canton où l'accident s'est produit.

Dans les vingt-quatre heures de la réception de cet avis, le juge de paix procède à une enquête à l'effet de rechercher :

1° La cause, la nature et les circonstances de l'accident ;

2° Les personnes victimes et le lieu où elles se trouvent ;

3° La nature des lésions ;

4° Les ayants droit pouvant, le cas échéant, prétendre à une indemnité ;

5° Le salaire quotidien et le salaire annuel des victimes.

ART. 13. — L'enquête a lieu contradictoirement dans les formes prescrites par les articles 35, 36, 37, 38 et 39 du code de procédure civile, en présence des parties intéressées ou celles-ci convoquées d'urgence par lettre recommandée.

Le juge de paix doit se transporter auprès de la victime de l'accident qui se trouve dans l'impossibilité d'assister à l'enquête.

Lorsque le certificat médical ne lui paraîtra pas suffisant, le juge de paix pourra désigner un médecin pour examiner le blessé.

Il peut aussi commettre un expert pour l'assister dans l'enquête.

Il n'y a pas lieu, toutefois, à nomination d'expert dans les entreprises administrativement surveillées, ni dans celles de l'État placées sous le contrôle d'un service distinct du service de gestion, ni dans les établissements nationaux où s'effectuent des travaux que la sécurité publique oblige à tenir secrets. Dans ces divers cas, les fonctionnaires chargés de la surveillance ou du contrôle de ces établissements ou entreprises et, en ce qui concerne les exploitations minières, les délégués à la sécurité des ouvriers mineurs, transmettent au juge de paix, pour être joint au procès-verbal d'enquête, un exemplaire de leur rapport.

Sauf les cas d'impossibilité matérielle dûment constatés dans le procès-verbal, l'enquête doit être close dans le plus bref délai et, au plus tard, dans les dix jours à partir de l'accident. Le juge de paix avertit, par lettre recommandée, les parties de la clôture de l'enquête et du dépôt de la minute au greffe, où elles pourront, pendant un délai de cinq jours, en prendre connaissance et s'en faire délivrer une expédition, affranchie du timbre et de l'enregistrement. À l'expiration de ce délai de cinq jours, le dossier de l'enquête est transmis au président du tribunal civil de l'arrondissement.

ART. 14. — Sont punis d'une amende de un à quinze francs (1 à 15 fr.) les chefs d'industrie ou leurs préposés qui ont contrevenu aux dispositions de l'article 11.

En cas de récidive dans l'année, l'amende peut être élevée de seize à trois cents francs (16 à 300 fr.).

L'article 463 du code pénal est applicable aux contraventions prévues par le présent article.

TITRE III. — *Compétence. Juridictions. Procédure. Révision.*

ART. 15. — Les contestations entre les victimes d'accidents et les chefs d'entreprise, relatives aux frais funéraires, aux frais de maladie ou aux indemnités temporaires, sont jugées en dernier ressort par le juge de paix du canton où l'accident s'est produit, à quelque chiffre que la demande puisse s'élever.

ART. 16. — En ce qui touche les autres indemnités prévues par la présente loi, le président du tribunal de l'arrondissement convoque, dans les cinq jours à partir de la transmission du dossier, la victime ou ses ayants droit et le chef d'entreprise, qui peut se faire représenter.

S'il y a accord des parties intéressées, l'indemnité est définitivement fixée par l'ordonnance du président, qui donne acte de cet accord.

Si l'accord n'a pas lieu, l'affaire est renvoyée devant le tribunal, qui statue comme en matière sommaire, conformément au titre XXIV du livre II du code de procédure civile.

Si la cause n'est pas en état, le tribunal sursoit à statuer et l'indemnité temporaire continuera à être servie jusqu'à la décision définitive.

Le tribunal pourra condamner le chef d'entreprise à payer une provision (1), sa décision

---

(1) Dans une rédaction antérieure de cet article, le dernier alinéa précédait celui qui est actuellement l'avant-dernier et il en résultait que l'octroi d'une provision n'était possible que lorsque, l'affaire étant en état, le tribunal pouvait statuer au fond.

De la rédaction actuelle, il résulterait, tout au contraire, que la provision ne pourrait être exclusivement allouée par le tribunal que lorsque la cause *ne serait pas en état.*

Mais il ressort des échanges d'explications qui ont eu lieu au Sénat qu'en réalité la provision peut être accordée, s'il y a lieu, par le tribunal *dans tous les cas.*

« Nous allons intervertir l'ordre des paragraphes, a dit le président de la commission... : *de cette façon,* il ne pourra plus y avoir aucune hé-

sur ce point sera exécutoire nonobstant appel.

Art. 17. — Les jugements rendus en vertu de la présente loi sont susceptibles d'appel selon les règles du droit commun. Toutefois, l'appel devra être interjeté dans les quinze jours de la date du jugement s'il est contradictoire et, s'il est par défaut, dans la quinzaine à partir du jour où l'opposition ne sera plus recevable.

L'opposition ne sera plus recevable en cas de jugement par défaut contre partie, lorsque le jugement aura été signifié à personne, passé le délai de quinze jours à partir de cette signification.

La cour statuera d'urgence dans le mois de l'acte d'appel. Les parties pourront se pourvoir en cassation.

Art. 18. — L'action en indemnité prévue par la présente loi se prescrit par un an à dater du jour de l'accident.

Art. 19. — La demande en revision de l'indemnité fondée sur une aggravation ou une atténuation de l'infirmité de la victime ou son décès par suite des conséquences de l'accident, est ouverte pendant trois ans à dater de l'accord intervenu entre les parties ou de la décision définitive.

Le titre de pension n'est remis à la victime qu'à l'expiration des trois ans.

Art. 20. — Aucune des indemnités déterminées par la présente loi ne peut être attribuée à la victime qui a intentionnellement provoqué l'accident.

Le tribunal a le droit, s'il est prouvé que l'accident est dû à une faute inexcusable de l'ouvrier, de diminuer la pension fixée au titre Iᵉʳ.

Lorsqu'il est prouvé que l'accident est dû à la faute inexcusable du patron ou de ceux qu'il s'est substitués dans la direction (1), l'indemnité pourra être majorée, mais sans que la rente ou le total des rentes allouées puisse dépasser soit la réduction soit le montant du salaire annuel.

Art. 21. — Les parties peuvent toujours, après détermination du chiffre de l'indemnité due à la victime de l'accident, décider que le service de la pension sera suspendu et remplacé, tant que l'accord subsistera, par tout autre mode de réparation,

Sauf dans le cas prévu à l'article 3, paragraphe A, la pension ne pourra être remplacée par le payement d'un capital que si elle n'est pas supérieure à 100 francs.

Art. 22. — Le bénéfice de l'assistance judiciaire est accordé de plein droit (2), sur le visa du procureur de la République, à la victime de l'accident ou à ses ayants droit (3), devant le tribunal (4).

A cet effet, le président du tribunal adresse au procureur de la République, dans les trois jours de la comparution des parties prévue par l'article 16, un extrait de son procès-verbal de non-conciliation ; il y joint les pièces de l'affaire.

Le procureur de la République procède comme il est prescrit à l'article 13 (paragraphes 2 et suivants) de la loi du 22 janvier 1851.

Le bénéfice de l'assistance judiciaire s'étend de plein droit aux instances devant le juge de paix, à tous les actes d'exécution mobilière et immobilière, et à toute contestation incidente à l'exécution des décisions judiciaires.

Titre IV. — *Garanties.*

Art. 23. — La créance de la victime de l'accident ou de ses ayants droit relative aux frais médicaux, pharmaceutiques et funéraires, ainsi qu'aux indemnités allouées à la suite de l'incapacité temporaire de travail, est garantie par le privilège de l'article 2101 du code civil et y sera inscrite sous le nᵒ 6.

Le payement des indemnités pour incapacité permanente de travail ou accidents suivis de mort est garanti conformément aux dispositions des articles suivants.

Art. 24. — A défaut, soit par les chefs d'entreprise débiteurs, soit par les sociétés d'assurances à primes fixes ou mutuelles, ou les syndicats de garantie liant solidairement tous leurs adhérents, de s'acquitter, au moment de leur exigibilité, des indemnités mi-

---

sitation sur l'interprétation de l'article, dont le *dernier paragraphe sera applicable à tous les cas* » (*séance du 4 mars 1898*).

(1) « Actuellement, les employés qui ont commis une faute ayant causé l'accident sont responsables à l'égard du chef d'entreprise et peuvent être condamnés à des réparations... La loi nouvelle supprime en réalité cette responsabilité, puisque, même dans le cas d'une faute inexcusable de leur part, les employés conservent encore le droit à une indemnité réduite. Ils ne seront donc plus exposés qu'aux conséquences de leurs fautes in-

tentionnelles, c'est-à-dire de leurs crimes ou de leurs délits » (*Rapport de M. Thévenet au Sénat*).

(2) « Le président du tribunal chargé de constater l'accord des parties ou de les renvoyer à l'audience devra transmettre au procureur de la République les pièces de l'affaire et celui-ci remplira les formalités prescrites par la loi du 22 janvier 1851 sur l'assistance judiciaire. Il fera désigner l'huissier pour signifier les actes, un avoué et un avocat pour soutenir les intérêts du demandeur. Il est, en effet, impossible de procéder autrement, bien que l'assistance judiciaire soit accordée de plein droit, les agents du fisc devant être prévenus et la défense du demandeur assurée gratuitement » (*Rapport de M. Thévenet au Sénat*).

(3) La loi ne prévoit pas d'exception : bien que l'assistance judiciaire soit, en principe, réservée aux plaideurs présumés indigents, elle pourrait être théoriquement revendiquée ici par des ingénieurs ou des directeurs d'usines ayant des appointements considérables, puisque, jusqu'à concurrence de 2.400 fr., ils bénéficient de la loi.

(4) L'assistance judiciaire n'est point acquise, de plein droit, « a la victime ou à ses représentants devant les cours d'appel ou de cassation, car une semblable disposition pourrait donner lieu a des abus. Devant ces juridictions, le droit commun sera appliqué, c'est-à-dire que les bureaux d'assistance judiciaire institués par la loi de 1851 statueront sur chaque demande » (*Rapport de M. Thévenet au Sénat*).

ses à leur charge à la suite d'accidents ayant entraîné la mort ou une incapacité permanente de travail, le payement en sera assuré aux intéressés par les soins de la caisse nationale des retraites pour la vieillesse, au moyen d'un fonds spécial de garantie constitué comme il va être dit et dont la gestion sera confiée à ladite caisse.

ART. 25. — Pour la constitution du fonds spécial de garantie, il sera ajouté au principal de la contribution des patentes des industriels visés par l'article 1er, quatre centimes (0 fr.04) additionnels. Il sera perçu sur les mines une taxe de cinq centimes (0 fr. 05) par hectare concédé.

Ces taxes pourront, suivant les besoins, être majorées ou réduites par la loi de finances.

ART. 26. — La caisse nationale des retraites exercera un recours contre les chefs d'entreprise débiteurs, pour le compte desquels des sommes auront été payées par elle, conformément aux dispositions qui précèdent.

En cas d'assurance (1) du chef d'entreprise, elle jouira, pour le remboursement de ses avances, du privilège de l'article 2102 du code civil sur l'indemnité due par l'assureur et n'aura plus de recours contre le chef d'entreprise.

Un règlement d'administration publique déterminera les conditions d'organisation et de fonctionnement du service conféré par les dispositions précédentes à la caisse nationale des retraites et, notamment, les formes du recours à exercer contre les chefs d'entreprise débiteurs ou les sociétés d'assurances et les syndicats de garantie, ainsi que les conditions dans lesquelles les victimes d'accidents ou leurs ayants droit seront admis à réclamer à la caisse le payement de leurs indemnités (2).

---

(1) Le fait, pour le chef d'entreprise, de contracter une « assurance » le libère ainsi définitivement. Il substitue à sa responsabilité celle de l'assureur et, subsidiairement, en cas d'insolvabilité de celui-ci, la responsabilité du réassureur, c'est-à-dire de l'État.

Mais, bien que le législateur n'ait pas songé à le spécifier formellement, il semble indiscutable que cette libération définitive ne peut être revendiquee qu'a deux conditions :

A. Il faut d'abord que le chef d'entreprise ait contracté son assurance, non pas dans des *conditions quelconques*, mais dans l'une des conditions limitativement prévues par la loi, c'est-à-dire soit auprès d'une compagnie d'assurance dûment assujettie à la surveillance et au contrôle administratifs prevus par l'article 27, soit auprès d'une mutualité ou d'un syndicat de garantie constitués et surveillés dans les termes du même article.

B. Il ne saurait suffire, d'autre part, malgre le silence de la loi, que le chef d'entreprise ait contracté une assurance pour une *somme quelconque*, et ait assuré des indemnités ou des rentes peut-être derisoires. Il faut évidemment que son assurance se trouve adequate aux obligations aléatoires que la loi lui imposait.

(2) Ainsi que cela a été établi au Sénat, c'est le règlement d'administration publique « qui donnera la *procédure* à suivre pour constater le non-paiement à l'époque d'exigibilité et les formalités à remplir pour obtenir le paiement par l'État » (*séance du 19 mars 1898*).

Les décisions judiciaires n'emporteront hypothèque que si elles sont rendues au profit de la caisse des retraites exerçant son recours contre les chefs d'entreprises ou les compagnies d'assurances.

ART. 27. — Les compagnies d'assurances mutuelles ou à primes fixes contre les accidents, françaises ou étrangères, sont soumises à la surveillance et au contrôle de l'État et astreintes à constituer des réserves ou cautionnements dans les conditions déterminées par un règlement d'administration publique.

Le montant des réserves ou cautionnements sera affecté par privilège au payement des pensions et indemnités.

Les syndicats de garantie seront soumis à la même surveillance et un règlement d'administration publique déterminera les conditions de leur création et de leur fonctionnement.

Les frais de toute nature résultant de la surveillance et du contrôle seront couverts au moyen de contributions proportionnelles au montant des réserves ou cautionnements, et fixés annuellement, pour chaque compagnie ou association, par arrêté du ministre du commerce.

ART. 28. — Le versement du capital représentatif des pensions allouées en vertu de la présente loi ne peut être exigé des débiteurs.

Toutefois, les débiteurs qui désireront se libérer en une fois pourront verser le capital représentatif de ces pensions à la caisse nationale des retraites, qui établira à cet effet, dans les six mois de la promulgation de la présente loi, un tarif tenant compte de la mortalité des victimes d'accidents et de leurs ayants droit.

Lorsqu'un chef d'entreprise cesse son industrie, soit volontairement, soit par décès, liquidation judiciaire ou faillite, soit par cession d'établissement, le capital représentatif des pensions à sa charge devient exigible de plein droit et sera versé à la caisse nationale des retraites. Ce capital sera déterminé au jour de son exigibilité, d'après le tarif visé au paragraphe précédent.

Toutefois, le chef d'entreprise ou ses ayants droit peuvent être exonérés du versement de ce capital, s'ils fournissent des garanties qui seront à déterminer par un règlement d'administration publique.

TITRE V. — *Dispositions générales.*

ART. 29. — Les procès-verbaux, certificats, actes de notoriété, significations, jugements et autres actes faits ou rendus en vertu et pour l'exécution de la présente loi, sont délivrés gratuitement, visés pour timbre et enregistrés gratis lorsqu'il y a lieu à la formalité de l'enregistrement.

Dans les six mois de la promulgation de la présente loi, un décret déterminera les émoluments des greffiers de justice de paix pour leur assistance et la rédaction des actes de

notoriété, procès-verbaux, certificats, significations, jugements, envois de lettres recom-
mandées, extraits, dépôts de la minute d'enquête au greffe, et pour tous les actes nécessités par l'application de la présente loi, ainsi
que les frais de transport auprès des victimes
et d'enquête sur place.

ART. 30. — Toute convention contraire à la
présente loi est nulle de plein droit (1).

ART. 31. — Les chefs d'entreprise sont tenus,
sous peine d'une amende de un à quinze francs
(1 à 15 fr.), de faire afficher dans chaque atelier la présente loi et les règlements d'administration relatifs à son exécution (2).

En cas de récidive dans la même année,
l'amende sera de seize à cent francs (16 à
100 fr.).

Les infractions aux dispositions des articles 11 et 31 pourront être constatées par les
inspecteurs du travail.

ART. 32. — Il n'est point dérogé aux lois,
ordonnances et règlements concernant les
pensions des ouvriers, apprentis et journaliers
appartenant aux ateliers de la marine et celles
des ouvriers immatriculés des manufactures
d'armes dépendant du ministère de la
guerre.

ART. 33. — La présente loi ne sera applicable que trois mois après la publication officielle des décrets d'administration publique
qui doivent en régler l'exécution.

ART. 34. — Un règlement d'administration
publique déterminera les conditions dans lesquelles la présente loi pourra être appliquée
à l'Algérie (3) et aux colonies.

---

(1) Cette nullité atteint, non seulement les
conventions qui, antérieurement à l'accident, dé-
rogeraient aux conditions impératives de la loi,
mais aussi aux *transactions* qui, l'accident survenu, opéreraient un règlement définitif moins
favorable à l'ouvrier que les dispositions légales.
Ce point a été nettement éclairci dans la discussion à la Chambre (*séance du 28 octobre 1897*).

(2) Bien que le texte soit formel, on a quelque
peine à comprendre en quoi l'affichage des « règlements d'administration publique » pourra
éclairer utilement les ouvriers.
Ces divers règlements sont appelés, en effet, à
déterminer, non les droits des ouvriers à l'encontre des chefs d'entreprise, mais les droits de
l'Etat à l'égard des compagnies, mutualités ou
syndicats d'assurance et les conditions de dispense
des versements en capital : dans tous les cas, les
ouvriers sont désintéressés de la question, puisque l'Etat leur est garant du paiement.

(3) Cette formule impérative semble impliquer
l'application *obligatoire* de la loi en *Algérie*, sauf
modifications dans les conditions de cette application.
Mais il semble résulter de la discussion au
Sénat que le législateur a entendu remettre, en
réalité, au gouvernement le soin d'apprécier, en
Conseil d'Etat, non seulement dans quelles conditions nouvelles la loi pourrait être adaptée à l'Algérie, mais même *si* cette adaptation était effectivement réalisable.
« La Commission, disait le rapporteur, s'est
préoccupée, en ce qui touche l'Algérie, de savoir
si la loi pouvait être appliquée. Elle s'est convain-
cue que cette application y rencontrerait de très
grandes difficultés. En Algérie, le nombre des

Réparation des accidents maritimes. —

*Loi du 21 avril 1898 (4), ayant pour objet la
création d'une caisse de prévoyance (5) entre les
marins français contre les risques et accidents
de leur profession.*

TITRE Ier. — *Constitution, ressources,*
charges de la caisse.

ART. 1er. — Il est créé au profit des marins
français une caisse nationale de prévoyance
contre les risques et accidents de leur profession, annexée à la caisse des invalides, mais
ayant son existence indépendante.

Font obligatoirement et exclusivement partie de cet établissement tous les inscrits maritimes à partir de l'âge de dix ans.

ART. 2. — La caisse est revêtue de la personnalité civile.

Elle est alimentée :

1° Par la cotisation des participants ;

2° Par les apports des propriétaires ou armateurs de navires ou bateaux ;

3° Par les dons ou legs des particuliers et
par les subsides éventuels des départements,
des communes, des établissements publics et
des associations ;

4° Lorsqu'il y a lieu, par des avances de
l'Etat non productives d'intérêts, fixées conformément aux dispositions de l'article 14.

Les dons, legs et subsides peuvent être acceptés alors même qu'ils ont pour affectation
spéciale la concession d'indemnités, secours
ou pensions supplémentaires dans des cas déterminés ou au profit de régions expressément désignées.

ART. 3. — Les cotisations à verser par les
inscrits maritimes sont fixées à la moitié des
taxes perçues sur leurs gains et salaires, en
faveur de la caisse des invalides de la marine,
sans toutefois que ces cotisations puissent

---

indigènes employés dans les industries est considérable et, comme ces indigènes sont régis par
la loi musulmane, vous pouvez apprécier les impossibilités d'application de l'article 3 du projet
actuel. C'est pour cela que nous demandons au
Sénat de *réserver la question* » (*séance du 19 mars
1898*).
Il semble que la même réserve a dû s'appliquer
implicitement aux *colonies.*

(4) Autant a été prolongée, comme on l'a vu
ci-dessus, la préparation de la loi sur la réparation des accidents industriels, autant a été pré-
cipitée celle de la loi relative à la réparation des
accidents maritimes, qui s'inspire d'ailleurs de
principes tout différents.
Le projet de loi a été déposé à la Chambre par
le gouvernement le 29 mars 1898 (n° 3183). Rapporté par M. Le Myre de Villers le 2 avril (n° 3213),
il a été voté, sans discussion, le 4 avril.
Transmis au Sénat le 5 avril et rapporté par
M. Toulier le 6 avril, en séance, il a été adopté
définitivement le même jour, sans discussion.

(5) Le projet gouvernemental visait la création
d'une « *Caisse d'assurances mutuelles* entre les
marins français contre les risques et accidents de
leur profession ».
La Commission de la Chambre a substitué à ce
titre celui de *Caisse de prévoyance*, en faisant observer que les pensions prévues n'étaient pas
proportionnelles aux versements effectués et ne re-
présentaient point une assurance proprement dite.

excéder deux francs (2 fr.) par mois pour les inscrits appartenant aux deux dernières catégories du tarif faisant suite à la présente loi.

Art. 4. — Les propriétaires ou armateurs de bateaux armés pour le long cours, le cabotage, la grande et la petite pêche, le pilotage et le bornage, ainsi que les propriétaires de bâtiments de plaisance munis de rôles d'équipage, sont assujettis au versement d'une cotisation égale au montant de celle acquittée par leurs équipages.

Par exception, les patrons propriétaires de bateaux se livrant à la petite pêche, au pilotage ou au bornage, qui montent eux-mêmes lesdits bateaux, ne sont assujettis qu'au versement des cotisations annuelles fixées comme il suit :

1° Pour les bateaux exerçant la navigation exclusivement dans la partie maritime des fleuves, rivières, étangs ou canaux aboutissant à la mer et dans l'intérieur des ports et bassins, trois francs (3 fr.) par homme ;

2° Pour les bâtiments et embarcations pratiquant la petite pêche, le bornage ou le pilotage en mer, quatre francs (4 fr.) par homme (1).

Art. 5. — Les inscrits maritimes qui sont atteints de blessures ou de maladies ayant leur cause directe dans un accident ou un risque de leur profession survenu pendant la durée de leur dernier embarquement sur un navire français et les mettant dans l'impossibilité absolue et définitive de continuer la navigation, ont droit à une pension viagère dite « demi-solde d'infirmité », fixée conformément au tarif annexé à la présente loi (2).

Si l'impossibilité de continuer la navigation n'est pas définitive, ils reçoivent une indemnité temporaire ou renouvelable calculée d'après le taux annuel prévu audit tarif.

Art. 6. — Ont également droit à une pension fixée conformément au tarif susvisé les veuves des inscrits maritimes qui sont tués ou périssent par suite des causes et dans les conditions prévues à l'article précédent, ou qui meurent des conséquences des blessures ou des maladies énoncées audit article, pourvu que le mariage soit antérieur à l'origine desdites blessures ou maladies.

____

(1) « Ces patrons étant déjà astreints, comme inscrits, à la taxe de 1 1/2 pour cent sur leurs gains, il a paru équitable de ne les assujettir qu'à une cotisation réduite de 3 ou 4 francs et par chaque homme employé » (*Exposé des motifs*).

(2) « Tout marin atteint de blessures ou de maladie ayant sa cause directe dans un accident ou un risque reconnu professionnel, survenu pendant la durée de son dernier embarquement et le mettant dans l'impossibilité absolue et définitive de continuer la navigation, aura droit à une pension viagère. Cette pension est dite *demi-solde d'infirmités*, pour marquer sa relation et sa différence avec la *demi-solde d'ancienneté de services*, et faire ressortir son caractère de demi-solde anticipée, c'est-à-dire de pension donnée au marin sans condition d'âge ou de temps de navigation » (*Exposé des motifs*).

Si la femme titulaire de la pension instituée par le présent article se remarie et redevient veuve, elle ne peut prétendre, du chef de son second mari, à une deuxième pension de même nature que la première, à moins qu'elle ne renonce à celle dont elle jouissait déjà.

Ont droit à la même pension les veuves de marins morts en possession d'une des pensions déterminées par l'article 5, si le mariage est antérieur à l'accident ou à la maladie qui a déterminé l'octroi de cette pension.

La pension n'est jamais acquise à la femme divorcée ou contre laquelle a été prononcée la séparation de corps.

Art. 7. — Après le décès du père et de la mère ou lorsque la mère veuve se trouve, conformément au dernier paragraphe de l'article 6, déchue de ses droits à la pension, les orphelins des inscrits décédés dans les conditions su-définies ou en possession d'une demi-solde d'infirmité, reçoivent, quel que soit leur nombre, et jusqu'à ce que le plus jeune ait accompli l'âge de seize ans, un secours annuel unique de taux égal à celui de la pension que leur mère avait ou aurait obtenue.

Est également, et dans les mêmes conditions, dévolue, comme secours annuel, aux orphelins du père, la pension de veuve demeurée libre par suite de l'option exercée conformément au paragraphe 2 de l'article précédent. Toutefois, les arrérages du secours annuel sont, dans ce cas, payables à la mère tutrice des orphelins.

Les enfants naturels reconnus avant l'origine de la blessure ou de la maladie d'où procède le droit participent au secours dans la même mesure que les enfants légitimes.

À mesure que les aînés atteignent l'âge de seize ans, leur part est reversée sur les plus jeunes.

En cas de coexistence d'orphelins de différents lits venant en concurrence entre eux ou avec la veuve, la division du secours a lieu comme en matière de demi-solde, sous la réserve de la disposition énoncée au deuxième paragraphe du présent article.

Art. 8. — Il est alloué aux inscrits et veuves titulaires des pensions et indemnités accordées en vertu des articles 5 et 6 ci-dessus, pour chacun de leurs enfants âgés de moins de dix ans, un supplément annuel déterminé par le tarif annexé à la présente loi, à moins que, se trouvant en possession d'une demi-solde ou d'une pension dérivée de la demi-solde, ils ne reçoivent déjà ce supplément

Art. 9. — Lorsque les inscrits maritimes visés à l'article 5 ne laissent après eux ni veuves ni orphelins, un secours annuel et viager dont le taux est déterminé par le tarif annexé à la présente loi est accordé à chacun de leurs ascendants au premier degré.

En cas de prédécès de l'un des ascendants ou de décès consécutif des deux ascendants au premier degré, le secours qui aurait été ou a été attribué à chacun des ascendants décédés est reporté sur les ascendants de degrés supérieurs de la même branche s'il en existe ; il est partagé également entre ces derniers, avec reversion sur le ou les survivants.

Les secours déterminés par le présent article ne sont payés qu'aux ascendants âgés d'au moins soixante ans et qui auraient eu droit à une pension alimentaire. En outre, le même ascendant ne peut être titulaire de plus d'un des secours accordés en vertu du présent article.

Art. 10. — Les pensions et allocations accordées en vertu des articles précédents sont réduites de moitié, si les ayants droit jouissent déjà soit d'une pension militaire ou civile ou d'un secours d'orphelins payés sur les fonds de l'Etat, soit d'une demi-solde ou d'une pension de secours d'orphelins dérivée de la demi-solde.

Art. 11. — Les dispositions ci-dessus ne font pas obstacle à ce que l'inscrit, ses ayants cause ou la caisse nationale de prévoyance subrogée à leurs droits demandent directement, suivant les principes et règles du droit commun, des indemnités aux personnes responsables des faits intentionnels ou fautes lourdes ayant déterminé la réalisation des accidents ou risques dont lesdits inscrits auront été victimes.

Les indemnités qui, dans ce cas, auront été consenties par les intéressés ou imposées par les tribunaux compétents viendront en déduction des sommes à payer en vertu de la présente loi.

Art. 12. — Les pensions et autres allocations accordées en vertu de la présente loi sont incessibles et insaisissables.

Elles prennent cours :

Pour les inscrits, du jour où ils ont cessé de recevoir leurs salaires, conformément a l'article 262 du Code de commerce ;

Pour les veuves, les orphelins et les ascendants, du jour du décès qui y ouvre des droits ou, en cas de disparition à la mer, du jour des dernières nouvelles.

Art. 13. — La demi-solde d'infirmités est rayée si, à quelque époque que ce soit, le titulaire embarque à titre professionnel sur un navire ou bateau de commerce ou de pêche, ou sur un bâtiment de plaisance pourvu d'un rôle d'équipage.

Art. 14. — Le payement des pensions, secours et indemnités à la charge de la caisse de prévoyance est garanti au moyen de la constitution annuelle du capital présumé nécessaire pour servir, jusqu'à leur extinction, les allocations accordées en vertu de la présente loi pendant l'année écoulée.

Ce capital est calculé en appliquant au montant des pensions et secours concédés pendant l'année les règles suivies par la caisse nationale des retraites, et en ajoutant au produit ainsi obtenu la somme des indemnités allouées et des frais d'administration dépen-

sés pendant ladite année. Il est réalisé dans la caisse de l'institution au moyen :

1° Des trois premières espèces de recette prévues à l'article 2 et afférentes à l'année, à l'exclusion toutefois des dons, legs et subsides ayant une affectation spéciale et supplémentaire ;

2° S'il y a lieu, d'un prélèvement sur le fonds de réserve constitué en vertu de l'article 15 de la présente loi ;

3° En cas d'insuffisance de ces ressources, d'avances remboursables de l'Etat égales au déficit.

Art. 15. — Lorsque le produit des ressources ordinaires de la caisse dépasse le chiffre du capital nécessaire, l'excédent constitue une réserve destinée à couvrir, jusqu'à due concurrence, les déficits qui pourraient se produire ultérieurement et à rembourser les avances de l'Etat.

Lorsque le montant de cette réserve vient à atteindre un million et demi de francs (1,500,000 francs) net, la cotisation à verser par les inscrits maritimes en vertu de l'article 3 peut être réduite dans la proportion nécessaire pour ne pas augmenter la réserve au delà de ce chiffre. Les versements à effectuer par les propriétaires ou armateurs de bâtiments et patrons propriétaires de bateaux, en exécution de l'article 4, sont réduits dans la même proportion.

Si le fonds de réserve vient à tomber au-dessous de cinq cent mille francs (500,000 francs), les contributions énumérées au précédent paragraphe sont relevées dans une proportion commune en vue de ramener ce fonds à son maximum.

Art. 16. — Si le produit des ressources énumérées aux alinéas numérotés 1° et 2° de l'article 14 ne suffisent pas pour constituer le capital nécessaire et que l'Etat soit obligé de parfaire le déficit au moyen d'avances, ces avances devront, préalablement a toute réduction des cotisations et des versements des participants, être remboursées à l'Etat, lorsque les recettes viendront à l'emporter sur les charges.

En cas de succession de déficits annuels ayant entraîné des avances de l'Etat, le taux des cotisations ou versements pourra être momentanément relevé dans la proportion nécessaire pour mettre la caisse à même d'équilibrer ses recettes et ses charges, sans que toutefois ce relèvement puisse excéder un tiers des contributions exigées des participants en conformité des articles 3 et 4.

Art. 17. — Le taux des réductions et des relèvements des cotisations ou versements prévus aux articles 15 et 16, de même que le montant des remboursements à l'Etat, sont fixés par décrets rendus sur la proposition des ministres de la marine et des finances, sur avis conforme du conseil d'administration institué par l'article 19. Les modifications de taux sont applicables à partir du 1er janvier de l'année qui suit le décret qui les prononce.

Titre II — *Administration de la caisse, dispositions diverses.*

Art. 18. — Le ministre de la marine est chargé de la gestion de la caisse de prévoyance, avec le concours des fonctionnaires et agents ayant l'administration et la gestion de la caisse des invalides de la marine.

Le contrôle financier de l'institution appartient à la commission supérieure de l'établissement des invalides.

Art. 19. — Il est créé au ministère de la marine un conseil d'administration spécial de la caisse de prévoyance.

Ce conseil est composé :

1° Des membres titulaires de la commission supérieure des invalides ;

2° D'un nombre d'inscrits maritimes et d'armateurs égal à celui des membres de la commission précitée, pris par moitié dans chacune de ces deux catégories et nommés, par décret, pour une durée de trois ans.

Il est spécialement consulté sur l'emploi et le placement des fonds de la caisse et donne son avis sur les questions et projets relatifs à l'organisation et à la réglementation de l'institution.

Art. 20. — Le calcul des cotisations à percevoir en conformité des articles 3 et 4 a pour base les rôles de désarmement des navires et embarcations dressés par l'administration de la marine.

La réglementation relative au recouvrement des droits dus à la caisse des invalides de la marine est appliquée pour la perception des cotisations.

Art. 21. — Pour faire valoir ses titres à l'une des allocations prévues dans l'article 5, l'inscrit doit, sous peine de déchéance, adresser au commissaire de l'inscription maritime, dans le délai de deux mois qui suit son débarquement ou son retour en France, s'il est débarqué à l'étranger ou aux colonies, une demande écrite ou verbale dont il lui est donné récépissé.

La même demande, dont il est également donné récépissé, doit, sous peine de déchéance, être adressée dans le délai d'un an à partir du jour de la mort de l'inscrit, ou dans le délai de deux ans à partir du jour de ses dernières nouvelles, s'il a disparu en mer, par les veuves, orphelins, ascendants ou tuteurs qui invoquent le bénéfice des articles 6 à 10. Dans le cas de disparition, la demande est instruite dès la décision du ministre de la marine établissant la disparition du marin ou la perte corps et biens du bâtiment ou de l'embarcation qu'il montait.

Un règlement d'administration publique déterminera les justifications à produire pour l'établissement du droit, ainsi que les délais dans lesquels ces justifications devront être présentées. En ce qui concerne la demi-solde d'infirmité, l'instruction comportera la visite par la commission spéciale instituée par l'article 1er de la loi du 11 avril 1881 et la constatation par cette commission que l'état de l'impétrant provient des causes et produit les conséquences spécifiées à l'article 5.

Art. 22. — Les demi-soldes d'infirmité, les pensions de veuves et les secours aux orphelins ou ascendants qui en dérivent sont accordés suivant la procédure en vigueur pour la concession de la demi-solde.

L'indemnité temporaire est accordée par décision du ministre, après enquête administrative et pour une durée qui ne pourra excéder six mois.

Au delà de ce terme, elle peut, sur avis conforme de la commission de visite instituée par l'article 1er de la loi du 11 avril 1881, être transformée, par décision du ministre, en une indemnité renouvelable de six mois en six mois, chaque renouvellement ayant lieu après enquête. Au bout de trois années à partir de la décision ministérielle spécifiée au précédent paragraphe, cette indemnité renouvelable est supprimée ou convertie, après une nouvelle visite, en demi-solde d'infirmité, conformément à l'article précédent.

Art. 23. — Les fonds de la caisse de prévoyance sont employés en rentes sur l'État, en valeurs du Trésor et en obligations garanties par l'État.

Art. 24. — Il est tenu à l'administration centrale de l'établissement des invalides un grand livre sur lequel sont enregistrés les pensions et secours annuels au fur et à mesure de leur constitution.

Un certificat d'inscription formant titre est délivré à l'ayant droit.

Art. 25. — Les arrérages des pensions viagères et des secours annuels de la caisse de prévoyance sont payés par trimestre sur la production d'un certificat de vie.

Art. 26. — Les pensions et secours annuels sont rayés du grand livre après trois ans de non-réclamation des arrérages, sans que leur rétablissement donne lieu à aucun rappel d'arrérages antérieurs à la réclamation.

La même déchéance est applicable aux héritiers ou ayants cause des pensionnaires qui n'auront pas produit les justifications de leurs droits dans les trois ans qui suivront la date du décès de leur auteur.

Les arrérages de pension non payés, mais réclamés dans les trois ans qui ont suivi le décès du pensionnaire, ne sont plus passibles que de la prescription quinquennale.

Art. 27. — Les actes de l'état civil, les certificats de notoriété et autres pièces relatives à l'exécution de la présente loi sont délivrés gratuitement par les maires ou par les syndics des gens de mer, et dispensés des droits de timbre et d'enregistrement.

Art. 28. — Les règles en vigueur en ce qui concerne la liquidation et le payement des pensions dites de demi-solde sont applicables aux pensions et secours annuels concédés sur la caisse de prévoyance pour tout ce qui n'est pas spécifié par la présente loi.

Art. 29. — La caisse de prévoyance supporte les dépenses spéciales d'administration qu'entraîne son fonctionnement.

Art. 30. — La présente loi est applicable à l'Algérie, à la Martinique, à la Guadeloupe, à la Réunion, à la Guyane, aux îles Saint-Pierre et Miquelon et à toutes autres colonies où serait légalement organisée l'inscription maritime.

Elle deviendra exécutoire à partir du 1er janvier qui suivra la date de la promulgation de la présente loi.

Tarif des demi-soldes d'infirmité, des pensions et des secours, pour l'exécution de la loi du 21 avril 1898.

DÉSIGNATION	PENSION des inscrits (art. 5) en cas de :		PENSION des veuves ou secours annuels aux orphelins (art. 6 et 7) en cas de :		SECOURS annuels aux ascendants (art. 9) en cas de :		SUPPLÉMENT ANNUEL pour enfant âgé de moins de 10 ans (art. 8)
	non-cumul	cumul	non-cumul	cumul	non-cumul	cumul	
Capitaines au long cours, mécaniciens de 1re et de 2e classe dirigeant pendant leur dernier embarquement une machine d'une force nominale de 300 chevaux au moins............	300 fr.	150 fr.	250 fr.	125 fr.	125 fr.	62 fr. 50	36 fr.
Inscrits maritimes titulaires du brevet de pilote d'une station de mer, de patron breveté pour la pêche d'Islande, de maître au cabotage, de mécanicien de 1re ou de 2e classe..............	270 »	135 »	220 »	110 »	110 »	55 » »	24 »
Inscrits maritimes non titulaires de l'un des brevets ci-dessus et embarqués en dernier lieu comme officiers au long cours, au cabotage ou à la grande pêche, ou comme patrons d'embarcations exerçant la petite pêche au large................................	240 »	120 »	200 »	100 »	100 »	50 » »	24 »
Inscrits maritimes ne se trouvant dans aucune des catégories ci-dessus.....	204 »	102 »	192 »	96 »	96 »	48 » »	24 »

Sociétés de secours mutuels. — *Loi du 1er avril 1898, relative aux sociétés de secours mutuels* (1).

TITRE I er. — *Dispositions communes à toutes les sociétés.*

Art. 1er. — Les sociétés de secours mutuels sont des associations de prévoyance qui se proposent d'atteindre un ou plusieurs des buts suivants : assurer à leurs membres par-

---

(1) Cette loi remonte à une proposition d'initiative parlementaire déposée à la Chambre par M. Hippolyte Maze le 19 novembre 1881 « sur les sociétés de secours mutuels considérées en elles mêmes et dans leurs rapports avec la Caisse nationale des retraites pour la vieillesse » et à un projet de loi « sur les sociétés de secours mutuels » déposé par le gouvernement le 18 mars 1882 et modifié le 1er juillet suivant.

Voté avec des changements successifs à la Chambre en 1883, au Sénat en 1886, à la Chambre en 1889, au Sénat en 1892, il revint à la Chambre la même année, mais ne put être adopté avant la fin de la législature.

Il a été repris au début de la législature qui vient de finir, sous forme de proposition de loi, par M. Audiffred, le 3 décembre 1893 (n° 80). Rapportée à nouveau par son auteur le 23 novembre 1894 (n° 1010) et le 24 janvier 1896 (n° 1754), cette proposition vint en première délibération devant la Chambre les 7 mars, 30 mai et 1er juin 1896 et en deuxième délibération les 21 mai, 28 mai et 4 juin 1897.

Transmise au Sénat le 11 juin 1897 (n° 159), elle fut rapportée par M. Lourties le 23 décembre 1897 (n° 100) et discutée les 10 février, 11 février et 15 février 1898.

Renvoyée à la Chambre le 19 février 1898 n° 3053), elle a été rapportée par M. Audiffred le 10 mars 1898 (n° 3117) et votée définitivement, sans discussion, le 22 mars.

Fruit d'une longue étude et de nombreuses transactions, la législation nouvelle n'est peut-être pour contenter ni les partisans du laissez-faire charitable dans des sociétés fraternelles, ni ceux de la péréquation rigoureuse des engagements et des ressources dans de véritables sociétés d'assurances.

Qu'il suffise, sans discussion, d'en signaler à grands traits les dispositions principales.

1° Elle soustrait les sociétés de secours mutuels à l'arbitraire administratif.

La création des sociétés n'est plus subordonnée qu'à des conditions de publicité.

Les sociétés dites « autorisées » deviennent des sociétés « libres ».

Les sociétés « approuvées » tiennent leur approbation, non de la faveur, mais de leur régularité même et cette approbation peut être, au besoin, obtenue par voie contentieuse.

Le pouvoir de dissolution est transféré de l'autorité administrative à l'autorité judiciaire.

2° Elle élargit le champ d'action des sociétés, particulièrement en matière de retraites ;

3° Elle donne aux sociétés la personnalité civile

licipants et à leurs familles des secours en cas de maladie, blessures (1) ou infirmités, leur

---

et, pour les sociétés approuvées, étend considérablement la liberté des placements de fonds.

4° Elle autorise les sociétés a se fédérer pour l'organisation de services communs, notamment pour des opérations à long terme, et à se constituer en *unions*.

5° Elle fait une place importante à l'initiative des femmes.

Elle reconnaît aux femmes mariées le droit de créer des sociétés ou d'y adhérer, sans l'autorisation de leurs maris, et, moyennant cette autorisation, de les administrer.

6° Elle prescrit l'établissement des tables de mortalité et de morbidité qui, malgré l'injonction de l'article 7 du décret du 26 mars 1852, manquent encore à la mutualité française.

7° Elle admet l'assurance mutuelle contre le chômage, c'est-à-dire éventuellement contre la grève.

8° Elle consolide, au profit des mutualistes et à la charge de l'État, un taux de capitalisation supérieur à l'intérêt normal des capitaux.

(1 Faisant allusion, dans la dernière discussion à la Chambre, à la Circulaire du Ministre de l'Intérieur du 15 déc. 1897 (reproduite au *Numéro du 4e trimestre* 1897, *page* 121), M. Ricard a exprimé le regret de voir qu'on engageait les sociétés de secours mutuels « à modifier leurs statuts et à y introduire une clause leur permettant d'intenter des procès soit à leurs membres, soit aux industriels dans les établissements desquels les ouvriers auraient été blessés, et cela à l'effet de se faire rembourser les indemnités qu'elles auraient payées. Cette circulaire, ajoutait-il, est doublement inopportune. D'abord, elle ne répond pas au but auquel tendent les sociétés de secours mutuels. En second lieu, elle arrive à un très mauvais moment. Il y aura lieu de refaire les statuts modèles des sociétés de secours mutuels. La loi sur les accidents prévoit l'intervention directe des sociétés de secours mutuels. Il est à souhaiter que le plus grand nombre des industriels, dans leur intérêt et dans l'intérêt de la concorde avec leurs ouvriers, affilient ceux-ci à des sociétés de secours mutuels. La loi leur permettra de s'exonérer, par ce moyen, du payement des frais médicaux et des indemnités temporaires. Ils éviteront ainsi toutes les contestations. Tout le monde a le plus grand intérêt à ce que les difficultés et les procès disparaissent le plus possible. »

Le Ministre de l'Intérieur a répondu que la Circulaire visée serait, « non pas annulée », comme le demandait M. Ricard, mais « rendue inutile, d'abord par le vote de la loi sur les sociétés de secours mutuels » et ensuite « par le vote de la loi sur les accidents ». Il annonçait en même temps son « intention de substituer à la première une nouvelle circulaire », dans laquelle seraient indiqués les statuts modèles.

(2) « Malheureusement, observait M. Lourties dans son Rapport au Sénat, l'assurance collective en cas de décès, telle qu'elle est organisée par la loi de 1868, n'a guère été goûtée des mutualistes.

« C'est ainsi que soixante-sept sociétés approuvées seulement, comprenant un ensemble de 14.314 membres participants, ont contracté à leur profit, du 1er janvier au 31 décembre 1895, des assurances collectives en cas de décès. La moyenne générale des sommes assurées pendant cette période, au décès de chaque membre participant, a été de 296 fr. 48, et le montant total des sommes payées par les sociétés assurées tant à titre de prime principale que comme primes complémentaires, s'est élevé à 93.397 fr. 65. »

Et le Rapporteur souhaitait de la part des sociétés de secours mutuels « un nouvel effort pour assurer à leurs membres participants un capital payable au décès ou des rentes au profit de la famille survivante. »

(3 La législation nouvelle, comme le remar-

constituer des pensions de retraites, contracter à leur profit des assurances individuelles ou collectives en cas de vie, de décès (2) ou d'accidents, pourvoir aux frais des funérailles et allouer des secours aux ascendants, aux veufs, veuves ou orphelins des membres participants décédés (3).

Elles peuvent, en outre, accessoirement, créer au profit de leurs membres des cours professionnels, des offices gratuits de placements et accorder des allocations en cas de chômage (4), à la condition qu'il soit pourvu à

---

quait M. Lourties, rapporteur, dans la discussion au Sénat, « donne la qualification de sociétés de secours mutuels, non seulement aux sociétés qui organisent au préalable l'assurance sur les maladies, comme le prescrit le décret de 1852, mais aussi aux sociétés qui s'occupent exclusivement des pensions de retraite, et en cela d'ailleurs elle ne fait que consacrer un fait existant, dû uniquement à la tolérance dont ces sociétés ont bénéficié depuis 1872 ».

« Si on se rapporte au régime établi par la loi du 15 juillet 1850, modifié par le décret du 26 mars 1852 et par celui du 26 avril 1856.., on se demande, ajoutait M. Lourties, comment les sociétés de secours mutuels ont pu atteindre le chiffre qu'elles ont aujourd'hui, avec un pareil abus de réglementation et un luxe aussi excessif de précautions, qui témoignent de la suspicion dans laquelle l'Empire tenait toutes les associations, même les associations mutuelles. La vérité, c'est que, depuis la troisième République, la mutualité française a vécu, en réalité, sous un régime de tolérance qui n'a pas été étranger à son prodigieux développement Cet apprentissage de la liberté, plus ou moins encouragé et favorisé suivant les milieux et suivant le plus ou moins de libéralisme des représentants de l'autorité chargés de surveiller l'application des lois, a permis aux sociétés de secours mutuels, non seulement de prendre un essor exceptionnel..., mais aussi de donner des preuves irrécusables de la sage gestion et de la vitalité de ces associations. Aussi serait-ce un anachronisme et une injustice à la fois que de les laisser plus longtemps sous le régime d'une tutelle étroite, que rien ne justifie plus longtemps. »

(4) « On s'est demandé si cette disposition ne serait pas de nature à créer de sérieuses difficultés aux sociétés de secours mutuels, et peut-être à entraîner la ruine d'un certain nombre de ces associations. Le chômage est un fait d'ordre économique ; il est influencé par une foule de facteurs qu'il est fort difficile de prévoir et de déterminer. C'est la Caisse d'épargne qui apparaît tout naturellement comme la caisse de prévoyance du chômage, à défaut d'organisation par les syndicats professionnels.

« Passe encore s'il ne s'agissait que du chômage involontaire, du chômage périodique, par exemple. Mais comment en décider ? Comment savoir s'il est le fait de l'ouvrier ou celui du patron ?

« Ces objections ne sont pas sans avoir des fondements sérieux. Mais la Commission, après en avoir longuement délibéré, a pensé que, si la mutualité en vue du chômage n'avait aucune chance de s'établir dans les sociétés composées de sociétaires de professions différentes, entre ouvriers qui travaillent et ouvriers qui, pour une raison ou une autre, ne travaillent pas, elle pouvait cependant rendre quelques services dans les sociétés professionnelles, dans les sociétés composées d'ouvriers du bâtiment, par exemple, où le chômage, pendant l'hiver, est plus ou moins long selon les rigueurs de la saison ....

« Il est bien entendu, d'ailleurs, qu'en aucun cas et sous aucun prétexte les allocations en cas

ces trois ordres de dépenses au moyen de cotisations ou de recettes spéciales (1).

Art. 2. — Ne sont pas considérées comme sociétés de secours mutuels les associations qui, tout en organisant, sous un titre quelconque, tout ou partie des services prévus à l'article précédent, créent, au profit de telle ou telle catégorie de leurs membres et au détriment des autres, des avantages particuliers (2). Les sociétés de secours mutuels sont tenues de garantir à tous leurs membres participants les mêmes avantages sans autre distinction que celle qui résulte des cotisations fournies et des risques apportés.

Art. 3. — Les sociétés de secours mutuels peuvent se composer de membres participants et de membres honoraires ; les membres honoraires payent la cotisation fixée ou font des dons à l'association sans prendre part aux bénéfices attribués aux membres parti-

cipants ; mais les statuts peuvent contenir des dispositions spéciales pour faciliter leur admission, au titre de membres participants, à la suite de revers de fortune.

Les femmes peuvent faire partie des sociétés et en créer (3) : les femmes mariées exercent ce droit sans l'assistance de leur mari ; les mineurs peuvent faire partie de ces sociétés sans l'intervention de leur représentant légal.

L'administration et la direction des sociétés de secours mutuels ne peuvent être confiées qu'à des Français majeurs, de l'un ou l'autre sexe, non déchus de leurs droits civils ou civiques, sous réserve, pour les femmes mariées, des autorisations de droit commun.

Les sociétés de secours mutuels constituées entre étrangers ne peuvent exister qu'en vertu d'un arrêté ministériel toujours révocable. Par exception, elles peuvent choisir leurs administrateurs parmi leurs membres.

Les membres du conseil d'administration et du bureau des sociétés de secours mutuels seront nommés par le vote au bulletin secret.

Les administrateurs et directeurs ne pourront être choisis que parmi les membres participants et honoraires de la société.

Art. 4. — Un mois avant le fonctionnement d'une société de secours mutuels, ses fondateurs devront déposer en double exemplaire : 1° les statuts de ladite association ; 2° la liste des noms et adresses de toutes les personnes qui, sous un titre quelconque, seront chargées à l'origine de l'administration ou de la direction.

Le dépôt a lieu, contre récépissé, à la sous-préfecture de l'arrondissement où la société a son siège social, ou à la préfecture du département.

Le maire de la commune en est informé immédiatement par les soins du préfet ou du sous-préfet.

Un extrait des statuts sera inséré dans le recueil des actes de la préfecture.

Tout changement dans les statuts ou dans la direction sera notifié et publié selon les formes indiquées ci-dessus.

Art. 5 — Les statuts déterminent :

1° Le siège social, qui ne peut être situé ailleurs qu'en territoire français ;

2° Les conditions et les modes d'admission et d'exclusion, tant des membres participants que des membres honoraires ;

3° La composition du bureau et du conseil d'administration, le mode d'élection de leurs membres, la nature et la durée de leurs pou-

---

de chômage ne pourront jamais être prélevées sur les fonds consacrés à la maladie, a la vieillesse, aux accidents et aux décès, et qu'il n'y sera pourvu qu'au moyen de cotisations spéciales, sous peine pour les administrateurs et le directeur d'encourir les pénalités édictées par les articles 406 et 408 du Code penal » (*Rapport de M. Lourties, au Sénat*).

(1) Le rapporteur au Sénat a spécifié que les sociétés de secours mutuels avaient également le droit, « quoique l'énumération n'en fasse pas mention, de créer parallèlement des *Caisses de prêts sur l'honneur*, comme il en existe dans quelques sociétés ».

(2) Cette disposition a eu pour but d'exclure des avantages reserves aux sociétés mutualistes « un certain nombre de sociétés qui n'ont, a la vérité, de la mutualité que le nom, telles que les *Prévoyants de l'avenir*, la *France prévoyante*, le *Grain de blé*, et autres sociétés similaires, pires encore, l'*Avenir du prolétariat* par exemple. La les fondateurs se sont fait une situation privilégiée, même léonine, au détriment des adherents qui se groupent, en trop grand nombre helas, autour d'eux.....

« Il ne saurait en être question dans un projet de loi sur la mutualité : agir autrement serait encourager des associations qui n'ont de la philanthropie que le nom. Nous laissons à l'administration compétente le soin de prendre à leur égard telles mesures qu'elle jugera nécessaires et, en particulier, celle qui consiste à les mettre dans l'obligation, dans un delai determine, de modifier leurs statuts et de se transformer en véritables sociétés mutualistes » (*Rapport de M. Lourties au Sénat*).

En attendant, comme le remarquait M. Audiffred dans son dernier rapport a la Chambre, « elles seront regies par les arrêtés qui les ont autorisées ».

Le Ministre de l'interieur, dans la discussion au Sénat (*séance du 15 février* 1898), avait en effet donne cette interprétation au vote : « Le gouvernement, disait-il sur l'article 37, entendra que le Sénat a voulu dire que ces sociétés continueront à vivre sous le regime qui les regit aujourd'hui et qu'elles continueront a bénéficier des avantages qui leur ont été reconnus par leurs statuts ».

Et le rapporteur, laissant aussi au ministère de l'intérieur la responsabilité de leur fonctionnement ultérieur, ajoutait : « Elles ont été organisées par arrêté du Ministre de l'intérieur ; c'est à l'autorité compétente qui les a créées à fixer le *modus vivendi* qui leur est applicable. Quant à nous, notre rôle se borne à n'en pas connaître dans une loi sur les sociétés de secours mutuels proprement dites. »

(3) Il est nécessaire, disait le rapporteur au Sénat. « de favoriser de plus en plus l'accès de la mutualité à la femme, l'agent par excellence de l'épargne dans le menage, et à l'enfant, le mutualiste de l'avenir... Pour l'année 1895, sur 7.696 sociétés approuvées on en compte : 5.326 composées exclusivement d'hommes ; 2.143 comprenant des hommes et des femmes ; 227 composées exclusivement de femmes ».

voirs ; les conditions du vote à l'assemblée générale et du droit pour les sociétaires de s'y faire représenter ;

4° Les obligations et les avantages des membres participants ;

5° Le montant et l'emploi des cotisations des membres, soit honoraires, soit participants, les modes de placement et de retrait des fonds ;

6° Les conditions de la dissolution volontaire de la société ;

7° Les bases de la liquidation à intervenir si la dissolution a lieu ;

8° Le mode de conservation des documents intéressant la société ;

9° Le mode de constitution des retraites pour lesquelles il n'a pas été pris d'engagement ferme et dont l'importance est subordonnée aux ressources de la société ;

10° L'organisation des retraites garanties(1), et spécialement la fixation de leur quotité et de l'âge de l'entrée en jouissance ;

11° Les prélevements à opérer sur les cotisations pour le service spécial des retraites, lorsque, conformément à la clause précédente, les cotisations des membres honoraires ou participants devront être affectées pour partie a la constitution de retraites garanties, que ce soit au moyen d'un fonds commun ou de livrets individuels ouverts au nom des sociétaires.

Art. 6. — Lorsque l'assemblée générale sera convoquée, les pouvoirs dont les sociétaires seront porteurs, si les statuts autorisent le vote par procuration, pourront être donnés sous seing privé et seront affranchis de tous droits de timbre et d'enregistrement; ils seront déposés au siège social.

Les contestations sur la validité des opérations électorales sont portées, dans le délai de quinze jours à dater de l'élection, devant le juge de paix du siège de la société. Elles sont introduites par simple déclaration au greffe (2).

Le juge de paix statue, dans les quinze jours de cette déclaration, sans frais ni forme de procédure et sur simple avertissement donné trois jours à l'avance à toutes les parties intéressées.

La décision du juge de paix est en dernier ressort, mais elle peut être déférée à la cour de cassation. Le pourvoi n'est recevable que s'il est formé dans les dix jours de la notification de la décision. Il est formé par simple requête déposée au greffe de la justice de paix et dénoncée aux défendeurs dans les dix jours qui suivent. Il est dispensé du ministère d'un avocat à la cour et jugé d'urgence sans frais ni amende.

Les pièces et mémoires fournis par les parties sont transmis sans frais par le greffier de la justice de paix au greffier de la cour de cassation (3). La chambre civile de cette cour statue directement sur le pourvoi.

Tous les actes sont dispensés du timbre et enregistrés gratis.

Art. 7. — Dans les trois premiers mois de chaque année, les sociétés de secours mutuels doivent adresser, par l'intermédiaire des préfets, au ministre de l'intérieur, et dans les formes qui seront déterminées par lui, la statistique de leur effectif, du nombre et de la nature des cas de maladie de leurs membres, telle qu'elle est prescrite par la loi du 30 novembre 1892.

Art. 8. — Il peut être établi entre les sociétés de secours mutuels, en conservant d'ailleurs à chacune d'elles son autonomie, des unions, ayant pour objet notamment :

a) L'organisation, en faveur des membres participants, des soins et secours énumérés dans l'article 1er, notamment la création de pharmacies, dans les conditions déterminées par les lois spéciales sur la matière ;

b) L'admission des membres participants qui ont changé de résidence ;

c) Le règlement de leurs pensions viagères de retraite ;

d) L'organisation d'assurances mutuelles pour les risques divers auxquels les sociétés se sont engagées à pourvoir, notamment la création de caisses de retraites (4) et d'assurances communes à plusieurs sociétés pour les opérations à long terme et les maladies de longue durée ;

e) Le service des placements gratuits.

Art. 9. — Les sociétés de secours mutuels

---

(1) « Les pensions éventuelles sont des rentes dont le montant et l'attribution dépendent des ressources disponibles et du nombre des candidats ; elles sont un simple secours ou une libéralité accordée aux membres les plus âgés, tandis que la jouissance des retraites garanties constitue un droit pour les membres participants. Aussi la rente doit-elle être d'une quotité déterminée et être servie à tout sociétaire remplissant les conditions d'âge et de stage prévues par les statuts » (*Rapport de M. Lourties au Sénal*).

(2) Les contestations « sont introduites par simple déclaration au greffe : il est sous-entendu que c'est *par les parties intéressées* » (*Rapport de M. Lourties au Sénal*).

(3) « La transmission s'opère, cela va de soi, par l'intermédiaire du Parquet, afin d'éviter les frais de poste » *Rapport de M. Lourties au Sénal*).

(4) Cette disposition, disait M. Lourties dans son rapport au Sénat, a l'avantage de permettre « la création de caisses de retraites *autonomes*, dont le premier bienfait sera de restreindre dans une certaine mesure, nous l'espérons, l'afflux des capitaux dans les caisses de l'État ».

Mais, comme l'observait justement M. Cuvinot dans la discussion au Sénat, ce vœu semble d'avance infirmé par la promesse d'intérêt de faveur contenue dans l'article 21 de la loi : « Si l'on paye 4 1/2 0/0, avec la sécurité absolue qui s'attache à la Caisse des dépôts et consignations, il n'y aura pas de caisses autonomes, de sorte que la liberté que l'on a voulu donner aux sociétés de secours mutuels disparait, qu'elle est absolument inutile. Toutes les sociétés de secours mutuels iront, sous forme de sociétés de secours mutuels approuvées, sous la tutelle de M. le ministre de l'intérieur » sont admises à contracter des assurances, soit en cas de décès, soit en cas d'accidents, aux caisses d'assurances instituées par la loi du 11 juillet 1868, en se conformant aux prescriptions des articles 7 et 15 de ladite loi.

Ces assurances peuvent se cumuler avec les assurances individuelles.

Art. 10. — Les infractions aux dispositions de la présente loi seront poursuivies contre les administrateurs ou les directeurs et punies d'une amende de 1 à 15 francs inclusivement.

Si une société est détournée de son but de société de secours mutuels, et si, trois mois après un avertissement donné par arrêté du préfet du département, cette société persiste à ne pas se conformer aux prescriptions de la présente loi ou aux dispositions de ses statuts, la dissolution pourra en être prononcée par le tribunal civil de l'arrondissement.

Le ministère public introduira l'action en dissolution par un mémoire présenté au président du tribunal, énonçant les faits et accompagné des pièces justificatives ; ce mémoire sera notifié au président de la société avec assignation à jour fixe.

Le tribunal jugera en audience publique, sur les réquisitions du procureur de la République, le président de la société entendu ou régulièrement appelé.

Le jugement sera susceptible d'appel.

L'assistance de l'avoué ne sera obligatoire ni en première instance ni en appel.

En cas de fausse déclaration faite de mauvaise foi ou de toutes autres manœuvres tendant à dissimuler, sous le nom de sociétés de secours mutuels, des associations ayant un autre objet, les juges de répression auront la faculté de prononcer la dissolution à la requête du ministère public. Les administrateurs et directeurs seront passibles d'une amende de 16 à 500 fr. (1)

Art. 11. — La dissolution volontaire d'une société de secours mutuels ne peut être prononcée que dans une assemblée convoquée à cet effet par un avis indiquant l'objet de la réunion et à la condition de réunir à la fois une majorité des deux tiers des membres présents et la majorité des membres inscrits.

En cas de dissolution par les tribunaux, le jugement désigne un administrateur chargé de procéder à la liquidation définitive.

Aucun encaissement de cotisations autres que celles échues au jour de la liquidation ne peut plus être effectué.

Communication sera faite à l'administrateur des livres, registres, procès-verbaux et pièces de toute nature : la communication

aura lieu sans déplacement, sauf le cas où le tribunal en aurait ordonné autrement.

La liquidation s'opérera conformément aux statuts ; elle sera homologuée sans frais par le tribunal, à la diligence du procureur de la République.

Art. 12. — Les secours, pensions, contrats d'assurances, livrets, et généralement toutes sommes et tous titres à remettre par les sociétés de secours mutuels à leurs membres participants, sont incessibles et insaisissables jusqu'à concurrence de 360 francs par an pour les rentes et de 3,000 francs pour les capitaux assurés.

Art. 13. — Les sociétés de secours mutuels ayant satisfait aux prescriptions des articles précédents ont le droit d'ester en justice, tant en demandant qu'en défendant, par le président ou par le délégué ayant mandat spécial à cet effet, et peuvent obtenir l'assistance judiciaire aux conditions imposées par la loi du 22 janvier 1851.

Art. 14. — Les sociétés de secours mutuels se divisent en trois catégories :

1° Les sociétés libres ;

2° Les sociétés approuvées ;

3° Les sociétés reconnues comme établissements d'utilité publique.

Titre II. — Des sociétés libres.

Art. 15. — Les sociétés libres et unions de sociétés libres peuvent recevoir et employer les sommes provenant des cotisations des membres honoraires et participants, et généralement faire des actes de simple administration ; elles peuvent posséder des objets mobiliers, prendre des immeubles à bail pour l'installation de leurs divers services.

Elles peuvent, avec l'autorisation du préfet, recevoir des dons et legs mobiliers.

Toutefois, si la libéralité est faite à une société dont la circonscription comprend des communes situées dans des départements différents, il est statué par un décret. S'il y a réclamation des héritiers du testateur, il est statué par un décret du Président de la République, le Conseil d'État entendu.

Lorsque l'emploi des dons et legs n'est pas déterminé par le donateur ou testateur, cet emploi sera prescrit par l'arrêté ou le décret d'autorisation, en exécution de l'article 4 de l'ordonnance du 2 avril 1817.

Les sociétés libres ne peuvent acquérir des immeubles. sous quelque forme que ce soit, à peine de nullité, sauf les immeubles exclusivement affectés à leurs services. Elles ne peuvent, à peine de nullité, recevoir des dons ou legs immobiliers qu'à la charge de les aliéner et d'obtenir l'autorisation mentionnée au paragraphe 3 ci-dessus. La nullité sera prononcée en justice, soit sur la demande des parties intéressées, soit d'office, sur les réquisitions du ministère public.

Titre III. — Des sociétés approuvées.

Art. 16. — Les sociétés de secours mutuels

---

(1) « En résumé, lorsqu'il s'agit d'une société détournée de son but de société de secours mutuels, c'est la juridiction civile qui intervient ; c'est la juridiction correctionnelle, lorsqu'il s'agit de fausses déclarations faites de mauvaise foi » (Rapport de M. Lourties au Sénat).

et les unions de sociétés prévues à l'article 8, qui auront fait approuver leurs statuts par arrêté ministériel, auront tous les droits accordés aux sociétés libres et unions de sociétés libres et jouiront des avantages concédés par les articles suivants.

L'approbation ne peut être refusée que dans les deux cas suivants :

1° Pour non-conformité des statuts avec les dispositions de la loi ;

2° Si les statuts ne prévoient pas des recettes proportionnées aux dépenses, pour la constitution des retraites garanties ou des assurances en cas de vie, de décès ou d'accident (1).

L'approbation ou le refus d'approbation doit avoir lieu dans le délai de trois mois. Le refus d'approbation doit être motivé par une infraction aux lois et notamment aux dispositions du paragraphe 4 du présent article.

En cas de refus d'approbation, un recours peut être formé devant le Conseil d'État. Ce recours sera dispensé de tout droit ; il pourra être formé sans ministère d'avocat.

Tout changement dans les statuts d'une société approuvée doit être l'objet d'une nouvelle demande d'approbation, et aucune modification statutaire ne peut être mise à exécution si elle n'a pas été préalablement approuvée.

Il sera procédé, pour les changements dans les statuts, comme en matière de statuts primitifs, pour tout ce qui concerne les dépôts, les délais et les recours.

Art. 17. — Les sociétés de secours mutuels approuvées pourront, sous réserve de l'autorisation du Conseil d'État, recevoir des dons et legs immobiliers.

Les immeubles compris dans un acte de donation ou dans une disposition testamentaire, que les sociétés n'auront pas été autorisées à conserver, seront aliénés dans les délais et la forme prescrits par le décret qui en autorise l'acceptation ; le délai pourra, en cas de nécessité, être prorogé.

Les sociétés de secours mutuels et les unions approuvées prévues à l'article 8 peuvent être autorisées, par décret rendu en conseil d'État, à acquérir les immeubles nécessaires soit à leurs services d'administration, soit à leur service d'hospitalisation.

Art. 18. — Les communes sont tenues de fournir aux sociétés approuvées qui le deman-

dent les locaux nécessaires à leurs réunions (2), ainsi que les livrets et registres nécessaires à l'administration et à la comptabilité (3). En cas d'insuffisance des ressources des communes, cette dépense est mise à la charge des départements. Dans le cas où la société s'étend sur plusieurs communes ou sur plusieurs départements, cette obligation incombe d'abord à la commune dans laquelle est établi le siège social, ensuite au département auquel appartient cette commune.

Dans les villes où il existe une taxe municipale sur les convois, il est accordé aux sociétés approuvées remise des deux tiers des droits sur les convois dont elles peuvent avoir à supporter les frais, aux termes de leurs statuts.

Art. 19. — Tous les actes intéressant les sociétés approuvées sont exempts des droits de timbre et d'enregistrement.

Sont également exempts du droit de timbre de quittance les reçus de cotisations des membres honoraires ou participants, les reçus des sommes versées aux pensionnaires, ainsi que les registres à souches qui servent au payement des journées de maladies.

Cette disposition n'est pas applicable aux transmissions de propriété, d'usufruit ou de jouissance de biens meubles et immeubles, soit entre vifs, soit par décès.

Conformément aux articles 19 de la loi du 11 juillet 1868 et 24 de la loi du 20 juillet 1886, les certificats, actes de notoriété et autres pièces exclusivement relatives à l'exécution des lois précitées et de la présente loi seront dé-

---

(1) On « subordonne l'approbation des statuts aux deux seules conditions : 1° de leur conformité avec les dispositions de la présente loi 2° de la justification des recettes correspondant aux dépenses prévues pour la constitution des retraites garanties ou des assurances en cas de vie, de décès ou d'accident. — Dans ces conditions, on ne comprend pas comment les sociétés libres pourraient hésiter un seul instant à demander l'approbation, qui est de droit, à des conditions si simples et si modestes, et qui leur confère, avec la jouissance de la personnalité civile, le droit aux subventions de l'État » (*Rapport de M. Lourties au Sénat*)

(2) « Pas de difficulté pour le local ; c'est le plus souvent, presque toujours, une salle de la mairie. En tout cas, c'est la commune qui choisit le local, et la société de secours mutuels doit s'en contenter, s'il remplit les conditions nécessaires pour sa destination. Dans le cas contraire, elle a un recours gracieux devant le préfet, et elle peut, en outre, attaquer au contentieux l'arrêté municipal qui fixe le local. En effet, cet arrête viole un *droit acquis*, puisque la société a droit au *local nécessaire* pour ses réunions et qu'on ne lui donne pas un local remplissant ces conditions. C'est là une question de fait» (*Rapport de M. Lourties au Sénat*).

(3) « En ce qui concerne l'obligation pour la commune de fournir les livrets, elle est précisée par l'arrêté ministériel du 15 avril 1883 Cet arrêté a eu pour objet de régler l'accomplissement de la prescription de l'article 9 d'une manière uniforme et de déterminer *la nature et le modèle* des livrets et registres qui seront donnés aux sociétés de secours mutuels par les communes et les départements (*Circulaire du 25 avril 1883*). Plusieurs modèles sont annexés à l'arrêté et sous la lettre D se trouve le modèle du livret.

« Si la commune a fourni un livret conforme au modèle ou remplissant les mêmes conditions, elle s'est acquittée de ses obligations et la société, demain comme aujourd'hui, ne peut rien réclamer. » On a pu « trouver dans cette obligation une charge relativement lourde pour les budgets communaux ; mais on a fait observer qu'en cas d'insuffisance c'était au département que la dépense incombait, et qu'en outre les communes trouvaient la contre-partie de ce sacrifice dans la diminution des charges d'assistance communale » *Rapport de M. Lourties au Sénat*

livrés gratuitement et exempts des droits de timbre et d'enregistrement.

Art. 20. — Les placements des sociétés de secours mutuels approuvées doivent être effectués en dépôt aux caisses d'épargne, à la Caisse des dépôts et consignations, en rentes sur l'État, bons du Trésor ou autres valeurs créées ou garanties par l'État, en obligations des départements et des communes, du Crédit foncier de France ou des compagnies françaises de chemins de fer qui ont une garantie d'intérêts de l'État.

Les sociétés de secours mutuels approuvées pourront, en outre, posséder et acquérir des immeubles jusqu'à concurrence des trois quarts de leur avoir, les vendre et les échanger.

Pour être valables, ces opérations devront être votées à la majorité des trois quarts des voix par une assemblée générale extraordinaire composée au moins de la moitié des membres de la société, présents ou représentés.

Les titres et valeurs au porteur appartenant aux sociétés de secours mutuels approuvées seront déposés à la Caisse des dépôts et consignations, qui sera chargée de l'encaissement des arrérages, coupons et primes de remboursement de ces titres, et en portera le montant au compte de dépôt de chaque société.

Art. 21. — Les sociétés de secours mutuels approuvées sont admises à verser des capitaux à la Caisse des dépôts et consignations (1) :

1° En compte courant disponible (2) ;

2° En un compte affecté pour toute la durée de la société à la formation et à l'accroissement d'un fonds commun inaliénable.

Le fonds commun de retraites existant au jour de la promulgation de la loi ne peut être supprimé.

Il peut être placé soit à la Caisse des dépôts et consignations, soit en valeurs ou immeubles, conformément aux articles 17 et 20, soit à la caisse des retraites.

Pour l'avenir, les statuts de chaque société déterminent si elle entend user de cette faculté de constituer un fonds commun (3) et dans quelles conditions ; ils règlent les moyens de l'alimenter, qu'il s'agisse d'un fonds commun conservé ou d'un fonds commun à créer. Ils décident notamment si la société devra verser à ce fonds, en totalité ou en partie, les subventions de l'État, les dons et legs, les cotisations des membres honoraires et les autres ressources disponibles.

Le compte courant et le fonds commun portent intérêt à un taux égal à celui de la caisse nationale des retraites pour la vieillesse.

La différence entre le taux fixé par le paragraphe précédent et le taux de 4 1/2 p. 100, déterminé par le décret-loi du 26 mars 1852 et le décret du 26 avril 1856, sera versée, à titre de bonification, à chaque société de secours mutuels approuvée ou reconnue d'utilité publique, en raison de son avoir à la Caisse des dépôts et consignations (fonds libres et fonds de retraites), au moyen d'un crédit inscrit chaque année au budget du ministère de l'intérieur (4).

---

(1) « Les premiers paragraphes admettent les sociétés de secours mutuels approuvées à verser des capitaux à la Caisse des dépôts et consignations : en compte courant disponible, et en un compte affecté pour toute la durée de la société à la formation et à l'accroissement d'un fonds commun inaliénable. Cette disposition a l'avantage de permettre aux sociétés de verser les fonds dont elles disposent à la Caisse des dépôts et consignations, quelle que soit la situation de la caisse des sociétés, contrairement à ce qui se passe aujourd'hui dans certains cas, où les sociétés se voient refuser leurs versements sous prétexte que les fonds réunis dans leurs caisses ne dépassent pas 3.000 francs, si elles ont plus de 100 membres, ou 1.000 francs si elles ont moins de 100 membres. »

La Caisse des dépôts et consignations donne pour motif de son refus l'article 13 du décret-loi organique de 1852, qui dispose que « lorsque les fonds réunis dans la caisse d'une société de plus de 100 membres excéderont la somme de 3.000 fr., l'excédent sera versé à la Caisse des dépôts et consignations, et que, si la société est de moins de 100 membres, ce versement devra être opéré, lorsque les fonds réunis dans la caisse dépasseront 1.000 francs »

« Pas d'équivoque possible avec la législation nouvelle. Les sociétés de secours mutuels pourront désormais déposer à la Caisse des dépôts et consignations, soit *au fonds de dépôts* soit *au fonds de retraites,* tous les fonds qu'elles possèdent, *quelle qu'en soit l'importance* » (*Rapport de M. Lourties au Sénat*).

(2) Sur les dépôts des fonds disponibles des *Caisses de secours des ouvriers mineurs,* voir ci-après (p 173) la circulaire du Ministre des travaux publics du 25 avril 1898.

(3) « La question du maintien du fonds commun a été très controversée. Il n'est pas douteux, en effet, comme le fait justement observer un de nos plus savants actuaires, M. Marie, que.... la création des fonds sociaux ne peut être obtenue qu'au détriment des participants actuels, puisqu'elle est due aux économies réalisées sur les ressources disponibles : les sociétaires présents font ainsi, volontairement ou inconsciemment, œuvre de charité à l'égard des participants futurs ....

« Il n'est cependant pas possible d'y renoncer actuellement en France. Les mutualistes tiennent beaucoup à l'existence de ces fonds. En très grande majorité, ils les considèrent, à tort ou à raison, comme un lien nécessaire entre les participants et les sociétés. D'ailleurs, la plupart des associations existantes possèdent déjà un véritable fonds social inaliénable sous forme de fonds de retraites. Il serait bien difficile, pour ne pas dire impossible, de donner à ces capitaux considérables une nouvelle destination...

« Le fonds commun est maintenu à titre obligatoire pour le passé, mais il est facultatif pour l'avenir. La comparaison pratique des avantages du livret individuel avec les inconvénients du fonds commun déterminera seule les sociétés de secours mutuels dans le choix du meilleur système » (*Rapport de M. Lourties au Sénat*).

(4) Cet article « est, on peut le dire, le point culminant de la loi », ainsi que le reconnaissaient M. Lourties dans son rapport au Sénat et le Ministre de l'intérieur dans la discussion.

Il a donné lieu, dans le Parlement et en dehors

Les intérêts qui ne reçoivent pas d'emploi au cours de l'année sont capitalisés tous les ans.

La Caisse des dépôts et consignations aura la faculté de faire emploi des fonds versés aux comptes ci-dessus désignés, dans les mêmes conditions que pour les fonds des caisses d'épargne.

Art. 22. — Les pensions de retraites peuvent être constituées soit sur le fonds commun, soit sur le livret individuel qui appartient en toute propriété à son titulaire, à capital aliéné ou réservé.

Art. 23. — Les pensions de retraites alimentées par le fonds commun sont consti-

tuées à capital réservé au profit de la société. Elles sont servies directement par la société à l'aide des intérêts de ce fonds, ou par l'intermédiaire de la caisse nationale des retraites.

Pour bénéficier de ces pensions, les membres participants doivent être âgés d'au moins cinquante ans, avoir acquitté la cotisation sociale pendant quinze ans au moins et remplir les conditions statutaires fixées pour l'obtention de la pension.

Les sociétés qui constituent sur le fonds commun des pensions de retraites garanties sont tenues de produire, tous les cinq ans au moins, au ministre de l'intérieur, la situation de leurs engagements, éventuels ou liquides,

---

du Parlement, à de longues controverses sur la justice, la correction et l'opportunité d'une disposition qui, faisant violence au mouvement normal du loyer de l'argent, constitue l'État indéfiniment garant d'un taux d'intérêt factice.

Nous empruntons au rapport de M. Lourties le résumé des arguments en sens contraire qui, à cet égard, ont particulièrement retenu l'attention de la commission du Sénat :

« Le dernier paragraphe de l'article 13 du décret de 1852 obligeait les sociétés de secours mutuels à verser leurs fonds disponibles à la caisse des dépôts et consignations à un taux fixé à 4 1/2 0/0. Elles ont bénéficié de ce taux et elles en bénéficient encore aujourd'hui. — L'article 2 du décret organique du 26 avril 1856, qui a autorisé la constitution d'un fonds de retraites par les sociétés approuvées, dispose, de son côté, que « les sommes accordées sur les intérêts de la dotation, les sommes votées par les sociétés en vertu de l'article précédent (art. 1er) et le montant des dons et legs faits en vue d'accroître le fonds de retraite seront versés à la caisse des dépôts et consignations, où ils produiront intérêt conformément à l'article 13 du décret organique du 26 mars 1852. » C'était décider que l'intérêt de ce fonds serait égal à celui accordé aux capitaux déposés en compte courant, c'est-à-dire à 4 1/2 0/0. — Enfin, l'article 5 du décret de 1856 dit que « les pensions sont servies par la caisse générale des retraites pour la vieillesse »…..

« Quel parti prendre aujourd'hui ? Maintenir ce taux de 4 1/2 0/0, qui est en réalité un taux de faveur, conformément aux engagements pris par le législateur de 1852 et de 1856, ou le supprimer et réduire le taux d'intérêt à 3 1/2 0/0 pour le mettre en équivalence avec celui de la caisse nationale des retraites pour la vieillesse, quitte à chercher une nouvelle compensation dans une augmentation des subventions annuelles votées par le Parlement ? Là est toute la question.

« Les partisans des subventions prétendent qu'inscrire dans la loi la fixité du taux de l'intérêt servi aux pensions alimentaires pour les membres des sociétés de secours mutuels, c'est retomber dans tous les embarras auxquels on avait voulu échapper en 1886, en réduisant le taux d'intérêt de la caisse nationale des retraites pour la vieillesse, compromettre le fonctionnement de la caisse des dépôts et consignations, faire un saut dans l'inconnu, ouvrir la porte à toutes les spéculations, se mettre enfin dans l'impossibilité de calculer la charge de l'exercice suivant, puisque le déficit dépendra du nombre des déposants, de l'importance des dépôts et de la différence entre le taux réel et le taux fictif de 4 1/2 0/0 ; qu'il est préférable, à tous égards, de voter annuellement des subventions aussi élevées que possible et de les consacrer à la bonification des pensions en commençant par les plus humbles. En procédant ainsi, le Parlement y trouverait l'avantage de ne pas contracter d'engagements illimités sur lesquels il est tou-

jours regrettable de revenir, de mesurer exactement les sacrifices avec les besoins réels, de fermer la porte à la spéculation et de pouvoir enfin s'arrêter à temps, si la charge dépassait les ressources budgétaires disponibles. Il faut reconnaître que ces considérations ne sont pas sans valeur.

« À cela les partisans de la fixité légale répondent que l'État a pris des engagements formels à l'égard des sociétés de secours mutuels dans les décrets de 1852 et de 1856, en ce qui concerne le taux d'intérêt de 4 1/2 0/0 ; que ce taux a été maintenu jusqu'à ce jour à la caisse des dépôts et consignations, qu'il constitue un des termes du contrat intervenu entre les sociétés et l'État et qu'il représente en quelque sorte la rançon de leur liberté. Le taux de faveur n'est que la compensation des obligations particulières que l'approbation entraîne pour les sociétés.

« On fait observer aussi que les sociétés n'ont pas choisi leur régime financier ; elles l'ont subi tel qu'on le leur a imposé. Libres de leurs mouvements, elles auraient pu opérer des versements successifs à la caisse de la vieillesse et bénéficier ainsi jusqu'en 1886 des taux élevés de 4 1/2 et de 5 0/0 qu'elle a servis jusqu'à cette époque. Au contraire, on les a obligées à accumuler leur fonds de retraites à la caisse des dépôts et consignations jusqu'au jour où elles doivent constituer une pension au profit d'un de leurs membres. C'est alors qu'elles versent, d'un seul coup, en bloc, le montant intégral de cette pension, calculé d'après le taux en vigueur à ce moment, qui est de 3 1/2 0/0 aujourd'hui ; de là, pour les sociétés, un préjudice dont l'État leur doit la réparation…

« À cela on répond qu'il sera possible d'arriver, sinon au même résultat, du moins à un résultat approximatif, aussi bien avec le système des subventions qu'avec le régime de la fixité légale du taux de l'intérêt, et que le problème sera aussi bien résolu en corrigeant, au moyen des subventions, la baisse du taux d'intérêt de la caisse des dépôts et consignations, comme on a tenté de le faire pour la caisse des retraites pour la vieillesse ; qu'au surplus, le système de la fixité légale du taux de l'intérêt n'est au demeurant qu'une subvention déguisée et qu'il pourra fort bien venir un jour où l'aggravation des charges obligera le législateur à se départir de cette formule de la fixité. Il n'y a pas de loi organique dont les dispositions ne puissent être modifiées à un moment donné par la loi de finances. Témoin ce qui s'est passé pour la caisse nationale des retraites pour la vieillesse. C'est donc, ajoutent les partisans des subventions, bercer les mutualistes d'une espérance qui peut se changer en déception, que de leur laisser croire que le système de la fixité du taux d'intérêt de la caisse des dépôts et consignations a sur celui des subventions l'avantage de leur offrir une sécurité absolue au point de vue de l'avenir, en ce qui concerne le chiffre de leurs pensions. »

et des ressources correspondantes, en se conformant aux modèles qui leur sont fournis par l'administration compétente. Elles devront modifier, s'il y a lieu, leurs statuts d'après les résultats de ces inventaires au moins quinquennaux.

ART. 24. — Les pensions de retraites constituées par le livret individuel à l'aide de la caisse nationale des retraites ou d'une caisse autonome, sont formées, en conformité des statuts, au moyen de versements effectués par la société au compte de chacun de ses membres participants.

Ces versements proviennent :

1° De la cotisation spéciale que le sociétaire a lui-même acquittée en vue de la retraite, ou de la portion de la cotisation unique prélevée en vue de ce service ;

2° De tout ou partie des arrérages annuels du fonds commun inaliénable, s'il en existe un ;

3° Des autres ressources dont les statuts autorisent l'emploi en capital au profit des livrets individuels.

Les versements effectués par la société sur le livret individuel le sont à capital aliéné ou à capital réservé, au profit de la société, suivant que les statuts en auront décidé.

Quant aux versements qui proviennent des cotisations du membre participant, ils peuvent être, au choix de ce membre, faits à capital aliéné ou à capital réservé au profit de ses ayants droit.

Pour la liquidation des pensions de retraites constituées à capital aliéné et à jouissance immédiate par les sociétés de secours mutuels, les tarifs à la caisse nationale des retraites seront calculés jusqu'à quatre-vingts ans.

ART. 25. — En dehors des retraites garanties ou non garanties, constituées soit à l'aide des fonds communs, soit au moyen du livret individuel, dans les conditions prévues aux articles 23 et 24, les sociétés peuvent accorder à leurs membres des allocations, non pas viagères, mais annuelles, prises sur les ressources disponibles. Le montant en sera fixé chaque année par l'assemblée générale. Les titulaires sont désignés par elle, parmi les membres âgés de plus de cinquante ans et ayant acquitté la cotisation sociale au moins pendant quinze ans.

Les statuts déterminent les autres conditions que doivent remplir les bénéficiaires.

Le service de ces allocations annuelles s'effectue à l'aide des arrérages du fonds commun inaliénable ou des autres ressources disponibles.

Une indemnité pécuniaire, fixée également chaque année en assemblée générale et prélevée sur les fonds de réserve, peut être allouée aux membres participants devenus infirmes ou incurables avant l'âge fixé par les statuts pour être admissibles à la pension viagère de retraite.

ART. 26. — A partir de la promulgation de la présente loi, les arrérages des dotations et les subventions annuellement inscrites au budget du ministère de l'intérieur au profit des sociétés de secours mutuels seront employés à accorder à ces sociétés des allocations : 1° pour encourager la formation des pensions de retraites à l'aide du fonds commun ou du livret individuel ; 2° pour bonifier les pensions liquidées à partir du 1er janvier 1895 et dont le montant, y compris la subvention de l'Etat, ne sera pas supérieur à 360 francs (1) ; 3° pour donner, en raison du nombre de leurs membres, des subventions aux sociétés qui ne constituent pas de retraites.

Pour chacune de ces affectations, la répartition du crédit aura lieu dans les proportions et suivant les barèmes arrêtés par le ministre de l'intérieur, après avis du conseil supérieur.

Il sera, préalablement à toute répartition, opéré chaque année, sur les dotations et subventions, un prélèvement déterminé par le conseil supérieur, qui ne pourra dépasser 5 0/0 de l'actif total, pour venir en aide aux sociétés de secours mutuels qui, par suite d'épidémies ou de toute autre cause de force majeure, seraient momentanément hors d'état de remplir leurs engagements.

Les subventions de l'Etat, en vue de la re-

---

(1) On pouvait se demander si ces *bonifications* de pensions, attribuées depuis le vote de la loi de finances de 1894, étaient cumulables avec les *majorations* instituées par la loi du 31 décembre 1895 (Voir *Numéro du 2e trimestre* 1897, *page* 39).

Ce point a été tranché affirmativement par le Ministre de l'intérieur dans une dépêche rendue publique et ainsi conçue :

« Vous me demandez si les membres des sociétés de secours mutuels qui ont obtenu, en cette qualité, une pension de retraite déjà majorée par les soins de mon administration peuvent prétendre à une nouvelle majoration sur le crédit de 2 millions de francs, inscrit au budget du ministère du commerce et de l'industrie.

« Il y a lieu de distinguer ces deux espèces de majoration. Celle qui est accordée par mon département, sur un crédit actuel de 900.000 francs, est spéciale aux pensions des sociétés approuvées, elle est liquidée lors de la constitution de la rente viagère ; elle ne met pas obstacle à la nouvelle majoration allouée par prélèvement sur le crédit de 2 millions voté en faveur de tous les pensionnaires de la Caisse nationale des retraites pour la vieillesse, y compris les pensionnaires mutualistes réunissant certaines conditions.

« Par contre, une première majoration accordée sur le crédit de 2 millions par les soins de la Caisse des dépôts et consignations représentant le ministère du commerce et de l'industrie empêche toute majoration ultérieure sur le même crédit.

« C'est ainsi que doit être interprété le décret du 22 juin 1897, relatif à la répartition du crédit de 2 millions pendant l'exercice 1897.

« Dans la phrase « ceux qui n'ont pas reçu de rente supplémentaire en 1896 », cette rente supplémentaire n'est autre que celle provenant de la première répartition du crédit de 2 millions figuran au budget du commerce et de l'industrie » (28 *juillet* 1897.

traite par livret individuel, profiteront aux étrangers, lorsque leur pays d'origine aura garanti par un traité des avantages équivalents à nos nationaux.

Les pensions allouées sur le fonds commun ne pourront être servies aux étrangers que dans le cas où ils résideront en territoire français.

ART. 27. — Un règlement d'administration publique détermine les conditions et les garanties à exiger pour l'organisation des caisses autonomes que les sociétés ou les unions pourront constituer, soit pour servir des pensions de retraites, soit pour réaliser l'assurance en cas de vie, de décès ou d'accident et, d'une manière générale, toutes les mesures d'application destinées à assurer l'exécution de la loi.

Les fonds versés dans ces caisses devront être employés en rentes sur l'État, en valeurs du Trésor ou garanties par le Trésor, en obligations départementales ou en valeurs énumérées au paragraphe 1er de l'article 20.

La gestion de ces caisses sera soumise à la vérification de l'inspection des finances et au contrôle du receveur particulier de l'arrondissement du siège de la caisse.

La Caisse des dépôts et consignations est tenue d'envoyer, dans le courant du premier trimestre de chaque année, aux présidents des sociétés de secours mutuels ayant constitué des pensions de retraites en faveur de leurs membres participants, la liste des retraités qui, dans l'année précédente, n'auront pas touché leurs arrérages.

ART. 28. — Les sociétés de secours mutuels qui accordent à leurs membres ou à quelques-uns seulement des indemnités moyennes ou supérieures à 5 francs par jour, des allocations annuelles ou des pensions supérieures à 360 francs et des capitaux en cas de vie ou de décès supérieurs à 3,000 francs ne participent pas aux subventions de l'État et ne bénéficient ni du taux spécial d'intérêt fixé par les décrets des 26 mars 1852, 26 avril 1856, ni des avantages accordés par la présente loi sous forme de remise de droits d'enregistrement et de frais de justice.

Les sociétaires qui s'affilieront à plusieurs sociétés en vue de se constituer une pension supérieure à 360 francs ou des capitaux en cas de vie ou de décès supérieurs à 3,000 fr., seront exclus des sociétés de secours mutuels dont ils font partie, sous peine, pour la société, de perdre les avantages concédés par la présente loi (1).

ART. 29. — Dans les trois premiers mois de chaque année, les sociétés de secours mutuels approuvées doivent adresser au ministre de l'intérieur, par l'intermédiaire des préfets et dans les formes prescrites, indépendamment de la statistique exigée par l'article 8, le compte rendu de leur situation morale et financière.

Elles sont tenues de communiquer leurs livres, registres, procès-verbaux et pièces comptables de toute nature aux préfets, sous-préfets ou à leurs délégués. Cette communication a lieu sans déplacement, sauf le cas où il en serait autrement ordonné par arrêté du préfet.

Les infractions aux prescriptions du paragraphe 2 du présent article seront punies d'une amende de 16 à 500 francs.

ART. 30. — Dans le cas d'inexécution des statuts ou de violation des dispositions de la présente loi, l'approbation peut être retirée par un décret rendu en Conseil d'État sur la proposition motivée du ministre de l'intérieur et après avis du conseil supérieur des sociétés de secours mutuels, lequel sera convoqué dans le plus bref délai.

La décision portant retrait d'approbation sera susceptible d'un recours au contentieux

---

cussent pour but d'établir deux pénalités simultanées, l'une contre le sociétaire, l'autre contre la société, à raison du même fait — inscription d'un membre à plusieurs sociétés à la fois. La Commission de la Chambre a estimé que telle ne pouvait avoir été la pensée de la Commission du Sénat. Elle a admis que les mots : *sous peine pour la société de perdre tous les avantages concédés par la présente loi*, s'entendaient de *la ou les* sociétés qui, *mises en demeure* d'exclure les sociétaires se trouvant dans les conditions du paragraphe 2 de l'article, refuseraient de se soumettre à cette injonction. Il y aura évidemment, pour l'application de cet article, à édicter une formalité administrative qui sera définie par décret.... Il suffirait de préciser dans le rapport la portée de cette disposition pour éviter le renvoi au Sénat d'une proposition de loi qu'il importe de rendre définitive. »

En réponse à cette communication, « la Commission du Sénat affirme la clarté du deuxième paragraphe de l'article 28, qui rend bien dans son texte la pensée de toute la Commission. Un décret peut régler les conditions dans lesquelles les avis, injonctions ou mises en demeure seront faites aux sociétés se trouvant dans le cas prévu par l'article 28. Ce n'est qu'en cas de *refus de l'une ou de ces sociétés*, que les prescriptions de l'article 28 seraient appliquées. »

Il est donc acquis :

1° Que l'article 28, comme le remarquait le rapporteur à la Chambre, « n'interdit pas les cumuls de pension ou d'assurance : c'eût été porter atteinte à la liberté d'association, qui constitue un des progrès réalisés par la loi nouvelle »:

2° Que, si les sociétés « ignorent » ces cumuls, « on ne pourra leur faire grief de leur inaction » et qu'elles ne tomberont sous le coup de la loi qu'après mise en demeure ;

3° Que les formes de cette mise en demeure doivent être réglées par le Gouvernement : non point par un « règlement d'administration publique », comme l'ajoutait à tort le Rapporteur, mais par un *décret* simple, comme le prévoyaient plus exactement dans leur correspondance les Commissions de la Chambre et du Sénat.

---

(1) Le sens de cette disposition a été contesté avant même le vote définitif de la loi. Pour éviter de retarder ce vote, la Chambre a repris purement et simplement le texte du Sénat, en s'appuyant sur une correspondance interprétative, préalablement échangée entre la Commission du Sénat et la Commission de la Chambre.

« Quelques-uns de nos collègues, écrivait le Président de la Commission de la Chambre, avaient exprimé la crainte que ces dispositions

devant le Conseil d'État, sans ministère d'a-
vocat et avec dispense de tous droits.

Art. 31. — Lorsque la dissolution d'une
société approuvée est votée par l'assemblée
générale conformément aux statuts, ou ordonnée par le tribunal, la liquidation est pour-
suivie sous la surveillance du préfet ou de son
délégué.

Il est prélevé sur l'actif social, y compris le
fonds commun inaliénable de retraites déposé à la Caisse des dépôts et consignations et
dans l'ordre suivant :

1° Le montant des engagements contractés
vis-à-vis des tiers ;

2° Les sommes nécessaires pour remplir les
engagements contractés vis-à-vis des membres participants, notamment en ce qui concerne les pensions viagères et les assurances
en cas de décès, de vie ou d'accident ;

3° *a)* Une somme égale au montant des
subventions et secours accordés depuis l'origine de la société par l'État, à titre inaliénable, sur les fonds de la dotation ou autres,
pour être, ladite somme, versée au compte de
la dotation des sociétés de secours mutuels ;

b) Des sommes égales au montant des subventions et secours accordés depuis l'origine
de la société par les départements et les communes a titre inaliénable, pour être, lesdites
sommes, réintégrées dans leurs caisses ;

c) Des sommes égales au montant des dons
et legs faits à titre inaliénable, pour être employées conformément aux volontés des do-
nateurs et testateurs, s'ils ont prévu le cas de
liquidation, ou, si leur volonté n'a pas été
exprimée, pour être ajoutées au compte de
dotation des sociétés de secours mutuels.

Si, après le paiement des engagements
contractés vis-à-vis des tiers et des sociétaires, il ne reste pas de fonds suffisants pour
le plein des prélèvements prévus au paragraphe 3 ci-dessus, ces prélèvements auront lieu
au marc le franc des versements faits respec-
tivement par l'État, les départements, les
communes, les particuliers.

Le surplus de l'actif social sera, s'il y a lieu,
réparti entre les membres participants appartenant à la société au jour de la dissolution
et non pourvus d'une pension ou indemnité
annuelle, au prorata des versements opérés
par chacun d'eux depuis leur entrée dans la
société, sans qu'ils puissent recevoir une
somme supérieure à leur contribution personnelle. Le reliquat sera attribué au fonds
de dotation.

Titre IV. — *Des sociétés reconnues comme
établissements d'utilité publique.*

Art. 32. — Les sociétés de secours mutuels
et les unions sont reconnues comme établissements d'utilité publique par décret rendu
dans la forme des règlements d'administration publique.

La demande est adressée au préfet avec les
pièces suivantes : la liste nominative des personnes qui y ont adhéré et trois exemplaires
des projets de statuts et du règlement intérieur.

Art. 33. — Les sociétés reconnues comme
établissements d'utilité publique jouissent
des avantages accordés aux sociétés approuvées. Elles peuvent, en outre, posséder et acquérir, vendre et échanger des immeubles,
dans les conditions déterminées par le décret
déclarant l'utilité publique.

Elles sont soumises aux obligations de l'article 11 qui précède.

Titre V. — *Conseil supérieur. Rapports
annuels. Tables statistiques.*

Art. 34. — Il est institué près le ministère
de l'intérieur un conseil supérieur de sociétés
de secours mutuels. Ce conseil est composé
de trente-six membres, savoir :

Deux sénateurs élus par leurs collègues ;

Deux députés élus par leurs collègues ;

Deux conseillers d'État élus par leurs collègues ;

Un délégué du ministre de l'intérieur ;

Un délégué du ministre de l'agriculture ;

Un délégué du ministre du commerce ;

Un membre de l'académie des sciences
morales et politiques, désigné par l'académie ;

Un membre du conseil supérieur du travail, nommé par ses collègues ;

Deux membres agrégés de l'institut des
actuaires français, désignés par le ministre de
l'intérieur ;

Le directeur général de la comptabilité au
ministère des finances ;

Le directeur du mouvement général des
fonds au même ministère ;

Le directeur général de la Caisse des dépôts
et consignations ;

Un membre de l'académie de médecine,
désigné par l'académie, et un représentant
des syndicats médicaux, élu par les délégués
de ces syndicats dans les formes qui seront
déterminées par un règlement d'administration publique ;

Dix-huit représentants de sociétés de secours mutuels, dont six appartenant aux sociétés libres, élus par les délégués des sociétés dans des formes qui seront déterminées
par un règlement d'administration publique.

Chaque représentant des sociétés approuvées sera élu par un collège comprenant un
certain nombre de départements.

Cette division sera faite par le règlement
d'administration publique à intervenir, de
telle sorte que chaque collège comprenne un
nombre à peu près égal de mutualistes.

Tous les membres sont nommés pour quatre
ans ; leurs pouvoirs sont renouvelables ; leurs
fonctions sont gratuites.

Le ministre de l'intérieur est président de
droit du conseil supérieur des sociétés de secours mutuels.

Le conseil choisit parmi ses membres ses
deux vice-présidents et son secrétaire. Il est

convoqué par le ministre compétent au moins une fois tous les six mois et toutes les fois que cela lui paraîtra nécessaire.

Il reçoit communication des états statistiques et des comptes rendus de la situation financière fournis par les sociétés de secours mutuels, ainsi que des inventaires au moins quinquennaux et des autres documents fournis par les sociétés de secours mutuels, en exécution des articles 8, 23 et 29 ci-dessus.

Il donne son avis sur toutes les dispositions réglementaires ou autres qui concernent le fonctionnement des sociétés de secours mutuels, et notamment sur le mode de répartition des subventions et secours qui seront attribués sur les mêmes bases et dans les mêmes proportions pour les retraites constituées soit à l'aide du fonds commun, soit à l'aide de livrets individuels.

Art. 35. — Sept membres nommés par le ministre, dont quatre pris parmi ceux qui procèdent de l'élection, constituent une section permanente.

La section permanente a pour fonction de donner son avis sur toutes les questions qui lui sont renvoyées soit par le conseil supérieur, soit par le ministre.

Le ministre de l'intérieur soumet chaque année au Président de la République un rapport, qui est présenté au Sénat et à la Chambre des députés, sur les opérations des sociétés de secours mutuels et sur les travaux du conseil supérieur.

Art. 36. — Dans un délai de deux ans après la promulgation de la présente loi, les ministres de l'intérieur et du commerce feront établir des tables de mortalité et de morbidité applicables aux sociétés de secours mutuels.

Dispositions transitoires.

Art. 37. — Les sociétés de secours mutuels antérieurement autorisées ou approuvées(1) sont tenues, dans le délai de deux ans, de se conformer aux prescriptions de la présente loi. Jusqu'à l'expiration de ce délai, elles continueront à s'administrer conformément à leurs statuts.

Les sociétés approuvées, qui ne solliciteront pas, dans ce délai, ou n'obtiendront pas l'approbation de leurs statuts, devront placer leurs fonds communs en valeurs nominatives, conformément à l'article 20 ci-dessus, et déposer leurs titres à la Caisse des dépôts et consignations. L'inexécution de ces dispositions entraînera l'application des articles 10 et 30 de la présente loi.

Toutefois, les sociétés qui assurent leurs membres exclusivement contre la maladie sont dispensées de solliciter de nouveau cette approbation.

Le ministre de l'intérieur, après avis du conseil supérieur, prévu à l'article 34, déterminera dans quelle mesure il pourra être fait exception, pour le passé, aux prescriptions de l'article 2 en faveur des sociétés de secours mutuels qui, établies en vue de l'assurance contre la maladie, auront accordé certains avantages à ceux de leurs membres entrés dans la société à un âge relativement avancé et n'ayant pu arriver à la liquidation de leur pension en satisfaisant aux conditions normales de stage.

Art. 38. — Les articles 13, 18, 19 et 21 de la présente loi, à l'exception, pour ce dernier, de ce qui concerne le fonds commun, s'appliquent aux sociétés régulièrement constituées, en conformité du titre III de la loi du 29 juin 1894 dont l'article 20 est abrogé (2).

Art. 39. — Le décret-loi du 27 mars 1858 est ainsi modifié :

« Les personnes auxquelles le gouvernement de la République aura accordé des médailles d'honneur, en leur qualité de membre d'une société de secours mutuels, libre ou approuvée, pourront porter publiquement ces récompenses »

Art. 40. — Les syndicats professionnels constitués légalement aux termes de la loi du 21 mars 1884, qui ont prévu dans leurs statuts les secours mutuels entre leurs membres adhérents, bénéficieront des avantages de la présente loi, à la condition de se conformer à ses prescriptions.

Art. 41. — Toutes les dispositions contraires à la présente loi sont abrogées.

———

Rentes viagères; Impôts sur les assurances ; Retraites; Assistance médicale ; Assurance et assistance pour les sapeurs-pompiers; Majorations de pensions; Assurances mutuelles agricoles; Secours aux réservistes. — *Loi du 13 avril 1898, portant fixation du Budget général des dépenses et des recettes de l'exercice 1898* (Extraits) :

Art. 16. — L'abonnement que l'article 8 de la loi du 29 décembre 1884 a rendu obligatoire pour le payement des droits de timbre applicables aux contrats d'assurances est éten-

———

(1) Le Rapporteur au Sénat a expressément déclaré, avec l'assentiment du Ministre de l'intérieur, dans la séance du 15 février 1898, « qu'il n'y aura absolument rien de changé en ce qui concerne les sociétés de secours mutuels déclarées d'*utilité publique*. La raison en est bien simple : c'est que la disposition qui les vise est contenue dans la loi organique de 1850 et que rien » dans la loi actuelle « ne vient l'infirmer ».

(2) Pour bénéficier des dispositions de la loi nouvelle, les sociétés constituées en exécution de la loi du 29 juin 1894 n'ont qu'à « se conformer aux prescriptions de la présente loi, *et non aux obligations des lois existantes en* 1894, comme le prescrivait l'article 20, pour leur permettre d'être assimilées aux sociétés de secours mutuels. » (*Rapport de M. Lourties au Sénat*.)

Sur la situation nouvelle ainsi faite aux *Caisses de secours des ouvriers mineurs*, voir ci-après, page 173, la Circulaire du Ministre des travaux publics du 25 avril 1898.

du aux contrats de rente viagère passés par les sociétés, compagnies d'assurances et tous autres assureurs sur la vie (1).

Les dispositions de l'article 35 de la loi du 5 juin 1850 (2) s'appliqueront aux contrats de rente viagère énoncés au paragraphe 1er du présent article.

Sont déduites, pour le calcul de la taxe d'abonnement représentative du droit de timbre instituée par les lois des 5 juin 1850 et 29 décembre 1884, les sommes reçues par les compagnies d'assurances sur la vie, dans les agences établies à l'étranger, pour les assurances et autres contrats viagers souscrits dans lesdites agences par des personnes domiciliées à l'étranger.

ART. 17. — Les compagnies et sociétés d'assurances françaises et étrangères contre l'incendie, à l'exception des caisses départementales organisées par les conseils généraux, sont assujetties à une taxe fixe annuelle à raison de six francs (6 fr.) par million sur le capital qu'elles assurent en France (3).

ART. 18. — Les opérations de réassurances n'entrent pas en ligne de compte pour le calcul de cette taxe lorsqu'elle est payée par l'assureur primitif.

Le recouvrement de ladite taxe sera suivi et les instances seront introduites et jugées comme en matière d'enregistrement.

Un règlement d'administration publique déterminera le mode de perception et les époques de payement de la taxe établie par le présent article, ainsi que toutes les mesures nécessaires pour assurer l'exécution de cette

---

(1) L'administration de l'Enregistrement assimilait les contrats de rente viagère aux autres contrats d'assurance sur la vie, en ce qui concerne le paiement des droits de timbre prévus par l'article 33 de la loi du 5 juin 1850 et convertis en abonnement d'abord facultatif, par l'article 37 de la même loi, puis obligatoire, par l'article 8 de la loi du 29 décembre 1884.

La Cour de cassation ayant écarté cette assimilation, la nouvelle disposition législative a pour effet de rétablir la parité, au point de vue fiscal.

Comme le disait le Rapporteur de la Commission des finances au Sénat, « on ne voit pas bien pourquoi le contrat d'assurance sur la vie serait traité plus durement que le contrat de rente viagère. — Il faut reconnaître que ceux qui aliènent la totalité ou la plus grande partie de leur capital pour se procurer dans les derniers jours de leur vie un revenu plus élevé ne sont pas plus intéressants que ceux qui recourent à cette mesure de prévoyance qui s'appelle l'assurance sur la vie ».

On avait proposé à la Chambre d'exempter de l'impôt « les contrats de rentes viagères dont le montant est égal ou inférieur à 1.000 francs ».

Cette disposition a été écartée, sur la remarque du Rapporteur général que ces « petits contrats » pouvaient être passés avec la Caisse nationale des retraites et qu'il s'agissait, au surplus, non d'une taxe nouvelle, mais « d'une assimilation résultant de textes anciens ».

(2) Cet article est relatif à la tenue d'un répertoire de contrôle.

(3) Les ressources nouvelles procurées par cette taxe sont destinées à faire face aux subventions organisées par l'article 59 de la loi, reproduit plus loin.

disposition, à laquelle s'étendra l'article 7 de la loi du 21 juin 1875.

Toute contravention aux prescriptions de ce règlement sera punie d'une amende de cent francs à mille francs (100 à 1,000 fr.).

. . . .

ART. 44. — Les veuves de militaires, marins ou assimilés, ainsi que les veuves des fonctionnaires civils placés sous le régime de la loi du 9 juin 1853, ont droit à pension lorsque le mari réunit au jour de son décès, survenu après le 1er janvier 1896, vingt-cinq ans de services tant militaires que civils et que la condition de durée de mariage, requise par la loi de pension sous le régime de laquelle le mari était placé en dernier lieu, aura été remplie.

Si le mari titulaire en dernier lieu d'un emploi civil décède avant d'avoir accompli six ans de services civils, la part de pension afférente aux services civils est calculée sur la moyenne des traitements perçus pour l'ensemble de ces services.

Lorsque la mère est décédée ou inhabile à recueillir la pension ou déchue de ses droits, l'orphelin ou les orphelins ont droit, jusqu'à leur majorité, à une pension temporaire égale à celle que la mère a obtenue ou aurait pu obtenir.

. . . .

ART. 58. — L'article 16 de la loi du 15 juillet 1893 sur l'assistance médicale gratuite est complété par le paragraphe suivant :

« Le droit de réclamer l'inscription ou la radiation devant la commission cantonale appartient également au préfet du département ou à son délégué. »

ART. 59. — Le crédit ouvert au budget du ministère de l'intérieur sous le titre de « Subventions aux communes pour les sapeurs-pompiers et pour le matériel d'incendie » est réparti entre les communes pourvues d'un corps de sapeurs-pompiers, conformément à un barème dressé en tenant compte de l'effectif des compagnies et du chiffre de la population de chaque commune.

Ces communes, Paris excepté, doivent, par un prélèvement sur cette subvention, avant tout autre emploi, contracter une assurance à la caisse nationale d'assurances contre les accidents en vue de l'attribution de pensions aux sapeurs-pompiers en cas de blessures ou d'accident grave entraînant l'incapacité permanente de travail, à leurs veuves et orphelins mineurs en cas de décès par suite d'accidents en service.

Le surplus de la subvention est employé par ces communes, concurremment avec les crédits votés par les conseils municipaux sur le budget communal et avec le produit de dons et legs ayant cette affectation :

1° A donner des secours pour soins médicaux et interruption de travail par suite d'accident en service ;

2° A donner des secours annuels renouvelables aux pompiers ayant au moins vingt-cinq ans de services et soixante-cinq ans d'âge ;

3° A l'achat et à l'entretien du matériel d'incendie.

Un règlement d'administration publique déterminera le tarif des primes à verser par les communes, par homme, à la caisse nationale d'assurances en cas d'accidents, les tarifs des pensions d'après la population des communes, le barème d'après lequel la répartition sera faite, la composition de la commission de répartition, les conditions spéciales d'application de la loi aux caisses créées en vertu de la loi du 5 avril 1851, et, d'une manière générale, toutes les mesures d'exécution du présent article.

Toutes dispositions contraires sont abrogées.

ART. 60. — L'article 1er de l'ordonnance royale du 7 décembre 1835, qui dispose qu'en Algérie la convention sur le prêt à intérêt fait la loi des parties, est abrogé et remplacé par les dispositions suivantes.

ART. 61. — L'intérêt conventionnel en Algérie ne peut excéder huit pour cent (8 0/0) en matière civile et commerciale. L'intérêt légal en matière civile et commerciale, fixé à six pour cent (6 0/0) par la loi du 27 août 1881, est abaissé à cinq pour cent (5 0/0).

ART. 62. — Il n'est rien innové aux stipulations d'intérêts par contrats ou actes faits jusqu'au jour de la promulgation de la présente loi.

ART. 63. — La loi du 19 décembre 1850 sur l'usure est applicable en Algérie.

. . . .

ART. 75. — La limite d'âge prévue par l'article 1er de la loi du 31 décembre 1895, qui permet aux vieux travailleurs de bénéficier des majorations de retraite a partir de soixante-dix ans, est abaissée à soixante-huit ans (1).

Les bonifications spéciales visées à l'article 3, second alinéa, de la loi du 31 décembre

____

(1) La Chambre avait voté l'abaissement de la limite d'âge à 65 ans, ainsi que diverses dispositions interprétatives ou modificatives de la loi du 31 décembre 1895. Repoussé en bloc par le Sénat, ce texte fut rétabli par la Chambre ; le texte actuel a été ensuite introduit, à titre de transaction, par le Sénat, sur l'intervention du Ministre du commerce, qui a annoncé, pour l'année 1899, l'abaissement à 65 ans.

L'abaissement immédiat à 68 ans n'est applicable qu'à dater de la promulgation de la loi de finances, sans effet rétroactif. Il bénéficiera donc aux personnes atteignant ou ayant déjà atteint 68 ans au 1er janvier 1898, sans avoir participé aux répartitions des années précédentes.

Il est à remarquer que la loi nouvelle, en abaissant la limite d'âge, ne réduit pas corrélativement le nombre d'années de prévoyance exigé par l'article 2 de la loi du 31 décembre 1895 (voir *Numéro du deuxième trimestre* 1897, *page 39, en note*). Les intéressés doivent donc, à 68 ans, justifier, pour 1898, de dix-huit années de versements annuels à la Caisse Nationale des retraites ou de cotisations à des sociétés de secours mutuels ou de prévoyance servant des pensions de retraite.

1895, sont attribuées aux parents ayant élevé plus de trois enfants jusqu'à l'âge de trois ans accomplis (2).

. . . .

ART. 80. — Le ministre de l'agriculture est autorisé à subventionner, à l'aide des ressources inscrites au chapitre 38 du budget de son département, les sociétés d'assurances mutuelles contre la grêle et la mortalité du bétail (3).

____

(2) L'article 3 de la loi du 31 décembre 1895 prévoyait, sans l'imposer, l'attribution de bonifications spéciales aux parents ayant élevé plus de trois enfants. Elle laissait, d'autre part, à l'administration, si elle usait de cette faculté, le soin de déterminer, après avis de la Commission supérieure de la Caisse des retraites pour la vieillesse, les conditions de cette attribution.

La disposition législative nouvelle apporte à cette situation deux modifications : d'une part, il semble bien que désormais ces bonifications spéciales doivent être *obligatoirement* attribuées. D'autre part, si l'administration garde, conformément à la loi du 31 décembre 1895 et au décret du 9 juin 1896, le droit de déterminer la quotité et les conditions d'attribution de ces bonifications, il est une de ces conditions qui est aujourd'hui législativement arrêtée. La loi fixe à *trois ans* l'âge auquel doivent être parvenus les enfants pour entrer en ligne de compte, tandis qu'en 1897 cet âge avait été fixé par arrêté ministériel (voir *Numéro du 4e trimestre* 1897, *page 118*) à quinze ans.

(3) « Depuis longtemps, expliquait le Rapporteur du budget du Ministère de l'agriculture au Sénat, la répartition des secours pour pertes matérielles et événements malheureux alloués sur le crédit spécial du Ministère de l'agriculture soulève de graves critiques.

« Tout d'abord, ces subsides, dont le taux, étant donné l'exiguité du crédit par rapport aux demandes considérables auxquelles il doit faire face, n'a jamais pu dépasser en moyenne 5 0|0 du montant des pertes constatées, sont absolument insuffisants pour permettre aux cultivateurs qui les obtiennent de réparer les dommages qu'ils ont subis et constituent par suite un procédé d'assistance tout à fait inefficace. D'autre part, la règle suivant laquelle le bénéfice de ces allocations doit être exclusivement réservé aux sinistrés nécessiteux donne lieu dans la pratique aux *interprétations* les plus diverses suivant les autorités chargées de procéder aux enquêtes et devient chaque jour pour l'administration supérieure une source d'embarras ; enfin on reproche, non sans raison, aux secours dont il s'agit d'être en quelque sorte des primes données à l'imprévoyance et d'habituer nos cultivateurs à compter moins sur eux-mêmes que sur l'État pour réparer les conséquences d'événements qu'ils n'ont su ni prévoir, ni prévenir.

« Frappés par ces critiques et convaincus que le relèvement de notre agriculture et la repopulation de nos campagnes sont intimement liés à l'institution des assurances mutuelles, qui seules peuvent réellement garantir les cultivateurs contre les risques des sinistres et des intempéries qui trop souvent viennent ruiner leurs espérances, plusieurs membres du Parlement ont déposé des propositions de loi tendant à l'organisation des caisses de secours contre la mortalité du bétail et contre la grêle, caisses qui seraient alimentées par les cotisations des membres adhérents et par les subventions de la commune, du département et de l'État.....

« C'est en vue de réaliser une *réforme* sur l'opportunité de laquelle tout le monde est aujourd'hui d'accord, mais dont le vote par les Chambres peut subir encore d'assez longs retards, que

En Algérie, des subventions pourront être accordées aux sociétés d'assurances mutuelles contre la grêle et la mortalité du bétail à l'aide des ressources inscrites au chapitre 7 du budget du ministère de l'intérieur (7ᵉ section — Service de l'agriculture : Encouragements à l'agriculture).

. . . .

ART. 85. — Une loi déterminera les conditions dans lesquelles l'État accordera des subventions aux communes pour allocations de secours aux réservistes et à leurs familles (1).

Conditions du travail dans les travaux communaux. — *Loi du 30 mars 1898, déclarant d'utilité publique le chemin de fer metropolitain (Extraits) (2) :*

ART. 1ᵉʳ. — Est déclaré d'utilité publique, à titre d'intérêt local, l'établissement dans Paris d'un chemin de fer métropolitain à traction électrique, destiné au transport des voyageurs et de leurs bagages à main...

ART. 2. — La ville de Paris est autorisée à pourvoir à l'exécution et à l'exploitation dudit chemin de fer suivant les dispositions de la loi du 11 juin 1880, du règlement d'administration publique du 6 août 1881, qui sera applicable audit chemin de fer, sauf les dérogations spécifiées à l'article 4 ci-après de la convention passée, le 27 janvier 1898, entre le préfet de la Seine et la Compagnie générale de traction, sous les réserves spécifiées aux articles 3 et 5 ci-dessous, ainsi que du cahier des charges annexé à cette convention...

ART. 5. — Les dispositions des paragraphes 1° et 2° de l'article 16 de la convention précitée du 27 janvier 1898 seront supprimées...

Convention.

. . . .

« ART. 3. — La Compagnie générale de traction s'engage à former, dans le délai de six mois à dater de la promulgation de la loi déclarative d'utilité publique, une société anonyme au capital minimum en numéraire de 25 millions de francs, ayant pour objet exclusif l'exploitation du chemin de fer métropolitain, et dont le conseil d'administration sera composé exclusivement de Français...

---

le libellé du chapitre 40 a été modifié pour l'exercice 1898.

« Il existe déjà en France un assez grand nombre de caisses d'assurances mutuelles agricoles contre la grêle et la mortalité du betail ; les subventions qui pourront désormais leur être attribuées sur le fonds du chapitre 40 pourront dans certains cas les aider à faire face aux depenses exceptionnelles qu'elles auraient à supporter. Le concours de l'Etat aura, en outre, ce precieux avantage de stimuler et d'encourager l'initiative privée en favorisant la création de ces institutions si nécessaires, là où elles font defaut.

« Indépendamment de ces subventions, le Ministère de l'agriculture continuera à affecter aux secours pour les calamités agricoles qui restent en dehors de l'assurance les excédents qui resteront libres sur le chapitre après le payement des subventions dont il s'agit. »

De longues discussions ont eu lieu à la Chambre sur la proportionnalité des subventions à accorder. Le Ministre de l'agriculture a fait valoir les inconvénients d'une fixation préalable, au moins pendant la période d'essai. L'administration, comme l'a indiqué le ministre, demeure donc juge de la repartition de ces subventions par decisions d'espèces, « selon les regions, selon les situations de ces assurances mutuelles, selon les services qu'elles rendront ».

(1) Le projet voté par la Chambre accordait « des secours de 0 fr. 50 par jour et par personne à leur charge » aux « familles necessiteuses des réservistes et des territoriaux, pendant les periodes d'instruction », et ces secours, « pris sur les ressources générales du Ministère de l'intérieur », devaient être distribues par les soins des municipalités.

Le Sénat a rejeté ce texte et n'a voulu retenir que la promesse d'une loi subséquente, que d'ailleurs le gouvernement a pris, à la Chambre, dans la séance du 7 avril, l'engagement de déposer à bref délai.

« Le gouvernement, disait le Ministre des finances, reconnait la nécessite de mettre immédiatement à l'etude ce projet de loi, afin qu'il soit déposé, non seulement avant les manœuvres prochaines, mais encore en temps utile pour aboutir avant cette époque. »

(2) Nous reproduisons quelques extraits de cette loi, qui intéressent par certains côtés la question des *conditions du travail* dans les entreprises de travaux communaux.

On sait que le Conseil d'Etat, par divers arrêts au contentieux du 21 mars 1890, a déclare nulles les clauses d'un cahier des charges de travaux publics communaux imposant aux adjudicataires, en faveur des ouvriers, un *minimum de salaire* et un *maximum de durée* de la journée de travail.

En présentant à la Chambre, le 12 février 1898 (n° 3026) le projet de loi « ayant pour objet la déclaration d'utilité publique du chemin de fer metropolitain » et la Convention intervenue à ce sujet entre la Ville de Paris et la compagnie concessionnaire, le Gouvernement repoussait, conformément à la demande du Conseil d'Etat qui avait examiné le projet, deux clauses « relatives, l'une à la fixation d'un minimum de salaire, l'autre à la fixation d'un maximum de la duree de travail, pour les ouvriers et employés du concessionnaire. La premiere de ces clauses, ajoutait l'Exposé des motifs, est en désaccord avec la jurisprudence, qui a toujours admis dans les actes de concession le principe de la liberté des conventions entre patrons et ouvriers et qui ne peut être régulièrement modifiée que par une loi génerale ; la seconde pourrait, le cas échéant, trouver sa place dans les reglements géneraux relatifs à la securité, elle ne saurait être introduite dans des stipulations contractuelles ».

Il faut convenir que les raisons alléguées ne sont pas à l'abri de la discussion.

D'une part, on ne voit pas très bien pourquoi ce qui serait licite pour le « maximum de la durée de travail » serait injustifiable pour le « minimum de salaire », qui n'est, en definitive, qu'un autre aspect de la même question.

D'autre part, il est malaise de comprendre pourquoi le législateur *refuse* à la Ville de Paris la stipulation du *repos hebdomadaire* au profit des ouvriers et employés travaillant pour le métropolitain, alors qu'il avait *imposé* à la même municipalité la même condition de repos hebdomadaire au profit des ouvriers travaillant a son compte pour l'exposition de 1900 (Voir la loi du 13 juin 1896, au *Numéro du 2ᵉ trimestre* 1897, *page* 35).

Le concessionnaire s'engage, en outre, à n'employer que du personnel français et du matériel fixe ou roulant de provenance française, sauf exceptions spécialement autorisées par la ville de Paris.

Il devra se conformer à toutes les prescriptions qui lui seront imposées par la ville de Paris en vue d'assurer l'exécution de la présente clause et d'en faciliter le contrôle. . .

Art. 16. — L'exploitation devra être organisée de façon à satisfaire aux prescriptions suivantes :

1° *Les salaires ou appointements des ouvriers et employés devront être payés à la quinzaine et ne pourront pas être inférieurs à 150 francs par mois. Les hommes employés temporairement recevront un salaire qui ne pourra être inférieur à 5 francs par jour ;*

2° *La durée de la journée de travail ne pourra excéder dix heures ;*

Un jour de repos par semaine ou deux demi-journées seront accordés au personnel ;

3° Sera accordé, sans retenue de salaire, un congé annuel de dix jours ;

4° Le salaire intégral sera assuré pendant les périodes d'instruction militaire ;

5° Les jours de maladie dûment constatés par un médecin désigné par la caisse instituée en vertu de l'article 17 ci-après seront aussi payés dans leur intégralité pendant au moins une année ;

6° En cas d'accident survenu pendant le travail et entraînant une incapacité momentanée, l'ouvrier recevra son salaire entier jusqu'à complète guérison, sans préjudice de l'indemnité qui lui serait due en cas d'infirmité définitive totale ou partielle ;

7° Les travailleurs occupés à l'entreprise seront assurés contre les accidents aux frais exclusifs du concessionnaire, qui ne pourra faire, de ce chef, aucune retenue sur les salaires. De plus, quelle que soit l'imputation de la responsabilité d'un accident, le concessionnaire sera toujours directement responsable vis-à-vis de la victime du paiement de l'indemnité.

Un médecin désigné par la caisse spéciale instituée en vertu de l'article 17 sera appelé à constater chaque accident et devra en apprécier la nature et les conséquences ;

8° L'administration aura toujours le droit d'imposer les mesures de sécurité et d'hygiène reconnues nécessaires ;

9° Une commission sera délivrée, sous forme de contrat de louage, à tout employé ou ouvrier majeur des deux sexes ayant accompli vingt-quatre mois de services.

Le concessionnaire est tenu à la stricte observation des conditions de travail ci-dessus énumérées, sous peine de déchéance.

Art. 17. — Le concessionnaire s'oblige :

A. — A fournir à tout le personnel ouvrier des livrets à la caisse nationale des retraites, les versements étant constitués à capital aliéné au moyen de 2 p. 100 retenus sur le salaire des ouvriers, 6 p. 100 versés à leur nom par le concessionnaire dans les conditions définies ci-après.

Toutefois, lorsque le nombre des voyageurs dépassera 220 millions, la retenue sur le salaire des ouvriers sera réduite à 1 p. 100 et le versement à faire en leur nom par le concessionnaire sera porté à 7 p. 100.

B. — A constituer un service médical et pharmaceutique gratuit.

C. — A assurer les ouvriers et employés contre les accidents.

Pour assurer l'exécution tant des paragraphes B et C du présent article que des paragraphes 5, 6 et 7 de l'article 16 ci-dessus, le concessionnaire organisera une caisse spéciale qui sera gérée par les employés et ouvriers eux-mêmes.

Le concessionnaire devra imputer aux frais généraux la somme suffisante pour opérer les versements stipulés aux paragraphes A, B, C. »

. . . .

Réglementation du travail des femmes et des enfants. — *Tolérances pour la durée du travail.* — *Décret du 24 février* 1898 :

« Le président de la République française,

Sur le rapport du ministre du commerce, de l'industrie, des postes et des télégraphes,

Vu les articles 4, 5, 6 et 7 de la loi du 2 novembre 1892 sur le travail des enfants, des filles mineures et des femmes dans les établissements industriels ;

Vu les décrets des 15 juillet 1893, 26 juillet 1895 et 29 juillet 1897 (1) ;

Vu l'avis du comité consultatif des arts et manufactures ;

Vu l'avis de la commission supérieure instituée par l'article 22 de la loi précitée ;

Le Conseil d'État entendu,

Décrète :

Art. 1er. — Est complétée comme suit la nomenclature des industries énumérées aux articles 2, 4 et 5 du décret du 15 juillet 1893, modifié par les décrets des 26 juillet 1895 et 29 juillet 1897, et admises à bénéficier des tolérances prévues par la loi du 2 novembre 1892, en ce qui concerne le travail de nuit, la durée du travail et le repos hebdomadaire, savoir :

« Art. 2. — Amidon de maïs (coulage et séchage de l')... Femmes (2).

---

(1) Voir ce dernier décret au *Numéro du 3ᵉ trimestre* 1897, p. 66.

(2) Cette dérogation permanente, impliquant faculté d'un travail de nuit jusqu'à concurrence de sept heures par vingt-quatre heures, n'avait été admise par le décret du 15 juillet 1893 que pour les plieuses de journaux, seules visées d'ailleurs dans la discussion de la loi du 2 novembre 1892, pour les brocheuses d'imprimés et pour les allumeuses de lampes de mines.

La disposition nouvelle étend pour la première

Art. 4. — Verreries, femmes : trier et ranger les bouteilles (1).

Art. 5. — Filature, retordage de fils crépés, bouclés et à boutons, des fils moulinés et multicolores.

Soie (dévidage de la) pour étoffes de nouveauté.

Impression de la laine peignée, blanchissage, teinture et impression des fils de laine, de coton et de soie, destinés au tissage des étoffes de nouveauté (2). »

Art. 2. — Le ministre du commerce, de l'industrie, des postes et des télégraphes est chargé de l'exécution du présent décret, qui sera inséré au Bulletin des lois et publié au Journal officiel de la République française. »

Caisses de secours des ouvriers mineurs. — *Circulaire du ministre des travaux publics du 25 avril 1898 :*

« M. le Préfet, la loi du 1er avril 1898 (3), sur les Sociétés de secours mutuels, qui a été promulguée au Journal Officiel du 5 du même mois, a, par son article 38, abrogé l'article 20 de la loi du 29 juin 1894, sur les caisses de secours et de retraite des ouvriers mineurs, lequel article était ainsi conçu :.....

Ce renvoi générique à la législation des Sociétés de secours mutuels ne laissait pas de présenter divers inconvénients et pouvait susciter de graves confusions, à raison des différences nombreuses et importantes entre les véritables Sociétés de secours mutuels et les Sociétés de la loi du 29 juin 1894. Ces dernières ont des caractères propres et elles sont soumises à des obligations spéciales qui créent des différences profondes avec les premières. De la l'utilité de l'article 38 de la loi du 1er avril 1898, qui, à ce renvoi d'ensemble, a substitué des références limitées et spécifiques tirées des articles 13, 18, 19 et 21 de ladite loi ; ces dispositions sur les Sociétés de secours mutuels s'appliqueront, mais s'appliqueront seules aux Sociétés du titre III de la loi du 29 juin 1894, et encore, pour le dernier de ces articles, à l'exclusion de ce qui se rapporte au fonds commun. Ce fonds, vous le savez, M. le Préfet, sert à constituer des retraites pour les mutualistes ; les Sociétés de la loi du 29 juin 1894 ne peuvent en donner à leurs participants.....

(Art. 19). — Je dois, à l'occasion de l'article 19, rappeler que les Sociétés du titre III de la loi du 29 juin 1894 ne peuvent pas avoir de membres honoraires et qu'elles ne peuvent pas non plus servir de véritables pensions. Elles ne peuvent éventuellement allouer que des secours renouvelables à des ouvriers infirmes.

(Art. 21). — Cet article me donne l'occasion de rappeler l'observation, déjà faite par ma circulaire du 30 août 1897, au sujet du dépôt des fonds disponibles à faire nécessairement et en vertu de l'article 16 de la loi du 29 juin 1894 à la Caisse des dépôts et consignations, à l'exception des sommes à conserver pour assurer les besoins courants du service. »

Retraites des ouvriers civils des établissements militaires. — *Décision ministérielle du 12 janvier 1898 (4) :*

« En ce qui concerne le personnel civil des établissements militaires, aujourd'hui en service, seront seules considérées comme définitives, les options relatives au mode de versement à la caisse nationale des retraites (capital aliéné ou capital réservé) faites *a partir du 1er janvier* 1898 (5).

Le montant des versements faits à capital réservé depuis le 1er mars 1897 devra être aliéné, si l'intéressé veut bénéficier de la garantie du minimum de retraite stipulée par l'article 10 du décret. »

Moralité publique. — *Loi du 16 mars 1898, modifiant la loi du 2 août 1882, sur la répression des outrages aux bonnes mœurs (6) :*

Art. 1er. — L'article 1er de la loi du 2 août 1882 est modifié ainsi qu'il suit :

---

fois la dérogation à une fabrication proprement dite.

Par contre, le décret de 1895 s'appliquait indistinctement aux filles majeures et aux femmes. Le décret de 1898 ne vise que les femmes.

(1) Les verreries bénéficiaient déjà des dérogations prévues pour les usines a feu continu. Les enfants du sexe masculin pouvaient y travailler la nuit tous les jours de la semaine, sous condition d'un jour de repos par semaine et dans la limite de dix heures par vingt-quatre heures, pour : « Présenter les outils, faire les premiers cueillages, aider au soufflage et au moulage, porter dans les fours à recuire, ou retirer les objets, le tout dans les conditions prévues à l'article 7 du décret du 13 mai 1893. » .

Le décret de 1898 introduit un nouveau travail toléré, celui de « trier et ranger les bouteilles » et il admet desormais dans le travail de nuit des verreries les *femmes*, qui ne pouvaient jusqu'ici travailler ainsi normalement la nuit que dans les distilleries de betteraves et les papeteries.

(2) Cette disposition confère aux inspecteurs du travail, pour les industries qu'elle énumère, le droit de dispenser temporairement de l'exécution des prescriptions légales relatives au repos hebdomadaire et à la durée du travail.

Le décret du 15 juillet 1893 n'admettait initialement au bénéfice de ces dispenses qu'une quinzaine d'industries. Un assez grand nombre d'autres industries a été déjà ajouté à cette liste par les décrets des 26 juillet 1895 et 29 juillet 1897.

(3) Voir cette loi ci-dessus, page 145.

(4) Cette décision vise l'application du décret du 26 février 1897 (voir *Numero du 1er trimestre 1897, page* 8).

(5) Aux termes d'une seconde *Décision ministérielle du 9 mars* 1898, « seront seules considérées comme définitives les options faites *à partir du 1er avril* 1898, au lieu du 1er janvier 1898 ».

(6) Déposé au Sénat le 18 mai 1897 (no 130), ce projet a été rapporté par M. Bérenger le 1er juin

« Sera puni d'un emprisonnement d'un mois à deux ans et d'une amende de cent à cinq mille francs (100 à 5,000 fr.) quiconque aura commis le délit d'outrage aux bonnes mœurs :

« Par la vente ou la mise en vente, l'offre, l'exposition, l'affichage ou la distribution, sur la voie publique ou dans les lieux publics, d'écrits, d'imprimés autres que le livre, d'affiches, dessins, gravures, peintures, emblèmes, objets ou images obscènes ou contraires aux bonnes mœurs ;

« Par la vente ou l'offre, même non publique, à un mineur des mêmes écrits, imprimés, affiches, dessins, gravures, peintures, emblèmes, objets ou images ;

« Par leur distribution à domicile, par leur remise sous bande ou sous enveloppe non

---

1897 (n° 142) et discuté les 11 et 18 juin 1897.

Transmis à la Chambre le 25 juin 1897 (n° 2555), il a fait l'objet d'un rapport de M. d'Estournelles le 25 novembre (no 2839) et a été adopté avec de nouveaux changements, sans discussion, dans la séance du 28 février 1898.

Transmis au Sénat le 3 mars 1898 et rapporté par M. Bérenger le 4 mars (n° 80), il a été adopté, sans discussion, dans la séance du 8 mars.

Ainsi que l'expliquait le dernier rapport présenté à la Chambre, « la loi du 2 août 1882 avait pour objet de compléter la loi du 29 juillet 1881, mais elle est devenue très vite elle-même insuffisante.

« Toutes les industries se perfectionnent rapidement, celle de la pornographie comme les autres, sinon davantage, grâce aux progrès de l'imprimerie, de la photographie et de l'image, grâce au bon marché et à la multiplication croissante des communications postales, grâce au développement enfin de la réclame ; elle a ses prospectus illustrés, et, quand elle ne parvient pas à les répandre sur la voie publique, elle les adresse à domicile. Rien dans la loi de 1882 ne l'en empêche ; elle a ce droit et elle en use ; elle expédie en masse ses catalogues à des associations juvéniles ou nominativement à des jeunes filles, à des jeunes gens, à des enfants. Seule, la jeunesse riche et surveillée a chance d'échapper à ces appels immondes ; les enfants que des parents vigilants n'ont pas le temps ou les moyens de garantir sont livrés sans défense ; l'immense majorité laborieuse du pays est par conséquent ouverte à la propagande corruptrice. Trahissant à la fois la science, l'art et la liberté, dont elle ose se réclamer, une industrie s'est fondée pour enseigner le vice, activer la dépopulation et attirer dans sa clientèle toutes les victimes qu'elle peut surprendre et dépraver.

« De même sont répandues dans certains journaux des annonces et des correspondances qui ne sont qu'un appel public à la débauche des enfants ; de même on met en vente et on leur offre des images ou objets obscènes dont les prospectus ont été répandus par milliers à domicile.

« De même encore la chanson la plus abjecte peut presque impunément être chantée dans les rues, faute d'une sanction efficace et prompte ».

La Chambre, se rangeant à l'opinion du Sénat, a donc été d'avis :

1° D'étendre les qualifications contenues dans la loi de 1882 ;

2° D'élever au minimum de 100 francs et au maximum de 5.000 francs (10.000 fr., s'il s'agit de délits commis envers des mineurs) l'amende qui ne pouvait antérieurement dépasser 3.000 francs et pouvait s'abaisser à 16 francs. « Le meilleur moyen d'arrêter l'essor d'une industrie pernicieuse était, comme le rappelait le rapporteur de la Chambre, de la frapper dans ses bénéfices. »

fermée à la poste ou à tout agent de distribution ou de transport ;

« Par des chants non autorisés proférés publiquement, par des annonces ou correspondances publiques contraires aux bonnes mœurs.

« Les écrits, dessins, affiches, etc., incriminés et les objets ayant servi à commettre le délit seront saisis ou arrachés. La destruction en sera ordonnée par le jugement de condamnation.

« Les peines pourront être portées au double si le délit a été commis envers des mineurs. »

ART. 2. — L'article 2 de la loi du 2 août 1882 est remplacé par les dispositions suivantes :

« La prescription en matière d'outrages aux bonnes mœurs commis par la voie du livre est d'un an à partir de la publication ou de l'introduction sur le territoire français.

« La vente, la mise en vente ou l'annonce de livres condamnés sera punie des peines portées par l'article 1er de la présente loi. »

ART. 3. — Il n'est en rien dérogé aux dispositions des articles 2, 3 et 4 de la loi du 2 août 1882, qui prendront les n°s 3, 4 et 5.

Capacité de la femme : électorat pour les tribunaux de commerce.

— *Loi du 23 janvier 1898, ayant pour objet de conférer l'électorat aux femmes pour l'élection aux tribunaux de commerce (1) :*

Article unique. — L'article premier de la

---

(1) Au cours de l'élaboration du projet de loi qui est devenu la loi du 8 décembre 1883, on avait déjà requis l'admission des femmes commerçantes à l'électorat consulaire.

La Chambre avait été saisie d'une pétition de Mme Maria Deraismes, présidente de la Société pour l'amélioration du sort de la femme et la revendication de ses droits, qui réclamait l'extension aux femmes du droit de suffrage.

Mais, les élections étant proches et pour éviter un renvoi du projet au Sénat, le rapporteur avait alors demandé le retrait de l'amendement et le dépôt d'une proposition de loi spéciale. « Notre collègue, répondait-il à M. Roche, trouvera certainement dans la Chambre un écho de ses tendances libérales et généreuses en faveur de l'électorat des femmes ; une modification pourra intervenir ultérieurement. La lacune qu'il signale sera comblée et la loi aura reçu le perfectionnement qui lui semble juste et nécessaire. »

Cette proposition ne fut déposée que plusieurs années après, le 30 octobre 1888, par M. Ernest Lefevre (n° 3124). La Commission d'initiative parlementaire conclut à la prise en considération le 3 décembre 1888 (n° 3280), en exprimant même « le désir de voir étendre cet électorat pour l'élection des membres des chambres de commerce ». Elle fut rapportée par M. Hubbard le 11 mars 1889 (n° 3590) et votée, sans discussion, le 5 juillet 1889.

Transmise au Sénat le 7 juillet 1889 (n° 202), elle fut rapportée par M. de Casabianca le 12 juillet (n° 236) et discutée en première délibération le 19 janvier 1894, en deuxième délibération les 29 janvier et 20 février 1894.

Revenue à la Chambre le 24 février 1894 et

loi du 8 décembre 1883 est complété par la disposition suivante :

« Les femmes qui remplissent les conditions énoncées dans les paragraphes précédents seront inscrites sur la liste électorale ; néanmoins elles ne pourront être appelées à faire partie d'un tribunal de commerce. »

Capacité de la femme : droit de témoignage. — *Décision de l'administration des postes et télégraphes* :

« Par application de la loi du 7 septembre 1897 (1), qui étend aux femmes le droit de servir de témoins dans les actes de l'état civil et les actes instrumentaires, les agents devront admettre l'attestation des femmes qui interviendraient, en cette qualité, pour certifier l'identité des personnes non connues, ayant à accomplir une opération postale ou télégraphique, pouvant, aux termes des réglements en vigueur, être effectuée sur l'attestation de deux témoins (livraison au guichet d'objets chargés ou recommandés, paiement des mandats, etc.). »

DISCUSSIONS PARLEMENTAIRES

Dépots de Projets et Rapports

Protection de l'enfance. — *Rapport* sur la proposition de loi ayant pour objet la répression des violences, voies de fait, actes de cruauté et attentats commis envers les enfants (déposé au Sénat par M. Bérenger, le 1er mars 1898, n° 69).

rapportée par M. de la Batut le 17 mai 1894 (n° 628), elle a été votée définitivement, sans discussion, quatre ans après, le 20 janvier 1898.

Le rapporteur du projet à la Chambre a fait remarquer que « le régime des tribunaux de commerce est un régime à part dans notre législation. Seuls entre tous, les juges siégeant dans ces tribunaux sont élus par leurs justiciables, qui les choisissent entre eux. C'est une juridiction essentiellement professionnelle, accordée par privilège spécial aux commerçants pour leur assurer des garanties particulières de compétence dans les jugements rendus sur leurs différends ».

D'autre part, ajoutait-il, « l'expérience et le bon sens ont depuis longtemps démontré l'aptitude particulière de la femme à s'occuper de commerce et à saisir toutes les questions commerciales. Dans tous les métiers, dans presque toutes les professions, les femmes ont conquis peu à peu une place importante ; et partout où l'application, la ténacité et l'ingéniosité sont les conditions requises du succès, les femmes peuvent sans aucun doute rivaliser dans d'excellentes conditions avec les hommes. Dès lors, et puisque les nécessités de la vie à notre époque obligent de plus en plus les femmes à « s'occuper », on ne comprend pas pourquoi il serait interdit aux femmes d'avoir leur part d'influence et d'action dans le choix des magistrats à qui leurs intérêts doivent être quotidiennement soumis ».

(1) Il s'agit, en réalité, de la Loi du 7 *décembre* 1897 : voir le *Numéro du 4e trimestre 1897 page* 116.

— *Discussion*, au Sénat, de la proposition de loi ayant pour objet la répression des violences, voies de fait, actes de cruauté et attentats commis envers les enfants (séances des 10 mars, 21 mars, 22 mars 1898, j. o., pp. 285, 356, 379).

— *Rapport* sur la proposition de loi ayant pour objet la répression des violences, voies de fait, actes de cruauté et attentats commis envers les enfants (déposé à la Chambre par M. de Folleville, le 29 mars 1898, n° 3179).

— *Discussion*, à la Chambre, de la proposition de loi ayant pour objet la répression des violences, voies de fait, actes de cruauté et attentats commis envers les enfants (séance du 31 mars 1898, j. o., p. 1496).

— *Rapport* sur la proposition de loi ayant pour objet la répression des violences, voies de fait, actes de cruauté et attentats commis envers les enfants (déposé au Sénat par M. Bérenger, le 1er avril 1898, n° 199).

— *Discussion*, au Sénat, de la proposition de loi ayant pour objet la répression des violences, voies de fait, actes de cruauté et attentats commis envers les enfants (séance du 5 avril 1898, j. o., p. 651).

Instruction. — *Discussion*, à la Chambre, sur les allocations aux caisses des Écoles (séance du 5 avril 1893, j. o., p. 1594).

— *Discussion*, à la Chambre, sur les subventions aux cours d'adultes (séance du 6 avril 1898, j. o., p. 1641).

— *Discussion*, au Sénat, sur l'attribution des bourses d'enseignement supérieur (séance du 31 mars 1898, j. o., p. 498).

Enseignement professionnel. — *Proposition* de loi sur le Code du travail ; livre II, enseignement du travail (déposée à la Chambre par M. Groussier, le 21 mars 1898, n° 3132).

— *Discussion*, au Sénat, sur l'augmentation des bourses d'enseignement commercial, industriel et agricole (séance du 31 mars 1898, j. o., p. 508).

— *Discussion*, à la Chambre, sur le fonctionnement de l'enseignement agricole (séance du 16 février 1898, j. o., pp. 694, 698, 708, 709, 711 et séance du 17 février, j. o., pp. 715, 716, 717).

— *Rapport* sur la proposition de loi de M. Aristide Rey relative à l'enseignement classique agricole (déposé à la Chambre par M. Aristide Rey, le 26 mars 1898, n° 3169).

Protection du travail national. — *Discussion*, à la Chambre, sur l'élévation de la taxe prévue par la loi du 8 août 1893, relative au séjour des étrangers en France et à la protection du travail national (séance du 5 mars 1898, j. o., p. 1034).

Régime du travail. — *Proposition* de loi sur le Code du travail, livre III : Protection du travail (déposé à la Chambre par M. Groussier, le 13 janvier 1898, n° 2931).

— *Proposition* de loi sur le Code du travail: livre IV, organisation du travail (déposée à la Chambre par M. Groussier, le 4 avril 1898).

— *Discussion*, à la Chambre, sur les conditions du travail dans les établissements bénéficiant des primes a la filature (séances des 1er mars 1898, J. o., p. 943 ; 2 mars, J. o., p. 961 ; 3 mars, J. o., p. 983 ; 25 mars, J. o., p. 1391, et 28 mars, J. o., p. 1423).

— *Proposition* de loi ayant pour objet la réglementation du travail dans les filatures de soie (déposée à la Chambre par M. Maurice Faure, le 28 mars 1898, n° 3177).

— *Rapport* sur la proposition de M. Maurice Faure ayant pour objet la réglementation du travail dans les filatures de soie (déposé à la Chambre par M. Dubief, le 1er avril 1898, n° 3205).

— *Proposition* de loi portant faculté d'inscrire la clause du minimum de salaire dans les cahiers des charges des adjudications publiques (déposée à la Chambre par M. Dansette, le 26 février 1898).

— *Rapport* sur : 1° la proposition de M. Vaillant sur l'établissement des conditions du travail dans les travaux communaux de la ville de Paris et de chaque commune ; 2° la proposition de M. Paschal Grousset relative à l'abolition du marchandage ; 3° la proposition de M. Castelin portant réglementation du travail sur les chantiers de l'État, des départements, etc. (déposé à la Chambre par M. Lavy, le 10 mars 1898, n° 3113).

Délégués mineurs. — *Rapport* sur la proposition de M. Basly tendant à modifier la loi du 8 juillet 1890 sur les délégués à la sécurité des ouvriers mineurs (déposé à la Chambre par M. Lavy, le 24 mars 1898, n° 3157).

Contrôleurs du travail. — *Discussion*, à la Chambre, sur l'augmentation du cadre des contrôleurs du travail dans les exploitations de chemins de fer (séance du 6 avril 1898, J. o., p. 1618).

Ouvriers de l'Etat. — *Discussion*, à la Chambre, sur la situation des ouvriers des arsenaux (séance du 2 février 1898, J. o., p. 358).

— *Discussion*, à la Chambre, sur les salaires et les conditions du travail dans les manufactures de l'Etat (séance du 11 février 1898, J. o., p. 591).

— *Discussion*, à la Chambre, sur les institutions destinées à améliorer la situation des préposés et des ouvriers des manufactures de l'Etat (séance du 14 février 1898, J. o., p. 633).

— *Question* sur le fonctionnement des cantines établies dans les chantiers de l'Exposition (posée, à la Chambre, par M. Binder, séance du 5 février 1898, J. o., p. 435).

Placement. — *Discussion*, au Sénat, du projet de loi sur le placement des ouvriers et employés (séance des 27 janvier 1898, J. o., p. 40 ; 17 février et 18 février J. o., pp. 167 et 180).

— *Rapport* sur le projet de loi relatif au placement des ouvriers et employés (déposé à la Chambre par M. Guillemin, le 1er avril 1898, n° 3206).

— *Discussion*, à la Chambre, du projet de loi sur le placement des ouvriers et employés (séance du 5 avril 1898, J. o., p. 1583).

Salaires. — *Proposition* de loi tendant à modifier la loi du 12 janvier 1895, relative à la saisie-arrêt sur les salaires et petits traitements des ouvriers et employés (déposée à la Chambre par M. Plichon, le 13 janvier 1898, n° 2949).

— *Rapport* : 1° sur la proposition de M. Basly tendant à modifier la loi du 12 janvier 1895, relative à la saisie-arrêt des salaires des ouvriers et des traitements des petits employés; 2° la proposition de loi de M. Odilon-Barrot tendant à compléter la loi du 12 janvier 1895; 3° la proposition de loi de M. Plichon tendant à modifier la loi du 12 janvier 1895 (déposé à la Chambre par M. Rose, le 21 mars 1898, n° 3131).

— *Discussion*, à la Chambre, de : 1° la proposition de loi de M. Basly tendant à modifier la loi du 12 janvier 1895, relative à la saisie-arrêt sur les salaires et petits traitements des ouvriers et employés ; 2° la proposition de loi de M. Odilon-Barrot, tendant a compléter la loi du 12 janvier 1895 ; 3° la proposition de loi de M. Plichon, tendant à modifier la loi du 12 janvier 1895 (séance du 1er avril 1898, J. o., p. 1522).

Accidents. — *Rapport* sur le projet de loi concernant la responsabilité des accidents dont les ouvriers sont victimes dans leur travail (déposé au Sénat par M. Thévenet, le 25 janvier 1898, n° 15).

— *Discussion*, au Sénat, du projet de loi concernant la responsabilité des accidents dont les ouvriers sont victimes dans leur travail (séances des 3 mars, 4 mars, 15 mars, 18 mars, 19 mars 1898, J. o., pp. 230, 246, 298, 322, 339).

— *Rapport* sur le projet de loi concernant la responsabilité des accidents dont les ouvriers sont victimes dans leur travail (déposé à la Chambre par M. Maruéjouls, le 24 mars 1898, n° 3150).

— *Discussion*, à la Chambre, du projet de loi concernant la responsabilité des accidents dont les ouvriers sont victimes dans leur travail (séance du 26 mars 1898, J. o., p. 1396).

— *Projet* de loi ayant pour objet la création d'une caisse d'assurances mutuelles entre les marins français contre les risques et accidents de leur profession (déposé à la Chambre le 29 mars 1898. n° 3183).

— *Rapport* sur le projet de loi ayant pour objet la création d'une caisse de prévoyance entre les marins français contre les risques et accidents de leur profession (déposé à la Chambre par M. Le Myre de Villers, le 2 avril 1898, n° 3213).

— *Discussion*, à la Chambre, du projet de loi

ayant pour objet la création d'une caisse de prévoyance entre les marins français contre les risques et accidents de leur profession (séance du 4 avril 1898, J. O., p. 1569).

— *Rapport* sur le projet de loi ayant pour objet la création d'une caisse de prévoyance entre les marins français contre les risques et accidents de leur profession (déposé et lu au Sénat par M. Toulier, le 6 avril 1898, J. O., p 666).

— *Discussion*, au Sénat, du projet de loi ayant pour objet la création d'une caisse de prévoyance entre les marins français contre les risques et accidents de leur profession (séance du 6 avril 1898, J. O., p. 669).

Association professionnelle.— *Discussion*, à la Chambre, sur les encouragements aux sociétés d'agriculture et aux syndicats agricoles pour des caisses de retraite et d'assistance au profit des vieux métayers et ouvriers agricoles séance du 23 février 1898, J. O., p. 862).

Coopération.— *Discussion*, au Sénat, sur la participation des sociétés coopératives de production aux travaux de l'Exposition universelle de 1900 (séance du 31 mars 1898, J. O., p. 491).

— *Discussion*, à la Chambre, sur les opérations des syndicats agricoles (séance du 16 février 1898, J. O., p. 700).

— *Discussion*, à la Chambre, sur l'application de la patente aux économats, aux syndicats agricoles et aux sociétés coopératives de consommation (séance du 11 mars 1898, J. O., pp. 1167 et 1171).

— *Discussion*, à la Chambre, sur les encouragements aux associations fruitières (séance du 17 février 1898, J. O., p. 722).

Crédit agricole. — *Rapport* sur le projet de loi ayant pour but la création des caisses régionales de crédit agricole mutuel (déposé à la Chambre par M. Codet, le 9 mars 1898, n° 3109).

— *Discussion*, à la Chambre, d'un projet de loi ayant pour but la création de caisses régionales de crédit agricole mutuel (séance du 31 mars 1898, J. O., p. 1504).

— *Discussion*, à la Chambre, d'un projet et d'une proposition de loi relatifs aux warrants agricoles (séance du 31 mars 1898, J. O., p. 1498).

— *Rapport* sur le projet de loi relatif aux warrants agricoles (déposé au Sénat par M. Calvet, le 6 avril 1898, J. O., p. 693).

Épargne. — *Proposition* de loi visant la création de livrets du travail et de l'épargne (déposée à la Chambre par M. Ernest Bérard, le 4 février 1898, n° 3008).

Sociétés de secours mutuels. — *Discussion*, au Sénat, de la proposition de loi relative aux sociétés de secours mutuels (séances des 10 février, 11 février, 15 février 1898, J. O., pp. 121, 138, 152).

— *Rapport* sur la proposition de loi relative aux sociétés de secours mutuels (déposé à la Chambre par M. Audiffred, le 10 mars 1898, n° 3117).

— *Discussion*, à la Chambre, de la proposition de loi relative aux sociétés de secours mutuels (séance du 22 mars 1898, J. O., p. 1327).

Retraites. — *Discussion*, à la Chambre, sur l'application des droits de timbre aux contrats de rente viagère (séance du 9 mars 1898, J.O., p 1091).

— *Discussion*, à la Chambre, sur la contribution de l'État aux pensions constituées par les départements et les communes en faveur des septuagénaires ou infirmes (séance du 14 mars 1898, J. O., p. 1261).

— *Rapport* sur la proposition de loi de M. Félix Martin sur les caisses de retraites des ouvriers et employés de l'industrie (déposé au Sénat par M. Félix Martin, le 7 février 1898, n° 36).

— *Discussion*, à la Chambre, sur l'allocation de pensions de retraites proportionnelles aux dames employées dans l'administration des postes et télégraphes (séance du 11 mars 1898, J. O., p. 1189).

— *Discussion*, à la Chambre, sur les pensions de retraites des préposés et ouvriers des manufactures de l'État (séance du 11 février 1898, J. O., p. 597, et 14 février, J. O., p. 632).

— *Discussion*, à la Chambre, sur l'allocation d'indemnités aux ouvriers civils des établissements de l'artillerie congédiés après quinze ans de service (séance du 5 avril 1898, J. O., p. 1588).

— *Discussion*, à la Chambre, sur l'attribution de bonifications de retraites aux agents des contributions directes (séance du 11 février 1898, J. O., p. 576).

— *Discussion*, à la Chambre, sur les bonifications des pensions de retraites des brigadiers et gardes forestiers communaux (séance du 23 février 1898, J. O., p. 864).

Assistance. — *Proposition* de loi sur l'assistance obligatoire aux vieillards et aux infirmes indigents (déposée au Sénat par M. Strauss, le 20 janvier 1898, n° 10).

— *Discussion*, à la Chambre, sur l'affectation de ressources du pari mutuel aux hôpitaux et hospices publics les plus pauvres (séance du 14 mars 1898, J. O., p. 1265).

— *Discussion*, à la Chambre, sur la faculté d'affectation des revenus et bonis annuels des caisses d'épargne à l'assistance des vieillards (séance du 14 mars 1898, J. O., p. 1272).

Assurances. — *Discussion*, à la Chambre, sur les encouragements aux sociétés d'assurances mutuelles agricoles contre la grêle et la mortalité du bétail (séances des 21 février 1898, J. O., p. 818 ; 23 février, J. O., p. 850 ; et 14 mars, J. O., p. 1237).

— *Discussion*, au Sénat, sur les encouragements aux sociétés d'assurances mutuelles agricoles contre la grêle et la mortalité du bétail (séance du 31 mars 1898, J. O., p. 485).

Mesures diverses dans l'intérêt des ouvriers. — *Discussion*, à la Chambre, sur l'intervention de délégués ouvriers dans le contrôle de l'attribution des primes à la filature (séance du 3 mars 1898, j. o., p. 982).

— *Discussion*, a la Chambre, de propositions de loi concernant les employés et ouvriers appelés à accomplir une période d'instruction militaire (séance du 23 mars 1898, j. o., p. 1380).

— *Discussion*, à la Chambre, sur l'allocation de secours aux familles nécessiteuses des réservistes et territoriaux (séances des 14 mars 1898, j. o., p. 1271, et 7 avril, j o , p. 1659).

— *Discussion*, à la Chambre, sur l'exemption de taxe au profit des ouvriers se servant habituellement d'un vélocipède pour se rendre à leur travail (séance du 4 mars 1898, j. o., p. 1012).

Propriété rurale. — *Discussion*, à la Chambre, de la proposition de loi de M. Jules Siegfried tendant a faciliter la constitution et le maintien de la petite propriété rurale (séance du 1er avril 1898, j. o., p. 1519).

Population. — *Discussion*, à la Chambre, sur l'attribution d'allocations supplémentaires aux agents des douanes pour chaque enfant ou parent assisté au-dessus de trois (séance du 11 février 1898, j. o., p. 585).

Questions féministes. — *Proposition* de loi ayant pour objet de permettre aux femmes munies des diplômes de licencié ou de docteur en droit de prêter le serment d'avocat et d'exercer la profession d'avocat à la Cour d'appel (déposée à la Chambre par M. Léon Bourgeois, le 22 mars 1898, n° 3145).

— *Rapport* supplémentaire sur la proposition de loi de M. Groussier tendant à modifier l'article 331 du Code civil concernant la légitimation des enfants naturels, incestueux ou adultérins (présenté à la Chambre par M. de Folleville, le 2 février 1898, n° 3006).

Moralité publique. — *Proposition* de loi tendant à compléter les dispositions de la loi du 2 août 1882 et à assurer l'inviolabilité morale du domicile (déposée a la Chambre par M. Julien Goujon, le 1er février 1898, n° 3002).

— *Rapport* sur la proposition de loi ayant pour objet de modifier la loi du 2 août 1882, sur la répression des outrages aux bonnes mœurs (déposé au Sénat par M. Bérenger, le 4 mars 1898, n° 80).

— *Discussion*, au Sénat, du projet de loi ayant pour objet de modifier la loi du 2 août 1882, sur la répression des outrages aux bonnes mœurs (séance du 8 mars 1898, j. o., p. 276).

Agiotage. — *Rapport* sur les propositions de loi concernant les marchés à livrer fictifs et l'agiotage sur les douanes et les marchandises (déposé à la Chambre par M. Dron, le 21 mars 1898, n° 3134).

Usure. — *Discussion*, à la Chambre, sur la répression de l'usure en Algérie (séance du 14 mars 1898, j. o., p. 1263).

BIBLIOGRAPHIE SOCIALE (1).

[Seront spécialement signalés sous cette rubrique tous les ouvrages ou tirages à part de publication récente relatifs à la Législation ouvrière, à l'Economie politique et aux Questions sociales dont les auteurs ou éditeurs voudront bien adresser un exemplaire à la Rédaction de la Revue.]

I. — PROTECTION DES ENFANTS. — ÉDUCATION.

— *Contribution à l'étude de la patria potestas*, par Georges CORNIL, professeur à l'Université de Bruxelles. Paris, 1897, Larose, 22, r. Soufflot. In-8, 75 p.

Véritables caractères de la *patria potestas* à Rome, d'après les textes: expositions et ventes d'enfants, droit de vie et de mort.

— *Children under the Poor Law : Their education, training and After-care*, par W. CHANCE. Londres, 1897.

— *Stadtische Jugend und Jugendhorte*, par FISLER. Zürich, 1898.

— *Enfants assistés et protection des enfants du premier âge*, par LA FIZE. Nancy, 1898.

— *Lois et reglements organiques de l'Enseignement primaire*. Paris, 1898, Delalain, 56, r. des Écoles. In-8, 160 p. : 2 fr. 50.

Recueil (mis à jour au 1er janvier 1898) des lois et des règlements organiques sur l'Enseignement primaire intervenus en France de 1884 à 1898

— *L'enseignement moral à l'école primaire*, par ANGOT. Paris, 1897.

— *Rapport sur l'enseignement moral dans les écoles primaires*, par EVELLIN, inspecteur d'académie. Paris, 1898, Guérin, Nicolle et Cie, 22, r. des Boulangers. Gr. in-8, 16 p.

Pratique et idées directrices de cet enseignement dans l'académie de Paris.

— *Aux instituteurs et aux institutrices*, par Jules PAYOT, inspecteur d'académie. Paris, 1897, A. Colin. In-18, 312 p. : 3 fr. 50.

La préparation à l'enseignement : l'école normale, les premières classes, les écueils, les méthodes. Le rôle pédagogique. L'organisation du travail et des délassements, les rapports avec les parents et la population, les services extra-scolaires. Le rôle social : la formation humaine en soi et en autrui.

— *Aux instituteurs et institutrices de France*, par LUCAS. Saint-Brieuc, 1897.

— *Des colonies scolaires de vacances*, par le Dr Emile DELPOLR. Toulouse, 1897, imp. St-Cyprien. In-8, 53 p.

Historique organisation, résultats des colonies scolaires.

— *L'éducation de la démocratie*, par DALI. Paris, 1898.

— *L'éducation présente*, par le R. P. DIDON. Paris, 1898. Plon, 10, r. Garancière. In 18, 430 p. : 3 fr 50.

Discours à la jeunesse sur l'éducation présente, l'apprentissage par l'école, l'école religieuse, le régime de l'internat, la jeunesse contemporaine, le devoir de la jeunesse lettrée, le devoir intellectuel et social de la jeunesse, le choix de la carrière, la culture de la volonté, les énergies humaines, etc

---

(1) Quelques-uns des ouvrages mentionnés dans le numéro précédent ont été repris dans cette bibliographie pour complément d'indications.

— *Les unions chrétiennes de jeunes gens et l'éducation populaire en France*, par Dumont. Paris, 1898.

— *Les lectures des jeunes filles*, par Mme William Monod. Vals, 1897, Aberlen. In-8, 11 p.

— *La coltura intellettuale contemporanea e il suo avviamento morale*, par Tarozzi. Civitanova-Marche, 1897.

— *Der Universitätsunterricht und die Erfordernisse der Gegenwart*, par Bernheim. Berlin, 1898.

— *The social Mind and Education.* Londres, 1897.

— *La riforma de l'educatione : pensieri ed appunti*, par Mosso. Milan, 1898.

— *Origine et progrès de l'éducation en Amérique*, par Barneaud. Lille, 1898.

— *Une Université allemande avant la guerre*, par E. Durand Morimbeau. Paris, 1898, Encyclopedie populaire, 17, r. Guénégaud. In-16, 216 p. : 1 fr.

Mœurs des etudiants allemands

— *Reflexions sur l'Enseignement*, par Albert Traschfl. Paris, lib de la France scolaire, 17, r. Guénégaud. In-16, 61 p. : 1 fr.

Moyens de diffusion ; conception des ecoles d'art

— *Etudes d'anthropo-sociologie · Ecoliers et paysans de Saint Brieuc*, par H. Muffang, professeur agrege au lycée de Saint-Brieuc. Paris, 1897, Giard et Briere, 16, r. Soufflot. In-8, 15 p.

Etude locale de l'indice céphalique, particulièrement au point de vue de l'aptitude scolaire.

II. — Apprentissage. — Enseignement
PROFESSIONNEL.

— *Les écoles professionnelles*, par Alexis Lemaistre. Tours, 1898, Mame. In-4, 400 p. avec gravures.

Etude et renseignements sur l enseignement professionnel à Paris : Conservatoire des arts et metiers, Institut agronomique, écoles Diderot, Estienne, Boulle, Germain-Pilon, Bernard-Palissy, Gutenberg, ecoles privees.

— *Les conscrits du travail et l'enseignement professionnel chrétien*, par Guy Tomel. Tours, 1898, Mame. In-4, 391 p. : 6 fr.

Etude et documents sur les institutions d'enseignement professionnel catholique en France : orphelinats, ateliers d'apprentissage, ecoles professionnelles de garçons et de filles, colonies agricoles.

— *Les Ecoles catholiques de métiers*, par Fobes. Paris, 1897.

— *L'enseignement de l'agriculture et l'enseignement de l'anti-alcoolisme à l'école primaire (indications, programmes)*, par Bareilhes, inspecteur primaire à Albi. Albi, 1898, imp. Pezons. In-8, 31 p.

— *Les écoles ménagères agricoles*, par Julgaro. Louvain, 1898.

— *Les écoles volantes de laiterie*, par Julgaro. Louvain, 1898.

— *Rapport sommaire sur l'enseignement technique et professionnel en Suisse*, par F. Delmas, inspecteur régional de l'enseignement technique. Paris, 1897, Imp. nationale. In-8, 101 p.

— *Sulla oportunità d'istituire in Firenze una Scuola d'arti e mestieri*, par Innocenzo Golfarelli, già Direttore dell' officina Galileo. Florence, 1898, imp. Ricci. In-8, 28 p.

III. — Réglementation du travail.

— *Régime du travail en législation comparée*, par Wodon. Bruxelles, 1898.

— *Rapports sur l'application des lois réglementant le travail.* Paris, 1897, Imp. nationale, 584 pages.

Rapport de la commission supérieure ; Rapport des inspecteurs divisionnaires et des ingenieurs des mines ; tableaux statistiques.

— *Les ouvriers des chemins de fer et la législation du travail*, par Thevenet. Paris, 1897.

— *Oesterreichisches Gewerberecht*, par Heilingfr. Vienne, 1898.

— *Die Wirkung der Schutzbestimmungen für die jugendlichen und weiblichen Fabrik arbeiter*, par Bodd. Jena, 1898. G Fischer. Gr. in-8, 242 p. 4.50 Mr.

Les mesures de protection sociale en faveur des apprentis et des ouvrières leur Influence. Considerations et statistiques sur les résultats generaux obtenus pour les enfants et pour les femmes Examen spécial de la situation dans les diverses industries de la confection.

— *Die hausliche Handarbeit*, par Götze. Dresde, 1898.

— *Le repos dominical*, par Hubert Bouché. St-Brieuc, imp. Prudhomme. In-8, 56 p.

Le dimanche au point de vue religieux, social et législatif.

— *Le repos du dimanche*, par E. Sauvage, 1897.

— *Le Congrès international du repos du dimanche tenu à Bruxelles en 1897*, par Lombard.

— *La législation autrichienne sur le dimanche*, par Branrs. Bruxelles, 1897.

IV. — Placement. — Chômage.

— *L'assurance municipale contre le chômage involontaire*, par Georges Cornil, professeur à l'Université de Bruxelles. Bruxelles, 1898, imp. Moreau. In-8 : 4 fr.

Etudes et expériences faites en matière d'assurance facultative ou obligatoire contre le chomage a Berne, à Cologne, à Lausanne, à Gand, à St-Gall, à Zurich, etc. Projet d'organisation et de statuts.

— *Les bourses du travail*, par J. Teixera Bastos. Lisbonne, 1898.

V. — Contrat de travail. — Salaires.

— *Du contrat de travail*, par Vetillard. Angers, 1898.

— *La loi sur les règlements d'ateliers du 13 juin 1896, 2e édit.*, par Gustave Abel, avocat à la Cour d'appel de Gand. Gand, 1897, Hoste, 47, r. des Champs. In-8, 96 p. : 1 fr. 25.

Textes et commentaire de la legislation belge sur les règlements d'ateliers et les salaires.

— *Le procès du marchandage*, par Flamand. Arcis-sur-Aube, 1897.

Plaidoirie en appel contre un jugement du tribunal correctionnel de la Seine relatif à la repression du marchandage.

— *Salaires et durée du travail dans l'industrie française.* Paris, 1897, Imp. nationale. In-8, 578 p. et album de 29 planches.

Publication de l'Office du travail, contenant les résultats généraux de la statistique sur la durée du travail, les taux et le mouvement du salaire, le coût de l'existence, etc.

— *Le salaire effectif, sa protection par la loi*, par Emile Bender, avocat à la Cour de Lyon. Paris, Rousseau, 14, r. Soufflot. Gr. in-8, 182 p. 3 fr. 50.

Législation française actuelle sur les salaires. Etude des projets législatifs en France et à l'étranger : modalités de paiement, économats, règlements d'atelier, amendes, minimum de salaire.

— *Government contracts : Fair wages Resolution. Report from select committee.* Londres, 1897.

— *L'association de l'ouvrier aux profits du patron et la participation aux bénéfices*, par BUREAU. Paris, 1898.

— *Le colonat partiaire dans l'Afrique romaine*, par Edouard CLQ, professeur à la Faculté de droit de Paris, 1897, C. Klincksieck. In-4, 66 p.

Etude, d'après l'inscription d'Henchir Mettich, sur le colonat dans l'Afrique romaine sous le règne de Trajan situation des colons africains, caractères et sanctions du contrat de colonat.

— *Le métayage et la participation aux bénéfices*, par Roger MERLIN, avocat. Paris, 1898, A. Rousseau. In-8, 594 p. : 6 fr.

Ouvrage, couronné par le Musée social, sur l'histoire et les conditions actuelles du métayage, sur la participation aux bénéfices, ses caractères, ses modalités, son fonctionnement, son avenir.

— *La participation aux bénéfices*, par Maurice VANLAER, chargé de cours à la faculté libre de droit de Lille. Paris, 1898, A. Rousseau, 14, r. Soufflot. In-8, 318 p. : 6 fr.

Ouvrage, couronne par le Musée social, sur les caractères. l'histoire, les conditions pratiques, les résultats et l'avenir de la Participation aux benefices.

— *La participation aux bénéfices*, par WAXWEILER. Paris, 1898.

VI. — HYGIÈNE INDUSTRIELLE. — ACCIDENTS.

— *Recueil des travaux du Comité d'hygiène publique de France*, tome 26. Melun, 1897, Imp. administrative. In-8, 525 p.

Rapports présentés au comité et procès-verbaux des séances.

— *Hygiène industrielle : les filatures de lin*, par Em. VAN DE WEYER. Bruxelles, 1898.

— *Hygiène des ouvriers mineurs*, par LEVADOUX. Brioude, 1897.

— *De la responsabilité civile*, par MUTEAU. Paris, 1898.

— *De la réparation civile des délits*, par René DEMOGUE, avocat à la Cour de Paris. Paris, 1898, A. Rousseau. In-8, 366 p. : 7 fr.

Ouvrage, couronné par la Faculté de droit de Paris, sur la réparation civile des délits : historique de la question, droit actuel, procedure, examen critique des reformes preconisées.

— *Congrès international des accidents du travail et des assurances sociales.* Bruxelles, 1897, Weissenbruch, 45, r. du Poinçon. In-8, 1042 p.

Travaux du Congrès tenu à Bruxelles en juillet 1897. Rapports sur la prévention, la constatation, la responsabilité et la réparation des accidents, sur les systèmes d'assurance reparatrice, sur l'etat de la question au point de vue legislatif dans les principaux pays. Procès-verbaux des discussions

— *La faute lourde en matière d'accidents du travail*, par RIJCX. Bruxelles, 1897.

— *Contributo alla questione degl'infortuni del lavoro*, par MEDINA. Florence, 1897.

— *La question des accidents du travail devant sept assemblées délibérantes*, par LAMBRECHTS. Bruxelles, 1897.

— *Observations sur le projet de loi concernant la responsabilité des accidents du travail*, par l'Association des industriels du Nord de la France contre les accidents Lille, 1898, 116, r. de l'Hôpital militaire. In-8, 23 p.

— *Rapport sur le projet de loi relatif aux accidents du travail*, par IMBERT. Marseille, 1897.

— *Amendements au projet de loi sur les accidents du travail*, par la Chambre de commerce d'Angers, 1897.

VII. — ASSOCIATION PROFESSIONNELLE.

— *La liberté d'association*, par GIELKENS. Bruxelles, 1897.

— *Projet de loi sur la liberté d'association*, par DES CILLEULS, chef de division honoraire à la préfecture de la Seine. Paris, 1898. Imp. Nat. Gr. in-8, 11 p.

Redaction d'un projet législatif sur la liberté d'association.

— *Les syndicats professionnels et le régime général des associations modernes*, par BAUDOUX et LAMBERT Bruxelles, 1897.

— *Les associations agricoles*, par Clarisse BAUER Lyon, 1898.

— *Renseignements statistiques concernant la situation des associations d'intérêt agricole*, 1895-96. Bruxelles, 1898.

— *Les syndicats de la contrée de Flobecq*, par CALLIER. Tournai, 1898.

— *Le secrétariat du peuple*, par LOUIS. Reims, 1897.

VIII. — COALITIONS. — ARBITRAGE.

— *Die Arbeitseinstellungen und Aussperrungen in Gewerbebetriebe in Oesterreich während des Jahres 1896.* Vienne, 1896, A. Hölder, 1, Rothenthurmstrasse, 15. Gr. in-8, 333 p.

Publication du département de la statistique du ministère du Commerce autrichien sur les grèves statistiques, mouvement comparatif par régions, par industries et par périodes, documents relatifs aux grèves.

— *Trusts et syndicats*, 2e édit., par Camille LAURENT. Charleroi, 1897, Tourneur Schmitz In-8, 23 p. : 2 fr.

Résumé de la legislation et de la jurisprudence belges.

— *Die Koalitionsfreiheit vor dem Reichstag*, par POSADOWSKY. Berlin, 1898.

— *La grande grève des docks*, par John BURNS et Pierre KRAPOTKINE. Bruxelles, 1897.

— *Law of Arbitration*, par CREWES. Londres, 1898.

— *The Truth about the new Zealand compulsory industrial conciliation and arbitration act*, par SHAXBY. Londres, 1898.

IX. — COOPÉRATION.

— *Statistics of Cooperative Societies in various Countries.* Londres, 1898, King a. Sohn, Westminster, S. W.

Tableau publié par la Commission de statistique de l'Alliance coopérative internationale : statistique de la cooperation (Consommation, credit, production, agriculture, construction) en Angleterre, en Allemagne, en Autriche, en France, en Italie, en Belgique, aux Pays-Bas, en Suisse et en Norwège.

— *L'idée coopérative*, par Ernest MAWET, directeur de la Conference du jeune barreau de Liège. Liège, 1897, imp. Miot. In-8, 61 p. : 1 fr. 25.

Historique, developpements et avenir de la coopération.

— *La coopération*, par PAULUS. Liège, 1898.

— *Kreditgenossenschaften nach Schulze-Delitzsch*, par PARISIUS. Berlin, 1898.

— *Les Caisses Raiffeisen en Autriche et en Allemagne*, par E. VLIEBERGH. Louvain, 1898.

— *Notes à propos de la création d'une caisse rurale*, par Emile Duport. Lyon, 1897.

— *Les associations ouvrières de production*. Paris, 1897, Imp. nationale. Gr. in-8, 613 p.

Publication de l'*Office du travail* sur les sociétés coopératives de production : historique, législation, monographies, statistiques.

— *Les laiteries coopératives*, par Legludic. Le Mans, 1897.

— *Cuisines populaires et restaurants coopératifs*, par L. d'Abartiague, ingénieur civil. Paris, 1897. Masson, 120, boulev. St-Germain. In-8, 19 p.

X. — Epargne. — Prévoyance. — Assurance. — Assistance.

— *Manuel de l'enseignement de la prévoyance*, par Louis Banneux, attaché au Ministère de l'industrie et du travail de Belgique Frameries, imp. Dufrane-Friart. In-8, 110 p.

Utilité et organisation des institutions de prévoyance mutuelles, caisses de retraites, habitations ouvrières.

— *Amélioration morale et matérielle de la classe ouvrière*, par Albert Thiry, instituteur. Bruxelles, 1897, J. Lebègue, 46, r. de la Madeleine. In-8, 70 p. : 0 fr. 75.

Epargne, mutualité, caisses de retraites, etc.

— *Rapport sur les opérations des caisses d'épargne ordinaires en 1896*. Paris, 1898, Imp. nationale. In-4, 179 p.

Statistique des déposants, des dépôts, des placements ; gestion financière et administrative.

— *Rapport sur les opérations de la Caisse Nationale d'épargne*. Paris, 1898, Imp. nationale. In-4, 90 p.

Compte rendu financier et statistique des opérations ; améliorations réalisées.

— *Benjamin Delessert et la Caisse d'épargne de Niort*, par A. Dupont, directeur de la Caisse d'épargne de Niort. Niort. 1897, imp. Mercier. In-8, 171 p.

Historique de la Caisse d'épargne de Niort ; organisation de la caisse et de ses succursales , statistique de ses opérations et causes de sa prospérité.

— *Rapport sur les opérations des sociétés de secours mutuels en 1895*. Melun, 1897, Imp. administrative. Gr. in-4, 996 p.

Mouvement des diverses catégories de sociétés, des sociétaires, des budgets et des opérations. Documents comparatifs sur la mutualité.

— *Friendly societies : Report of Registror for 1896*. Londres, 1897.

— *De l'organisation technique des sociétés de secours mutuels*, par L. Duboisdenghien, secrétaire de l'association des actuaires belges. Bruxelles, 1898, Bruylant, 67, r. de la Régence. In-8, 57 p.

Bases mathématiques de l'organisation technique d'une société de secours mutuels ; comptabilité rationnelle

— *Les principes fondamentaux de la mutualité*, par Malherbe. Bruxelles, 1898.

— *Etudes sur les mutualités familiales*, par Malherbe. Binche, 1897.

— *So sollt ihr versichern*, par Karl Ernst. Ravensburg, 1898.

— *Etude sur le projet de loi suisse relatif au contrat d'assurance*, par Marcel Cosmao Dumanoir. Paris, 1898, Pichon, 24, r Soufflot. In-8, 24 p.

— *Vergleichende Tabellen der Prämien deutscher Lebens-Versicherungs-Gesellschaften* par J. Neumann, Berlin, 1898.

— *Ueber die Versicherung minderwertiger Leben*, par Kehm. Iéna, 1898.

— *Die Arbeiter-Versicherung im Auslande*, par Zacher. Berlin, 1898, A Troschel. In-8, 51 p.: 1 Mr.

Première partie : législation des assurances ouvrières en Danemark.

— *Die Gebarung und die Ergebnisse der Krankheits-Mortalitats-und Invaliditatsstatistik der Bergwerksbruderladen im. J. 1874*. Vienne, 1897, Staatsdruckerei. In-4, 191 p.

Publication du Ministère de l'agriculture : statistique des caisses de maladie, de décès et d'accidents dans les exploitations de mines autrichiennes.

— *Handbuch zur Durchführung des Invaliditats-und Altersversicherungsgesetzes vom 22 Juni 1889*, par Wilhelm Maass. Berlin. 1898. A. Troschel. In-18, cartonné, 173 p. : 2 Mr.

Dictionnaire de références aux dispositions législatives allemandes sur les assurances ouvrières.

— *Handausgabe der Krankenversicherungsgesetzes*, par Regers, Ansbach (Bavière), 1898.

— *Die œsterreichische Unfallversicherung*, par Worliek. Vienne, 1898.

— *Questions d'assistance et d'hygiène publiques traitées dans les conseils généraux en 1896*, par J. de Crisenoy, ancien conseiller d'Etat. Paris, 1897, Berger-Levrault, 5, r. des Beaux-Arts. In-8, 225 p.

Analyse des délibérations des conseils généraux relatives à la protection de l'enfance, à l'assistance par le travail, à l'assistance des malades, des vieillards et des incurables, aux habitations à bon marché, etc.

— *Assistance publique et privée dans l'antique législation juive*, par Joseph Lehmann, directeur du séminaire israélite. Paris, 1897, Durlacher, 83 bis, r. Lafayette. In-8, 40 p.

— *The state and charity*, par Mackay. Londres, 1898.

— *Aperçu historique sur l'hygiène publique en Belgique depuis 1830*, par H Kuborn. Bruxelles, 1898.

— *Rapport sur la réorganisation de la bienfaisance publique*, par Y. Termonde, 1897. imp. Du Caju-Beeckmann. In-8, 68 p.

Projet de réorganisation et de fonctionnement de l'assistance publique et des établissements hospitaliers à Termonde et dans la Belgique en général

— *Armenwesen*, par Hoffen. Vienne, 1898.

— *Workhouses and Pauperism*. Londres, 1898.

— *Children under the poor law*, par Chance. Londres, 1897.

— *De l'organisation hospitalière du service des prompts secours*, par Etraud. Paris, 1897.

— *L'assistance par le travail en Allemagne et en France*, par Jacot. Montauban, 1897.

— *L'assistance par le travail de Rouen*, par Henri Ilie, avocat. Rouen, imp. Cagniard. In-8, 19 p.

Origine, résultats et statistiques de l'œuvre.

— *Œuvre bordelaise de l'assistance par le travail* (exercice 1896). Bordeaux, 1897, imp. Chariol. In-8, 47 p.

Statuts et fonctionnement.

XI. — Habitations ouvrières.

— *Les habitations à bon marché*, par Jules Siegfried. Paris, 1897.

— *Actes du Congrès international des habitations à bon marché*. Bruxelles, 1897. Hayez, 112, r. de Louvain. Gr. in-8, 586 p.

Congrès tenu à Bruxelles en 1897 : Rapports présentés;

compte rendu des séances (intervention des pouvoirs publics, inspectorat, règles de construction, transfert de propriété, concours de propreté, etc.).

— *Amélioration de la condition de l'ouvrier et du petit propriétaire de campagne*, 2° édit., par H. DE ROYER DE DOUR, commissaire de l'arrondissement de Bruxelles. Bruxelles, 1898, Schepens, 16, r. Treurenberg. In-8, 45 p. : 1 fr.

Mesures adoptées en Belgique pour faciliter aux ouvriers l'accès de la propriété, types et plans d'habitations ouvrières à la campagne.

— *Monographie de la Société d'habitations ouvrières Le Prévoyant propriétaire*, par POURBAIX. Tournai, 1898.

— *Building Societies Acts*, 1874-1894. *Form of Annual Account and Statement*. Londres, 1897.

— *Antwsen-u. Wohnung-Zulung in München*. Munich, 1898.

XII. — ALCOOLISME.

— *The Liquor Problem in its Legislative Aspects*, par WINES AND KOREN. Londres, 1897.

— *Contribution à l'étude de l'alcoolisme*, par le Dr Hippolyte BARELLA, membre de l'Académie de médecine de Bruxelles. Bruxelles, 1898, Schepens, 16, r. Treurenberg. In-8, 112 p. : 3 fr. ·

Observations médicales sur les conséquences de l'alcoolisme (démence et paralysie générale ; hérédité alcoolique ; criminalité) ; la lutte contre l'alcool.

— *A travers le 6° Congrès international contre l'abus des boissons alcooliques*, par le Dr COLLEVILLE, professeur à l'école de médecine de Reims. Reims, 1897, imp. coopérative. In-8, 57 p.

L'intoxication alcoolique, ses progrès et ses conséquences ; les remèdes et la propagande anti-alcoolique.

— *L'alcool à la prison de Liège*, par Fernand THÉRY, professeur de droit criminel à l'Université de Liège. Liège, 1897, imp de la Meuse. In-18, 8 p.

— *De l'alcoolisme au point de vue de la prophylaxie et du traitement*, par BARGY. Paris, 1897.

— *Contre l'alcoolisme*, par LEMOINE ET VILLETTE. Paris, 1898.

— *Le parti ouvrier et l'alcool*, par VANDERVELDE. Bruxelles, 1898.

— *L'alcoolisme chez l'enfant : ses causes et ses effets*, par RADIFT. Paris, 1898.

— *A propos des sociétés scolaires de tempérance*, par CAUDERLIER. Bruxelles, 1898.

— *Le livre d'anti-alcoolisme des écoles primaires (partie de l'élève et partie du maître)*, d'après le programme du 9 mars 1897, par L. ANGOT, inspecteur de l'enseignement primaire. Paris, 1898, Fouraut, 47, r. St-André-des-Arts. 2 vol. in-8, cart., 48 et 124 p. : 0 fr. 90 et 0 fr. 35.

— *Histoire d'une bouteille*, par J. BAUDRILLARD, inspecteur de l'Enseignement primaire à Paris. Paris, 1898, Delagrave, 15, r. Soufflot. In-18, 196 p. : 1 fr. 25.

Lectures scolaires anti-alcooliques.

— *Guide élémentaire et pratique pour les conférences anti-alcooliques*, par J. HANNS. Bruxelles, 1898.

— *Manuel populaire contre l'alcoolisme*, 2° édit., par le Dr Hubert BOENS. Bruxelles, 1897, imp. Bastiné. In-18, 35 p.

Effets de l'alcoolisme ; prévention et traitement.

XV. — QUESTIONS FÉMINISTES.

— *Les patronnes, employées et ouvrières de l'habillement à Paris. leur situation morale et matérielle*, par E. AINE. Paris, 1897, 54, r. de Seine. In-8, 21 p

— *Zur Kenntniss v. den Lebens-u. Lohnverhaltnissen industrieller Arbeiterinnen in Stockholm*, par LEFFLER. Leipzig, 1898.

— *Changes in the Employment of Women and Girls in industrial Centres. J. Flax and Jute Centres*, par MISS COLLET. Londres, 1898. Gr. in-8, 113 p. : 6 d.

Publication du *Labour Department* sur l'emploi de la main-d'œuvre féminine dans les industries du lin et du jute.

— *Les progrès du féminisme*, par Pierre PAGNON. Lyon, 1897, imp. Bonnaviat. In-8, 84 p.

Les succès féministes à l'étranger ; les revendications féministes en France ; leur avenir.

— *Die Lösung der Frauenfrage in Deutschland*, par Ada OTTILIE. Berlin, 1897.

— *L'emancipazione della donna*, par ARGIDINI. Macerata, 1898.

— *Die politische Gleichberechtigung der Frau*, par Eliza ICHENHAUSEN. Berlin, 1898.

— *Ungereimtes aus dem Frauenleben*, par Anna BERNUN. Berlin, 1898.

— *Vorschriften ueber das Frauenstudium an œsterreichischen Universitäten*. Vienne, 1898.

— *La femme devant le Parlement*, par LEDUC. Paris, 1898.

— *Place à la femme, surtout dans l'enseignement secondaire*. par MACÉ. Paris, 1898.

— *Les Unions chrétiennes de jeunes filles*, par GOUNELLE, pasteur. Vals-les-Bains, 1898, Aberlen. In-8, 29 p.

Historique, objet, mission sociale ; écueils.

— *L'Union internationale des amis de la jeune fille*, par G. CHASTAND, directeur de la Revue du christianisme social. Vals, 1897, Aberlen. In-8, 14 p.

— *Verlobniss u. Ehe*, par SCHROEDER. Wiesbaden, 1898.

— *Qu'elles soient des épouses et des mères*, par Lydie MARTIAL. Paris, 1898, libr. de la Nouvelle-Revue, 28, r Richelieu. In-18, 212 p. : 3 fr. 50.

Le bonheur et le but de la vie ; la réforme de l'éducation nationale et les devoirs de l'Etat ; l'émancipation féminine et le mariage ; la sauvegarde de la famille.

— *De l'hospitalisation des femmes enceintes*, par le Vte de PELLEPORT-BURETE. Bordeaux, 1897, Féret, 15, cours de l'Intendance. In-8, 50 p. : 1 fr.

Etude sur les asiles spéciaux pour les femmes enceintes, historique et état de la question en France ; rôles respectifs de l'assistance publique et de l'assistance privée.

— *La femme en prison et devant la mort*, par Raymond de RYCKERE. Lyon, 1898, A. Storck, 78, r. de l'Hôtel-de-Ville. In-8, 249 p. : 5 fr.

Etude sur la femme criminelle, emprisonnée, reléguée, récidiviste, exécutée.

— *L'infanticide*, par Réné BOUTON, docteur en droit. Paris, 1897, Société d'éditions scientifiques, 4, r. Antoine Dubois. In-8, 240 p. : 6 fr.

Histoire de l'infanticide à Rome et en France ; variations de la législation française, législation comparée, statistique, moyens de prévention et de répression, réformes souhaitables.

— *La prostitution dans l'antiquité*, 4° édit., par Edmond DUPOUY. Paris, 1898, Société d'éditions

scientifiques, 4, r. Antoine Dubois In-18, 322 p :
5 fr.

Etude historique, medicale et législative sur la debauche et la prostitution chez les indiens, les egyptiens, les hebreux, les grecs et les romains.

XVI. — RÉGIME INDUSTRIEL ET FISCAL.

— *Histoire et régime de la grande industrie en France aux XVII* et *XVIII° siècles*, par Alfred des Cilfuls, président de la Société d'économie sociale. Paris, 1898. Giard et Briere, 16, r. Soufflot, in-8, 406 p. : 8 fr.

L'industrie manufacturière en France aux XVII* et XVIII* siècles situation industrielle, regime administratif, reglementation du travail ; contrôles et juridictions ; rapports entre patrons et ouvriers ; corporations ; régime fiscal ; protection douanière de l'industrie nationale.

— *L'essor industriel et commercial du peuple allemand*. par Georges Blondel. Paris, 1898, La rose, 22, r. Soufflot. In-18, 220 p . 3 fr.

Etude sur les progrès de l'industrie et du commerce allemands et sur leurs causes économiques, pédagogiques et politiques.

— *Les impôts et la richesse publique de 1869 à 1897*, par Alfred Neymarck, ancien président de la société de statistique de Paris. Paris, 1898, Guillaumin, 14, r. Richelieu. In-8, 20 p.

Statistique des recettes et des depenses budgétaires ; indices de la richesse publique, dépenses d'assistance.

XVII. — GÉNÉRALITÉS ÉCONOMIQUES ET SOCIOLOGIQUES.

— *Introduction à l'etude de l'économie politique*, par G. Lioret.

— *Petit cours d'économie sociale à l'usage des écoles professionnelles*, par Alexandre Flament, professeur à l'école industrielle de Dour. Bruxelles, 1898, Schepens, 16, r. Treurenberg. In-18, 130 p. : 1 fr.

Résumé d'économie politique vulgarisée.

— *Essais et études, 3e série*, par Emile de Laveleye. Gand, 1897, J. Vuylsteke, 15, r. aux vaches. In-8, 418 p. : 7 fr. 50.

Articles publies de 1883 à 1892 sur divers sujets economiques et politiques, notamment sur ; les lois naturelles et l'economie politiques, l'alliance entre les sciences, les doctrines de Dupont-White, etc., etc.

— *Questions du jour, 5e édit.*, par Eugène de Masquard. Paris, 1898, Chamuel, 5, r. de Savoie. In-18, 36 p. : 0 fr. 50.

— *L'économie dite politique et les sciences morales*, par Naville. Genève. 1897.

— *Inequality and Progress*, par Harris. Boston, 1897.

— *L'état et l'individu dans la colonisation française moderne*, par Brunel. Paris, 1898.

— *La dottrina del Salario*, par Musco. Naples, 1898.

— *Etude critique des différentes théories de la valeur dans l'échange intérieur*, par Eugène Petit, docteur en droit. Paris, 1897. A. Rousseau, 14, r. Soufflot. In-8, 320 p.

Thèse sur la notion economique de la valeur et sur les diverses théories de la valeur (théories classiques, socialistes, utilitaires, mathématiques, etc).

— *Histoire des doctrines economiques concernant la legitimité de l'intérét*, par Conte. Paris, 1897.

— *Ueber den rechtlichen Schutz des wirthschaftlich Schwacheren in der romischen Kaisergesetzgebung*, par Ivo Pfaff. Weimar, 1897, E. Felber. In-8. 88 p. : 2 Mr.

Etude des mesures prises à Rome, dans le droit impérial, pour la protection des faibles dans le domaine économique.

— *Les abus du régime industriel contemporain*, par J. S. Fribourg, 1897. Delaspre et fils. In-8, 68 p. : 1 fr.

Sur la réorganisation du système de production et l'élaboration d'une loi fédérale relative aux syndicats professionnels.

— *La théorie moderne du capital et la justice*, par Henri Savatier, docteur en droit Paris, 1898, Rondelet, 3, r. de l'Abbaye. In-8, 247 p. : 5 fr.

Examen critique des doctrines économiques modernes et des theories socialistes sur le capital, le travail et la valeur ; traditions de la philosophie chretienne ; necessité et bases d'un accord chrétien entre le capital et la justice.

— *La propriété collective en Suisse*, par Maurice Gand. Arras, 1898.

— *De la liberté testamentaire chez les peuples étrangers*, par Raoul de la Grasserie. correspondant de l'Institut. Paris, 1897, 54, r. de Seine. In-8, 71 p.

Revue de législation comparée en matière de liberté testamentaire : pays à réserve ; pays comportant diverses évolutions vers la liberté, pays de liberte ; état de la question en France.

— *Les questions rurales*, par Félix Moustur. Paris, 1898, Rondelet, 3, r de l'Abbaye In-18, 368 p.

Manuel à l'usage des cercles chretiens d'études : caisses rurales, syndicats agricoles, assurances mutuelles, petite propriété, question douanière, monetaire et fiscale ; reformes du fermage et du metayage

— *Agrarpolitik*, par Brentano. Stuttgart, 1897

— *Almanach du parti agraire national pour 1898*. Paris, 1898, 6, r. de Montessuy. In-8, 80 p. : 1 fr.

— *L'année sociologique*, par E. Durkheim, professeur à la Faculté des lettres de l'Université de Bordeaux. Paris, 1898, Alcan, 108, Bd St-Germain. In-8 de 560 p. : 7 fr. 50.

Mémoires originaux sur la prohibition de l'inceste et ses origines (Durkheim) et sur le maintien des Formes sociales (Simmel). — Analyses critiques des principaux ouvrages récents, français et etrangers, en matière sociologique.

— *Les quatre problèmes sociaux*, par Jean Izollet. Paris, 1898, A. Colin, 5, r. de Mezières. In-8, 31 p. : 1 fr.

La situation et la crise actuelles de la religion, du gouvernement, du travail et du foyer.

— *Kritische Blicke in die Tiefen wirtschaftlicher u. socialer Fragen der Gegenwart*, par Wiederhall. Cologne, 1898.

— *La réforme sociale*, par Almérac. Marseille, 1898.

— *La question sociale*, par Deschanel. Paris, 1898.

— *Les origines sociologiques*, par H. A. Dissard. Paris, 1898.

— *Les bases sociologiques du droit et de l'État*, par Vaccaro. Paris, 1897.

— *Quelques questions sur la méthode de la sociologie*, par Starcke. Paris, 1897.

— *La crise morale*, par Plao. Paris, 1898

— *La justice et l'opinion*, par ANGELLI, avocat général à Bastia. Bastia 1897.

— *La liberté et la conservation de l'énergie*, par M. CONEILHAC. Paris, 1898.

— *Ueber Demokratie*, par Ed. WALLSTEIN. Czernowitz, 1898.

— *Zur Geschichte des Rechts auf Arbeit u. besond. Rücksicht auf Charles Fourier*, par MUTAHOFF. Berne, 1898.

— *La rénovation sociale et l'école historique*, par DE PASCAL. Paris, 1898.

— *Des origines et de l'état social de la nation française*, par SOULIER. Laval, 1897.

— *Une réforme sociale en Belgique*, par DE BOCK-BAUWENS. Gand, 1898.

— *Un parti social*, par SOLVAY. Bruxelles, 1897.

— *Il dovere sociale della classe dominante*, par GHINASSI POMPEO. Bologne, 1898.

— *Du devoir social des générations nouvelles*, par GOBLET D'ALVIELLA. Bruxelles, 1897.

— *Aube de siècle*, par J. ANGOT DES ROTOURS. Paris, 1898, Perrin, 35, quai des Grands-Augustins. In-18, 314 p. : 3 fr. 50.

Les luttes actuelles de classes, de races et de sexes, le progrès scientifique et l'orientation des travaux intellectuels ; le sens de la fraternité , la pensée de la mort et le développement du christianisme.

— *Décentralisation*, par Ch. MAURRAS. Paris, 1898, Larousse, 17, r. Montparnasse. In-8, 47 p.

La législation et les idées sous la troisième république au point de vue de la décentralisation , état de la question ; moyens de propagande.

— *Pour des jours meilleurs,*par Georges DUTOIT, avocat à la Cour de Paris, Paris, 1898, 78, passage Choiseul. In-8, 29 p. : 0 fr. 25.

Bilan social ; programme d'avenir.

— *Une commune rurale en 1896*, par CORNELIS DE WITT. Tonneins, imp. Ferrier. In-18, 140 p.

Monographie d'une commune rurale de Lot et-Garonne (Laparade) : population, propriété, cultures, conditions du travail, assistance, esprit public.

— *Etude historique sur Pontfaverger*, par Charles NICOL, instituteur. Reims, imp. de l'Indépendant rémois. Gr. in-8, 373 p.

Monographie historique d'un centre du département de la Marne : population, justice, religion, industrie, administrations successives.

———

— *The Labour Movement*, par HOBHOUSE. Londres, 1897.

— *Wie der englische Arbeiter lebt*, par DUCKERSHOFF. Dresde, 1898.

— *Le mouvement social en Italie*, par GROPPALI. Paris, 1898.

— *L'ancien régime du travail à Lyon*, par NATALIS RONDOT. Lyon, 1897.

— *Le patronage en Italie*, par LASCHI. Bruxelles, 1897.

— *Congrès de la législation du travail*, par L. DE SEILHAC. Paris, 1898. Roustan, 17, quai Voltaire. In-16 . 1 fr.

Compte-rendu sommaire du Congrès tenu à Bruxelles en septembre 1897 ; résumé des principaux rapports.

— *Lettre sur le Congrès international de Zurich*, par H. CARTON DE WIART, député de Bruxelles. Lille, 1898, imp. Le Bigot. In-8, 39 p.

Débats et résultats du Congrès pour la protection ouvrière tenu à Zurich en août 1897.

— *Il congresso internazionale di Zurigo per la protezione operaia*, par CABRINI. Milan, 1898.

———

— *Chrétiens et questions sociales*, par Eugène BARNAUD. Lausanne, 1897, Georges Bridel. In-8, 34 p.

La lutte contre le socialisme par le réveil des consciences.

— *Religione e socialismo*, par AUSONIO. Bari, 1897.

— *Le libéralisme, le socialisme et la sociologie chrétienne*, par Henri PESCH. Louvain, 1898.

— *Le travail dans une démocratie chrétienne*. Lille, 1897.

— *The Conditions of Labour : An Open Letter to Pope Leo XIII*, par Henry GEORGE. Londres, 1898.

— *Der hl. Franziskus v. Assisi u. di soziale Frage*, par GAPP. Trier, 1898.

— *Le catéchisme social*, par le R. P. DEHON. Paris, 1898.

— *Le socialisme catholique*, par LAPEYRE. Paris, 1897.

— *Les phases du mouvement social chrétien* (en France), par le marquis DE LA TOUR DU PIN LA CHARCE. Paris, 1897, imp. Gainche. In-8, 14 p.

— *Congrès des œuvres diocésaines : rapport*, par l'abbé BOUILLIAU, professeur au grand séminaire de Blois. Blois, 1898, Secrétariat de l'Evêché. Gr. in-8, 152 p.

L'une des sections de ce congrès était consacrée aux « œuvres économiques et sociales » : caisses rurales, assurances, mutualités, syndicats.

— *Nécessité de fonder dans chaque diocèse des comités catholiques d'œuvres reliés à un Comité central*, par le Vᵗᵉ DE PELLEPORT-BURÈTE, président de l'Union catholique de la Gironde. Lille, 1898, imp. Ducoulombier. In-8, 19 p.

— *L'Allemagne religieuse*, par G. GOYAU. Paris, 1898.

— *Die Wahrheit über die Katholische Volkspartei*. Innsbruck, 1898.

— *Christlich-sozial · Ein Handbuch für Iedermann*. Berlin, 1898.

— *Der christliche Staatsbegriff*, par PESCH. Freiburg i/B, 1898.

———

Le Gérant : H. LE SOUDIER.

Imp. G. St-Aubin et Thevenot. — J. Thevenot, successeur, St-Dizier (Hte-Marne). 31.5.98.

REVUE DE LÉGISLATION OUVRIÈRE

ET SOCIALE

LÉGISLATION

Protection de l'enfance. — *Loi du 19 avril 1898, sur la répression des violences, voies de fait, actes de cruauté et attentats commis envers les enfants* (1) :

ART. 1er. — Les dispositions suivantes sont ajoutées à l'article 312 du code pénal :

« Quiconque aura volontairement fait des blessures ou porté des coups (2) à un enfant au-dessous de l'âge de quinze ans accomplis, ou qui l'aura volontairement privé d'aliments ou de soins au point de compromettre sa santé, sera puni d'un emprisonnement de un an à trois ans et d'une amende de seize à mille francs (16 à 1.000 fr.).

« S'il est résulté des blessures, des coups ou de la privation d'aliments ou de soins une maladie ou incapacité de travail de plus de vingt jours, ou s'il y a eu préméditation ou guet-apens, la peine sera de deux à cinq ans d'emprisonnement et de seize à deux mille francs (16 à 2.000 fr.) d'amende, et le coupable pourra être privé des droits mentionnés en l'article 42 du présent code pendant cinq ans au moins et dix ans au plus à compter du jour où il aura subi sa peine.

« Si les coupables sont les père et mère légitimes, naturels ou adoptifs, ou autres ascendants légitimes ou toutes autres personnes ayant autorité sur l'enfant ou ayant sa garde (3), les peines seront celles portées au

---

(1) Cette loi a son origine dans diverses propositions d'initiative parlementaire soumises presque en même temps à la Chambre des députés, à la suite de poursuites retentissantes pour sévices odieux commis à l'égard de tout jeunes enfants : Proposition Henry Cochin, déposée le 16 janvier 1897 (n° 2192) ; Proposition Julien Goujon, déposée le même jour (n° 2201) ; Proposition Odilon Barrot, déposée le 22 février 1897 (n° 2298) ; Propositions Georges Berry, déposées le 22 février 1897 (n°s 2299 et 2300).

A la suite du rapport de la Commission d'initiative (21 janvier 1897, n° 2216), le rapport de la Commission spéciale fut déposé par M. de Folleville le 29 mars 1897 (n° 2371) et le projet de cette Commission fut voté sans discussion le 11 juin 1897.

Transmis au Sénat le 15 juin 1897 (n° 166), il fut rapporté par M. Bérenger le 1er mars 1898 (n° 69), discuté en première délibération le 10 mars, et en seconde délibération les 21 et 22 mars.

Renvoyé à la Chambre le 26 mars (n° 3167) et rapporté de nouveau par M. de Folleville le 29 mars (n° 3179), il fut voté sans discussion le 31 mars.

Revenu au Sénat le même jour (n° 196), il a fait l'objet d'un second rapport de M. Bérenger, le 1er avril (n° 199), et a été adopté définitivement sans discussion le 5 avril 1898.

M. Denys Cochin, dans sa proposition initiale, exposait ainsi les questions que le législateur avait à résoudre :

« N'y a-t-il pas lieu d'augmenter les sévérités de la loi pour protéger l'enfance innocente ? Ce qui fait justement la gravité des crimes et délits contre les enfants et ce qui doit leur assurer un châtiment exceptionnel, c'est que l'enfant est sans défense ; celui qui s'attaque à l'enfant est le plus lâche des criminels : sa sécurité est parfaite et il n'a à craindre ni résistance, ni représailles. Il faut donc qu'il craigne la loi.

« Dès lors, comme la loi l'a fait dans d'autres cas, n'y a-t-il pas lieu, lorsqu'il s'agit de coups, blessures et mauvais traitements, de considérer l'âge de la victime comme une circonstance aggravante ?

« Ce n'est pas tout. Celui qui se rend coupable

envers l'enfant est souvent celui-là même qui a charge par la loi de le défendre et de le protéger. Celui-là ne doit-il pas être châtié d'une manière particulière ? »

(2) La Commission du Sénat, en introduisant dans le texte les mots « fait des blessures ou porte des coups », a entendu limiter la répression aux actes de brutalité, sans soulever « la délicate question du droit de correction, qui doit rester l'un des attributs incontestables de la puissance paternelle ou de ses délégations » (*Premier rapport de M. Bérenger au Sénat*).

Le rapporteur à la Chambre avait d'ailleurs exprimé la même pensée, en spécifiant que la loi nouvelle « ne saurait atteindre les tuteurs ou parents coupables de simples vivacités, quelque regrettables qu'elles puissent être » (*Premier rapport de M. de Folleville à la Chambre*).

(3) La Commission, disait le rapporteur de la Chambre, « entend atteindre tous ceux qui ont un pouvoir, soit légalement reconnu, soit même existant simplement dans les faits de la vie pratique, sur la personne de l'enfant âgé de moins de quinze ans révolus. Elle veut pouvoir frapper notamment les concubins et ceux chez lesquels l'enfant est placé et recueilli, aussi bien que ceux qui se rattachent à lui par les liens de la parenté ou par l'alliance, dans le sens légal de ces expressions » (*Premier rapport de M. de Folleville à la Chambre*).

Tout en modifiant la rédaction arrêtée par la

paragraphe précédent, s'il n'y a eu ni maladie ou incapacité de travail de plus de vingt jours ni préméditation ou guet-apens, et celle de la réclusion dans le cas contraire.

« Si les blessures, les coups ou la privation d'aliments ou de soins ont été suivis de mutilation, d'amputation ou de privation de l'usage d'un membre, de cécité, perte d'un œil ou autres infirmités permanentes, ou s'ils ont occasionné la mort sans intention de la donner, la peine sera celle des travaux forcés à temps, et si les coupables sont les personnes désignées dans le paragraphe précédent, celle des travaux forcés à perpétuité.

« Si des sévices ont été habituellement pratiqués avec intention de provoquer la mort, les auteurs seront punis comme coupables d'assassinat ou de tentative de ce crime. »

ART. 2. — Les articles 349, 350, 351, 352 et 353 du code pénal sont modifiés ainsi qu'il suit :

« Art. 349. — Ceux qui auront exposé ou fait exposer, délaissé ou fait délaisser, en un lieu solitaire, un enfant ou un incapable, hors d'état de se protéger eux-mêmes (1), a raison de leur état physique ou mental, seront, pour ce seul fait, condamnés à un emprisonnement de un an à trois ans et à une amende de seize à mille francs (16 à 1.000 fr.).

« Art. 350. La peine portée au précédent article sera de deux ans à cinq ans et l'amende de cinquante à deux mille francs (50 à 2.000 fr.) contre les ascendants ou toutes autres personnes ayant autorité sur l'enfant ou l'incapable, ou en ayant la garde.

Chambre, la Commission du Sénat a maintenu au texte ce sens étendu et s'est déclarée « entièrement d'accord avec le projet dans la pensée de soumettre à une peine plus élevée *toutes les personnes* ayant par devoir la charge de veiller sur l'enfant » (*Premier rapport de M. Bérenger au Sénat*).

M. de Folleville, dans son second rapport à la Chambre, a pris enfin soin de préciser que le Sénat, comme la Chambre, a entendu viser « la garde de l'enfant *en fait* comme en droit » et que les déclarations du rapporteur du Sénat « ne laissent aucun doute sur le complet accord des deux assemblées ».

(1) Cette formule, inspirée de plusieurs législations étrangères, a été substituée par le Sénat à la rédaction de la Chambre qui ne visait que les enfants au-dessus de sept ans.

« Ce n'est pas *l'âge* qui rend l'acte à la fois criminel et dangereux, c'est l'impossibilité ou se trouve la victime de s'y soustraire, et c'est là bien plutôt une question de développement physique et intellectuel, qu'il convient de laisser, a raison de la diversité évidente des cas, à l'appréciation des juges » *Premier rapport de M. Bérenger au Sénat*).

Cette disposition, comme le remarquait M. de Folleville dans son second rapport à la Chambre, a eu pour but « d'étendre la protection de la loi à tout enfant sans limite d'âge et aussi à l'incapable, idiot, infirme, aliéné, non moins hors d'état de se protéger lui-même que l'enfant ».

« Art. 351. — S'il est résulté de l'exposition ou du délaissement une maladie ou incapacité de plus de vingt jours, le maximum de la peine sera appliqué.

« Si l'enfant ou l'incapable est demeuré mutilé ou estropié, ou s'il est resté atteint d'une infirmité permanente, les coupables subiront la peine de la réclusion.

« Si les coupables sont les personnes mentionnées à l'article 350, la peine sera celle de la réclusion dans le cas prévu au paragraphe 1er du présent article, et celle des travaux forcés à temps au cas prévu par le paragraphe 2 ci-dessus dudit article.

« Lorsque l'exposition ou le délaissement dans un lieu solitaire aura occasionné la mort, l'action sera considérée comme meurtre.

« Art. 352. — Ceux qui auront exposé ou fait exposer, délaissé ou fait délaisser en un lieu non solitaire un enfant ou un incapable hors d'état de se protéger eux-mêmes, à raison de leur état physique ou mental, seront, pour ce seul fait, condamnés à un emprisonnement de trois mois à un an et à une amende de seize à mille francs (16 à 1.000 fr.).

« Si les coupables sont les personnes mentionnées à l'article 350, la peine sera de six mois à deux ans d'emprisonnement et de vingt-cinq a deux cents francs (25 à 200 fr.) d'amende.

« Art. 353. — S'il est résulté de l'exposition ou du délaissement une maladie ou incapacité de plus de vingt jours, ou une des infirmités prévues par l'article 309, paragraphe 3, les coupables subiront un emprisonnement de un an à cinq ans et une amende de seize à deux mille francs (16 à 2.000 fr.).

« Si la mort a été occasionnée sans intention de la donner, la peine sera celle des travaux forcés à temps.

« Si les coupables sont les personnes mentionnées à l'article 350, la peine sera, dans le premier cas, celle de la réclusion et, dans le second, celle des travaux forcés à perpétuité. »

ART. 2. — L'article 2 de la loi du 7 décembre 1874 est modifié comme il suit (2) :

---

(2) C'est à la suite d'une des propositions de loi de M. Georges Berry (n° 2299) que cette modification a la loi de 1874 a été introduite.

M. Berry avait fait observer « qu'il y a une catégorie d'enfants non seulement quotidiennement brutalisés, mais encore conduits à une dégradation inguérissable et dont, par suite, il conviendrait de s'occuper : ce sont les enfants livrés à la mendicité ».

« De 1880 à 1896, ajoutait le rapporteur de la Chambre, les agents ont arrêté à Paris plus de 28.000 enfants lancés sur la voie publique avec mission de mendier ou de se prostituer et, au besoin, de faire, suivant les circonstances, les deux métiers a la fois. »

« Très ému déjà antérieurement de cette situation faite à tant de pauvres petits enfants....., le législateur, a la date du 7 décembre 1894, avait pris sans doute des mesures contre les pères,

« Art. 2. — Les pères, mères, tuteurs ou patrons, et généralement toutes personnes ayant autorité sur un enfant ou en ayant la garde, qui auront livré, soit gratuitement, soit à prix d'argent, leurs enfants, pupilles ou apprentis âgés de moins de seize ans aux individus exerçant les professions ci-dessus spécifiées (1), ou qui les auront placés sous la conduite de vagabonds, de gens sans aveu ou faisant métier de la mendicité, seront punis des peines portées en l'article 1er (2).

« La même peine sera applicable aux intermédiaires ou agents qui auront livré ou fait livrer lesdits enfants et à quiconque aura déterminé des enfants, âgés de moins de seize ans, à quitter le domicile de leurs parents ou tuteurs pour suivre des individus des professions susdésignées.

« La condamnation entraînera de plein droit, pour les tuteurs, la destitution de la tutelle. Les père et mère pourront être privés des droits de la puissance paternelle. »

Art. 4. — Dans tous les cas de délits ou de crimes commis par enfants ou sur des enfants le juge d'instruction commis pourra, en tout état de cause, ordonner, le ministère public entendu, que la garde de l'enfant soit provisoirement confiée, jusqu'à ce qu'il soit intervenu une décision définitive, à un parent, à une personne ou à une institution charitable qu'il désignera, ou enfin à l'Assistance publique.

Toutefois, les parents de l'enfant jusqu'au cinquième degré inclusivement, son tuteur ou son subrogé-tuteur et le ministère public pourront former opposition à cette ordonnance ; l'opposition sera portée, à bref délai, devant le tribunal, en chambre du conseil, par voie de simple requête.

Art. 5. — Dans les mêmes cas, les cours ou tribunaux saisis du crime ou du délit pourront, le ministère public entendu, statuer définitivement sur la garde de l'enfant.

Art. 6. — L'article 463 du code pénal est applicable aux infractions prévues et réprimées par la présente loi.

Art. 7. — Sont et demeurent abrogées tou-

les les dispositions antérieures contraires à la présente loi.

Réglementation des crèches. — *Arrêté du Ministre de l'Intérieur du 20 décembre 1897 :*

« Le Ministre de l'Intérieur,
Vu le décret en date du 2 mai 1897 concernant les crèches (3) ;
Vu les délibérations du conseil supérieur de l'assistance publique en date des 10 et 11 mars 1897 ;
Sur la proposition du conseiller d'État, directeur de l'assistance et de l'hygiène publiques ,

Arrête :

Art. 1er. — Les dortoirs et les salles où se tiennent les enfants reçus dans les crèches ont au moins une superficie de trois mètres et un cube d'air de neuf mètres par enfant.

Le préfet peut toutefois, dans des cas exceptionnels dont il est juge, autoriser des dimensions moindres, sans que le cube d'air puisse jamais être inférieur à huit mètres par enfant.

Art. 2. — Les salles doivent être largement éclairées et aérées, elles doivent pouvoir être convenablement chauffées et dans des conditions hygiéniques.

Art. 3. — Personne ne passe la nuit dans une salle occupée le jour par les enfants.

Pendant la nuit, les salles sont aérées et tous les objets dont se compose la literie demeurent exposés à l'air.

Art. 4. — Le mobilier est simple, facile à laver et à désinfecter.

Art. 5. — Chaque enfant a son berceau ou son lit, son peigne, sa brosse, sa tétine s'il est allaité au biberon ; tous les objets dont il se sert sont numérotés et ne servent qu'à lui.

Son mouchoir, sa serviette, son costume ne servent également qu'à lui tant qu'ils n'ont pas été lavés, sa literie est désinfectée, avant de servir à un autre enfant.

Toute couche sale est changée sans retard. Le linge sale est immédiatement passé à l'eau.

Art. 6. — L'usage des biberons à tube est interdit.

Art. 7. — Dans chaque crèche un médecin a la direction du service hygiénique et médical.

Art. 8. — Aucun enfant n'est admis à la crèche sans être muni d'un certificat médical datant de moins de trois jours ; ce certificat constate que l'enfant n'est atteint d'aucune maladie transmissible et, s'il est convalescent d'une de ces maladies, qu'il a franchi la période pendant laquelle il pouvait la transmettre.

Art. 9. — Si un enfant reste huit jours sans

---

mères, tuteurs ou patrons qui forcent leurs enfants a mendier en les livrant à des professionnels du vice.

« Mais, suivant la judicieuse remarque de M. Georges Berry, la nouvelle loi du 7 decembre 1894 avait oublié ou laissé de côte ceux qui sont cependant les auteurs principaux du délit, a savoir *les intermédiaires, les placiers, les agences spéciales, les excitateurs, les embaucheurs* lesquels devraient être les premiers designés a la sévérité du législateur » (*Premier rapport de M. de Folleville à la Chambre*).

(1) Acrobates, saltinbanques, charlatans, montreurs d'animaux ou directeurs de cirques (art. 1er de la loi du 7 decembre 1874).

(2) Six mois à deux ans d'emprisonnement et 16 fr. a 200 fr. d'amende.

---

(3) Voir ce décret au *Numéro du deuxième trimestre 1897*, p. 44.

venir à la crèche, il n'y est réadmis que muni d'un nouveau certificat relatant les constatations ci-dessus.

Aucun enfant n'est admis s'il n'est vacciné ou si ses parents ne consentent à ce qu'il le soit dans le délai fixé par le médecin ou par l'un des médecins de la crèche.

Tout enfant qui paraît malade doit être immédiatement séparé des autres et rendu le plus tôt possible à sa mère.

Art. 10. — Les crèches sont tenues exclusivement par des femmes.

Art. 11. — Nulle ne peut devenir directrice d'une crèche si elle n'a vingt et un ans accomplis et si elle n'est agréée par le préfet du département.

Nulle ne peut être gardienne si elle n'est pourvue d'un certificat de moralité délivré par le maire ou, en cas d'omission ou de refus non justifié du maire, par le préfet.

Nulle ne peut devenir directrice ou gardienne d'une crèche si elle n'établit par la production d'un certificat médical qu'elle n'est atteinte d'aucune maladie transmissible aux enfants, qu'elle jouit d'une bonne santé et qu'elle a été depuis moins d'un an vaccinée ou revaccinée.

Art. 12. — La crèche doit avoir une gardienne pour six enfants âgés de moins de dix-huit mois et une gardienne pour douze enfants de dix-huit mois à trois ans.

Art. 13. — Les locaux et le mobilier de la crèche sont nettoyés chaque jour où la crèche est ouverte. Les gardiennes tiennent les enfants et se tiennent elles-mêmes dans un état de propreté rigoureuse.

Art. 14. — La directrice de toute crèche doit tenir :

1° Un registre matricule sur lequel sont inscrits les nom, prénoms et la date de la naissance de chaque enfant, les noms, adresse et professions de ses parents, la date de l'admission, l'état de l'enfant au moment de l'admission et, s'il y a lieu, au moment des réadmissions, la constatation de la vaccination ;

2° Un registre sur lequel est mentionné nominativement le nombre des enfants présents chaque jour ;

3° Un registre où sont inscrites les observations et les prescriptions du médecin ou des médecins ;

4° Un registre où sont consignées les observations des inspecteurs et des visiteurs.

Art. 15. — Les enfants reçus dans la crèche sont pesés chaque semaine jusqu'à l'âge d'un an, et chaque mois de un à deux ans : le résultat de ces pesées est soigneusement relevé.

Art. 16. — Le règlement intérieur de la crèche est affiché en un endroit apparent d'une des salles ; il est communiqué au maire de la commune.

Art. 17. — Le représentant de la crèche transmet chaque année au préfet un compte moral de l'œuvre ainsi qu'un rapport médical dressé conformément au modèle adopté par le ministre de l'Intérieur.

Un compte financier est joint à toute demande de subvention.

Art. 18. — L'arrêté ministériel du 30 juin 1862, concernant les crèches, est rapporté.

Art. 19. — Le conseiller d'État, directeur de l'assistance et de l'hygiène publiques, et les préfets sont chargés, chacun en ce qui le concerne, de l'exécution du présent arrêté. »

Patronage des apprentis. — *Participation des inspecteurs du travail aux travaux des Comités de patronage. — Dépêche ministérielle du 10 mars 1898 :*

« M. l'Inspecteur divisionnaire, vous m'avez prié de vous faire connaître si un inspecteur du travail pouvait être désigné par un Préfet ou par le Conseil général pour faire partie de la Commission directrice des Comités de patronage, prévue par l'article 25 de la loi du 2 novembre 1892, et si, dans le cas où cet inspecteur ne serait pas membre de la Commission, il devrait se rendre aux séances s'il était invité à y assister.

La loi de 1892 n'a fixé aucune règle en ce qui concerne le choix des personnes appelées à faire partie des Commissions dont il s'agit. Rien ne s'oppose donc, en principe, à ce que le choix du Préfet ou du Conseil général se porte sur un inspecteur du travail. Il est évidemment à désirer que de semblables fonctions soient confiées de préférence à des personnes qui peuvent consacrer leur temps et leurs soins à la protection et au développement de l'instruction professionnelle des enfants employés dans l'industrie. Mais, si le concours des inspecteurs était jugé nécessaire, ils ne devraient pas hésiter à mettre leur expérience au service d'une cause qui peut compter d'avance sur leur sympathie et leur dévouement.

Je ne verrais, d'ailleurs, pas d'inconvénients à ce qu'un inspecteur, convoqué spécialement pour une séance de la Commission directrice des Comités de patronage, se rendît à l'invitation qui lui serait adressée à cet effet, surtout lorsqu'il s'agit de l'organisation des Comités.

Jusqu'ici les Comités de patronage n'ont malheureusement pas fait preuve d'une activité qui puisse faire craindre que les inspecteurs du travail qui en feraient partie soient détournés, par là, de la mission qui leur est confiée par la loi. »

Réglementation du travail. — *Délivrance des livrets prescrits par la loi du 2 novembre 1892. — Circulaire du Ministre de l'Intérieur du 12 mars 1898 :*

« M. le Préfet, aux termes de l'article 10 de

la loi du 2 novembre 1892 sur le travail des enfants dans les établissements industriels, les maires sont tenus de délivrer *gratuitement* aux père, mère, tuteur ou patron, un livret sur lequel sont portés les noms et prénoms des enfants des deux sexes âgés de moins de dix-huit ans, employés dans l'industrie, la date, le lieu de leur naissance et leur domicile.

Les inspecteurs du travail ont signalé plusieurs communes qui n'avaient pas délivré *gratuitement* le livret réglementaire. Je crois devoir vous rappeler, M. le Préfet, qu'il s'agit là d'une dépense obligatoire qui peut être inscrite d'office au budget communal. Le livret, prévu par l'article 10 de la loi précitée, constitue, d'ailleurs, une pièce d'identité qui doit suivre le titulaire dans tous les ateliers où il est admis, et un patron n'a le droit ni de le conserver, ni de renoncer à sa présentation.

Je vous prie donc, en vue d'assurer uniformément l'exécution de la loi, de rappeler aux municipalités de votre département la nécessité d'ouvrir au budget communal un crédit spécial destiné à couvrir les frais d'acquisition des livrets pour les enfants employés dans l'industrie. »

Inapplicabilité de la loi du 2 novembre 1892 aux exploitations forestières.— Dépêche du Ministre du Commerce du 13 avril 1898 :

« M. l'Inspecteur divisionnaire, vous m'avez consulté sur la question de savoir si les chantiers où se font les exploitations de bois doivent être considérés comme des chantiers agricoles non soumis, comme tels, aux prescriptions de la loi du 2 novembre 1892 et de la loi du 12 juin 1893, sur l'hygiène et la sécurité des travailleurs.

La réponse me paraît devoir être affirmative. En effet, les deux lois précitées ne visent que les établissements industriels, et il est incontestable que les exploitations forestières, qui ont un caractère plus particulièrement agricole, ne sauraient rentrer dans cette catégorie. J'estime, dès lors, avec M. le Président du Conseil, dont j'ai pris l'avis, que les inspecteurs du travail n'ont pas mission de surveiller les exploitations dont il s'agit. »

Inapplicabilité des lois de 1892 et de 1893 aux opérations de chargement et de déchargement des navires. — Circulaire du Ministre du Commerce du 29 novembre 1897 :

« M. l'Inspecteur divisionnaire, j'ai soumis à l'examen du Comité consultatif des Arts et Manufactures la question de savoir si les prescriptions des lois de 1892 et 1893 sont applicables aux opérations de chargement et de déchargement des navires, que ces opérations soient effectuées par les compagnies de navigation elles-mêmes ou que ce soin soit confié à des entrepreneurs. On s'est demandé, en effet, si lesdites opérations constituent, dans l'une et l'autre hypothèse, un travail réglementé par les lois précitées et si l'on se trouve ici en présence d'un chantier proprement dit où les accidents qui se produisent doivent faire l'objet d'une déclaration.

Le Comité a émis l'avis, que je partage, que, en raison des circonstances absolument spéciales tenant à la nature des opérations qui s'effectuent en pareil cas, aux conditions de chargement et de déchargement des navires, de leur accostage et de leur arrimage aux quais, de la construction même de ces quais, il y a lieu de considérer les opérations de chargement et de déchargement des navires comme une annexe des entreprises de transports et non soumises comme telle aux lois et règlements qui régissent le travail dans les établissements industriels. »

Travaux interdits. — Dépêche du Ministre du Commerce du 19 février 1898 :

« M. l'Inspecteur divisionnaire, j'ai soumis au Comité consultatif des arts et manufactures le dossier de l'enquête à laquelle il a été procédé sur la question de savoir si l'emploi des enfants au bronzage du papier peint doit être interdit.

Le Comité a fait remarquer que, si cette interdiction devait être prononcée, elle ne serait justifiée que lorsque le bronzage est pratiqué par battage de la feuille, qui seul répand des poussières en quantité notable. Mais il lui semble que, vu la rareté des cas dans lesquels ce mode de procéder est pratiqué et le petit nombre des apprentis bronzeurs, il n'y a pas lieu de faire intervenir un décret. Il a ajouté que les inspecteurs ont, d'ailleurs, le pouvoir, en appliquant l'article 6 du décret du 10 mars 1894, de prescrire toutes les mesures nécessaires pour éviter à toutes les catégories de travailleurs les fâcheux effets produits par les poussières de bronze, lorsque le bronzage du papier peint s'effectue par des procédés défectueux.

Je ne puis, dans ces conditions, que vous inviter à veiller dans les fabriques de papiers dorés à la stricte application du décret du 10 mars 1894 (1). »

----

(1) Cette dépêche semble intéressante à citer :

1° Parce qu'elle paraît admettre, avec le comité consultatif des arts et manufactures, et contrairement au texte des articles 12 et 13 de la loi du 2 novembre 1892, que la protection spéciale des enfants et des femmes « dans des établissements insalubres ou dangereux, où l'ouvrier est exposé à des manipulations ou à des émanations préjudiciables à sa santé » ne doit intervenir que si les travailleurs intéressés sont en *nombre* relativement important ;

2° Parce que, dans son dernier alinéa, elle paraît reconnaître que les prescriptions du décret du 10 mars 1894 ne sont pas, en général, *strictement appliquées.*

Jour de repos hebdomadaire. — *Dépêche du Ministre du Commerce du 6 janvier 1898 :*

« M. le Préfet, vous avez bien voulu me faire part du désir qui vous a été exprimé de voir autoriser les blanchisseuses a travailler le matin du jour de Noël et du premier jour de l'an.

Je ne méconnais pas la valeur des considérations que vous invoquez pour justifier cette demande ; mais la loi du 2 novembre 1892 qui a prescrit le chômage des jours fériés n'a pas autorisé le Ministre a lever cette interdiction de travail, même temporairement et à titre d'exception. Les rapports de la Commission supérieure du travail ne laissent aucun doute à cet égard.

Je ne puis, dès lors, à mon grand regret, prendre en considération la demande dont il s'agit. Je ferai observer, d'ailleurs, que, lorsqu'un jour férié suit ou précède immédiatement un dimanche, rien n'empêche les industriels de modifier le repos hebdomadaire s'il est fixé à cette date, à la condition expresse de l'afficher d'avance et d'en aviser le service de l'Inspection du travail. »

———

Tolérances pour la durée du travail et pour le travail de nuit. — *Application du décret du 29 juillet 1897.* — *Dépêche du Ministre du Commerce du 24 mars 1898 :*

« M. l'Inspecteur divisionnaire, à la suite du décret du 29 juillet 1897, qui a compris la bonneterie fine parmi les industries qui peuvent bénéficier de tolérances en ce qui concerne la durée du travail et l'obligation du repos hebdomadaire, vous m'avez demandé de vous faire connaître ce qu'il fallait entendre par *bonneterie fine*, par opposition avec bonneterie grosse.

Le Comité consultatif des Arts et Manufactures, à qui j'avais soumis la question, n'a pas pensé qu'il a pu être posé des règles générales fixes pour établir la distinction à faire entre les deux tissus, tout principe absolu pouvant engendrer, soit dans le présent, soit dans l'avenir, des réclamations fondées.

Le Comité estime que c'est aux inspecteurs qu'il appartient, par des notions techniques qu'ils sont tenus d'avoir ou d'acquérir par la pratique, de distinguer entre la bonneterie fine et la bonneterie grosse. Je ne puis que porter cet avis à votre connaissance (1). »

———

(1) Cette circulaire, bien qu'elle ne concerne qu'une interprétation d'espèce, présente un intérêt général par sa conclusion.

L'Administration semble se déclarer impuissante à distinguer le champ d'application d'une tolérance qu'elle a elle-même définie dans un décret Elle s'en remet, en définitive, à la compétence inégale et aux décisions disparates des inspecteurs alors qu'aux termes de la loi du 2 novembre 1892, le règlement d'administration publique qui prévoit les tolérances à dispenser par les inspecteurs

Application des articles 5 et 6 du décret du 26 juillet 1895. — *Dépêche du Ministre du Commerce du 19 novembre 1897 :*

« M. l'Inspecteur divisionnaire, j'ai pris connaissance de la lettre que vous m'avez communiquée, et dans laquelle un industriel expose les difficultés qu'il rencontre pour observer les dispositions des articles 5 et 6 du décret du 26 juillet 1895.

Cet industriel n'a pas suffisamment pénétré le sens de ces dispositions qui, telles qu'elles sont conçues, ne peuvent faire naître aucune difficulté.

L'article 5 énumère les industries qui peuvent, après autorisation préalable de l'inspecteur divisionnaire, faire travailler le personnel protégé au delà de la loi ainsi que le jour réservé au repos hebdomadaire. Ces industries ne peuvent bénéficier d'une tolérance que lorsqu'elles ont été autorisées à le faire. Il s'ensuit que, lorsqu'elles ont besoin d'une autorisation de ce genre, elles doivent s'adresser à l'inspecteur divisionnaire suffisamment à temps pour que celui-ci fasse instruire leur demande et apprécier si elle est justifiée par les nécessités du travail ; mais elles ne peuvent en aucun cas profiter de la tolérance qu'elles sollicitent avant d'y avoir été autorisées par l'inspecteur divisionnaire ; si elles le faisaient, elles se trouveraient en contravention avec la loi.

Les trois premiers paragraphes de l'article 6 s'appliquent à un tout autre genre de tolérance ; il s'agit là d'industries qui peuvent prolonger la journée après 9 heures du soir pendant un nombre de jours déterminé. Pour elles, il n'est pas besoin d'autorisation préalable ; elles ne sont tenues que d'informer l'inspecteur départemental, avant le commencement du travail supplémentaire, de leur intention de faire usage des tolérances inscrites dans les articles 1 et 3. L'envoi préalable de cet avis, auquel le timbre de la poste donne date certaine, met l'industriel à l'abri de toute contravention en cas de visite de l'inspecteur après l'heure où le travail devrait avoir pris fin. Les articles 5 et 6 sont donc absolument indépendants l'un de l'autre et ne peuvent prêter à aucune ambiguïté. »

Cumul des tolérances. — *Dépêche du Ministre du Commerce du 15 novembre 1897 :*

« M. l'Inspecteur divisionnaire, vous m'avez demandé de vous envoyer des instructions au sujet d'une demande de tolérances qui vous a été adressée par un confectionneur de fourrures.

Vous désirez savoir si cet industriel, après avoir profité de la faculté de veiller pendant soixante jours, conformément à l'article 1er

———

devrait initialement « déterminer » précisément les industries qui peuvent en devenir bénéficiaires.

du décret du 26 juillet 1895, peut obtenir la faveur de prolonger d'une heure la durée du travail pendant deux ou trois mois, par application de l'article 5.

Il est évident qu'un industriel est fondé à réclamer tous les avantages que les règlements lui accordent. Par contre, l'inspecteur a le devoir de ne les lui octroyer que si le besoin lui en est bien démontré. La Commission supérieure du travail a souvent recommandé au service de faire en sorte que les autorisations données ne puissent dégénérer en abus.

Comme il ressort des renseignements que j'ai recueillis sur l'industrie de la fourrure que la saison commence avec la mi-octobre, quand l'hiver est précoce, pour finir invariablement avec le jour de l'an, les tolérances accordées devront être circonscrites dans la période d'affaires que je viens d'indiquer. » (1)

Hygiène et sécurité des ateliers. — *Inapplicabilité de la loi du 12 juin 1893 aux chantiers établis par les entrepreneurs sur le domaine des Compagnies de chemins de fer.*

I. — *Circulaire du Ministre du Commerce du 30 novembre 1897* :

« M. l'Inspecteur divisionnaire, le Conseil d'État ayant exprimé l'avis, en 1894, que la loi du 12 juin 1893, sur l'hygiène et la sécurité des travailleurs (qui ne vise pas les établissements publics) ne régissait pas les ateliers de chemins de fer, qui font partie du domaine public des compagnies, la question s'est posée de savoir s'il devait être fait application de cet avis, non seulement aux ateliers de construction, de transformation ou de réparation de matériel, mais encore aux chantiers des entrepreneurs travaillant pour le compte desdites compagnies.

Le Comité consultatif des Arts et Manufactures, que j'ai consulté à ce sujet, a exprimé l'opinion que les considérants invoqués par le Conseil d'État s'appliquent identiquement aux ateliers et aux chantiers, le fait même de l'ouverture d'un chantier sur le terrain d'une compagnie lui imprimant le caractère de chan-

tier public qui le place, *ipso facto*, sous le contrôle du Ministère des travaux publics.

Le Comité a, en conséquence, émis l'avis, que j'adopte, que les chantiers dont il s'agit échappent à la surveillance des agents du Ministère du commerce, et, par suite, à l'application de la loi de 1893, sans qu'il y ait de distinction à faire entre les entrepreneurs qui travaillent directement pour le compte de l'État et ceux qui exécutent des travaux pour le compte des compagnies concessionnaires.

Conformément à cet avis, que partage M. le Ministre des travaux publics, les chantiers en question ne devront plus être considérés à l'avenir comme assujettis à la loi du 12 juin 1893. Aucun procès-verbal ne sera donc dressé contre les entrepreneurs travaillant, à un titre quelconque, pour le compte d'une compagnie.

Toutefois, en vue d'éviter toute lacune dans la statistique des accidents professionnels, M. le Ministre des travaux publics prend des mesures pour que tous les accidents arrivés sur les chantiers de chemins de fer soient portés à la connaissance du service de l'Inspection, au même titre que les accidents survenus dans les ateliers.

Je rappelle en terminant que, si la loi du 12 juin 1893 ne s'applique ni aux ateliers, ni aux chantiers des compagnies de chemins de fer, il n'en est pas de même de la loi du 2 novembre 1892, qui réglemente aussi bien les établissements publics que les établissements privés où travaillent des enfants, des filles mineures et des femmes. Vous continuerez donc à assurer l'exécution de cette dernière loi dans les ateliers et sur les chantiers des compagnies. »

II. — *Circulaire du Ministre des Travaux publics du 25 janvier 1898* :

« M. le Préfet, par une circulaire du 27 février 1896, je vous ai fait connaître que, d'après l'avis du Conseil d'État, la loi du 12 juin 1893, concernant l'hygiène et la sécurité des travailleurs dans les établissements industriels, n'est pas applicable aux ateliers de construction et de réparation du matériel des compagnies de chemins de fer, ces ateliers ayant le caractère, non d'établissements industriels, mais de dépendances du domaine public des chemins de fer, et étant, à ce titre, soumis à un contrôle spécial, sous l'autorité du Ministre des travaux publics.

La surveillance des ateliers des compagnies, au point de vue de l'exécution de la loi de 1893, échappe donc à l'action du Département du commerce, de l'industrie, des postes et des télégraphes. Néanmoins, en vue d'éviter toute lacune dans la statistique des accidents professionnels que dresse le service de l'Inspection du travail, les administrations de chemins de fer (intérêt général, intérêt local et tramways), déférant au désir exprimé à ce sujet par mon collègue, ont pris des mesures

---

(1) Si l'on doit applaudir, quant au fond, aux indications restrictives données par le Ministre du commerce, il est plus malaisé d'en approuver la forme, au point de vue juridique.

A la différence des tolérances normales prévues par le quatrième alinéa de la loi du 2 novembre 1892, qui sont accordées par des règlements d'administration publique et « a certaines époques de l'année », les tolérances temporaires prévues par l'article 7 de la loi sont accordées « par l'inspecteur divisionnaire » et sans limitation d'époques.

Il semble donc très contestable que le Ministre ait le droit de restreindre, par voie d'autorité, le pouvoir légal des inspecteurs divisionnaires, en leur fixant des époques circonscrites pour l'octroi des tolérances dont il s'agit

pour que des relevés de tous les accidents arrivés dans leurs ateliers fussent envoyés, chaque mois, aux inspecteurs du travail.

Depuis lors, la question s'est posée de savoir si les chantiers ouverts par des entrepreneurs, soit pour la construction de lignes nouvelles, soit pour l'exécution de travaux complémentaires sur les lignes déjà exploitées, tombaient sous le coup de la loi de 1893.

J'ai soumis la question à la Section de contrôle, puis au comité de l'exploitation technique des chemins de fer.

La Section et le Comité ont exprimé l'opinion que les considérants invoqués par le Conseil d'Etat à l'appui de son avis rappelé plus haut s'appliquent identiquement aux ateliers et aux chantiers, sans qu'il y ait de distinction à faire, pour ces derniers, entre les chantiers de travaux de premier établissement et les chantiers de travaux complémentaires, qu'il s'agisse de travaux effectués soit directement pour le compte de l'Etat ou des départements, soit au compte des compagnies concessionnaires.

Le fait même de l'ouverture d'un chantier sur le domaine public des chemins de fer lui imprime le caractère de chantier public, qui le place *ipso facto* sous le contrôle du Ministère des travaux publics.

M. le Ministre du commerce, de l'industrie, des postes et des télégraphes s'est rangé à cette opinion, et il a en conséquence, à la date du 30 novembre dernier, invité les inspecteurs du travail à ne plus s'immiscer dans la surveillance des chantiers des entreprises de chemins de fer.

Toutefois, mon collègue a demandé que les accidents survenus sur les chantiers de cette nature fussent, au même titre que les accidents d'ateliers, portés à la connaissance des agents de son département, afin qu'il pût en être tenu compte dans la statistique des accidents professionnels.

En vue de satisfaire à cette demande; je vous serai obligé, M. le Préfet, de donner les instructions nécessaires pour que tous les accidents arrivés sur les chantiers soient portés à la connaissance des inspecteurs du travail, au moyen de relevés mensuels analogues à ceux qui sont actuellement fournis pour les accidents d'ateliers.

Un double des relevés des accidents d'ateliers et des accidents de chantiers devra être adressé au Ministère des travaux publics.

Je rappellerai, en terminant, que, si la loi du 12 juin 1893 ne s'applique ni aux ateliers, ni aux chantiers de chemins de fer, il n'en est pas de même de la loi du 2 novembre 1892, qui réglemente aussi bien les établissements publics que les établissements privés où travaillent des enfants, des filles mineures et des femmes. Les accidents survenus à ces catégories de travailleurs devront donc continuer à être déclarés aux maires, dans les délais fixés par la loi. »

———

Application de la loi du 12 juin 1893 aux usines de force motrice et aux établissements où il est fait emploi d'appareils mécaniques. — Dépêche du Ministre du Commerce du 15 février 1898 :

« M. l'Inspecteur divisionnaire, j'ai soumis au Comité consultatif des arts et manufactures la réclamation introduite par un loueur de force motrice, au sujet de la mise en demeure qui lui avait été signifiée d'avoir à se conformer aux prescriptions du décret du 10 mars 1894, sur l'hygiène et la sécurité des travailleurs dans les établissements industriels.

Un inspecteur avait semblé admettre que le pétitionnaire pourrait se refuser légalement à exécuter les travaux reconnus utiles par l'administration, sous prétexte qu'un loueur de force motrice n'est pas un chef d'industrie puisqu'il n'en exerce aucune, ce serait plutôt, suivant lui, un commerçant qui vend sa force motrice et qui, comme tout autre négociant, échappe aux prescriptions des lois réglementant le travail.

Le Comité consultatif ne pouvait partager cette manière de voir. Le paragraphe 4 de l'article de la loi du 12 juin dispose en effet d'une manière formelle, que les *magasins et autres établissements similaires* où il est fait emploi d'appareils mécaniques sont soumis aux dispositions qu'elle édicte.

Je vous prie de vouloir bien rappeler cette prescription aux inspecteurs placés sous vos ordres. »

———

Forme des mises en demeure. — Circulaire du Ministre du Commerce du 13 avril 1898 :

« M. l'Inspecteur divisionnaire, l'article 6 de la loi du 12 juin 1893 porte que, avant de dresser procès-verbal pour infraction aux règlements d'administration publique prévus par l'article 3 de ladite loi, les inspecteurs du travail mettront les chefs d'industrie en demeure de se conformer aux prescriptions desdits règlements.

La question s'est posée de savoir dans quelle forme doit être faite cette mise en demeure. Suffit-il d'énumérer sur le registre d'usine les articles du décret pour lequel il existe des contraventions? Est-il, au contraire, nécessaire que la mise en demeure renferme l'énumération détaillée des mécanismes et des organes dangereux de l'outillage ou des causes d'insalubrité existantes ?

Le Comité consultatif des Arts et Manufactures, se basant sur le texte même de la loi, a exprimé l'avis que la mise en demeure de l'inspecteur doit viser les *prescriptions* des décrets qui n'ont pas été observées et préciser les contraventions qui ont été relevées. L'article 6 porte, en effet, d'une part, que les inspecteurs mettront les chefs d'industrie en demeure de se conformer aux *prescriptions* du règlement, ce qui entraîne l'obligation de les viser dans leur détail; d'autre part, que la mise en demeure indiquera les contraventions relevées, ce qui implique forcément que celles-ci seront articulées et formulées avec précision. Il importe, d'ailleurs, qu'une contravention soit parfaitement caractérisée pour pouvoir faire l'objet de poursuites judiciaires ; on citerait nombre de jugements qui ont été suivis d'acquittements motivés sur le fait que la mise en demeure n'avait pas été suffisamment précise.

Ce mode de procédé offrira l'avantage de fixer l'industriel sur les améliorations qu'il est tenu d'apporter à son outillage ou dans ses ateliers. Il n'aura pas à se plaindre de n'avoir pu, faute d'explications, se mettre en règle avec la loi, et ne sera plus fondé à dire qu'une mise en demeure générale, par suite toujours menaçante, le met dans une situation intolérable que le législateur n'a jamais eu l'intention de lui créer.

Ces raisons, M. l'Inspecteur divisionnaire, ne pouvaient que me déterminer à me ranger à l'avis du Comité consultatif des Arts et Manufactures, qui est, d'ailleurs, en complète harmonie avec les instructions générales du 27 mars 1894. Je vous serai, en conséquence, obligé de donner aux inspecteurs de votre circonscription des ordres pour que les règles tracées dans la présente circulaire soient strictement suivies. Je sais que cette nouvelle mesure pourra avoir pour conséquence de compliquer leur tâche. Mais l'activité qu'ils ont déployée jusqu'ici dans l'accomplissement de leur délicate mission m'est un sûr garant qu'ils rempliront exactement les nouvelles obligations que les règlements imposent. »

Application du décret du 10 mars 1894, en cas de procès entre propriétaire et locataire. — Dépêche du Ministre du Commerce du 18 novembre 1897 :

« M. l'Inspecteur divisionnaire, un architecte, désigné comme expert par le président d'un tribunal civil, avec la mission de rechercher à qui doit incomber la dépense occasionnée par les transformations que des industriels doivent effectuer pour assurer la ventilation de leurs ateliers, m'a demandé de lui faire connaître si les travaux prescrits par l'inspection devaient être effectués sans attendre l'issue du procès engagé entre ces industriels et leur propriétaire.

J'estime, d'accord avec le Comité consultatif des Arts et Manufactures, que les travaux dont il s'agit doivent être effectués dans des conditions d'hygiène satisfaisante et que les industriels qui, du reste, n'en contestent pas l'utilité, doivent y procéder dans le délai le plus bref possible.

L'observation des règlements concernant la santé des travailleurs ne saurait attendre l'issue d'un procès dont la durée est toujours problématique et qui ne saurait, quelle que soit la décision qui interviendra, modifier les précautions justement réclamées par le service de l'inspection. »

Application du décret du 10 mars 1894 dans les immeubles communs à plusieurs industries. — Dépêche du Ministre du Commerce du 1er mars 1898 :

« M. l'Inspecteur divisionnaire, à la suite du rapport du Comité consultatif des Arts et Manufactures qui a exprimé l'avis que l'article 16 du décret du 10 mars 1894 devait s'appliquer aussi bien aux ateliers qu'aux usines, vous avez appelé mon attention sur les difficultés que paraîtrait devoir présenter l'exécution de cette disposition, lorsqu'il existe dans un même immeuble une agglomération de nombreux personnels ouvriers pratiquant des industries diverses et relevant de patrons différents.

Je ne méconnais pas que, dans certains cas, la mise en demeure de l'Inspection devra s'adresser à plusieurs chefs d'ateliers et que la répartition de la dépense entre co-locataires ou co-propriétaires pourra soulever des difficultés. Mais ce sont là des questions que les tribunaux peuvent seuls trancher, en cas de désaccord entre les intéressés, notamment lorsqu'il s'agira de la construction d'un escalier incombustible reconnu indispensable pour l'évacuation des ateliers situés aux différents étages d'un immeuble. »

Protection des meules et évacuation des poussières. — Circulaire du Ministre du Commerce du 14 avril 1898 :

« M. l'Inspecteur divisionnaire, les articles 6 § 3 et 12 § 4 du décret du 10 mars 1894 ont donné lieu à des difficultés d'interprétation que j'ai cru devoir soumettre au Comité consultatif des Arts et Manufactures.

Ces articles portent : 1° qu'il sera installé, notamment autour des meules qui déterminent des poussières, des tambours, en communication avec une ventilation aspirante énergique ; 2° qu'on devra prendre, autant que possible, des dispositions telles qu'aucun ouvrier ne soit habituellement occupé à un travail quelconque dans le plan de rotation d'engins tournant à grande vitesse et notamment desdites meules.

Sur le premier point, l'article 6 du décret ne prévoyant pas d'exception, le Comité estime que les prescriptions qu'il édicte, d'une manière formelle, sont applicables à tous les établissements où les meules occasionnent des poussières. L'enquête à laquelle il a été procédé démontre qu'il existe des installations où celles-ci sont enlevées au moyen d'une ventilation aspirante convenablement organisée. On peut citer, à cet égard, les installations des usines d'Imphy, d'Aillevillers, de Baumeles-Dames, de Saint-Claude, de Chaumont, de Liebvillers, les coutelleries de Langres, les ateliers de Troyes et du Creusot, de la Compagnie de l'Ouest, à Rennes, de la manufacture des tabacs à Nantes, des usines de Port-Brillet, etc.

Quant à l'article 12 § 4 du décret précité, le Comité a fait observer qu'il exige seulement qu'on prenne le maximum de précautions compatibles avec les nécessités de l'industrie. Lorsqu'il s'agit de meules travaillant par leur surface cylindrique, et lorsque l'ouvrier ne peut accomplir son travail qu'en poussant directement et normalement sur la pièce à façonner, il faut bien qu'il soit dans le plan de rotation. S'il s'agit de meules travaillant par leur face latérale, l'ouvrier qui s'en sert n'est pas placé dans le plan de rotation, mais il est aux abords immédiats. Le décret de 1894 n'a pas entendu proscrire ce genre de travail, malgré les dangers qu'il présente ; il a seulement voulu qu'on le rendît aussi peu dangereux que possible. Aussi, dès qu'il est bien établi qu'une amélioration est réalisable, l'adoption de ce perfectionnement devient un devoir. L'expérience prouve qu'il est possible de satisfaire entièrement aux prescriptions du décret, sans rien sacrifier des facilités nécessaires à l'industrie. Il importe, d'ailleurs, d'installer les meules de tous genres, de telle façon que les ouvriers étrangers au travail de ces meules ne se trouvent ni dans leur plan de rotation, ni à leurs abords immédiats.

Telle est l'interprétation qui a été donnée par le Comité consultatif des Arts et Manufactures des deux articles sus-indiqués du décret de 1894 et à laquelle le service de l'Inspection devra se conformer dans l'avenir. »

Arrêt des moteurs. — *Dépêche du Ministre du Commerce du 15 novembre 1897 :*

« M. l'Inspecteur divisionnaire, j'ai soumis au Comité consultatif des Arts et Manufactures la réclamation qui m'a été adressée par des propriétaires d'usine de force motrice contre la mise en demeure qui leur a été faite par le service de l'inspection du travail d'avoir à se conformer aux prescriptions du décret du 10 mars 1894, sur l'hygiène et la sécurité des travailleurs, en mettant à la portée de chaque chef d'atelier le moyen de demander l'arrêt du moteur.

Le comité a résolu la question que soulevait cette réclamation, en faisant une distinction. Certains ateliers reçoivent la force motrice par une courroie traversant la cloison, le plancher ou le plafond et prenant la force sur une transmission extérieure ; un débrayage permet de faire passer la courroie sur une poulie folle et d'arrêter tout l'outillage. A l'égard de ces ateliers, l'application de l'article 14 est évidemment inutile. Mais d'autres ateliers sont traversés par la transmission principale qui reçoit directement la force du moteur pour la communiquer à l'outillage. Là, le chef d'atelier peut encore, il est vrai, par le débrayage et la poulie folle, arrêter l'outillage ; mais il ne peut arrêter la transmission elle-même qui, dans certains ateliers, est placée à moins de deux mètres de hauteur, de telle façon que les poulies sont à la hauteur de la tête et qu'on peut les toucher, en passant sur des piles ou des caisses de marchandises, comme il s'en trouve trop souvent dans ces petits ateliers. Il y a là un danger pouvant donner lieu à de fréquents accidents et, si un ouvrier se trouve enlevé, il faut que l'on puisse arrêter la transmission le plus promptement possible.

Le Comité consultatif a, en conséquence, émis l'avis, que j'adopte, qu'il soit mis à la disposition du chef d'atelier, sur les points de chaque étage où cela peut être utile, un moyen de demander l'arrêt immédiat du moteur. »

Inspection du travail. — *Dépêche du Ministre du Commerce du 4 novembre 1897 :*

« M. l'Inspecteur divisionnaire, d'après les renseignements que vous m'avez adressés, il existe, dans votre circonscription, un certain nombre d'établissements industriels soumis aux lois sur le travail, qui n'ont pas encore été visités.

On s'explique que l'attention de l'Inspection se soit, avant tout, portée sur les usines et les manufactures où se produisaient principalement, autrefois, les abus que le législateur a voulu réprimer. Mais, les ateliers de moindre importance ne doivent pas échapper à son contrôle. La loi a pris le soin de spécifier les établissements qui seraient soumis aux obligations qu'elle impose. L'Inspection a le devoir de s'assurer qu'ils observent tous sans exception les prescriptions de la réglementation nouvelle. Il importe que le département du Commerce soit, à brève échéance, en mesure de déclarer que toutes les industries visées par les lois de 1848, de 1892 et de 1893 ont été inspectées.

Je vous prie, en conséquence, d'inviter, d'urgence, les inspecteurs placés sous vos ordres à consacrer les deux derniers mois de l'année à visiter les communes qu'ils n'ont pas encore vues ou les ateliers qu'ils n'ont pas encore contrôlés, sans négliger, toutefois, les affaires courantes et, notamment, les enquêtes d'accidents dont la discussion actuellement ouverte devant les Chambres fait ressortir l'importance. »

Médailles d'honneur. — *Cantonniers de la voirie départementale et communale (1).* — I. — *Décret du 26 mars 1898 :*

« Le Président de la République française,
Sur le rapport du ministre de l'intérieur,
Décrète :
Art. 1er. — Des médailles d'honneur en

(1 Un décret du 1er mai 1897 (voir *Numéro du deuxième trimestre 1897, p. 42*) avait étendu aux *cantonniers de l'État* le bénéfice des médailles d'honneur instituées par le décret du 16 juillet 1886.

Lors de la discussion à la Chambre du budget

argent peuvent être décernées par le ministre de l'intérieur aux cantonniers des services de voirie départementale et communale et comptant au moins trente années de services.

ART. 2. — La durée des services exigée pour l'obtention de cette médaille pourra être réduite (1) en faveur des agents qui, dans des conditions spéciales, se seront distingués d'une manière exceptionnelle.

ART. 3. — Un arrêté ministériel réglera les mesures de détail relatives à cette distinction et déterminera les catégories d'agents qui pourront en bénéficier.

ART. 4. — Le ministre de l'intérieur est chargé de l'exécution du présent décret. »

—

II. — *Décret du 6 mai* 1898 :

« Le Président de la République française,
Sur le rapport du ministre de l'intérieur,
Vu le décret du 26 mars 1898 ;
Vu les propositions du gouverneur général de l'Algérie,

Décrète :

ART. 1er. — Le décret susvisé en date du 26 mars 1898, créant une médaille d'honneur en faveur des cantonniers des services de voirie départementale et communale, est rendu applicable à l'Algérie... »

—

III. — *Arrêté du Ministre de l'Intérieur du 4 avril* 1898 :

« Le Ministre de l'intérieur,
Vu le décret en date du 26 mars 1898 créant une médaille d'honneur en faveur des cantonniers des services de voirie départementale et communale ;
Sur la proposition du Conseiller d'État, Directeur de l'administration départementale et communale,

Arrête :

ART. 1er. — La médaille d'honneur en argent décernée par le Ministre de l'intérieur, en exécution du décret susvisé, est du module de 33 millimètres.

Elle porte, d'un côté, l'effigie de la République, entourée des mots : « République française » — « Ministère de l'intérieur », et, sur l'autre face, divers attributs entourés des mots : « Travail, Honneur, Dévouement », avec une inscription relatant les nom et prénom du titulaire, ainsi que le millésime.

ART. 2. — Les titulaires sont autorisés à porter cette médaille suspendue à un ruban composé de deux bandes tricolores disposées verticalement et séparées par une bande blanche. Chacune des sept bandes a une largeur de 6 millimètres.

Ils reçoivent un diplôme portant leurs nom, prénom et qualité.

ART. 3. — Peuvent concourir pour l'obtention de cette médaille :

1o Les chefs cantonniers et cantonniers des routes départementales et des chemins de grande communication et d'intérêt commun ;

2o Les chefs cantonniers et cantonniers des chemins vicinaux ordinaires, de la voirie urbaine et des chemins ruraux.

ART. 4. — La désignation des candidats sera faite, pour les routes départementales, par le chef du service auquel est confiée la gestion de ces routes, pour les chemins de grande communication et d'intérêt commun, par l'agent voyer en chef et par les maires en ce qui touche les chemins vicinaux ordinaires, la voirie urbaine et rurale.

Sur cette désignation, le Préfet établira ses propositions et les soumettra au Ministre de l'Intérieur. »

—

Retraites des ouvriers civils des établissements de la guerre. — *Décision ministérielle du 26 avril* 1898 (2) :

« En cas de départ, par suite de la mise à la retraite, l'ouvrier rayé des contrôles rece-

—

de l'exercice 1898, un amendement de M. Montaut proposa, par voie de relèvement de crédit, d'étendre l'attribution des médailles d'honneur aux cantonniers autres que ceux de l'État, travaillant « sur une route nationale, sur une route départementale, sur un chemin vicinal, chemin de halage ou sur toute autre voie de communication publique. » Mais le rapporteur du budget des Travaux publics fit remarquer que le crédit nouveau devait être inscrit au budget du Ministère de l'Intérieur, dont relevaient les services visés : il rappelait une observation présentée dans la discussion du budget de 1897 par le Rapporteur général et aux termes de laquelle « ces médailles devaient être payées par les budgets chargés de pourvoir au traitement des intéressés ». Le Gouvernement s'appuya à son tour sur la distinction nécessaire des divers services de voirie et promit de donner satisfaction sous une autre forme à M. Montaut, qui retira son amendement (séance du 15 décembre 1897).

Le lendemain, 16 décembre, le Ministre de l'Intérieur déposait un projet de loi tendant à l'ouverture d'un crédit spécial pour l'attribution des médailles dont il s'agissait « Il a paru au Gouvernement, disait l'Exposé des motifs, qu'en raison de la similitude des fonctions, il convenait d'étendre aux cantonniers et agents inférieurs employés *sur les routes départementales et sur les chemins vicinaux de toute catégorie* le bénéfice de cette distinction honorifique. »

C'est en exécution du vote intervenu sur ce projet le 24 décembre 1897 qu'a été rendu le décret du 26 mars 1898.

(1) « Si l'article 2 du décret du 26 mars permet d'attribuer la médaille d'honneur à des agents ayant moins de 30 années de services, cette limite n'en demeure pas moins la condition essentielle pour l'obtention de la faveur dont il s'agit Il ne devra donc être dérogé à la règle générale posée par l'article 1er du décret qu'à titre tout à fait exceptionnel, et à raison de circonstances particulières dont il devra être justifié » *(Circulaire du directeur de l'administration départementale et communale du 12 avril* 1898).

—

(2) Cette décision vise l'application du décret

vra la totalité de la somme restant à verser à la Caisse nationale des retraites, au moment de son départ. »

Retraites des cantonniers de l'État. — *Décret du 20 avril 1898 :*

« Le Président de la République française,

Sur le rapport du ministre des travaux publics,

Vu l'article 9 du décret du 22 février 1896, portant que la rente viagère totale à assurer aux cantonniers de l'État ne peut excéder la fraction du salaire moyen annuel qui sera fixée chaque année, par décret rendu en conseil d'Etat, dans la limite des crédits ouverts au budget ;

Vu la loi du 13 avril 1898, portant fixation du budget général des recettes et dépenses de l'exercice 1898 ;

Le Conseil d'Etat entendu (1),

Décrète :

Art. 1er. — Le maximum de la rente viagère totale à laquelle les cantonniers pourront avoir droit, par application du deuxième paragraphe de l'article 9 du décret du 22 février 1896, est fixé, pour l'exercice 1898, aux deux tiers du salaire (2).

Art. 2. — Le ministre des travaux publics est chargé de l'exécution du présent décret, qui sera inséré au Bulletin des lois et publié au Journal officiel.

Sociétés de secours mutuels. — *Majorations des pensions de retraites.* — *Arrêté du Ministre de l'Intérieur du 26 avril 1898 :*

« Le Garde des Sceaux, ministre de la justice, chargé par intérim du ministère de l'Intérieur,

Vu la loi de finances du 13 avril 1898, qui ouvre au budget du ministère de l'Intérieur un crédit de 900.000 francs pour « majorations des pensions de retraites des membres des sociétés de secours mutuels » ;

Vu les décrets des 26 mars 1852, 26 avril 1856, 31 mars 1894 et 30 mars 1896 ;

Vu la loi du 1er avril 1898 ;

Vu les propositions de la commission instituée pour l'étude des conditions de répartition du crédit susvisé ;

Arrête :

Art. 1er. — Les arrérages des pensions constituées sur leurs fonds de retraites par les sociétés de secours mutuels et les sociétés de retraites approuvées, à la jouissance des trimestres : 1er avril, 1er juillet, 1er octobre 1898 et 1er janvier 1899, seront majorés, conformément au barème indiqué dans l'article suivant, d'un supplément d'arrérages dont le capital constitutif sera prélevé sur le crédit de 900,000 francs inscrit au budget du ministère de l'Intérieur sous le chapitre XII sous le titre : « *Majoration des pensions de retraites des membres des sociétés de secours mutuels* ».

Art. 2. — Pour les sociétés de secours mutuels, le supplément d'arrérages constitué à capital aliéné sera de (3) :

5 francs pour les pensions de	—	—	27 à	30	francs
6	—	—	31 à	40	»
7	—	—	41 à	50	»
8	—	—	51 à	60	»
9	—	—	61 à	80	»
10	—	—	81 à	100	»
11	—	—	101 à	120	»
12	—	—	121 à	150	»
13	—	—	151 à	200	»
14	—	—	201 à	250	»
15	—	—	251 à	360	»

Pour les sociétés de retraites, le supplément d'arrérages sera égal à la rente viagère correspondant au capital aliéné de :

45 francs pour les pensions de	—	—	27 à	30	francs
54	—	—	31 à	40	»
63	—	—	41 à	50	»
72	—	—	51 à	60	»
81	—	—	61 à	80	»
90	—	—	81 à	100	»
99	—	—	101 à	120	»
108	—	—	121 à	150	»
117	—	—	151 à	200	»
126	—	—	201 à	251	»
135	—	—	251 à	360	»

Art. 3. — Les pensions au-dessus de 360 francs ne donneront lieu à aucune majoration.

Les pensions supplémentaires accordées par les sociétés ne bénéficieront d'une majoration qu'autant qu'elles feraient changer de catégorie les rentes viagères primitivement accordées, majoration déduite ; dans ce cas, la majoration des suppléments de rente sera égale à la différence entre la majoration afférente à la catégorie primitive et celle attribuée à la nouvelle. »

---

du 26 février 1897 (Voir *Numéro du 1er trimestre* 1897, p. 8).

Elle complète, pour un cas spécial, la disposition contenue dans le premier alinéa de l'article 4 de ce décret.

(1 A la différence du texte publié en 1897, ce décret porte régulièrement mention de l'intervention du Conseil d'Etat, conformément aux dispositions de l'article 9 du décret du 22 février 1896. — Voir la note sous le décret du 28 avril 1897, au *Numéro du deuxième trimestre* 1897, p. 41.

(2) Cette proportion avait été déjà fixée par les décrets des 10 avril 1896 et 28 avril 1897.

---

(3) Sur le cumul de ces majorations spéciales avec les majorations liquidées par le Ministre du commerce en exécution de la loi du 31 décembre 1895, voir la note sous l'article 26 de la loi du 1er avril 1898, au *Numéro du premier trimestre* 1898, p. 165.

Sociétés de secours mutuels. — *Emolument des comptes abandonnes des caisses d'épargne.*— *I. Décret du 14 mai 1898, rapportant le decret du 31 janvier 1898 et classant les societés de secours mutuels appelees a bénéficier des dispositions de l'article 20 de la loi du 20 juillet 1898 :*

« Le Président de la République française,
Sur le rapport du ministre de l'intérieur,
Vu la loi du 20 juillet 1895 et, notamment, l'article 20, attribuant aux sociétés de secours mutuels approuvées et reconnues d'utilité publique, possédant un fonds de retraite à la caisse des dépôts et consignations, les trois cinquièmes des fonds prescrits, chaque année, à l'égard des déposants aux caisses d'épargne ;
Vu la loi du 15 juillet 1850, le décret-loi du 26 mars 1852, le décret du 26 avril 1856 et la loi du 1er avril 1898 ;
Le Conseil d'Etat entendu,

Décrète :

ART. 1er. — Le décret du 31 janvier 1898 est rapporté (1).

ART. 2. — Les sociétés de secours mutuels appelées à bénéficier des dispositions de l'article 20 de la loi du 20 juillet 1895 sont divisées en sept catégories ainsi qu'il suit :

1re catégorie. — Sociétés dont la pension moyenne est au-dessous de 30 francs.

2e catégorie. — Sociétés dont la pension moyenne est de 30 à 50 francs.

3e catégorie. — Sociétés dont la pension moyenne est de 51 à 75 francs.

4e catégorie. — Sociétés dont la pension moyenne est de 76 à 150 francs.

5e catégorie. — Sociétés dont la pension moyenne est de 151 à 250 francs.

6e catégorie. — Sociétés dont la pension moyenne est de 251 à 360.

7e catégorie. — Sociétés qui n'ont pas encore constitué de pensions.

ART. 3. — Chaque année, la somme attribuée aux sociétés de secours mutuels sur les comptes abandonnés des caisses d'épargne est répartie, par arrêté ministériel, entre les diverses catégories de sociétés susindiquées.

Cette répartition est faite, en ce qui concerne les six premières catégories, en raison inverse du chiffre moyen des pensions ci-dessus fixé et en raison directe du nombre des membres participants... »

II. Circulaire ministérielle du 5 mars 1898 :

« M. le Préfet, aux termes de l'article 20 de la loi du 20 juillet 1895, les trois cinquièmes des fonds déposés aux caisses d'épargne qui sont atteints chaque année par la prescription trentenaire doivent être attribués aux sociétés de secours mutuels approuvées possédant un fonds de retraites.

Conformément à cette disposition législative, une première somme, montant à 142,403 fr. 50, a été mise le 1er janvier 1897 à la disposition de mon département et j'ai prié la commission de répartition des crédits relatifs aux sociétés de secours mutuels de vouloir bien m'indiquer le mode de partage qui lui semblait le plus équitable. Répondant à ce désir, la commission a proposé de répartir les fonds dont il s'agit entre les sociétés bénéficiaires en raison inverse du chiffre moyen des pensions qu'elles font servir à leurs sociétés par la caisse nationale des retraites et en raison directe du nombre de leurs membres participants.

Cette proposition a été soumise à l'examen du Conseil d'Etat, qui, dans sa séance du 15 décembre 1897, a émis un avis conforme. Un décret en date du 31 janvier 1898 a rendu exécutoire les dispositions ainsi adoptées.

Pour effectuer la répartition, les sociétés approuvées possédant un fonds de retraites ont été divisées en 7 catégories, savoir :... (2)

Les sociétés qui servent des pensions supérieures à 360 francs sont éliminées.

A chacune de ces catégories correspond un coefficient calculé d'après les deux principes susénoncés et qui variera chaque année suivant l'importance de la somme disponible.

Pour la répartition de 1897, basée sur l'effectif au 31 décembre 1896, la somme attribuée à chaque catégorie par membre participant a été :

Pour la 1re catégorie de 0,30
— 2e — de 0,25
— 3e — de 0,20
— 4e catégorie de 0,15
— 5e — de 0,10
— 6e — de 0,05
— 7e — de 0,15

J'ai l'honneur de vous adresser ci-joint le résultat de ce travail en ce qui concerne votre département et je vous prie de vouloir bien faire connaître à chacune des sociétés bénéficiaires la somme qui lui est attribuée et qui sera inscrite au crédit de son compte de fonds de retraites. »

Assistance médicale gratuite. — *Inscription des mutualistes sur les listes communales.* — *Note de la Direction de l'assistance et de l'hygiène publiques (16 mars 1898) :*

« Le président d'une Société de secours mu-

---

(1) Ce décret était identique au décret actuel. Mais il n'avait été rendu que la « section de l'Intérieur du Conseil d'État entendue » et non « le Conseil d'Etat entendu ». Il a dû être repris en assemblée générale du Conseil d'Etat, conformément aux dispositions de l'article 20 de la loi du 20 juillet 1895, qui prévoyait un « règlement d'administration publique ».

Le texte des décrets restant le même, l'administration a considéré les instructions intervenues à la suite du premier comme demeurant applicables à l'exécution du second.

(2) Voir le decret du 14 mai 1898 ci-dessus (art. 3).

tuels a consulté l'administration centrale sur le point de savoir si les membres d'une société de secours mutuels, par cela seul qu'ils font partie de cette société, doivent ne pas être inscrits sur la liste communale d'assistance médicale.

Une question analogue a déjà fait l'objet d'une note de la direction du cabinet, du personnel et du secrétariat, en date du 2 mars 1896, à l'occasion d'une lettre de M. le préfet de la Loire. En suite de cette note, une dépêche ministérielle du 25 mars 1896, préparée par les soins de la direction de l'Assistance et de l'hygiène publiques, a fait connaître à M. le préfet de la Loire que les membres des sociétés de secours mutuels ne peuvent pas être écartés *de plano* des listes d'assistance, mais que leur inscription sur ces listes devra motiver un double examen, l'un pour la situation personnelle de chaque sociétaire comme pour tout individu demandant à être inscrit, l'autre pour ses droits à l'encontre de la société de secours mutuels dont il fait partie en ce qui concerne les secours de maladie... »

Calcul des subventions de l'État. — *Circulaire du Ministre de l'Intérieur du 5 mars 1898* (Extrait) (1) :

« M. le Préfet, la circulaire du 9 mars 1896 vous a fait connaître les documents qui doivent être produits à mon administration en vue de la détermination du contingent de l'État dans les dépenses du service de l'assistance médicale gratuite.....

Je dois ajouter que vous aurez à tenir compte, pour le calcul de la subvention de l'État, des déclarations que j'ai faites à la tribune du Sénat dans la séance du 16 décembre dernier et d'après lesquelles les départements ont droit aux subventions de l'État pour les dépenses payées avec les ressources provenant de l'impôt et non plus seulement pour les dépenses payées avec le produit de centimes spéciaux, comme l'indiquaient les précédentes instructions... »

Enseignement technique. — *Réorganisation du Conseil supérieur de l'Enseignement technique.* — *Décret du 4 juin 1898* (Extrait) (2) :

« Art. 4. — En dehors des attributions qui lui sont confiées par les décrets des 17 mars et 28 juillet 1898, des 31 mai et 22 juillet

1890 et 19 juillet 1892, le Conseil supérieur de l'Enseignement technique est appelé à donner son avis sur toutes les questions intéressant cet enseignement qui lui sont soumises par le ministre. »

Enseignement agricole. — *Institution d'un Conseil supérieur de l'enseignement agricole. Décret du 25 mai 1898* (*extrait*) (3) :

« Art. 4. — Le conseil supérieur de l'enseignement agricole a dans ses attributions tous

(3) Ce décret a été publié au Journal officiel du 27 mai 1898.

Les articles 1 à 3 et l'article 5 règlent la composition du conseil supérieur et instituent une commission permanente.

Dans le rapport présenté au Président de la République à l'appui du projet de décret, le ministre de l'agriculture rappelait les progrès récents de l'enseignement agricole et sa situation actuelle :

« Pendant les vingt-cinq années qui viennent de s'écouler, le gouvernement de la République, justement pénétré des besoins de l'agriculture et de la haute importance de ses progrès, s'est attaché à constituer sur des bases durables l'enseignement professionnel de l'agriculture, qui avait été si négligé sous les anciens régimes et qu'avait ébauché, en 1848, l'Assemblée nationale.

L'Institut agronomique, créé à Versailles, en 1850, par le décret du 3 octobre 1848 et qui avait été supprimé par un décret du 14 décembre 1852, a été reconstitué sur de nouvelles bases, à Paris, en vertu de la loi du 9 août 1876 ;

Les écoles nationales ou régionales d'agriculture et les fermes-écoles, qui avaient été régulièrement organisées par le décret du 3 octobre 1848, ont été transformées ;

Une école nationale d'horticulture a été fondée, en exécution de la loi du 16 décembre 1873, dans les célèbres jardins du grand roi à Versailles :

Les écoles pratiques ont été instituées par la loi du 30 juillet 1875 ;

Enfin la loi du 16 juin 1879 a organisé l'enseignement de l'agriculture dans les écoles normales primaires et dans les campagnes, par l'institution de chaires d'agriculture dans tous les départements ; elle a introduit, de plus, une réforme considérable en rendant définitivement obligatoire dans les écoles primaires l'enseignement des notions d'agriculture, qui n'était que toléré jusqu'alors dans quelques rares écoles de villages.

Grâce à ces diverses lois et aux efforts persévérants de l'administration de l'agriculture, l'enseignement agricole a pu se développer largement et être mis sur tous les points du territoire de la République à la portée des populations rurales ; on peut dire qu'aujourd'hui l'agriculture française dispose d'un ensemble d'écoles techniques et de moyens d'instruction des plus complets et n'a rien à envier aux pays les mieux organisés sous ce rapport.

Nous avons en effet actuellement : 1° un enseignement supérieur des sciences appliquées a l'agriculture, qui correspond à l'enseignement des facultés ; 2° un enseignement secondaire repré-

(1) Voir la circulaire ministérielle du 20 avril 1897 (notamment § 4) reproduite dans le *Numéro du deuxième trimestre* 1897, p. 50, et les déclarations ministérielles au Sénat, citées dans le *Numéro du quatrième trimestre* 1897, p. 119.

(2) Ce décret a été publié au Journal officiel du 29 juin.

Les articles 1 à 3 et l'article 5 règlent la composition du conseil supérieur.

les établissements d'enseignement agricole et les chaires d'agriculture créés ou subventionnés par le ministère de l'agriculture.

Il donne son avis sur l'organisation et le fonctionnement des écoles et des chaires, sur les programmes d'admission aux écoles, sur les matières de l'enseignement, sur la répartition de ces matières entre les chaires, sur les méthodes d'enseignement, sur la distribution du temps des élèves, sur les examens de sortie et la délivrance des diplômes et certificats d'étude, sur le nombre et les conditions d'attributions des bourses et sur toutes les questions que le ministre croit devoir lui soumettre.

Son avis est obligatoire pour tous les projets de création d'écoles ou de chaires d'agriculture, ainsi que sur toutes les modifications essentielles apportées dans le régime et la destination des écoles ou des chaires

Il reçoit en communication les comptes rendus des directeurs des établissements d'enseignement et des professeurs départementaux et spéciaux et, s'il y a lieu, les rapports des inspecteurs.

Il se réunit au moins une fois par an, à l'époque fixée par le ministre.

Il adresse chaque année, après sa session, un rapport au ministre sur ses travaux et ses appréciations en donnant son avis motivé sur les réformes à opérer et les améliorations à introduire dans l'organisation de l'enseignement agricole. »

---

senté par 3 écoles nationales d'agriculture, 1 école nationale des industries agricoles et 1 école nationale d'horticulture ; 3° un enseignement du 3° degré : ce sont les écoles pratiques, au nombre de 44, lesquelles correspondent dans l'ordre universitaire aux colléges et aux écoles primaires supérieures ; 4° un enseignement du 4° degré constitué par les écoles d'apprentissage et comprenant 14 fermes-écoles, 13 fromageries-écoles, 2 écoles d'aviculture, 2 écoles de laiterie pour filles et 1 magnanerie-école ; 5° un enseignement spécial donné dans les écoles normales primaires, collèges, écoles primaires supérieures et dans les centres agricoles par 256 professeurs départementaux et spéciaux sous forme de cours d'adultes ou de conférences appuyées de démonstrations pratiques sur le terrain ....

Pris dans son ensemble, notre enseignement agricole, tel qu'il fonctionne actuellement, ne compte pas moins de 82 écoles de tous degrés, ainsi qu'un enseignement nomade qui s'appuie sur plus de 3,000 champs de démonstration et dont les conférences sont suivies par plus de 200,000 cultivateurs. Le budget affecté au fonctionnement de ce service, en y comprenant les écoles forestières et l'école des haras, atteint le chiffre de 4 millions de francs.....

D'une façon générale, notre enseignement agricole a porté ses fruits et a profité largement à tous les producteurs. Mais quand, au lieu de regarder du côté du monde agricole, on examine attentivement le fonctionnement de nos écoles elles-mêmes, on y découvre des imperfections qu'il est temps de corriger.

On est frappé tout d'abord du petit nombre d'élèves qui les fréquentent et qui sont hors de proportion avec l'effectif des professeurs : celui-ci, en effet, est de 651, quand celui des élèves est de 2,850 seulement. Dans beaucoup d'établissements, il n'y a guère que des boursiers, et sans eux il faudrait presque fermer l'école. Il faut ajouter que la plupart de ces boursiers, au lieu d'aller à l'agriculture, comme cela devrait être, demandent presque tous des emplois de l'Etat et surtout des places de professeurs ; la liste des candidats à ces dernières fonctions ne s'élève pas à moins de 500 pour une moyenne de 15 à 20 places par an.

La première réforme doit consister à reviser dans une large mesure les programmes de nos établissements d'enseignement agricole, de façon à les simplifier, à les mettre d'accord entre eux, à les rendre de plus en plus pratiques. Le caractère professionnel s'impose de plus en plus à tous les degrés de la hiérarchie scolaire. Cela fait, il y aura lieu de rechercher si, pour certaines de nos écoles de degré inférieur, il ne serait pas bon de réduire la durée de l'enseignement lui-même, de façon à attirer un plus grand nombre d'élèves. Beaucoup de pères de famille refusent d'envoyer leurs enfants dans nos établissements d'enseignement professionnel, en ayant trop besoin dans leurs exploitations pour s'en séparer pendant deux ou trois ans. Enfin le système des bourses pourrait être transformé utilement en les attribuant à la sortie de l'école aux meilleurs élèves et à ceux qui consentiraient à entrer dans

une exploitation agricole pour y compléter leur instruction.....

Le conseil supérieur aura pour mission essentielle de reviser l'organisation, les programmes et les méthodes d'enseignement de nos écoles et de nos professeurs, et de veiller à leur application. Il ne devra jamais perdre de vue que nous avons en France 3,387,000 agriculteurs propriétaires, 800,000 fermiers et métayers et 2,450,000 ouvriers ruraux, que c'est pour donner à ces cultivateurs et à leurs enfants l'instruction professionnelle, indispensable aujourd'hui pour lutter efficacement contre la concurrence universelle, que nos écoles d'agriculture ont été créées, nos chaires spéciales instituées et que nos établissements d'enseignement ne sont nullement entretenus par l'Etat pour faire des fonctionnaires. Il ne devra pas oublier non plus que nous possédons un immense domaine colonial qu'il est temps de mettre en valeur, et où notre jeunesse pourrait trouver l'emploi fécond de son intelligence et de son activité. »

Crédit agricole. — *Loi du 18 juillet* 1898, sur les warrants agricoles (1).

Assurances mutuelles agricoles. — *Circulaire du ministre de l'agriculture du 15 avril* 1898 (2) :

« M. le préfet, l'agriculteur n'a pas seule-

(1) Cette loi, que nous signalons simplement ici en raison de ses relations avec l'organisation générale du crédit agricole, a été publiée au Journal officiel du 20 juillet 1898.

(2) Cette circulaire se rapporte à l'application

lement à compter avec les faits économiques et la concurrence étrangère qui, trop souvent, provoquent l'avilissement des cours et la mévente du bétail et des produits du sol ; il est encore tributaire des phénomènes atmosphériques, puisqu'il suffit d'un orage, d'une gelée ou d'une épidémie pour lui enlever sa récolte ou son bétail et lui faire perdre ainsi brusquement le fruit du travail de plusieurs années.

Cette situation essentiellement précaire, qui place la première de nos industries dans un état d'infériorité évident, a frappé depuis longtemps tous ceux qui s'intéressent à la prospérité et au développement de l'agriculture française, et la préoccupation d'y porter remède a amené le Gouvernement à devancer l'œuvre législative à l'étude, en vue du développement de l'assurance mutuelle agricole.

Le Parlement est, en effet, saisi de la question depuis longtemps déjà ; mais comme aucun projet définitif ne paraissait susceptible de venir en discussion avant la fin de la législature actuelle, le Gouvernement, qui attache une importance capitale à l'extension des assurances agricoles, a cherché et a trouvé le moyen de résoudre provisoirement la question : il a introduit dans le budget du ministère de l'agriculture pour 1898 une modification ayant pour but de subventionner les sociétés d'assurances mutuelles agricoles à l'aide d'une partie des fonds du chapitre 38 jusqu'alors exclusivement affectés aux secours pour pertes matérielles et événements malheureux.

Une expérience d'un siècle a démontré, en effet, l'insuffisance de ces subsides, qui, en raison de leur taux minime et du retard nécessairement apporté à leur distribution par l'accomplissement de formalités longues et minutieuses, ne peuvent procurer aux cultivateurs aucun soulagement réel et entraînent en définitive pour l'État un sacrifice inefficace, puisque les sommes allouées sont beaucoup trop modiques pour permettre aux sinistrés la reconstitution des valeurs détruites. D'autre part, ces distributions, qui sont à peu près stériles comme résultats, ont le grave inconvénient d'éveiller des convoitises, de susciter des jalousies et de provoquer des réclamations et des plaintes qui sont pour l'administration aussi bien que pour les autorités locales une source intarissable d'embarras et de difficultés.

Il y avait donc un intérêt considérable à changer un état de choses aussi défectueux et à substituer au secours illusoire, qui affecte bien plus le caractère d'une aumône que celui d'une indemnité réparatrice, le système de

de l'article 80 de la loi de finances du 13 avril 1898.

Voir cet article et son commentaire au *Numéro du premier trimestre* 1898, p. 170.

l'assurance qui garantit en grande partie l'agriculteur contre les pertes éprouvées.

J'ai pensé, toutefois, que cette réforme, si indispensable et si urgente qu'elle soit, ne devait pas s'opérer brusquement, et qu'il importait de ménager une transition prudente entre les errements du passé et le régime de l'avenir ; de là le libellé du chapitre 38, intitulé : « Secours aux agriculteurs pour pertes matérielles et événements malheureux, et subventions aux sociétés d'assurances mutuelles agricoles contre la grêle et la mortalité du bétail ».

Il en résulte, M. le préfet, que, jusqu'à nouvel ordre, vous pourrez continuer à m'adresser des propositions de secours pour pertes matérielles et événements malheureux, mais à la condition, toutefois, qu'il s'agira de venir en aide aux victimes de sinistres ou d'accidents ayant un caractère exclusivement agricole, et, d'autre part, qu'il vous sera démontré que les agriculteurs faisant l'objet de ces propositions se sont trouvés dans l'impossibilité absolue, soit par l'insuffisance de leurs ressources, soit par leur éloignement de toute société d'assurance mutuelle, d'assurer leur bétail ou leurs récoltes.

Vous devrez donc, M. le préfet, éclairer vos administrés sur leurs véritables intérêts et les inciter, par une active propagande, soit à faire partie des mutualités déjà créées, soit à former de nouveaux groupements là où il n'en existe pas encore.

Vous serez, bien entendu, activement et utilement secondé dans l'accomplissement de votre mission par M. le professeur départemental et MM. les professeurs spéciaux d'agriculture, qui, en raison de leur compétence technique et de la connaissance qu'ils ont des besoins locaux, sont tout naturellement désignés pour fournir aux agriculteurs des indications appropriées aux conditions de la culture ou de l'élevage, à l'importance et à la nature des risques, etc.

L'administration supérieure ne saurait tracer pour la constitution des sociétés d'assurances mutuelles un cadre et un programme uniformes, qui ne pourraient qu'entraver l'initiative privée, quand ils ne lui imprimeraient pas une fausse direction.

C'est donc à ceux qui, par leur situation et leur compétence, sont le mieux placés pour connaître les ressources et les besoins de chaque région à montrer aux agriculteurs la voie dans laquelle ils doivent s'engager pour n'éprouver aucun mécompte.

D'une manière générale, toutefois, j'estime qu'il y aura le plus grand intérêt à utiliser les organismes déjà créés, et notamment les syndicats professionnels agricoles, dont l'activité féconde peut s'exercer sous tant de formes diverses et qui peuvent, avec le moins de formalités et le plus d'économie, constituer des caisses d'assurances mutuelles, sauf à

observer pour le fonctionnement de ces institutions les dispositions organiques édictées
par le décret du 22 janvier 1868.

D'autre part, pour que les agriculteurs soient
nettement édifiés sur les intentions du Gouvernement, vous aurez soin de leur faire savoir que, dans un avenir prochain, la plus
grande partie des fonds du chapitre 38 sera
employée sous forme de subventions aux sociétés d'assurances contre la mortalité du
bétail, la grêle, la gelée, etc., et que les secours individuels diminueront d'année en année.

Je compte sur votre concours éclairé pour
aider l'administration dans la voie qu'elle s'est
tracée.

Dans ce but, je crois donc utile de vous indiquer très brièvement les principes généraux
qui guideront le Gouvernement dans la répartition des fonds aux sociétés d'assurances
mutuelles agricoles.

Dans ma pensée, ces subventions n'ont pas
pour but d'augmenter les ressources des sociétés prospères dont le fonctionnement régulier est d'ores et déja assuré ; elles auront
surtout pour objet de stimuler et d'encourager
l'initiative privée partout où elle ne s'est pas
encore manifestée, en constituant, pour
ainsi dire, une première mise de fonds de rou-
lement pour les associations qui viendront à
se créer. Ce n'est qu'accidentellement que
mon administration viendra en aide aux sociétés existantes lorsque celles-ci, devant faire
face à des pertes anormales, n'auront pas les
ressources nécessaires pour indemniser les
assurés dans une proportion efficace.

C'est pour ces motifs que je n'ai pas cru devoir me ranger au système d'une répartition
uniforme et mathématique basée soit sur le
chiffre des pertes supportées par les sociétés,
soit sur le montant des cotisations, estimant
que les subventions doivent varier suivant les
circonstances et être proportionnées aux besoins réels. Il serait déplorable que les encouragements de l'Etat eussent pour résultat de
diminuer, au point de les supprimer presque
complètement, l'effort et la responsabilité de
l'individu, et c'est ce qui ne manquerait pas
d'arriver dans le cas d'une répartition opérée
d'après une règle fixe, puisque dans les conditions normales le jeu de la subvention aurait pour effet, soit de faire descendre la cotisation au-dessous du chiffre que l'on peut
considérer comme le minimum du sacrifice nécessaire, soit de faire disparaître l'é-
cart qu'il importe de laisser subsister entre
le chiffre de la perte subie et celui de l'indemnité payée, si l'on veut que l'assuré soit
intéressé à conserver et à surveiller les valeurs qui font l'objet du contrat d'assurance.

Je crois devoir vous rappeler, en outre,
M. le préfet, que les encouragements de l'Etat
sont exclusivement et rigoureusement réser-
vés aux sociétés d'assurances mutuelles pro-

prement dites, c'est-à-dire aux associations
qui, s'inspirant uniquement des idées de
prévoyance et de solidarité, s'interdisent
toute pensée de lucre et n'affectent en aucune
manière le caractère d'entreprises commerciales. Il y aura donc lieu, toutes les fois
qu'une subvention sera sollicitée, de vous
faire représenter les statuts et les comptes
financiers de la société qui se sera mise en
instance, afin de vous rendre un compte
exact de la nature de ses opérations. Vous
aurez soin, en même temps que vous me
transmettrez ces divers documents ainsi que
les renseignements que vous aurez pu recueillir sur l'action de la société, de me faire
connaître votre avis personnel sur la suite
dont la demande de subvention vous paraîtra
susceptible.

D'autre part, mon administration ayant le
plus grand intérêt à suivre attentivement le
développement des institutions de prévoyance
qui font l'objet de la présente circulaire, vous
devrez m'adresser tous les ans, le 31 janvier
au plus tard, un tableau conforme au modèle
ci-annexé et indiquant la situation au 1er janvier de toutes les sociétés d'assurances mutuelles agricoles existant dans votre département. Je vous prie, M. le préfet, de prendre,
dès à présent, les mesures nécessaires pour
que cet important document soit établi avec le
plus grand soin à l'aide des renseignements
qui vous seront fournis par les autorités
locales et dont vous pourrez utilement faire
contrôler l'exactitude par M. le professeur
départemental d'agriculture.

L'envoi de ce tableau ne vous dispensera
pas de me signaler, au fur et à mesure de
leur création, toutes les sociétés qui se for-
meront dans votre département, en me ren-
seignant sommairement sur leur caractère et
leur importance.

Telles sont les premières instructions générales que j'ai cru devoir vous adresser au
lendemain de l'approbation par les Chambres
de la modification apportée au budget de mon
département.

J'ai tenu à vous faire connaître, dès à présent, les considérations qui l'ont inspirée, me
réservant de compléter ultérieurement, et en
tenant compte des indications que fournira
l'expérience, les prescriptions contenues dans
la présente circulaire.

En tout cas, je vous ai suffisamment fait
connaître l'importance que le Gouvernement
et le Parlement attachent a l'organisation et
au développement des assurances agricoles
pour être sûr, d'avance, que vous ferez tous
vos efforts pour aider au succès d'une institution qui doit exercer une influence considérable sur le relèvement de l'agriculture, en
ramenant la sécurité et le bien-être au sein
de nos populations rurales. »

———

Moralité publique. — *Application de la loi du 16 mars 1898 (1). — Instructions de l'administration des postes* (n° 493) :

« Aux termes de la loi du 16 mars 1898, modifiant celle du 2 août 1882, la remise à la poste, sous bandes ou sous enveloppes non fermées, d'imprimés autres que le livre, d'affiches, dessins, gravures, peintures, emblèmes, objets ou images obscènes ou contraires aux bonnes mœurs constitue le délit d'outrages aux bonnes mœurs.

En conséquence et par application de l'article 29 du Code d'instruction criminelle, lorsque la présence, dans le service, d'objets tombant sous le coup de la nouvelle loi aura été constatée, ces objets devront être immédiatement transmis par les Receveurs aux Directeurs départementaux, qui, après examen, les communiqueront, s'il y a lieu et sans retard, aux Parquets, pour telle suite que de droit.

Toutefois, afin d'éviter que des poursuites ne soient engagées sur plusieurs points du territoire contre le même individu, à raison du même délit, les correspondances incriminées seront adressées, dans le plus bref délai, par les soins des chefs de service départementaux, aux Parquets dans le ressort desquels se trouveront situés les domiciles des délinquants. Si les adresses de ces derniers n'étaient pas connues, lesdites correspondances seraient livrées au Parquet de l'arrondissement où en a été effectué le dépôt.

Lorsque les objets saisis n'auront pas donné lieu à poursuites judiciaires, l'Administration n'interviendra pas pour en assurer la restitution. Ils seront, le cas échéant, remis a qui de droit par les soins des Parquets, selon les règles suivies en pareille matière....

L'attention des agents de tout grade est particulièrement appelée sur l'intérêt qui s'attache à ce que la plus grande célérité soit toujours apportée à la transmission des correspondances dont il s'agit, l'article 29 du Code d'instruction criminelle exigeant que les Parquets soient avisés sur le champ. »

DISCUSSIONS PARLEMENTAIRES

DÉPOTS DE PROJETS ET RAPPORTS (2)

Protection du travail national. — *Proposition* de loi ayant pour objet de limiter le nombre des ouvriers étrangers employés dans les usines, manufactures et établissements industriels quelconques (déposée à la Chambre

---

(1) Voir cette loi et son commentaire au *Numéro du 1er trimestre* 1898, p. 173.

(2) Cet état des travaux parlementaires a pu être mis à jour jusqu'à la fin de la session (13 juillet).

par M. Albert Chiché, le 6 juillet 1898, n° 170).

— *Proposition* de loi établissant une taxe sur les ouvriers étrangers (déposée à la Chambre par M. Jules Brice, le 11 juillet 1898).

Régime du travail. *Proposition* de loi sur le Code du travail (déposée à la Chambre par M. Groussier, le 13 juin 1898).

Rapport sur la proposition de loi ayant pour objet de garantir leur travail et leurs emplois aux réservistes appelés par la loi à faire leurs périodes d'instruction militaire (déposé au Sénat par M. Volland, le 28 juin 1898, n° 275).

— *Discussion* au Sénat sur la proposition de loi ayant pour objet de garantir leur travail et leurs emplois aux réservistes appelés par la loi à faire leur période militaire (séance du 8 juillet 1898, J. o., p. 787).

— *Proposition* de loi relative aux conditions du travail dans les travaux publics (déposée à la Chambre par M. Dansette, le 13 juin 1898).

— *Proposition* de loi relative aux conditions du travail dans l'exécution des travaux publics (déposée à la Chambre par M. Argeliès, le 13 juin 1898).

— *Proposition* de loi relative à l'établissement de conditions du travail dans les travaux communaux de la ville de Paris et de chaque commune (déposée à la Chambre par M. Vaillant, le 27 juin 1898, n° 116).

— *Proposition* de loi relative à l'établissement de la journée de huit heures et d'un salaire minimum pour tous les ouvriers, ouvrières, employés et employées des travaux, emplois et services de l'État (déposée à la Chambre par M. Vaillant, le 27 juin 1898, n° 115).

— *Proposition* de loi tendant à instituer des délégués agricoles et un salaire minimum pour la protection du travail et des travailleurs agricoles (déposée à la Chambre par M. Vaillant, le 27 juin 1898, n° 118).

Inspection du travail. — *Proposition* de loi portant organisation du corps des inspecteurs du travail (déposée à la Chambre par M. Charles Bernard, le 7 juillet 1898, n° 182).

Délégués mineurs. — *Proposition* de loi ayant pour objet de modifier la loi du 8 juillet 1890 sur les délégués à la sécurité des ouvriers mineurs (déposée à la Chambre par M. Basly, le 7 juillet 1898, n° 181).

Salaires. — *Proposition* de loi ayant pour objet de modifier la loi sur les sociétés, d'autoriser la création des actions de 25 fr. et de faciliter la participation aux bénéfices (déposée à la Chambre par M. Georges Graux, le 13 juillet 1898).

Accidents. — *Proposition* de loi ayant pour objet de modifier l'article 3 de la loi concernant les responsabilités des accidents dont les ouvriers sont victimes dans le travail (déposée à la Chambre par M. Dubuisson, le 23 juin 1898, n° 105).

— *Proposition* de loi tendant à modifier l'article 3 de la loi du 9 avril 1898 sur les accidents du travail (déposée à la Chambre par M. Mirman, le 27 juin 1898, n° 109).

Association professionnelle. — *Proposition* de loi sur le droit d'association (déposée à la Chambre par M. Cunéo d'Ornano, le 13 juin 1898, n° 29).

— *Proposition* de loi portant modification à la loi du 21 mars 1884, sur les syndicats professionnels (déposée à la Chambre par M. Dansette, le 20 juin 1898, n° 82).

— *Proposition* de loi ayant pour objet de réviser la loi du 21 mars 1884 sur les syndicats professionnels (déposée à la Chambre par M. Basly, le 7 juillet 1898, n° 180).

Coalitions. — *Proposition* de loi relative à l'abrogation des articles 414 et 415 du Code pénal (déposée à la Chambre par M. Coutant, le 11 juillet 1898, n° 232).

— *Proposition* de loi relative à une amnistie pleine et entière pour faits politiques, faits de grève et faits annexes (déposée à la Chambre par M. Coutant, le 4 juillet 1898, n° 146).

Retraites. — *Proposition* de loi concernant les caisses de retraites (déposée à la Chambre par M. Audiffred, le 4 juillet 1898).

— *Proposition* de loi ayant pour objet l'organisation générale et immédiate des retraites et des soins de maladie pour les travailleurs (déposée à la Chambre par M. Zévaès, le 20 juin 1898, n° 96).

— *Proposition* de loi tendant à établir en France le monopole de la rectification de l'alcool et à en employer le produit à la création d'une caisse nationale de retraites en faveur des vieux travailleurs de l'industrie, du commerce et de l'agriculture (déposée à la Chambre par M. Guillemet, le 20 juin 1898, n° 84).

— *Proposition* de loi relative à l'organisation des retraites et à la création des services de prévoyance sociale (déposée à la Chambre par M. Gervais, le 12 juillet 1898).

— *Proposition* de loi sur l'organisation d'une caisse de retraites des travailleurs et des invalides du travail et d'une caisse de capitalisation des assurances sur la vie (déposée à la Chambre par M. de Ramel, le 13 juillet 1898).

Assistance. — *Rapport* sur le projet de loi concernant la représentation des pauvres et l'administration des établissements d'assistance (déposé au Sénat par M. Chaumié, le 11 juillet 1898).

Mesures diverses dans l'intérêt des ouvriers. — *Adoption* à la Chambre d'un projet de résolution tendant à la nomination :

1° d'une commission de 33 membres intitulée commission du travail ; 2° d'une commission de 33 membres chargée d'examiner les projets et propositions d'assurance et de prévoyance sociales (séance du 27 juin 1898, J.O., p. 1869).

— *Proposition* de loi ayant pour objet la création d'un ministère du travail, de l'hygiène, de l'assistance publique et de la statistique (déposée à la Chambre par M. Vaillant, le 27 juin 1898, n° 120).

— *Proposition* de loi tendant à accorder une allocation annuelle aux titulaires de la médaille du travail, de l'industrie, du commerce et de l'agriculture (déposée à la Chambre par M. Bourgeois du Jura, le 4 juillet 1898, n° 158).

— *Projet* de loi relatif aux subventions à accorder par l'Etat aux communes pour l'allocation de secours aux réservistes et a leurs familles (déposé à la Chambre le 11 juillet 1898, n° 223).

— *Rapport* sur le projet de loi relatif aux subventions à accorder par l'Etat aux communes pour l'allocation de secours aux réservistes et territoriaux (déposé à la Chambre par M. Caillaux, le 12 juillet 1898).

Discussion à la Chambre du projet de loi relatif aux subventions a accorder par l'Etat aux communes pour l'allocation de secours aux réservistes et territoriaux (Séance du 12 juillet 1898, J. o., p. 2067).

— *Proposition* de loi ayant pour objet : 1° la reconstitution et l'extension du domaine agricole communal ; 2° sa culture ; 3° le prêt par la commune aux petits cultivateurs du matériel agricole communal ; 4° la création d'un domaine industriel communal ; 5° une atténuation du chômage (déposée a la Chambre par M. Vaillant, le 27 juin 1898, n° 117).

Petite propriété. — *Rapport* sur la proposition de loi tendant à faciliter la constitution et le maintien de la petite propriété rurale (déposée au Sénat par M. Siegfried, le 5 juillet 1898, n° 279).

— *Proposition* de loi ayant pour objet d'organiser en France le bien de famille, afin de faciliter à tous l'acquisition, la conservation et la transmission héréditaire de la petite propriété (déposée à la Chambre par M. Lemire, le 23 juin 1898, n° 101).

— *Proposition* de loi ayant pour objet de créer en France des biens insaisissables de famille [homestead] (déposée a la Chambre par M. Morillot, le 8 juillet 1898, n° 197).

Crédit agricole. — *Discussion* au Sénat du projet de loi sur les warrants agricoles (Séance du 8 juillet 1898, J. o., p. 788).

Agiotage. — *Proposition* de loi ayant pour objet de réprimer les abus des marchés à livrer fictifs et l'agiotage sur denrées agricoles et marchandises, particulièrement sur le blé, et portant modification à l'article 419 du Code pénal sur l'accaparement (déposée à la Chambre par M. Claude Rajon, le 20 juin 1898, n° 194).

BIBLIOGRAPHIE SOCIALE (1)

[Seront spécialement signalés sous cette rubrique tous les ouvrages ou tirages à part de publication récente relatifs à la Législation ouvrière, à l'Économie politique et aux Questions sociales dont les auteurs ou éditeurs voudront bien adresser un exemplaire à la Rédaction de la Revue.]

I. — PROTECTION DES ENFANTS.
ÉDUCATION.

— *Assistance médicale aux nourrissons*, par le Dr BOUJON. Rouen, 1898.

— *Essais sur la protection des enfants maltraités ou moralement abandonnés*, par H. DUMONT. Paris, 1898.

— *Traité de la puissance paternelle*, par Henry TAUDIÈRE, professeur à la Faculté libre de droit de Paris. Paris, 1898, Pedone, 13, r. Soufflot. In-8, 550 p.

Ouvrage, couronné par l'Académie des sciences morales et politiques, sur le caractère et l'étendue de la puissance paternelle d'après le droit romain et les coutumes germaniques, d'après l'ancien droit français, d'après le Code civil et sa jurisprudence. Législation contemporaine : limitations et déchéances. Besoins nouveaux étude critique des reformes a réaliser. Aperçu des legislations étrangères.

— *Etude critique sur la puissance paternelle et ses limites*, par NOURRISSON, avocat. Paris, 1898.

— *Déchéance de la puissance paternelle sur la personne de l'enfant*, par DORMAND. Toulouse, 1898.

— *Bibliography of education*, par S. MONROE. New-York, 1897.

— *Report of the commissioner of education*, 1895-96. Washington, 1897.

— *Nos fils*, par HUGUES LE ROUX, Paris, 1897, Calmann Lévy, 3, r. Auber. In-18, 262 p.: 3 fr.50.

L'éducation allemande et anglaise ; l'éducation française et la préparation aux diverses carrières ; le commerce et l'enseignement commercial.

— *L'éducation et les colonies*, par CHAILLEY-BERT Paris, 1898, A. Colin, 5, r. de Mezières. In-12, 63 p. : 1 fr.

Les conditions de préparation à la vie coloniale par l'enseignement général et par l'enseignement technique.

— *Institutions post-scolaires*, par L. D'ABARTIAGUE. Pau, 1898.

— *Chez les étudiants populaires*, par Edouard PETIT. Paris, 1898.

— *La criminalité de la jeunesse*, par Henry JOLY, 2e édit. Paris, 1898, 51, r. de Seine. In-8, 36 p.

II. — APPRENTISSAGE. ENSEIGNEMENT
PROFESSIONNEL.

— *Livre d'or de l'apprentissage*, par DURASSIER. Paris, 1898, 44, r. de Rennes. Gr. in-8, 106 p.

Institutions d'apprentissage, d'enseignement professionnel et de patronage ; bibliographie, travaux parlementaires.

— *L'enseignement professionnel en Belgique*, par DUTILLOY. Amiens, 1897.

— *Congrès international de l'Enseignement commercial*, tenu à Anvers en 1898. Anvers, 1898, Theunis, 28, r. des Lombards.

III. — RÉGLEMENTATION DU TRAVAIL.

— *La journée de travail de l'ouvrier adulte en France*, par RIST. Paris, 1898.

— *Die Arbeitszeit in den Fabriken*. Riga, 1898.

— *An Eight-Hours Day*, par W. J. SHANN. Londres, 1898. The liberty Rewiew, 17, Johnson's Court, in-8, cart. : 2 sch. 6 p.

Etude sur la journée de huit heures en théorie et en pratique; considérations spéciales à diverses industries.

— *La réglementation du travail des femmes dans l'industrie*, par Claude WEIL, avocat, docteur en droit. Paris, 1898, Larose, 22, r. Soufflot. Gr. in-8, 142 p.

Le travail industriel des femmes avant la loi du 2 novembre 1892 ; necessité et difficultés de l'intervention de l'Etat. Historique, commentaire et application de la loi de 1892. Projets legislatifs.

— *Travail de nuit des ouvriers de l'industrie dans les pays étrangers*, par ANSIAUX. Bruxelles, 1898.

— *Congrès international du repos du dimanche*. Bruxelles, 1898, Goemare, 21, r. de la Limite. Gr. in-8, 635 p.

Rapports présentés au Congrès de Bruxelles (juillet 1897) et compte rendu des discussions : le repos du dimanche au regard de l'industrie, du commerce, des services de transport, des administrations publiques, les devoirs de l'Etat ; les progrès et les desiderata dans divers pays.

— *Le travail du dimanche en Belgique*, par JULIN. Paris, 1898, 54, r. de Seine. In-8, 36 p.

Nature, répartition et causes du travail du dimanche.

— *Le rôle du public vis-à-vis du dimanche*, par E. CHEYSSON. Paris, 1898, 15, r. de la Ville-l'Evêque. In-8, 20 p.

Les interventions privées pour la sauvegarde du dimanche.

— *Des conditions du travail imposées aux entrepreneurs dans les adjudications de travaux publics*, par BAZIRE. Paris, 1898, A. Rousseau, 14, r. Soufflot. In-8 : 4 fr.

Etude juridique sur l'insertion des conditions relatives à la durée maxima de travail et au salaire minimum dans les cahiers des charges.

— *Conseil supérieur du travail : 7e session* (décembre 1897). Paris, 1898. Imp. Nat. In-4, 298 p.

Rapports, notes et discussions concernant le système des adjudications et l'insertion dans les cahiers de charges de clauses relatives aux conditions du travail.

— *Bericht der K.K. Gewerbeinspectoren*. Vienne, 1898, Staatsdruckerei. Gr. in-8, 484 p.

Rapport général et Rapports locaux sur l'inspection du travail en Autriche pendant l'année 1897.

— *Berichte der K.K. Bergbehörden*. Vienne, 1897, Staatsdruckerei. In-8, 493 p.

Publication du ministère de l'agriculture autrichien : Rapports de l'administration des mines sur les exploitations minières et le régime des ouvriers mineurs en 1895.

— *Die Bergwerksinspection in Oesterreich :* Berichte der K.K. Bergbehörden. Vienne, 1898 Staatsdruckerei, in-8, 265 p.

---

(1) Quelques-uns des ouvrages mentionnés dans le numéro précédent ont été repris dans cette bibliographie pour complément d'indications.

Publication du ministère de l'agriculture autrichien : Rapports de l'administration des mines sur les exploitations minières et le régime des ouvriers mineurs en 1896, travaux techniques

IV. — PLACEMENT. CHOMAGE.

— *Die Arbeitsvermittlung in Oesterreich.* Vienne, 1898, A. Hölder, I, Rothenthurmstrasse, 15. In-4, 521 p.

Publication du ministère du commerce autrichien (département de la statistique) sur le placement des ouvriers et employés. Législation autrichienne, anciennes institutions, institutions actuelles, statistiques Législation, projets législatifs et statistiques sur le placement dans les pays étrangers.

V. — CONTRAT DE TRAVAIL. SALAIRES.

— *The Law of Master and Servant. With a chapter on Apprenticeship*, par PARRYN. Londres, 1897.

— *Gesetzartikel von J. 1898. ub. Regelung des Rechtsverhältnisses zwischen Arbeitgebern u. landwirtschaftlichen Arbeitern*, par KREICSI. Budapest, 1898.

— *Le salariat et le salaire*, par LEVASSEUR. Paris, 1898, 54, r. de Seine. In-18, 16 p.

— *The Bargain Theory of Wages*, par J. DAVIDSON. Londres, 1898.

— *La participation aux bénéfices dans l'industrie et le commerce*, par BEAUNE. Lyon, 1898.

— *L'association de l'ouvrier aux profits du patron et la participation aux bénéfices*, par Paul BUREAU, professeur adjoint à la Faculté libre de droit de Paris. Paris, 1898, A. Rousseau, 14, r. Soufflot. In-8, 341 p.

Ouvrage, couronné par le Musée social, sur la nature et le partage des bénéfices : métayage ; primes à la production, participation aux bénéfices. Theorie de la participation, applications pratiques et modes de fonctionnement.

— *La participation aux bénéfices*, par Maurice VANLAER, chargé de cours à la Faculté libre de droit de Lille. Paris, 1898, A. Rousseau, 14, r. Soufflot. In-8, 310 p.

Ouvrage, couronne par le Musée social, sur les caractères de la vraie participation aux bénéfices, son histoire, ses conditions de fonctionnement, ses résultats, ses difficultés, son avenir economique et legislatif.

VI. — HYGIÈNE INDUSTRIELLE. — ACCIDENTS.

— *Hygiène des ouvriers mineurs*, par le Dr Georges LEVADOUX. Brioude, 1897, Imp. Watel. In-8, 32 p.

Conseils hygiéniques, spécialement pour les ouvriers mineurs.

— *Loi du 9 avril 1898 concernant les responsabilités des accidents*, par Guyon. Paris, 1898.

— *Commentaire et explication pratique de la loi concernant la responsabilité des accidents*, par Paul COLLET, avocat. Paris, 1898, Chevalier-Marescq, 20, r. Soufflot. Gr. in-8, 113 p. : 2 fr.

Texte et commentaire analytique de la loi du 9 avril 1898.

— *Nouvelle loi concernant les responsabilités des accidents*, par Georges DROUINEAU, chef du contentieux à l'Urbaine. Paris, 1898, Muzard et Ebin, 26, place Dauphine. Gr. in-8, 147 p : 2 fr. 50

Texte, historique et commentaire analytique de la loi du 9 avril 1898.

— *Nouvelle loi-accidents*, par GARREAU-PAYEN, ancien greffier de paix. Paris, 1898, May, 9, r. St-Benoît. In-8, 39 p.

Texte et commentaire législatif de la loi du 9 avril 1898 ; décompte des indemnités.

— *Loi relative aux accidents*, par RICOU. Marseille, 1898.

— *La loi sur les accidents : son application, ses conséquences*, par E. DELCAIRE, Directeur des sociétés d'assurances ; L'industrie française et La Mutuelle militaire. Paris, 1898. Imp. Schlæber. In-12, 17 p.

— *Un projet de loi sur les accidents*, par MALAPERT. Rennes, 1898.

— *Gl' infortuni del lavoro nella teoria e nella lege*, par SCALONI. Mantova, 1898.

— *Employers' Liability and Workmen's compensation*, par HENRY W. WOLFF. Londres, 1898, King a. son, 9, Bridge street. In-8, 64 p. : six p.

Responsabilité des accidents. Divers systèmes de reparation.

— *Etude sur la statistique des accidents dans les mines allemandes*, par BELLOM. Paris, 1898.

VII. — ASSOCIATION PROFESSIONNELLE.

— *Le associazioni e le Società*, par FIORENTINO. Catania, 1897.

— *Caractères généraux de la loi de 1884 sur les syndicats professionnels*, par GONNARD. Paris, 1898.

— *De la responsabilité des syndicats professionnels à raison des atteintes à la liberté du travail*, par LAFFARGUE. Toulouse, 1898.

— *Fête pour le concours sur les associations ouvrières et patronales.* Paris, 1898, Calmann-Lévy, 3, r. Auber. In-4, 95 p.

Rapport de M. Lyon-Caen ; discours et allocutions.

— *Theorie u. praxis der englischen Gewerkvereine*, par SIDNEY a. BEATRICE WEBB, trad. C. HUGO. Stuttgart, 1898.

— *The Law of trusts and Trustees*, par RUDOLL et GREIG. Londres.

— *Ninth report by the chief correspondent of the Board of trade on Trade-Union.* Londres, 1897.

VIII. — COALITIONS. — ARBITRAGE.

— *Statistique des grèves et des recours à la conciliation et à l'arbitrage en 1897.* Paris, 1898, Imp. Nat. Gr. in-8, 320 p.

Nature et causes des grèves ; durée et résultats ; répartition par industries, par départements et par epoques. Statistique et expose des cas de conciliation et d'arbitrage (Publication de l'Office du travail).

IX. — COOPÉRATION.

— *La Prévoyance sociale en Italie*, par Léopold MABILLEAU, Charles RAYNERY, et le comte de ROCQUIGNY. Paris, 1898, A. Colin, 5, r. de Mézières. In-18, 110 p. : 4 fr.

Résultats de missions en Italie : le mouvement coopératif italien; coopération d'epargne et de crédit ; banques populaires ; coopération agricole et enseignement de l'agriculture, cooperation ouvrière et mutualité

— *Handbuch f. Konsumvereine*, par OPPERMANN, Breslau, 1898.

— *Der Personalkredit der ländlichen Kleingrundbesitzes in Oesterreich.* Leipzig. 1898.

— *Verhandlungen der Generalsammlung des Vereinsf. Socialpolitik über die Handwerkerfrage den ländlichen Personalkredit, in deutschen Reiche.* Leipzig, 1898.

— *Bericht über die III. Versammlung der deutschen Credit-Genossenschaften.* Hannover, 1898, Manz u. Lange. In-8, 118 p. : Mr. 1,50.

Compte rendu du Congrès des associations de crédit populaire tenu à Erfurt en août 1897.

— *La comptabilité spéciale des coopératives et des sociétés,* par BONNARD. Paris, 1898.

X. — ÉPARGNE. — PRÉVOYANCE. — ASSURANCE. — ASSISTANCE.

— *Die öffentlichen Sparkassen im königr. Bayern in den J. 1894 u. 1895.* Munchen, 1898.

— *Compte rendu officiel sur l'état et l'administration des Caisses d'épargne de Finlande en 1896.* Helsingfors. 1897.

— *Rapport sur les opérations des sociétés indigènes de prévoyance en Algérie (1895-97),* par A. BERSEVILLE, secrétaire général du Gouvernement. Alger, 1897-98. Imp. Fontana, 29, r. d'Orleans. 2 vol. gr. in-8, 214 et 45 pp.

Rapports sur les sociétés algériennes de secours et de prêts mutuels : situation morale ; statistique, documents.

— *Etude sur les sociétés de secours mutuels,* par Th. T. Bordeaux, 1898.

— *Rapport sur la situation des sociétés mutualistes.* 1894-95. Bruxelles, 1897.

— *Bericht des Verbandes der Genossenschaftskrankenkassen Wiens.* Vienne, 1898.

— *The law Relating to Friendly societes,* 2° éd. Londres, 1898.

— *La mutualité scolaire,* par KRUGER-TROCHAND. Nîmes, 1898.

— *Rapport de la commission supérieure de la caisse nationale des retraites pour la vieillesse.* Paris, 1898. Imp. Nat. In-4, 131 p.

Situation financière et statistique en 1897.

— *Conférence sur les pensions ouvrières,* par Luc CALLIER. Ferchies la Marche, 1898.

— *Das Gestern u. Heute der Lebensversicherung,* par SCHFVICHAVEN. Vienne, 1898.

— *Rapport de la commission supérieure des caisses d'assurances en cas de décès et en cas d'accidents.* Paris, 1898. Imp. Nat. In-4, 28 p.

Situation financière et statistique en 1897.

— *Les assurances sur la vie et la Cour de cassation en 1897,* par LEFORT, avocat au Conseil d'Etat et à la Cour de cassation. Lyon, 1898, Vitte. In-8, 13 p.

Examen des dernières décisions de jurisprudence.

— *La jurisprudence de l'assurance sur la vie et la quotité disponible,* par THALLER. Paris, 1898, 54, r. de Seine. In-8, 24 p.

— *L'antagonisme entre les compagnies françaises et étrangères d'assurances,* par ROCHETIN. Paris, 1898.

— *Kurze Erklärung der Prämien u. Reserven-Berechnung in der Lebensversicherung,* par KIST. Vienne, 1898.

— *Bericht des eidg. Versicherungsamts üb. die privaten Versicherungsunternehmungen in der Schweiz im J. 1896.* Berne, 1898.

— *Die deutschen Lebens-Versicherungs-Gesellschaften im J. 1896.* Berlin. 1898.

— *Leitfaden der Arbeiterversicherung des deutschen Reichs,* par ZACHER. Berlin, 1898.

— *Taschen-Kalender 1898 zum Gebrauche bei Handhabung der Arbeiterversicherungsgesetze.* Berlin, 1898.

— *Umschau u. Vorschau auf dem Gebiete der Arbeiterversicherung.* Berlin, 1898.

— *Die Arbeiterervsicherung im Auslande,* par ZACHER. Berlin, 1898, A. Troschel. Gr. in-8, 99 p. : Mr 2.

2° et 3° parties : législation des assurances ouvrières en Suède et en Norvège.

— *De l'assurance contre les accidents agricoles.* Dijon, 1898.

— *La charité dans l'évolution sociale,* par Mme C. des PREZ DE LA VILLE-TUAL, 2° édit. Paris, Bourguet-Calas, 38, r. St-Sulpice. In-18, 220 p.

Les œuvres d'assistance existantes et les nouveaux besoins à satisfaire Les conditions de l'assistance efficace et la mission sociale de la femme.

— *L'assistance médicale obligatoire en France,* par Henri MONOD, directeur de l'assistance et de l'hygiène publiques. Melun, 1897, Imp. administrative. Gr. in-8, 350 p.

Premières applications de la loi du 15 juillet 1893 sur l'assistance médicale organisation et contrôle des services ; statistiques de l'année 1895.

— *Les conséquences économiques et sociales de la loi du 15 juillet 1893,* par Georges RONDEL, délégué au contrôle des services de l'assistance médicale au Ministère de l'Intérieur. Rouen, 1898, Imp. Cagniard. In-8, 24 p.

— *Les conséquences administratives et financières de la loi du 15 juillet 1893,* par Louis BOUCHERON, chef de division à la préfecture d'Indre-et-Loire, et Robert MAROIS, sous-inspecteur des enfants assistés de Loir-et-Cher. Rouen, 1898, Imp. Gy. In-8, 45 p.

— *L'assistance publique à Paris pendant la Révolution : documents inédits,* t. III, par TUETEY. Paris, 1898.

— *Etudes historiques sur l'assistance publique à Grenoble avant la Révolution,* par PRUDHOMME. 1898.

— *L'assistance publique dans les communes de Finlande en 1893.* Helsingfors, 1897.

— *Die Entwicklung des Armenwesens in England seit dem J. 1885,* par ASCHROTT. Leipzig, 1898.

— *A History of the English Poor law in Connection with the State of the Country and the condition of the People,* par G. NICHOLL. Londres, 1898.

— *Stenographischer Bericht üb. die Verhandlungen des deutschen Vereins f. Armenpflege.* Leipzig, 1898.

— *Handausgabe des bayerischen Gesetzes über die öffentliche Armen u. Krankenpflege vom. 29, IV, 1869.* Ansbach, 1898.

XI. — HABITATIONS OUVRIÈRES.

— *Les habitations ouvrières,* par SCHEYVAERTS. Malines, 1898, imp. Van Velsen. In-8, 26 p.

Modes d'acquisition Sociétés de crédit.

— *La loi du 30 novembre 1894 relative aux habitations à bon marché*, par Droulers. Paris, 1898.

— *Association pour l'amelioration des logements ouvriers*. Bruxelles, 1898, Féron. Gr. in-8, 44 p.

Rapport annuel pour 1897.

— *Les jardins ouvriers*, par Rivière. Paris, 1898.

— *Une nouvelle proposition de loi pour la conservation des petits patrimoines*, par Jules Challamel, avocat. Paris, 1898, 54, r. de Seine. In-8, 28 p.

Etude sur la proposition de loi présentée par M. Jules Siegfried.

— *Rapport du Conseil supérieur des habitations à bon marché, année 1897*. Paris, 1898, Imp. Nationale. In-8, 53 p.

Situation de l'enquête sur l'habitation ouvrière ; approbations de sociétés de constructions ; ressources financières ; état et travaux des comités locaux.

— *Rapport du Conseil supérieur des habitations à bon marché sur les demandes formées par les sociétés de construction d'habitations à bon marché pour obtenir l'approbation de leurs statuts.* Paris, 1898, Imp. Nationale. In-8, 15 p.

XII. — Alcoolisme.

— *L'alcoolisme et ses remèdes*, par J. Trévédy, avocat. Rennes, 1898, Imp. Oberthur. Gr. in-8, 141 p.

Thèse sur les moyens de combattre l'alcoolisme : réformes fiscales ; reformes dans le droit pénal, civil et administratif, remèdes moraux.

— *Projet d'un enseignement médical de l'antialcoolisme*, par Ruyssen. Lille, 1898.

— *Compte rendu du 6ᵉ congrès international contre l'abus des boissons alcooliques.* Bruxelles, 1898.

XIII. — Population.

— *La dépopulation en France*, par René Gonnard, docteur en droit. Lyon, 1898. Storck, 78, r. de l'Hôtel-de-Ville. Gr. in-8, 139 p.

La démographie française au XIXᵉ siècle ; les causes et les conséquences de la depopulation, les remèdes ; projets de réformes

XIV. — Criminalité et questions pénitentiaires.

— *Statistique pénitentiaire pour l'année 1895.* Melun, 1897, Imp. administrative, 806 p.

Exposé général de la situation des services et établissements pénitentiaires, tableaux statistiques ; législation et réglementation de l'année 1895.

XV. — Questions féministes.

— *La questione della donna dal punto di vista biologico e sociale*, par Angioletto. Ferrare, 1898.

— *Le féminisme*, par Käthe Schirmacher. Paris, 1898, A. Colin, 5, r. de Mézières. In-12, 75 p., 1 fr.

Les tendances et les variétés du mouvement feministe aux Etats-Unis, en France, en Angleterre, en Suède et en Russie.

— *Le respect de la femme,* par Pellorce et Vian. Paris, 1898.

— *L'émancipation des femmes*, par Alexandre Eymieu, avocat à Marseille. Marseille, 1898, Imp. Barlatier. In-8, 79 p.

Discours sur l'egalité des sexes.

— *Die Stellung der Frauen,* par Pfluger. Zurich, 1898.

— *De la condition juridique de la femme*, par Brune, avocat. Bordeaux, 1898, Imp. Demachy. In-8, 37 p.

Situation de la femme, notamment dans le contrat de mariage.

— *Le droit de la femme dans le mariage*, par Lanffume. Grenoble, 1898, Imp. Baratier, 31 p.

Discours sur les théories dans les *Tenailles* de Paul Hervieu.

— *La capacité de la femme mariée*, par Lerolle. Paris, 1898.

— *Les lois relatives à l'épargne de la femme mariée*, par Albert Aftalion, docteur en droit. Paris, 1898, Pedone, 13, r. Soufflot. Gr. in-8, 211 p.

La condition pécuniaire de l'ouvrière mariée, d'après le code civil, d'après la pratique et d'après certaines législations speciales (caisse des retraites pour la vieillesse, caisses d'épargne). Reformes souhaitables.

— *Mariage Customs in Many Lands*, par Hutchinson. Londres, 1897.

— *Die hausindustriellen Arbeiterinnen in der Berliner Blusen, — Unterrock —, Schürzen u. Tricotkonfektion*, par Dahrenfurth. Leipzig, 1898.

— *De l'assistance des femmes accouchées*, par Boissard. Paris, 1898.

— *L'appel des femmes aux fonctions publiques*, par Mme Pieczynska. Berne, 1898, Schmid et Francke. In-12, 54 p. : 0 fr. 70.

Discours sur la participation des femmes aux fonctions publiques et aux commissions administratives pour l'enseignement, le patronage, l'assistance etc.

— *Electoral et éligibilité des femmes aux conseils de prud'hommes*, par Mme Vincent. Bruxelles, 1898.

— *La femme et le barreau*, par Ravail, avocat. Poitiers, 1898, Imp. Blais et Roy. In-8, 55 p.

Discours sur la situation de la femme dans le droit romain, l'ancien droit français et le droit actuel au point de vue du barreau.

— *La femme dans les colonies françaises*, par Darel. Paris, 1898.

— *Das Ideal der christlichen Frau*, par Abel. Brunn, 1898.

— *Cherchez la femme ! Ein Beitrag zur sozialen Frage*, par Monteton. Berlin, 1898.

— *Actes du Congrès féministe international de Bruxelles (1897)*, publiés par Mlle Marie Popelin, docteur en droit, secrétaire générale du Congrès. Bruxelles, 1898, imp. Bulens. Gr. in-8, 160 p.

Rapports sur la femme et les droits civils dans divers pays ; la recherche de la paternité ; la liberté du travail pour les femmes, le rôle des femmes dans l'assistance publique ; le mouvement féministe dans différents pays et les moyens de propagande.

XVI. — Régime industriel et fiscal.

— *Documents relatifs à l'histoire de l'industrie et du commerce en France depuis le Iᵉʳ siècle avant J.-C jusqu'à la fin du XIIIᵉ siècle*, par Fagniez. Paris, 1898

— *Origine et développement de la grande indus-

trie en France du XVe siècle à la Révolution, par MOSNIER. Paris, 1898.

XVII. — GÉNÉRALITÉS ÉCONOMIQUES ET SOCIOLOGIQUES.

— *Les théories économiques dans la Grèce antique*, par SOUCHON. Paris, 1898.

— *Handbuch der politischen Œkonomie*, par GUST. VON SCHONBERG. Tubingen, 1898.

— *Petit traité d'économie politique et sociale*, par Henri HEYM et LIN MILLIF. Paris, 1898, à l'Employé de chemin de fer. In-18, 56 p.: 1 fr.

Notions d'économie politique et sociale à l'usage des employés de chemins de fer.

— *Partageons*, par R. L. DEVALX. Paris, 1898, Chamuel, 5, r. de Savoie. In-8, 36 p.: 0 fr. 40.

Impossibilité de l'égalité des conditions.

— *Del consumo delle ricchezze*, par COSSA. Bologna, 1898.

— *La Borsa e il capitale improduttivo*, par SUPINO. Milan, 1898.

— *Introduction to the Study of Sociology*, par STUCKENBERG. Londres, 1898.

— *Les lois sociales : esquisse d'une sociologie*, par TARDE. Paris, 1898.

— *Les principes des sciences sociales*, par JOYAU. Clermont Ferrand, 1897.

— *Les questions sociales dans l'antiquité*, par MENARD. Paris, 1898.

— *Die Sozialreform in Altertum*, par ADLER. Iéna, 1898.

— *La philosophie sociale du XVIIIe siècle et la Révolution*, par Alfred ESPINAS, professeur à l'Université de Bordeaux, chargé d'un cours à l'Université de Paris. Paris, 1898, Alcan, 108, Bv. St-Germain. Gr. in-8, 413 p. : 7 fr. 50.

Leçons détachées sur la politique nationale et la politique humanitaire ; les crises sociales ; la philosophie sociale du XVIIIe siècle en France ; le socialisme et la Révolution française. — Etude sur Babeuf et le babouvisme.

— *La législation civile de la Révolution française : essai d'histoire sociale*, par SAGNAC. Paris, 1898.

— *Die sociologische Erkenntniss*, par RATZENHOFER. Leipzig, 1898.

— *La question sociale est-elle une question morale ?* par MARTIN. Paris, 1898.

— *La question sociale*, par PESCH. Louvain, 1898.

— *Die sociale Frage*, par BIEDERLACK. Innsbruck, 1898.

— *La question sociale*, par Paul DESCHANEL, vice-president de la Chambre des deputés. Paris, 1898, Calmann-Levy, 3, r. Auber. In-18, 300 p. : 3 fr. 50.

Discours parlementaires et études sur le caractère et l'état de la question sociale, sur le socialisme, sur le collectivisme, sur les conditions du travail, etc.

— *La République nouvelle*, par Paul DESCHANEL, vice-président de la Chambre des députés. Paris, 1898, Calmann-Lévy, 3, r. Auber. In-18, 294 p. : 3 fr. 50.

Discours sur la situation politique et sociale : la constitution, la concentration, le parti radical, le parti modéré,.

— *Les lois de la démocratie*, 2e édit., par Gabriel ALIX. Paris, 1898, 54, r. de Seine. In-8, 36 p.

— *Le droit et la question sociale*, par POSADA. Paris, 1898.

— *L'evoluzione sociale*, par DENIAMINI. Florence, 1998.

— *La vie sociale moderne*, par HEINS. Gand, 1898.

— *Encyclopedia of Social Reform*, par W. D. P. BLISS. New-York, 1897.

— *Klassenpolitik u. Sozialreform*, par BEBEL. Berlin, 1898.

— *Fünf Jahre praktisch-sozialer Thätigkeit*, par ALBRECHT. Berlin, 1890.

— *Ueber einige Grundfragen der Socialpolitik*, par SCHMOLLER. Leipzig, 1897.

— *Industrial Democracy*, par SIDNEY and BEATRICE WEBB. Londres, 1897.

— *Die neueste Entwicklung der britischen Arbeiter bewegung*, par WIERMER, Munster, 1898.

— *Eine neue Aera englischer Socialgesetzgebung*, par BIELEFELD. Leipzig, 1898.

— *L'individu et la réforme sociale*, par Edouard SANZ Y ESCARTIN, trad. Dietrich. Paris, 1898.

— *De l'individualisme et de ses conséquences chez les anglo-américains*, par Raoul DE LA GRASSERIE. Paris, 1898, Giard et Brière, 16, r. Soufflot. Gr. in-8, 24 p.

Origine, caractères et conséquences de l'esprit individualiste en Amérique et en Angleterre.

— *Les Français d'aujourd'hui*, par Edmond DEMOLINS. Paris, 1898, Didot, 56, r. Jacob. In-18, 477, p.: 3 fr. 50.

Etudes de géographie sociale : les types sociaux d'après les lieux et les travaux. — Les zones de l'art pastoral, des productions fruitières arborescentes, de la culture, dans le midi et le centre de la France.

— *Administrative Centralization and Decentralization in France*, par YOUNG. Philadelphie, 1898.

— *La propriété sociale*, par GARELLI. Milan, 1898.

— *Enquête sur l'état des familles et l'application des lois de succession*, 2e série, 5e fascic. ; 3e serie, 1er fascic. Paris, 1896-98, r. de Seine. 2 vol. gr. in-8 de 140 et 121 p. 2 fr. et 1 fr.

L'homestead aux Etats-Unis et en France (*Levasseur*). — Commentaire de la loi sur les habitations à bon marché (*Challamel*). — La reforme des partages d'ascendants (*Fournel*). — Le nouveau regime successoral et la loi du 30 novembre 1894 (*Challamel*). — La liberté testamentaire chez les peuples étrangers (*R. de la Grasserie*) — La jurisprudence de l'assurance sur la vie et la quotité disponible (*Thaller*).

— *Les Revendications agraires : Lettre aux paysans et aux sériciculteurs*, par SAUTEL, cultivateur. Montélimar, 1898. Imp. Laynaud. In-18, 30 p.

— *La Réforme agraire et ouvrière en action*, par SAINT-FERREOL. Paris, 1898.

— *Principes d'économie rurale*, par BERNARD. Paris, 1898.

— *L'ami du cultivateur et de l'ouvrier, tome Ier, Partie agricole*, 2e édit., par CHABOT-SIMON. Paris, 1897, Société libre d'édition des gens de lettres, 12, r. d'Ulm, in-12, 318 p., 3 fr. 50.

La profession de cultivateur ; conseils techniques et pratiques sur la culture, les amendements, l'élève du betail. Journal d'un petit agriculteur.

— *L'ami du cultivateur et de l'ouvrier, tome II, Partie économique et sociale*, 3e édit., par C. CHA-

BOT-SIMON. Paris, 1897, Société libre d'édition des gens de lettres, 12, r. d'Ulm. In-12, 200 p.: 2 fr. 50.

Les professions libérales et les professions manuelles ; la question ouvrière , la préparation technique.

— *Die Christlich-Socialen u. ihr Programm*, par TEIFEN. Vienne, 1898.

— *Démocratie chrétienne et mouvement catholique*, par CHIACDANO, trad. par Onclair, prêtre. Bruges, 1897, Beyaert, 6, Mariastraat. Gr. in-8, 31 p.

Critique théologique du socialisme chrétien.

— *Catholicisme et démocratie*, par George FONSEGRIVE. Paris, 1898, Lecoffre, 90, r. Bonaparte. In-18, 288 p.

Articles sur les rapports des aspirations démocratiques et des doctrines catholiques : démocratie chrétienne et paix sociale , socialisme et christianisme ; rôle social de la femme et des jeunes gens, etc.

— *L'ouvrier libre*, par Emile KELLER. Paris, 1898, Lecoffre, 90, r. Bonaparte. In-12, 164 p.

Les lois du travail et de l'égalité ; misère actuelle de l'ouvrier ; solution socialiste et solution chrétienne.

— *Institutions patronales et ouvrières d'un groupe d'usines du département du Nord*. Lille, 1898. Imp. Ducoulombier. Gr. in-8, 280 p.

Institutions industrielles catholiques d'arbitrage, d'épargne, de mutualité, de coopération, de retraites, d'assistance, à Lille, à Roubaix, à Tourcoing, a Fourmies, à Armentières, etc.

— *Le secrétariat du peuple*, 2ᵉ édit., par Maurice LOUIS. Reims, Imp. Monce. In-8, 45 p.

Organisation de l'œuvre catholique des Secrétariats du peuple. Renseignements pratiques.

— *L'apostolat ouvrier*, par Léon HARMEL. Reims, 1898, Imp. Monce. In-18, 18 p.

Programme d'études et d'action catholiques

— *Les transformations sociales de l'Allemagne contemporaine*, par Georges BLONDEL. Paris, 1898. Imp. nouvelle. In-18, 45 p.

Conférence sur les idées et les lois sociales en Allemagne.

— *Le mouvement social en Espagne*, par POSADA. Paris, 1897.

— *Der internationale Kongress f. Arbeilerschutz in Zürich*. Zurich, 1898.

— *Le congrès de la protection ouvrière à Zurich*, en 1897, par Léon DUBASSIEU, ingénieur civil des mines. Paris, 1898, 44, r. de Rennes. Gr. in-8, 33 p.

Résumé des délibérations.

— *De la classification et du rôle de la statistique parmi les sciences sociales*, par Raoul DE LA GRASSERIE, correspondant de l'Institut. Nancy, 1897, Imp. Berger-Levrault. In-8, 19 p.

Définition, objet, rôle et subdivisions de la statistique.

— *Annuaire statistique de la France*. Paris, 1897, Imp. Nationale.

— *Statistique agricole de la France, publiée par le ministère de l'agriculture*. Paris, 1897, Imp. Nationale, gr. in-8, 816 p. et album in-fol. de XX planches.

Résultats statistiques de l'enquête décennale faite en 1892 ; cultures, animaux, consistance de la propriété, modes d'exploitation, situation des travailleurs agricoles.

— *Statistique des chemins de fer français*. Paris, 1897, Imp. Nationale. In-4, 533 p. : 5 fr.

Statistique, au 31 décembre 1896, des réseaux français.

— *Les principales sociétés par actions* (1898). Paris, 1838, Chaix, 20, r. Bergère. In-18, relié, 2 fr.

Annuaire des grandes compagnies de chemins de fer, de mines, de transport, de crédit, avec indication de leurs bases et de leur constitution financière.

— *Statistisches Jahrbuch des K. K. Ackerbau-Ministeriums für 1896 ; II. Der Bergwerkbetrieb Œsterreichs*. Vienne, 1897, 2 vol. gr. in-8, 174 et 248 p.

Publication du Ministère de l'agriculture autrichien.

— *Die Bergwerks-Production im J. 1896*, Vienne, 1898.

Publication du Ministère de l'agriculture autrichien.

— *Statistisches Jahrburch des K.K. Ackerbau-Ministeriums für 1896, erste und zweite Lief*. Vienne, 1897, Staatsdruckerei, 2 vol. in-8, 248 et 173 p.

Statistique de la production des mines autrichiennes ; régime du travail et des salaires ; statistique des accidents.

— *Zusammenstellung der Entschädigungssätze welche das Reichsversicherungsamt während der ersten 10 Jahre des Bestehens der Unfallversicherung bei dauernden Unfallschaden gewahrt hat*. Berlin, 1898, Troschel. In-8, 41 p.

Statistique de l'Office des assurances, du 1ᵉʳ juillet 1886 au 1ᵉʳ août 1896

— *Drucksachen der Kommission für Arbeitsstatistik*. Berlin, 1898.

— *Gesetz vom..., betreffend die Arbeitstatistik*. Gr. in-8, 16 p.

Projet de loi soumis à la Chambre des députés autrichienne sur l'organisation de la statistique du travail , résumé annexe de cette organisation dans les principaux pays étrangers.

XVIII. — SOCIALISME.

— *La scienza ed il socialismo*, par GOTTA. Turin, 1897.

— *Sur le socialisme et la philosophie*, par Antonio LABRIOLA. Rome, 1898.

— *Philosophie et socialisme*, par LIANE. Paris, 1897.

— *Socialisme*, par Jos. AUTUN.

— *Socialismo per tutti*, par PERENNO. Valenza, 1898.

— *Le régime socialiste*, par Georges RENARD, professeur à l'Université de Lausanne. Paris, 1898, F. Alcan, 108, Bd St-Germain. In-18, 188 p. : 2 fr. 50.

Exposé socialiste de la question sociale et de ses solutions. fonctionnement de la société nouvelle et organisation politique ; fonctionnement de la production et organisation économique.

— *Le programme socialiste français*, par Jean-Louis DU GENS. Auch, 1898, Imp. Capin. In-8, 28 p. : 0 fr. 50.

— *Le machinisme*, par Jean GRAVE. Paris, 1898, 140, r. Mouffetard. In-18, 16 p. : 0 fr. 10.

— *La Panacée-Révolution*, par Jean GRAVE. Paris. 1898, 140, r. Mouffetard. In-18, 15 p. : 0 fr. 10.

— *Almanach de la Question sociale*, par ARGYRIADES. Paris, 1898, 5, Bd St-Michel. Gr. in-8, illustré, 272 p. : 1 fr. 50.

Mouvement socialiste.

— *Le socialisme rationnel*, par Jules BUFQUIN DES ESSARTS, ancien sénateur. Bruxelles, Imp. Vve D. Brismée. In-16, 102 p. : 1 fr.

Résumé de la théorie collectiviste ; l'ordre social d'aujourd'hui et de demain.

— *Le droit à la vie et ses conséquences logiques*, 2e édit., par Louis Bertrand. Bruxelles, 1898.

— *La municipalisation du sol dans les grandes villes*, par Einaldi. Paris, 1898.

— *Le socialisme et le mouvement social au XIXe siècle*, par Werner Sombart. Paris, 1898.

— *Le socialisme d'État idéaliste*, par d'Eichtal. Paris, 1898.

— *Le socialisme nécessaire et le collectivisme*, par Louis Wuarin, professeur de sociologie à l'Université de Genève. Anduze, 1897. In-8, 40 p.

Examen critique du collectivisme ; le succès des doctrines socialistes expliqué par l'injustice et l'égoisme de la société actuelle ; la reforme morale.

— *Un programme socialiste*, par Henri Turot. Paris, 1898.

— *Socialisme et propriété*, par G. Deville. Paris, 1898.

— *Qu'est-ce que le socialisme ?* par A. Castelein, ancien professeur de philosophie et de théologie. Bruxelles, 1898, Goemare, 21, r. de la Limite. In-8, 16 p.

— *Le mensonge socialiste.* — Pourquoi je ne suis pas socialiste ? — La grande plaie actuelle et son remède. — Le socialisme agraire. — Socialisme et religion. — Socialisme, anarchie et révolution. — Réfutation du programme socialiste. — Choix entre la voie liberale, la voie socialiste et la voie catholique. — Le socialisme. — Le fléau de Dieu. — Les socialistes belges. — Odyssée d'un député socialiste. — La désastreuse grève du Borinage (3 vol.). — Le roitelet du Borinage. — La Petaudière socialiste de Namur. — L'usine modèle socialiste de Gand (2 vol.). — Liberté, égalité, fraternité dans le socialisme. — Banqueroute du socialisme. — Catéchisme de l'ouvrier. — Attaques et défenses sociales. — Les deux drapeaux. — Prétextes pulvérisés. — Moyen de tout prendre. — La vérité sur le salaire et le capital. — Le socialisme intégral et scientifique. — Le socialisme à la campagne. — Le parti socialiste et le gros bon sens (2 vol.). — Les mauvais journaux, par A. Baisin. — En l'an 2000, par A. Verhaegen. — Le socialisme : son impossibilité ; son immoralité (2 vol.), par Saintrain. — Plus de socialistes : ligue du coin de terre, par Gruel et Goemare. — XXVe anniversaire de la Commune de Paris, par Ryckmans. — Bruxelles. Goemare, 21. rue de la Limite 37. broch. in-18, à 0,05.

Bibliothèque de propagande catholique antisocialiste

— *À l'école de la coopération et à l'école du socialisme*, par Eugène Rostand. Paris, 1898. 54, r. de Seine. In-16, 16 p.

— *Criminalité et socialisme*, par Eugène Rostand. Paris, 1898, 54, r. de Seine. In-16, 16 p.

— *Démocratie rurale*, par Alphonse Allard, directeur honoraire de la Monnaie de Belgique. Bruxelles, 1897, Schepens, 16, r. Treurenberg. In-8, 55 p.

Le socialisme expliqué par l'athéisme, le judéisme et les exactions sociales. La reforme du régime monétaire.

— *La question agraire et le socialisme*, par Lagardelle. Paris, 1898.

— *Ce que les socialistes disent aux campagnards*, par Hoyaux. Bruxelles, 1898.

— *La propriété collective en Suisse : l'allmend dans le canton d'Obwalden*, par Gand. Arras, 1898.

— *Le socialisme utopique*, par Lichtenberger. Paris, 1898.

— *L'errore del socialismo*, par Lévi. Turin, 1898.

— *Vers le collectivisme*, par P. Vandervelde. Bruxelles, 1898.

— *Le livre III du Capital de Marx et la théorie de la rente foncière*, par P. Vandervelde. Bruxelles, 1898.

— *Essai d'interprétation et de critique de quelques concepts du Marxisme*, par Benedetto. Paris, 1898.

— *Le socialisme aux États-Unis*, par le Rev. W. J. Kerby, professeur de sociologie à l'Université catholique de Washington. Bruxelles, 1897, J. Goemare, 21, r. de la Limite. In-8, 214 p.: 3 fr. 50.

Etude sur le socialisme allemand, américain et anglais aux Etats-Unis ; les trades unions et le populisme ; l'état de la société americaine et la reforme sociale.

— *Socialistes anglais*, par P. Verhaegen, avocat à la Cour d'appel de Gand. Gand, 1898, Engelcke, 20, r. des Foulons. In-18, 374 p. ; 3 fr. 50.

Thèse sur les origines, les organes, les courants et les personnalités du socialisme anglais.

— *Le socialisme en Italie*, par Ferri. Bruxelles, 1898.

— *Handbuch f sozialdemokratische Walhler. Der Reichstag 1893-98.* Berlin, 1898.

— *Le socialisme belge*, par E. Vandervelde et G. Destrée. Paris, 1898.

— *Préoccupations intellectuelles, esthétiques et morales du parti socialiste belge*, par Destrée. Paris, 1898.

— *Les communards parisiens et les socialistes belges*, par Marbaix. Bruxelles, 1898.

— *La famille et le socialisme*, par Ch. Tytgat. Bruxelles, 1898, Schepens, 16, r. Treurenberg. In 18, 8 p. : 0 fr. 10.

— *Nos épargnes et les socialistes*, par Ch. Tytgat. Bruxelles, 1898, Schepens, 16, r. Treurenberg. In-18, 8 p. : 0 fr. 10.

— *La question agraire en Belgique*, par Vandervelde. Paris, 1897.

— *Vereins für Socialpolitik.* Leipzig, 1898.

— *Die deutsch-soziale Reformpartei*, par Ehrmannsdoerffer. Hann-Munden, 1898.

— *L'utopia collettivista e la crisi del socialismo scientifico*, par Merlino Saverio. Milan, 1898.

— *L'évolution, la révolution et l'idéal anarchique*, par Elisée Reclus. Paris, 1898.

— *La liberté par l'enseignement : l'école libertaire.* 140, r. Mouffetard. In-16, 8 p. : 0 fr. 05.

— *Les défenseurs du prolétariat : Eugène Pottier et son œuvre*, par Ernest Meslux. Paris, 78. r. Myrrha. In-18, 157 p. : 1 fr.

Biographie de Pottier ; son œuvre socialiste et ses poésies révolutionnaires.

XIX. — GÉNÉRALITÉS JURIDIQUES.

— *L'évolution de l'idée de droit*, par Dobresco. Paris, 1898.

— *Compte général de l'administration de la justice criminelle (1895).* Paris, 1897.

— *Le pouvoir réglementaire du Président de la République*, par H. Berthélemy, professeur à la Faculté de Droit de Paris. Paris, 1898, 110, r. de l'Université. In-8, 32 p.

Etude sur le caractère des règlements d'administration publique et sur leurs bornes

— *Du pouvoir réglementaire du chef de l'Etat*, par Daniel BRUNE, avocat à la Cour de Bordeaux. Bordeaux, 1898. Demagny et Pech, 16, r. Cabirol.

Le système de la collaboration des pouvoirs en regard de celui de la séparation des pouvoirs : explication, dans ce système, du pouvoir réglementaire ; son caractère, son étendue, ses reformes.

— *Bonaparte et le Code civil*, par JAC, professeur de droit civil à l'Université catholique d'Angers. Paris, 1898. A. Rousseau, 14, r. Soufflot. In-8, 158 p.

Etude critique de l'influence personnelle exercée par Napoléon Ier sur la rédaction du Code civil, notamment dans les solutions relatives au mariage, au divorce et à la situation des enfants dans la famille.

— *Les tribunaux d'exception sous l'ancien régime*, par Paul REGRAY, avocat stagiaire au Conseil d'Etat et à la Cour de cassation. Paris, 1898. In-8, 60 p.

— *La forme judiciaire*, par H OBRIN, avocat général à la Cour d'appel de Nancy. Nancy, 1897, Imp. Vagner. In-8, 39 p.

Importance et nécessité de la « forme » dans l'administration de la justice.

— *Congrès international de législation du travail* tenu à Bruxelles en 1897. Bruxelles, 1898, Weissenbruch, 45, r. du Poinçon. Gr. in-8, 775 p.

Rapports et compte rendu des discussions sur les développements et la situation actuelle de la législation du travail dans les principaux pays ; la réglementation internationale du travail ; l'inspection du travail ; la statistique du travail.

— *Recueil des lois industrielles*, par Emile COHENDY. professeur à la Faculté de droit et à l'Ecole supérieure de commerce de Lyon, 2e édit. Paris, 1898, Berger-Levrault, 5, r. des Beaux-arts. In-12 cartonné, 216 p. : 2 fr.

Lois sur l'apprentissage, les assurances sociales, l'arbitrage, les conseils de prud'hommes, les habitations à bon marché, l'hygiène et la sécurité des travailleurs, le louage d'ouvrage, les mines, la responsabilité des accidents, le travail des enfants et des femmes, etc. — Annotations de législation comparée.

— *Résumé de jurisprudence à l'usage des conseillers prud'hommes*, par NOUVION-JACQUET, président du Conseil de prudhommes de Reims. Reims, 1897, Matot-Braine, 6, r. du Cadran St-Pierre. In-8, 79 p.

Fonctionnement des Conseils de prud'hommes ; résumé de jurisprudence sur les matières déférées aux prud'hommes.

— *Guide du justiciable au Conseil des prud'hommes*, par MAGNIEN, vice-président de la chambre syndicale des chapeliers détaillants. Paris, 1898, Imp. Durmy. In-8, 18 p.

Résumé de la jurisprudence des prud'hommes dans la profession.

— *Les entrepreneurs et les contraventions*, par C. FLAMAND, avocat. Paris, 1897. In-8, 11 p.

Examen de la jurisprudence récente sur la responsabilité des contraventions de voirie relevées à l'encontre des entrepreneurs.

— *Des ouvriers et de la requête civile en justice de paix*, par Adolphe D'HOOGHE, juge de paix à Lens. Bordeaux, 1898, Imp. Delagrange. In-8, 14 p. : 2 fr.

De l'intérêt pour les ouvriers de pouvoir obtenir dans certains cas la révision rapide et économique des jugements de justices de paix.

— *Un mot sur la méthode de législation comparée en matière économique*, par BRANTS. Bruxelles, 1897.

— *L'œuvre sociale du Reichstag allemand en 1896*, par LAMBRECHTS. Louvain, 1897.

— *Deutsche Geweroranung und deren Nebengesetze*, par GROTFFEND, Geh. Regierungsrath. 2o éd. Dusseldorf, 1898, Schwann. In-18, cartonne, 511 p. : Mr. 3.40.

Texte et commentaire du code industriel allemand ; lois subséquentes.

— *Die Organisation des Handwerks. Reichsgesetz vom 26. VII 1897*, par SCHICKER. Stuttgart, 1898.

— *Deutsches Reichsgesetzbuch f. Industrie, Handel u. Gewerbe ; mit Formular*. Berlin, 1898.

— *Die Neuordnung des Handwerk. u. Lehrlingswesens*, par KEIL. Leipzig, 1898.

— *Gesetz betr. die Abanderung der Gewerbeordnung vom 26. VII. 1897*. Berlin, 1898.

— *Die Organisation des Handwerks u. die Regelung des Lehrlingswesens auf Grund des Reichsgesetzes vom 26. VII. 1897*. Berlin, 1898.

— *Das Innung-u. Handwerkergesetz*, v. KURT von ROHRSCHEIDT. Regierungsrath, 2e édit. Leipzig, 1898, Hirschfeld. In-12, cartonné, 182 p. : Mr. 1. 50.

Texte et commentaire pratique de la loi du 26 juillet 1897, complétant le code industriel allemand

— *Die Gewerbeordnung f. das deutsche Reich in ihrer Gestaltung nach dem Erlass herausgegeben von Ministerial-Direcktor* v. SCHICKER. 4e édit. 1, Lieferung. Stuttgart, 1898, Kohlhammer. In-8, 373 p.

Texte et commentaire analytique du code industriel allemand, avec les modifications résultant de la loi du 28 juillet 1897.

— *Gesetz, betr. die Abanderung vom 26. VII. 1897*. Dusseldorf, 1898.

— *Das Handwerkergesetz*, par ECKARD. Stuttgart, 1898.

— *La loi autrichienne sur les corporations minières*, par Maurice BELLOM, ingénieur des mines. Paris, 1898, Cotillon, 24, r. Soufflot. Gr. in-8, 38 p.

Traduction et commentaire de la loi du 14 août 1896.

<hr>

XX. — ENSEIGNEMENT SOCIAL. — BIBLIOGRAPHIE. — DIVERS.

— *Cent ans d'histoire intérieure*, par André LEBON. Paris, 1898, A. Colin, 5, r. de Mézières. In-18 : 348 p. : 4 fr.

Histoire politique et sociale de la France au XIXe siècle (1789-1905).

— *Annuaire de l'Université catholique de Louvain (62e année)*. Louvain, 1898, Imp. Van Linthont. In-16, 560 p.

Cours et conférences de l'Université et œuvres annexes ; rapports et statistiques sur leur fonctionnement.

— *Répertoire des faits politiques, sociaux, économiques et généraux*, 2e année (1897), par A. S. GRENIER. Paris, Berger-Levrault, 5, r. des Beaux-Arts. In-4, cartonné, 522 p.

Relevé quotidien des événements ou déclarations politiques en France et à l'étranger, discussions parlementaires ; indication des documents législatifs et officiels ; débats judiciaires, cérémonies importantes, faits divers caractéristiques ; notices nécrologiques. Table alphabétique ; nombreux portraits de personnages cités. Reproduction, en annexe, de discussions parlementaires importantes, de déclarations de chefs d'Etat ou de gouvernement, de discours politiques, etc.

— *Bulletin du comité des travaux historiques et scientifiques* (1897). Paris, 1898, Imp. Nationale. Gr. in-8, 106 p.

— *Compte rendu des travaux de la chambre de commerce de Rouen en 1897.* Rouen, 1898, Imp. Lapierre. In-4.

Délibérations et documents sur les accidents du travail, la durée du travail, les retenues sur salaires, etc.

CONGRÈS

Congrès nationaux du parti ouvrier. — Sans remonter jusqu'à l'origine de ces congrès, rappelons que les derniers ont eu lieu dans les villes et aux dates suivantes : dixième congrès, à Marseille, du 24 au 28 septembre 1892 ; onzième congrès, à Paris, du 7 au 9 octobre 1893 ; douzième congrès à Nantes, du 14 au 16 septembre 1894 ; treizième congrès, à Romilly, du 8 au 11 septembre 1895 ; quatorzième congrès, à Lille, du 21 au 24 juillet 1896 ; quinzième congrès, à Paris, du 10 au 13 juillet 1897

Parmi les vœux publiés à la suite des trois derniers congrès (1), nous relevons les suivants :

Syndicats obligatoires. — « Le congrès se prononce en faveur d'une loi rendant obligatoires pour tous les ouvriers d'un même métier, syndiqués ou non syndiqués, les décisions du syndicat en matière de tarif ou de salaires et en général pour toutes les conditions du travail. »

Revendications pour les marins. — « Création d'un conseil du travail maritime, élu par les syndicats de marins de commerce et de pêcheurs... ;

Interdiction de tout châtiment corporel ;

Insaisissabilité des délégations, c'est-à-dire de la partie de la solde prélevée au profit de la famille des marins ;

Suppression des marchands d'hommes, et création dans les ports, aux frais des municipalités et des chambres de commerce, de *l'ailors homes* administrés par les marins eux-

---

(1) Lille, imp. Lagrange, 1897, in-18.

mêmes et chargés particulièrement de la protection des mousses.

Reprise par la nation des bateaux de pêche non montés par leurs propriétaires et mise de ces bateaux nationalisés à la disposition des pêcheurs associés, moyennant un tant pour cent prélevé sur leur pêche pour l'entretien et le renouvellement du matériel. »

Coopération. — « Considérant que la coopération exige la réunion dans les mêmes mains des deux facteurs de la production aujourd'hui divisés, le travail et le capital ;

Considérant par suite que, si elle doit être le but, la coopération ne saurait être un moyen d'affranchissement pour le prolétariat, qui ne possède pas le capital et doit pour cela servir d'instrument à la classe capitaliste ;

Le Congrès affirme que seul le triomphe du socialisme, en mettant les moyens de production socialisés à la disposition des travailleurs, fera de la coopération une réalité vivante, un fait général, la loi même de l'ordre nouveau.

Jusque-là les coopératives de consommation sont seules à la portée des prolétaires et peuvent être appuyées par le parti ouvrier, parce qu'en même temps qu'elles substituent déjà à la vente la distribution directe et sans profit des produits, elles peuvent, entre des mains socialistes, fournir à la classe ouvrière des ressources et des munitions dans sa lutte pour son affranchissement. »

Féminisme. — « Les aptitudes et les charges sexuelles de la femme et les intérêts supérieurs de l'espèce et de la société attachés à sa sauvegarde lui créant vis-à-vis des conditions actuelles de la production et de la reproduction une situation distincte de celle de l'homme, le Parti met à l'ordre du jour du prochain congrès et de sa propagande écrite ou parlée la question de savoir s'il y a lieu d'élaborer un *programme féminin*, purement protecteur de la femme exploitée comme salariée et comme femme ; dépossédée comme salariée du fruit de son travail et forcée de se vendre dans son travail et dans son sexe, dépossédée comme mère du produit de sa chair, si elle est mariée, écrasée sous toutes les charges de la maternité en dehors du mariage, doublement serve comme productrice et comme reproductrice. »

Le Gérant : H. Le Soudier.

Imp. G. St-Aubin et Thevenot. — J. Thevenot, successeur, St-Dizier (Hte-Marne). 10.8.98.

REVUE DE LÉGISLATION OUVRIÈRE

ET SOCIALE

LÉGISLATION

Réglementation des crèches. — *Circulaire du Directeur de l'Assistance et de l'Hygiène publiques du 6 novembre 1898* :

« M. le Préfet, j'ai l'honneur de vous transmettre ci-après des instructions relatives à l'application du décret du 2 mai 1897 et de l'arrêté ministériel du 20 décembre suivant (1) sur les crèches. Mais, avant de commenter les dispositions que contiennent ce décret et cet arrêté, je tiens à vous bien marquer dans quel esprit elles ont été édictées et doivent être appliquées.

La fondation des crèches, due à M. Marbeau, est un honneur pour la France ; elle s'est rapidement étendue aux autres pays, et son influence salutaire est universellement reconnue.

Toutefois, si nos crèches rendent des services considérables, il y a beaucoup de ces établissements où des améliorations importantes sont désirables, et il y en a quelques-uns dont l'installation et le fonctionnement sont très défectueux : c'est afin de perfectionner les uns et de réformer les autres, c'est aussi et surtout en vue des crèches qui seront fondées, qu'ont été confirmées, ou tracées pour la première fois, les règles qui sont l'objet de la présente circulaire.

Il est bon que l'action administrative à l'égard des crèches ne consiste pas seulement en un contrôle, qu'elle se produise également sous la forme d'un concours bienveillant ; vous-même ou vos délégués devrez donc, en dehors de la fonction de surveillance, dont il sera parlé plus loin, offrir aux œuvres une cordiale coopération.

Sauf dans le cas où la protection des enfants exige une intervention immédiate, je vous prie de n'appliquer les sanctions prévues, qui sont le refus d'autorisation ou la fermeture, qu'après avoir multiplié sans succès les recommandations et les avertissements.

Le nombre des crèches est très au-dessous des besoins de la population : il convient d'encourager, de provoquer les initiatives en vue de la création d'établissements nouveaux ; j'appelle notamment de mes vœux l'adjonction de crèches aux manufactures qui emploient des femmes.

D'autre part, les défectuosités de beaucoup de crèches ont pour cause le manque de ressources. Je vous engage vivement à essayer d'obtenir du conseil général et des conseils municipaux intéressés le vote de subsides destinés à améliorer le fonctionnement des crèches existantes et à favoriser la fondation d'œuvres nouvelles.

Le décret du 2 mai 1897 et l'arrêté ministériel du 20 décembre 1897 appellent de ma part quelques observations.

La crèche a pour objet de garder et de soigner les enfants en bas âge pendant les heures de travail de leur mère. (D. — Art. 1er, § 1er.)

Ces mots « pendant les heures de travail de leur mère » rappellent, au seuil du règlement nouveau, la fonction principale, tout à fait prépondérante, en vue de laquelle les crèches ont été instituées, mais ils n'ont pas la portée d'une disposition restrictive. On n'a jamais exclu, on ne songe pas à exclure des crèches les enfants dont la mère ne travaille pas hors de son domicile, ni ceux qui ont perdu leur mère, ni ceux que leur mère a confiés gratuitement ou moyennant salaire à une tierce personne.

Les enfants y reçoivent, jusqu'à ce qu'ils puissent entrer à l'école maternelle ou jusqu'à ce qu'ils aient accompli leur troisième année, les soins hygiéniques et moraux qu'exige leur âge. (D. — Art. 1er, § 2.)

Sauf la substitution du terme « école maternelle », à celui de « salle d'asile », ce paragraphe reproduit le paragraphe 1er de l'article premier du règlement du 30 juin 1862.

Ces mots « les soins hygiéniques et moraux » marquent le double caractère de la crèche : elle n'a pas seulement pour but de protéger la santé des jeunes enfants ; elle doit commencer à former leur caractère ; elle doit les préparer, au moyen de jeux et d'exercices rationnellement combinés, à recevoir les premiers éléments d'instruction.

L'article premier du règlement du 30 juin 1862 contenait encore deux paragraphes ainsi conçus :

« Ils (les enfants) ne peuvent y être gardés pendant la nuit.

« Les enfants sevrés seront séparés autant

---

(1) Voir le décret du 2 mai 1897 au *Numéro du deuxième trimestre* 1897 (p. 44) et l'arrêté ministériel du 20 décembre 1897 au *Numéro du deuxième trimestre* 1898 (p. 187).

que possible de ceux qui ne le seront pas. »

Un rapport a été présenté par M. le Dr Napias au comité consultatif d'hygiène publique de France relativement aux conditions d'hygiène a réaliser dans les crèches ; ce comité a été d'avis d'introduire, sauf changements possibles de forme, la mention de ces conditions dans le règlement sur les crèches, préparé par le conseil supérieur de l'assistance publique. C'est au rapport de M. Napias que la présente circulaire a emprunté les indications concernant l'hygiène des crèches.

« La seconde partie de l'article, dit M. Napias, devrait être réservée à des instructions et ne peut être considérée comme d'obligation étroite. On peut concevoir des crèches qui garderaient les enfants pendant la nuit dans de certaines conditions déterminées »

On comprend, par exemple, qu'il y ait intérêt à ouvrir de nuit une crèche dans un port où des femmes sont employées la nuit à la préparation des poissons qui viennent d'être pêchés, ou dans une ville en faveur des enfants dont les mères sont employées la nuit au pliage des journaux. Ce mode de fonctionnement d'une crèche, pour exceptionnel qu'il soit, peut être utile : le règlement ne doit donc pas le prohiber.

« La nécessité de la séparation des enfants sevrés et non sevrés est une vérité qui s'impose ; elle entraîne même des dispositions intérieures qui sont déjà prises dans les crèches installées en des locaux qui n'ont pas été spécialement construits à cet usage et qui se révèlent dans le parti architectural de celles qui ont été tout exprès construites ou projetées dans ces derniers temps. Cette séparation doit être indiquée dans les intructions ; ce ne peut être une disposition légale. »

Cette remarque du Dr Napias est fondée : les mots « autant que possible », insérés au troisième paragraphe de l'article premier du règlement de 1862, ne laissent à ce paragraphe que la portée d'un vœu ; dire d'une mesure qu'elle n'est applicable « qu'autant que possible », c'est avouer qu'elle ne saurait être exigée. La séparation des enfants sevrés et de ceux qui ne le sont pas est d'ailleurs commandée par l'intérêt des seconds. Le repos de ceux-ci doit être protégé contre les jeux bruyants de camarades moins jeunes. Pour les enfants soumis à l'allaitement artificiel, et c'est le régime de la plupart de ceux qui sont reçus dans les crèches, ce mode d'alimentation ne réussit qu'autant qu'il est pratiqué suivant la méthode rationnelle et avec une attention toujours éveillée. En dehors des précautions indispensables au succès de l'allaitement artificiel, les enfants non sevrés doivent être entourés de soins encore plus minutieux que ceux qui sont nécessaires aux enfants sevrés ; il faut donc obtenir des garanties spéciales, comme compétence et comme zèle, de la part des femmes auxquelles les enfants non sevrés sont confiés.

Il n'a pas été jusqu'ici possible d'imposer par le règlement la séparation des enfants sevrés et de ceux qui ne le sont pas ; mais, au point de vue de l'installation des locaux et à celui du choix du personnel, cette séparation est très utile, et vous ne manquerez pas de la recommander instamment.

Nulle crèche n'est ouverte sans l'autorisation du préfet : cette autorisation n'est refusée que lorsque les locaux destinés à la crèche ne satisfont pas aux conditions indispensables d'hygiène ou lorsque les personnes qui doivent être préposées à l'établissement ne présentent pas des garanties suffisantes. (D. — Art. 2.)

Aux termes de l'article 2 du décret du 26 février 1862, « nulle crèche ne pourra être ouverte avant que le préfet du département n'ait déclaré que les locaux qui y sont affectés satisfont aux conditions d'hygiène et que les personnes qui y seront préposées présentent des garanties suffisantes ».

Les dangers d'une agglomération permanente de jeunes enfants, lorsque l'établissement qui les réunit a une installation foncièrement mauvaise, sont si redoutables, les suites d'erreurs d'hygiène ou de négligences commises au préjudice de ces enfants peuvent être si graves, qu'il a été reconnu nécessaire de maintenir les crèches sous le régime de l'autorisation préfectorale.

C'est également à ce régime que le règlement d'administration publique du 27 février 1877 soumet les établissements destinés « à recevoir en nourrice ou en garde des enfants au-dessous de deux ans ». D'après l'article 38 de ce décret, « aucun de ces établissements ne peut subsister ni s'ouvrir sans l'autorisation du préfet de police dans le département de la Seine et des préfets dans les autres départements. L'autorisation peut toujours être retirée ».

En appliquant l'article 2 du décret du 2 mai 1897, vous n'avez à tenir compte ni de la personne, ni de l'attitude des promoteurs de l'œuvre ; aucune considération étrangère à l'intérêt des enfants ne doit former un élément de votre décision. Je n'ai pas besoin d'insister à cet égard. Vous ne devrez pas non plus, pour assurer des installations irréprochables, imposer des charges trop pesantes. Ce serait empêcher les œuvres de naître ou de vivre : le mieux serait ici l'ennemi du bien. Le nombre des crèches est très insuffisant : même celles dont l'installation prête à quelques critiques peuvent être extrêmement utiles. Je vous recommande donc d'insister avec persévérance auprès des comités des crèches pour qu'ils y réalisent toutes les améliorations désirables ; mais ne perdez pas de vue que le décret vise seulement les « conditions *indispensables* d'hygiène » ; cette formule doit restreindre, sinon les vœux, du moins les exigences de l'autorité.

Les art. 1er et 2 de l'arrêté ministériel du 20 décembre 1897 se rapportent à « ces conditions indispensables » : mais ils ne sont pas limitatifs. Il vous appartient de dire, dans chaque cas, si toutes les conditions indispensables sont remplies ; quelques-unes d'entre elles, que je vais rappeler, sont spécifiées dans l'arrêté ministériel.

Les dortoirs et les salles ou se tiennent les enfants reçus dans les creches ont au moins une hauteur de 3 metres sous plafond et presentent au moins une superficie de 3 mètres et un cube d'air de 9 mètres par enfant.

Le préfet peut toutefois, dans des cas exceptionnels dont il est juge, autoriser des dimensions moindres, sans que le cube d'air puisse jamais être inférieur à 8 mètres par enfant. (A. — Art. 1ᵉʳ.)

D'après l'article 2 de l'ancien règlement « la salle ou les salles doivent contenir au moins 8 mètres cubes d'air par chaque enfant ».

Le cube d'air réglementaire a été élevé avec raison au minimum de 9 mètres ; je vous engage à n'user que très exceptionnellement du droit qui vous est conféré de restreindre à 8 mètres ce minimum.

De même, ce n'est aussi que très exceptionnellement qu'il vous faut accepter une surface de moins de 3 mètres par enfant, soit dans les salles closes, soit dans les préaux couverts. Ainsi que le remarque M. le Dʳ Napias, « au-dessous de ce chiffre la crèche peut être regardée comme encombrée, et les enfants sont gênés dans leurs mouvements et leurs jeux.

Les salles doivent être largement éclairées et aérées. Elles doivent pouvoir être convenablement chauffées et dans des conditions hygiéniques. (A. — Art. 2.)

D'après le second paragraphe de l'article 2 de l'ancien règlement, les salles « doivent être éclairées par des fenêtres qui se correspondent, à châssis mobiles, en tout ou en partie, ou offrir des renouvellements d'air artificiels ». Tous les hygiénistes déclareront avec M. le Dʳ Napias que les « ouvertures qui distribuent la lumière et qui doivent servir à l'aération doivent être autant que possible opposées pour faciliter le renouvellement de l'air » ; mais, ajoute M. Napias, « il est difficile, en vue des crèches qui sont ou seraient installées dans des bâtiments déjà construits, de faire de cette disposition une exigence réglementaire ».

La prescription que contient à ce sujet l'arrêté ministériel du 30 juin 1862 est une de celles qui n'ont pas été intégralement exécutées, tant s'en faut, et qui même aujourd'hui, si on les imposait, empêcheraient la fondation de crèches appelées à rendre des services ou amèneraient la fermeture de crèches d'une utilité certaine.

Quand les locaux ne se prêteront pas à l'établissement de fenêtres qui se correspondent, il devra, comme le prévoyait l'ancien règlement, être remédié à cette défectuosité au moyen de renouvellements d'airs artificiels.

Pour le chauffage, les conditions à réaliser, sinon les moyens à employer, sont mentionnés avec précision dans le passage suivant du rapport de M. le Dʳ Napias :

« Il n'est pas possible d'indiquer *à priori* un système particulier de chauffage ; tout ce qu'on peut demander, comme l'a fait l'administration municipale de Paris, c'est que, en hiver, les salles soient maintenues à une température *minima de 15 à 16°* et que les appareils de chauffage qu'on adoptera, suivant le pays et suivant les ressources disponibles, puissent être maintenus au besoin en combustion nuit et jour pour qu'on puisse aérer les salles après le départ des enfants et les ramener facilement à une température satisfaisante avant l'ouverture de la crèche. De plus, les appareils choisis devront être suffisamment perfectionnés pour ne jamais dégager de gaz délétères, et ils devront être entourés de clôtures grillagées pour éviter tout accident. »

Parmi les conditions d'hygiène indispensables et pourtant le plus rarement réalisées est l'installation de cabinets d'aisances salubres ; l'attention des personnes sur le rapport desquelles vous accorderez ou refuserez l'autorisation d'ouverture d'une crèche sera particulièrement appelée sur ce point, et le rapport devra contenir à cet égard des constatations probantes.

L'arrêté préfectoral qui autorise l'ouverture d'une crèche fixe le nombre des enfants qui pourront y être réunis. (D. — Art. 3.)

L'intérêt de cette disposition, qui était également écrite dans le décret de 1862, est manifeste. Quand une crèche reçoit un trop grand nombre d'enfants, les enfants et les gardiennes se gênent les uns les autres, les soins sont plus difficiles et plus lents, les exercices et les jeux sont entravés.

D'autre part, et c'est la conséquence la plus grave, l'atmosphère est promptement viciée, surtout lorsque la température extérieure ne permet pas de tenir les fenêtres ouvertes, et l'air qui est pour tous, mais principalement pour les petits enfants, un si important élément de santé, devient une cause d'empoisonnement.

D'une crèche bien installée, pourvue d'un personnel suffisant, l'encombrement fait une crèche malsaine.

Personne ne passe la nuit dans une salle occupée le jour par les enfants.

Pendant la nuit, les salles sont aérées et tous les objets dont se compose la literie demeurent exposés a l'air. (A. — Art. 3.)

Cet article a également pour objet de prévenir la contamination de l'air ; il doit être exécuté en toute saison ; c'est même quand la température est très basse, quand par suite les fenêtres ne seront pas ouvertes ou ne le seront que rarement pendant le jour, qu'il importe le plus de faire pendant la nuit une ample provision d'air pur. Il est à peine besoin d'ajouter que les feux doivent être allumés d'assez bonne heure pour que les enfants ne soient pas exposés à prendre froid en arrivant à la crèche.

Le mobilier est simple, facile à laver et à désinfecter. (A. — Art. 4.)

Le rapport de M. le Dr Napias donne un excellent commentaire de cet article.

« Toutes les pièces de l'ameublement dans une crèche doivent être simples, faciles à nettoyer chaque jour et à désinfecter en cas de besoin. Les objets en bois doivent être l'exception, et presque toujours il peut être possible de les remplacer, sauf pour les sièges, par des objets métalliques.

« C'est ainsi, par exemple, que dans le vestiaire il faut éviter les armoires fermées, mais avoir des étagères ou des armoires métalliques à claire-voie avec porte-manteaux en fer galvanisé.

« On en peut dire autant pour la lingerie, où le linge doit être rangé sur des rayons ou étagères et non renfermé dans des meubles quelconques, armoires ou commodes.

« *Berceaux et lits.* — Les berceaux et lits doivent être en fer autant que possible et garnis de paillassons de toile blanche, faciles à laver, et qu'on remplit de varech, de menue paille, de balle d'avoine, de fougère ou de toute autre substance analogue, en choisissant naturellement celle qu'on peut se procurer le plus aisément dans le pays. Ce n'est pas tant la matière qui importe ici que la possibilité de la changer souvent et de la détruire par le feu en cas de crainte de contagion ; il faut aussi rechercher la matière la plus économique, assez d'autres dépenses sollicitant le budget toujours un peu maigre des sociétés qui créent des crèches. Il faut réduire au *minimum* les rideaux et tentures qui les garnissent, et, si on croit devoir, dans certains cas particuliers, mettre des rideaux aux berceaux, il faut choisir, comme pour les fenêtres, des étoffes blanches de toile ou de coton, faciles à laver et souvent renouvelées.

« Pour les berceaux, ce qui convient le mieux, c'est de remplacer les rideaux, en été ou dans les pays méridionaux, par une gaze formant moustiquaire pour préserver les enfants des mouches qui viennent troubler leur sommeil et des piqûres des moustiques.

« En tous cas, chaque enfant doit avoir son lit ou son berceau portant inscrit un numéro qui doit se retrouver sur chacun des objets mobiliers à l'usage de l'enfant et dont nous parlerons tout à l'heure.

« Il était autrefois d'usage d'avoir des berceaux ou des lits à deux ou trois places pour les plus petits et de coucher les plus grands sur un lit de camp garni d'un matelas ou d'une paillasse où on les étendait côte à côte à l'heure de la sieste. Cette promiscuité n'a pas encore disparu et se retrouve dans un trop grand nombre de crèches. Elle doit être évitée, et nous dirons tout à l'heure comment

nous la voudrions voir interdite dans une prescription réglementaire.

« Il n'est pas excessif de demander que, dans les dortoirs, les lits ou berceaux soient distants de 0 m. 60.

« *Chaises et bancs ; chauffe-pieds.* — Les petites chaises et les bancs à l'usage des enfants doivent être en chêne bien lisse, ou en tout autre bois, et d'un modèle simple. Il faut éviter seulement les bois qui s'écorchent au moindre frottement et qui peuvent blesser les enfants. Ils doivent pouvoir être tous les jours essuyés avec un linge imbibé d'une solution antiseptique.

« Il est bon d'avoir de grandes bouillottes analogues à celles des chemins de fer, où les bébés qui se refroidissent vite et ne font pas assez d'exercice peuvent aller de temps à autre, sur l'avis de la directrice, chauffer leurs mains et leurs pieds. Il faut avoir aussi quelques bouillottes pour chauffer les berceaux dans les jours d'hiver.

« *Pouponnière.* — La pouponnière en usage dans la plupart des crèches est un meuble commode qui permet de diminuer le personnel de surveillance ; mais elle oblige les enfants, dans son couloir circulaire, soit à l'immobilité, soit à des mouvements très restreints, et elle est constamment souillée par les mains, par la bouche des enfants. Elle peut être souvent un instrument de contagion.

« Pour nous, nous préférons que les enfants courent dans une pièce toute nue garnie seulement de bancs près des murs, et de tables qu'on dresse au moment du repas. Au milieu de cette salle, il ne doit se trouver aucun meuble, et c'est là que les enfants jouent, courent, tombent, se roulent au besoin sur le parquet ; et si ce parquet est tenu propre et essuyé souvent avec un linge légèrement humide d'une solution antiseptique, on n'y peut guère trouver de danger, et on y peut voir l'avantage de laisser plus de place pour les jeux et les rondes chantées que les directrices intelligentes savent organiser pour la joie de leurs enfants. Les chutes des petits enfants sur un parquet non ciré ne sont pas bien à craindre.

« En tout cas, si la pouponnière est conservée, il faut qu'elle soit construite de façon à pouvoir être lavée avec un liquide antiseptique et de manière à ce qu'il ne puisse s'entasser et fermenter dans les fentes ou sous le pied de ce meuble encombrant des ordures et des matières putrescibles. Il faut donc qu'elle soit aisément démontable.

« Pour les tout petits, qui ont quitté le maillot, mais ne marchent pas encore et qu'on couche au dortoir des berceaux, il faut prévoir, près de ce dortoir et de la salle des pesées, un lieu où ils puissent être mis par terre et livrés à la liberté et à la grâce un peu gauche de leurs petits mouvements incoordonnés. Dans beaucoup de crèches, on a un matelas très large ou un tapis à cet usage.

C'est là une cause réelle de danger au point de vue des contagions. Le large matelas n'est pas acceptable ; le tapis ne peut l'être que s'il est tous les jours lavé à la brosse avec une solution désinfectante ; la plupart du temps, dans une pièce bien chauffée et parquetée, un *linoléum* remplacera avantageusement matelas ou tapis et pourra être chaque jour, et même plusieurs fois par jour, lavé et essuyé ».

Chaque enfant a son berceau ou son lit, son peigne, sa brosse, sa tetine s'il est allaité au biberon ; tous les objets dont il se sert sont numérotés et ne servent qu'a lui.

Son mouchoir, sa serviette, son costume ne servent également qu'a lui tant qu'ils n'ont pas été laves ; sa literie est desinfectee avant de servir à un autre enfant.

Toute couche salie est changee sans retard. Le linge sale est immédiatement passe a l'eau. (A. — Art. 5.)

« Les biberons, assiettes, cuillères, etc., destinés aux repas des enfants, doivent être tous les jours nettoyés à l'eau bouillante et dès qu'ils ont servi. Il est désirable — et cela constitue une sûreté de plus — qu'ils soient numérotés comme les berceaux, comme les tabliers ou robes des enfants quand ils sont fournis par la crèche, comme les lits et les berceaux.

« *Objets de toilette.* — Les objets de toilette doivent aussi être individuels, et les peignes, brosses, serviettes seront marqués au numéro de l'enfant et placés dans des casiers numérotés. Beaucoup de creches nouvelles ont accepté ce mode de faire et, quand le personnel est convaincu de l'utilité de ces précautions, on peut être certain qu'on évitera les maladies contagieuses de la peau et du cuir chevelu. Toutefois, les casiers présentent aussi quelques inconvénients ; ils sont de bois, le plus souvent, et leurs angles, mal joints et multipliés, recèlent aisément les saletés et les germes infectieux. Il vaut mieux déposer tous les menus objets de toilette de chaque enfant dans une petite corbeille de fer galvanisé, facile a passer à l'eau bouillante, et placer ces corbeilles sur des étagères soit de verre, soit de métal ou même de bois dur, en laissant entre le mur et l'étagère un espace qui empèche les poussières de s'accumuler et qui facilite le nettoyage.

« Il est bon que chaque enfant revète en arrivant à la creche un tablier tres large qui couvre ses vêtements, a moins que la crèche ne puisse, comme le font deja quelques-unes, donner a chaque enfant un costume spécial complet qu'il prend à l'entrée et dépose à la sortie. Cela est une mesure un peu compliquée et dispendieuse ; on peut en tout cas exiger que la mere apporte a la crèche son enfant convenablement tenu et propre ; mais, dès en arrivant, il doit être examiné et, avant de revêtir le tablier ou le vêtement de la crèche, il est bon de laver de nouveau son visage et ses mains.

« Toutes ces précautions peuvent paraître excessives ; c'est pourtant faute de les prendre que les épidémies se montrent si fréquentes dans les crèches ».

Je n'ajoute qu'une remarque : le numérotage de tous les objets qui servent à un enfant est, vous le voyez, plus que recommandé ; il est prescrit par le premier paragraphe de l'article 5. C'est d'ailleurs l'application d'un des conseils élémentaires de l'Académie de médecine aux mères et aux nourrices (15°, § 3) :

« Un même biberon ne doit jamais servir à plusieurs enfants » (*Napias*).

L'usage des biberons a tube est interdit. (A. — Art. 6.)

De l'ensemble des témoignages, notamment des constatations opérées par les médecins-inspecteurs des enfants du premier âge, il ressort jusqu'à l'évidence que l'usage du biberon à tube est, avec l'alimentation solide prématurée, la cause prépondérante de la mortalité infantile.

Le biberon à tube ne peut pas être tenu propre ; dès qu'il est en service, il devient un réceptacle de microbes qui font du lait un poison pour l'organisme si délicat des jeunes enfants ; il détermine ces maladies gastro-intestinales, qui sont pour eux de beaucoup les plus meurtrières.

Aucune nourrice pratiquant l'allaitement artificiel ne peut, vous le savez, recevoir une récompense officielle qu'autant qu'il est établi par un certificat du médecin-inspecteur qu'elle n'emploie pas le biberon à tube et ne donne pas, sans l'autorisation d'un médecin, d'aliments solides au nourrisson âgé de moins d'un an.

Les « conseils élémentaires de l'Académie de medecine aux mères et aux nourrices » contiennent la disposition suivante (15°, § 2) : « Le biberon à tube est funeste et doit être absolument proscrit ».

Je vous recommande instamment de faire veiller avec le soin le plus attentif à ce que, sous aucun prétexte, cet appareil ne soit toléré dans une creche, même a l'égard d'un seul enfant. Toute indication contraire de la part des parents doit être réputée non avenue : s'ils sont libres de retirer leur enfant de la crèche quand bon leur semble, ils n'ont pas le droit de l'obliger a se faire la complice d'une pratique meurtrière. Dans la très grande majorité des cas, d'ailleurs, les médecins et les directrices des crèches parviendront, j'en ai la confiance, à demontrer aux mères le danger du biberon a tube et les détermineront à y renoncer pendant les heures que l'enfant passe hors de l'établissement ; j'espere même que ces interventions amèneront, de proche en proche, une salutaire propagande contre cet appareil. Mais quoi qu'il en puisse être, l'interdiction du biberon à tube dans les crèches ne comporte, je le répète, aucune exception, aucun tempérament.

Presque tous les enfants non sevrés que reçoivent les crèches y étant soumis à l'allaitement artificiel ou, dans les circonstances les plus favorables, à l'allaitement mixte, et les vices de l'alimentation étant, comme je viens de le rappeler, la cause dominante de la mortalité infantile, c'est, avant tout, des soins qui président à l'allaitement artificiel que dépend la valeur d'une crèche.

A cet égard, M. le Dʳ Napias s'exprime ainsi :

« Il va de soi que pour les enfants que les mères viennent régulièrement et fréquemment allaiter — ce qui n'est guère possible que dans les crèches privées situées au milieu même des usines ou manufactures — il n'y a pas à se préoccuper d'un autre mode d'alimentation.

« Mais la plupart du temps la mère ne pourra complètement allaiter son enfant, il faudra qu'elle soit aidée par l'allaitement artificiel. Et puis, lors du sevrage, le lait continuera à entrer dans l'alimentation des enfants sous forme de bouillie ou de potage, et pour tout cela de quel lait doit-on se servir ?

« Il est évident que si une crèche est assez bien installée et dotée pour avoir son étable et entretenir des vaches ou des chèvres, selon la région, du lait (soigneusement et proprement trait et convenablement conservé dans des vases bien lavés), du lait de la pureté duquel on sera tout à fait assuré, pourra être donné à l'enfant soit pur, soit légèrement coupé d'un peu d'eau bouillie, pendant les premiers mois. Mais c'est demander là quasi l'impossible, et je ne sais guère qu'une crèche actuellement en construction, qui ait fait entrer dans son programme la prévision d'une étable.

« Le plus ordinairement on n'a à sa disposition que du lait du commerce dont la pureté est douteuse. Quelle mesure faut-il prendre alors contre le danger qui peut s'en suivre ?

« Nous devons dire d'abord que la pratique encore trop fréquente qui consiste à demander à chaque mère d'apporter le lait de son enfant, ou d'accepter qu'elle en apporte, est absolument détestable et ne saurait être admise dans une crèche quelconque. Il faut que la crèche sache l'origine de son lait, qu'elle puisse le faire analyser et examiner quand il lui plaît, de façon à s'assurer toujours de la sincérité de la fourniture ; il faut enfin, si la crèche n'est pas tout à fait sûre de son lait — et comment le serait-elle dans les villes ? — qu'elle fasse usage de lait stérilisé.

« Il semble bien que ça soit là la solution réelle du problème de l'allaitement dans les crèches ; les plus récents travaux tendent à le démontrer ».

M. le professeur Budin qui, par son enseignement et par son exemple, a beaucoup contribué à propager l'emploi du lait stérilisé, a présenté récemment un rapport à la commission de perfectionnement des crèches de Paris ; il a formulé, en ce qui concerne cet emploi, les conclusions ci-après :

« Dans les crèches, dans les consultations de nourrissons établies dans les hôpitaux et dans les dispensaires, c'est du lait stérilisé qui doit être exclusivement distribué.

« Toutes les fois que cela sera possible, on aura recours au lait stérilisé dans de petites bouteilles contenant la quantité nécessaire pour chaque tétée ; dans les autres cas, on se servira du lait stérilisé par l'industrie.

« Ces laits devront être de bonne qualité ; pour cela il sera nécessaire qu'ils soient surveillés, qu'ils soient analysés.

« Le lait stérilisé dans l'eau bouillante en petites bouteilles sera consommé dans les vingt-quatre heures ; le lait stérilisé du commerce devra être de production récente.

« Dans chaque crèche, dans chaque dispensaire, dans chaque consultation, c'est le médecin qui décidera si on doit préférer le lait stérilisé par petites bouteilles ou le lait stérilisé industriellement, si le lait doit être pris pur ou légèrement additionné d'eau. En effet, tous les laits n'ont pas la même composition, tous les estomacs des enfants ne se ressemblent pas, ils peuvent être plus ou moins sains, plus ou moins tolérants.

« C'est encore le médecin qui déterminera la quantité qui doit être donnée à chaque tétée, car bien souvent les troubles digestifs sont dus à l'absorption d'une trop grande quantité de liquide. Pour toutes ces raisons, le médecin pourra seul être un juge compétent. »

L'Académie de médecine s'est prononcée pour la stérilisation du lait que consomment les jeunes enfants :

« La quantité de lait de vache ou de chèvre nécessaire dans l'alimentation de l'enfant devra être stérilisée chaque jour après coupage effectué. Cette stérilisation sera de préférence pratiquée régulièrement par la personne chargée des soins à donner à l'enfant. »

Il n'a pas semblé possible de prescrire d'ores et déjà la stérilisation du lait ; mais je vous prie de la recommander très instamment aux comités des crèches.

Dans chaque crèche un médecin a la direction du service hygiénique et médical. (A. — Art. 7.)

Aux termes de l'article 5 du règlement de 1862, « la crèche doit être visitée par un médecin ».

La visite médicale *quotidienne* des crèches est très désirable : elle n'est que rarement obtenue. Il a paru préférable de ne pas l'ordonner, de ne pas édicter une de ces dispositions, en quelque sorte de façade, qui décorent un règlement, mais qui ont l'inconvénient grave de faire illusion.

L'article 7 ne s'oppose pas à ce que plusieurs médecins concourent à la surveillance d'une crèche ; il a pour objet, lorsque ces interventions se produisent, de maintenir l'unité de direction sans laquelle il n'y a pas de responsabilité effective, de prévenir les divergences de prescriptions qui désorientent le personnel, diminuent l'autorité du médecin et sont ainsi préjudiciables aux enfants. Je résumerai ma pensée sur ce point en disant avec M. le Dr Napias qu'un seul médecin doit avoir la responsabilité de la crèche et, s'il a des adjoints, que ces médecins doivent être pour lui des collaborateurs et non des rivaux.

Aucun enfant n'est admis a la crèche sans être muni d'un certificat médical datant de moins de trois jours ; ce certificat constate que l'enfant n'est atteint d'aucune maladie transmissible et, s'il est convalescent d'une de ces maladies, qu'il a franchi la période pendant laquelle il pouvait la transmettre. (A. — Art. 8, § 1er.)

Les épidémies sont le fléau des crèches, d'abord à raison de la mortalité qu'elles déterminent, mais aussi à cause des interruptions, souvent longues, qu'elles amènent dans le fonctionnement des établissements, et de la défiance qu'elles inspirent aux mères de famille contre l'institution des crèches. Rien ne doit être épargné pour les prévenir, et ce n'est pas une formalité administrative, c'est une garantie essentielle que le certificat exigé par l'article 8. Les directrices ne devront jamais dispenser de cette attestation les parents : en vain diraient-elles qu'elles savent ou qu'elles jugent l'enfant bien portant. La règle édictée ne comporte pas d'exceptions : les certificats doivent être écrits, de manière à engager la responsabilité du médecin, qui n'est pas nécessairement le médecin de la crèche, sur la foi duquel la crèche reçoit un enfant ; ils doivent être soigneusement gardés pour permettre tous les contrôles.

Si un enfant reste huit jours sans venir à la crèche, il n'y est readmis que muni d'un nouveau certificat relatant les constatations ci-dessus. (A. — Art. 8, § 2.)

La prescription peut sembler rigoureuse : elle a été reconnue nécessaire. Une absence de la crèche de huit jours consécutifs est anormale ; elle sera souvent motivée par une indisposition soit de l'enfant, soit de la mère, soit d'une autre personne de la famille. L'enfant, au cours de cette absence, a pu contracter une maladie transmissible ; avant de le réadmettre, on doit s'assurer qu'il est indemne. Tels sont les dangers d'une épidémie dans un milieu où de jeunes enfants passent toute la journée ensemble qu'aucune précaution ne doit être négligée pour fermer la porte au mal. Les mères de famille comprendront qu'il est juste d'imposer une gène individuelle, d'ailleurs légère, en vue d'un bien collectif et considérable ; elles reconnaîtront que les intérêts de leurs enfants sont solidaires, que celle qui, tel jour, aura subi cette contrainte personnelle pourra le lendemain recueillir pour son enfant le bienfait de cette protection générale.

J'espère d'ailleurs que la délivrance du certificat d'admission et, s'il y a lieu, de réadmission, n'imposera aucune charge aux familles nécessiteuses et que les œuvres voudront bien payer l'honoraire afférent aux certificats. Cela serait juste, puisque c'est surtout l'intérêt de l'établissement qui est en jeu. Mais, si la crèche paie le certificat, l'on ne devra pas s'étonner qu'elle reclame comme garantie que le certificat soit délivré par le médecin de la maison.

Aucun enfant n'est admis s'il n'est vacciné ou si ses parents ne consentent a ce qu'il le soit dans le delai fixe par le médecin ou par l'un des médecins de la crèche. (A. — Art. 8, § 3.)

La vaccination n'est pas obligatoire en France, comme elle l'est dans d'autres pays d'où, grâce à cette obligation, la variole a entièrement disparu ; le gouvernement n'en est tenu que plus étroitement de favoriser la vaccination et la revaccination par tous les moyens dont il dispose.

Pour ne parler que des enfants du premier âge, l'article précité est en concordance avec l'article 32 du règlement d'administration publique du 27 février 1877, aux termes duquel, « si l'enfant n'a pas été vacciné, la nourrice doit le faire vacciner dans les trois mois du jour où il lui a été confié ».

Comme en ce qui concerne la délivrance des certificats, j'exprime le vœu que dans les communes où un service de vaccinations gratuites n'est pas encore institué, les crèches veuillent bien prendre a leur compte les frais de vaccination des enfants dont l'admission est demandée ou prononcée.

Aucun enfant paraissant atteint d'une maladie transmissible ne doit être gardé a la crèche.

Tout enfant qui parait malade doit être immédiatement separé des autres et rendu le plus tôt possible a sa mere. (A. — Art. 9.)

Ces dispositions procèdent de la pensée qui a dicté celles de l'article 8 : elles ont, les unes et les autres, le même but, qui est de prévenir les épidémies. Il va de soi qu'un enfant qui, au moment où il est apporté à la crèche, parait atteint d'une maladie transmissible ne doit pas plus être reçu dans l'établissement que ne doit y être gardé l'enfant dont la maladie ne se révèle que quelques instants ou quelques heures après l'ouverture de la crèche. Dans le doute, les directrices rempliront un devoir en refusant, jusqu'a ce que leurs scrupules soient écartés par le médecin, l'accès de la crèche à tout enfant qu'elles croiront atteint d'une indisposition, même semblant légère ; pour protéger l'ensemble des enfants dont elles ont a sauvegarder la santé, elles auront le courage de s'exposer aux récriminations des parents peu éclairés ou égoïstes.

De toute évidence, il ne saurait être question d'inviter, ni même d'autoriser les directrices à se substituer, ne fût-ce que pour quelques instants, aux médecins : elles n'ont aucun diagnostic à porter ; mais elles doivent être à même de reconnaître chez l'enfant un état morbide, et cette constatation doit être suivie des mesures provisoires que spécifie l'article 9.

Pour que le second paragraphe de cet article soit appliqué, pour que tout enfant qui paraît malade soit immédiatement séparé des autres, il est nécessaire d'installer dans chaque crèche une chambre d'isolement : je vous recommande d'attirer sur ce point la sollicitude des comités.

Il est très désirable qu'au cas d'une maladie se déclarant chez un des enfants de la crèche, le médecin ou un des médecins de l'établissement voie immédiatement le petit malade : cette visite aurait l'avantage de procurer à la mère les premières indications dont elle a besoin pour soigner son enfant et, s'il y avait lieu, de renseigner la directrice sur les mesures de désinfection à prendre sans perdre un instant.

Tout enfant qui paraît malade doit, par application de l'article 9, « être rendu le plus tôt possible à sa mère ». Avant de le transporter, il faut néanmoins avertir la mère soit à son domicile, soit à l'établissement où elle travaille. Souvent, elle ira chercher elle-même son enfant, et, en tout cas, la directrice s'emploiera pour que l'enfant soit ramené dans les conditions les plus favorables, notamment pour qu'il soit bien protégé contre les intempéries.

S'il ne peut être soigné à domicile, la directrice s'empressera de seconder la mère pour le faire hospitaliser immédiatement.

Les crèches sont tenues exclusivement par des femmes. (A.— Art. 10.)

Cette disposition reproduit le premier paragraphe de l'article 4 du règlement de 1862 ; elle est d'une convenance trop manifeste et a un caractère trop précis pour motiver une justification ou un commentaire.

Nulle ne peut devenir directrice d'une crèche si elle n'a vingt et un ans accomplis et si elle n'est agréée par le préfet du département. (A.— Art. 11, § 1.)

Les services que rend une crèche dépendent moins encore de son installation que des soins dont les enfants sont l'objet ; et la valeur de ces soins dépend elle-même surtout du zèle et de la compétence de la directrice : le bon choix de celle-ci est donc le premier élément de succès. On a exprimé le vœu que les postulantes ne fussent agréées qu'après avoir effectué un stage dans une crèche bien tenue. Il est assurément désirable qu'une personne appelée à diriger un de ces établissements ait au préalable complété par la pratique ses connaissances en hygiène infantile : si un stage n'a pas été imposé, c'est parce que des postulantes, vivant au jour le jour, ne pourraient pas renoncer à un salaire pendant la durée du stage, et parce que les œuvres, qui ne couvrent que difficilement leurs dépenses normales, seraient hors d'état de payer,

à côté de la directrice en fonctions, une aspirante-directrice. Mais je vous recommande d'user de toute votre influence auprès des comités des crèches pour que, en dehors des cas de force majeure, ils ne portent leur choix que sur des personnes ayant subi avec succès l'épreuve éminemment utile du stage.

Aucune considération étrangère à l'intérêt des enfants ne pèsera, j'en suis persuadé, sur les décisions par lesquelles vous accorderez ou refuserez votre agrément au choix d'une directrice de crèche.

Les renseignements dont vous jugerez avoir besoin pour statuer devront être recueillis avec toute la prudence qui convient. Je vous recommande aussi de veiller à ce que vos collaborateurs ne divulguent pas les refus d'agrément ; une indiscrétion serait répréhensible, car elle risquerait de causer un dommage à une postulante qui, presque toujours, n'aura été écartée qu'à raison d'un manque d'aptitudes techniques.

Nulle ne peut être gardienne si elle n'est pourvue d'un certificat de moralité délivré par le maire ou, en cas d'omission ou de refus non justifié du maire, par le préfet. (A. — Art. 11, § 2.)

Vous remarquerez que le maire n'a pas à se prononcer sur la valeur professionnelle des postulantes ; il n'est appelé qu'à certifier, s'il y a lieu, leur moralité. L'article 11 prévoit le cas, qui sera très exceptionnel « d'omission ou de refus non justifié du maire » ; il vous attribue le droit de délivrer dans ce cas le certificat réglementaire. Comme pour les aspirantes au poste de directrice, votre décision ne sera dictée que par l'intérêt des enfants de la crèche.

Nulle ne peut devenir directrice ou gardienne d'une crèche si elle n'établit, par la production d'un certificat médical, qu'elle n'est atteinte d'aucune maladie transmissible aux enfants, qu'elle jouit d'une bonne santé et qu'elle a été, depuis moins d'un an, vaccinée ou revaccinée. (A. — Art. 11, § 3.)

Il est peu probable qu'une personne convalescente à peine d'une maladie transmissible, par exemple d'une fièvre typhoïde ou d'une fièvre éruptive, veuille prendre immédiatement possession d'un emploi de directrice ou de gardienne dans une crèche ; il est encore moins probable qu'elle soit, avant son entière guérison, acceptée par le comité de l'œuvre. Mais il importe de ne pas exposer les enfants à prendre les germes de la maladie qui est la plus meurtrière et qui aujourd'hui est reconnue transmissible, la tuberculose pulmonaire : le personnel des crèches qui, pendant toute la journée, est en contact presque ininterrompu avec les enfants, doit donc être reconnu indemne.

Cette constatation est l'objet le plus utile, sinon exclusif, du certificat prescrit ; les médecins ont trop conscience du pouvoir de propagation des maladies transmissibles et sont aussi trop attachés à leur devoir professionnel pour que des attestations de complaisance soient à craindre.

En terminant ce commentaire de l'article 11, j'exprime le vœu qu'une augmentation des ressources des crèches permette d'assurer dans tous ces établissements une rétribution suffisante aux directrices et aux gardiennes. Les unes et les autres ont une lourde tâche ; leur responsabilité est engagée, presque sans relâche, dans les soins minutieux que réclament les enfants du premier âge ; elles doivent s'armer d'une patience exemplaire, et ce ne sont pas toujours les enfants qui la mettent le plus à l'épreuve ; elles sont exposées aux plaintes de parents peu éclairés, souvent même malveillants, quand elles combattent des pratiques nuisibles, quand, par exemple, elles demandent aux mères de ne pas faire usage chez elles du biberon à tube et de ne pas donner aux enfants une alimentation solide prématurée. Dans les crèches comme dans tous les établissements, un salaire rémunérateur est nécessaire ; il l'est pour recruter aussi bien que pour fixer un bon personnel.

La crèche doit avoir au moins une gardienne pour six enfants âgés de moins de dix-huit mois et une gardienne pour douze enfants de dix-huit mois à trois ans. (A. — Art. 12.)

Ces chiffres sont les minima que déterminait déjà le règlement de 1862. Il est très désirable que la proportion du nombre des gardiennes à celui des enfants soit plus élevée. L'emploi rationnel du lait stérilisé amène un surcroît de travail. D'autre part, des gardiennes sont quelquefois empêchées de venir à la crèche, sans que leur absence dure assez longtemps pour qu'on les supplée ; ces circonstances obligent le personnel présent à un surmenage qui lui est préjudiciable, qui l'est plus encore aux enfants ; ce n'est pas une des moindres raisons d'engager les comités à ne pas s'en tenir aux minima de l'article 12. Toutefois, vu la situation financière de beaucoup de crèches, il n'a pas été jugé possible d'accroître les exigences réglementaires.

Les locaux et le mobilier de la crèche sont nettoyés chaque jour où la crèche est ouverte. Les gardiennes tiennent les enfants et se tiennent elles-mêmes dans un état de propreté rigoureuse. (A. — Art. 13.)

Un établissement où beaucoup d'enfants vont et viennent, jouent, prennent leur repas, où se rendent aussi, par tous les temps, les mères qui apportent les enfants, n'est salubre qu'autant qu'il est nettoyé chaque jour.

La propreté des enfants est un précieux élément de leur santé ; et il tombe sous le sens qu'ils ne seront tenus propres que par des personnes qui se seront fait à elles-mêmes une loi de la propreté « rigoureuse » prescrite par l'article 13.

La directrice de toute crèche doit tenir :

1° Un registre matricule sur lequel sont inscrits les noms, prénoms et la date de la naissance de chaque enfant, les noms, adresse et professions de ses parents, la date de l'admission, l'état physique de l'enfant au moment de l'admission, et, s'il y a lieu, au moment des réadmissions, la constatation de la vaccination ;

2° Un registre sur lequel est mentionné nominativement le nombre des enfants présents chaque jour ;

3° Un registre où sont inscrites les observations et les prescriptions du médecin ou des médecins ;

4° Un registre où sont consignées les observations des inspecteurs et des visiteurs. (A. — Art. 14.)

Au premier abord, la tenue de deux registres peut paraître compliquer au delà du nécessaire la fonction de la directrice ; mais un très rapide examen des dispositions qui précèdent suffit à montrer qu'aucune d'elles n'est empreinte de formalisme, qu'elles ont toutes une valeur pratique.

1° Un registre matricule sur lequel sont inscrits : a) les nom, prénoms et la date de la naissance de chaque enfant. — La première de ces mentions est nécessaire pour constater l'identité de l'enfant, la seconde pour contrôler l'application de l'article 12, d'après lequel le nombre des gardiennes est proportionnel au nombre et à l'âge des enfants. Le classement des enfants selon leur âge est d'ailleurs un élément essentiel de la statistique des crèches.

b) Les noms, adresse et professions de ses parents. — On a besoin de connaître l'adresse des parents, afin de pouvoir les avertir immédiatement si leur enfant tombe malade à la crèche.

Il est utile de savoir quelle est la profession des parents, car il y a des métiers qui rendent insalubre le milieu où ils s'exercent ; et cette circonstance peut amener l'œuvre à transmettre aux parents des recommandations spéciales dans l'intérêt de l'enfant.

c) La date de l'admission. — Comment se passer de cette indication pour l'établissement d'une statistique rationnelle ?

d) L'état physique de l'enfant au moment de l'admission, et, s'il y a lieu, au moment des réadmissions. — Ce n'est qu'en comparant l'état d'un enfant au commencement et à la fin de son séjour qu'il est possible de mesurer l'influence de la crèche sur la santé de cet enfant.

e) La constatation de la vaccination. — C'est le moyen de veiller à l'exécution du dernier paragraphe de l'article 8 : « Aucun enfant n'est admis s'il n'est vacciné ou si ses parents ne consentent à ce qu'il le soit. »

2° Un registre sur lequel est mentionné nominativement le nombre des enfants présents chaque jour. — D'après l'article 3 du décret du 2 mai 1897, « l'arrêté préfectoral qui autorise l'ouverture d'une crèche fixe le nombre des enfants qui pourront y être réunis ». Le registre des présences est nécessaire pour vérifier si les prescriptions de l'arrêté préfectoral sont respectées ; il l'est également pour constater qu'un enfant qui est resté huit jours sans venir à la crèche n'y a été réadmis que muni d'un nouveau certificat médical.

3° *Un registre ou sont inscrites les observations et les prescriptions du médecin ou des médecins.* — Des indications verbales pourraient être oubliées ou inexactement comprises et, en tous cas, n'engageraient à un degré suffisant ni la responsabilité du médecin, ni celle de la directrice.

4° *Un registre ou sont consignées les observations des inspecteurs et des visiteurs.* — Ces remarques traduiront fidèlement la pensée de leurs auteurs puisqu'elles seront libellées par eux ; si elles étaient verbales, elles ne parviendraient pas au comité de l'œuvre ou pourraient être involontairement dénaturées.

Il est bon d'ailleurs que les inspecteurs qui, après avoir visité une crèche, lui décernent des éloges ou lui adressent des critiques prennent la responsabilité de déclarations écrites.

L'article 14 ne parle que des inspecteurs et des visiteurs ; mais évidemment les inspectrices et les visiteuses sont, au même titre, admises à consigner leurs observations sur le registre *ad hoc* : c'est surtout, je le rappelle, à la bienveillante coopération de femmes charitables que sont dus les progrès de l'institution des crèches.

Les enfants reçus dans la crèche sont pesés chaque semaine jusqu'à l'âge d'un an, et chaque mois de un à deux ans : le résultat de ces pesées est soigneusement relevé. (A. — Art. 15.)

La pesée régulière des enfants du premier âge est une méthode sûre pour guider les appréciations du médecin, lui permettre notamment d'apporter au régime alimentaire des enfants telles ou telles modifications ; elle complète ou rectifie ce que l'observation médicale pourrait avoir d'insuffisant ou d'erroné.

Le relevé des pesées, faites au cours d'une année avec l'attention scrupuleuse qui est indispensable, forme le bilan le plus exact des résultats d'une crèche ; car il arrive que les rapports des médecins de l'établissement soient optimistes.

Le règlement intérieur de la crèche est affiché dans un endroit apparent d'une des salles ; il est communiqué au maire de la commune. (A. — Art. 16.)

L'organisation satisfaisante d'une crèche implique de nombreuses prescriptions de détail, qu'il importe d'adapter aux besoins locaux ; ces prescriptions ne peuvent pas faire l'objet d'un arrêté ministériel déclaré applicable à tous les établissements : un tel arrêté aurait beaucoup de chances pour ne convenir à aucun. Il faut à chaque crèche un règlement intérieur ; et c'est au comité de l'œuvre qu'il appartient de le faire, à la charge bien entendu de le mettre en harmonie avec le décret et avec l'arrêté ministériel.

Le règlement intérieur doit être « affiché dans un endroit apparent d'une des salles », pour que les gardiennes et les mères de famille aient sous les yeux les obligations qu'il impose ; il doit être communiqué au maire de la commune, pour que ce magistrat puisse renseigner ses administrés.

Les personnes ou les sociétés qui possèdent une crèche désignent au préfet un représentant auquel sont adressées les notifications prévues par le présent décret et par le règlement édicté en exécution de l'article ci-dessous. (D). — Art. 4.)

Ces personnes ou ces sociétés sont entièrement libres dans le choix de leur représentant ; mais il importe qu'elles en aient un ; pour éviter des pertes de temps et des malentendus, pour éviter aussi le déplacement des responsabilités, il est nécessaire que les communications du préfet parviennent à un destinataire accrédité.

Le ministre de l'Intérieur et le préfet ont le droit de faire inspecter les crèches par leurs délégués ; ils se font rendre compte périodiquement du fonctionnement des crèches et s'assurent qu'elles se conforment aux conditions qui leur sont imposées. (D. — Art. 5.)

Cette disposition se justifie d'elle-même. Une surveillance régulière a l'avantage de tenir les œuvres en haleine, de les mettre en garde contre la routine, de les inciter aux réformes ; à défaut de cette surveillance, les sanctions prévues tant par le décret que par l'arrêté seraient illusoires.

Le décret vous laisse toute latitude pour le choix de vos délégués. Lorsque surgira une question technique, motivée par l'installation des bâtiments ou par l'état de santé des enfants, vous croirez devoir sans doute recourir à un architecte, par exemple à celui du département, et, dans la seconde hypothèse, à un médecin, notamment à un membre du conseil départemental d'hygiène. Mais vous penserez comme moi que les fonctionnaires de l'inspection des enfants assistés sont tout désignés pour exercer sous votre autorité la surveillance normale des crèches.

Si le préfet juge que, par une installation défectueuse ou par défaut de soins, une crèche met en danger la vie ou la santé des enfants, il ordonne la fermeture provisoire de cette crèche. Le représentant de l'établissement est mis en demeure de remédier aux défectuosités signalées. Après trois mises en demeure restées sans effet, et sur avis conforme du conseil départemental d'hygiène, l'autorisation accordée à la crèche est retirée. (D. — Art. 6.)

Dans les circonstances que prévoit cet article, je vous recommande de n'ordonner, sauf le cas d'urgence démontrée, la fermeture provisoire d'une crèche qu'après avoir invité le représentant de l'établissement « à remédier aux défectuosités signalées ».

J'ai la confiance que le plus souvent votre appel sera entendu, et qu'il ne sera pas nécessaire d'interrompre le fonctionnement de la crèche.

Quant à la mesure extrême du retrait d'autorisation, vous voyez à quelle procédure, à quel concours de volontés elle est subordonnée.

Elle ne peut être prononcée qu'après « trois mises en demeure restées sans effet ».

D'autre part, vous n'êtes en droit de la prescrire que « sur l'avis conforme du conseil départemental d'hygiène ». Ce conseil ne remplit pas ici, comme d'ordinaire, un rôle consultatif : il assume avec vous la responsabilité de la décision. Toutes les garanties sont ainsi données aux œuvres, toutes celles qui sont compatibles avec la protection de la vie et de la santé des enfants.

En cas d'épidémie survenue dans une crèche, cette crèche est fermée soit par les personnes ou les sociétés qui la possèdent, soit d'office par le préfet : elle n'est réouverte qu'après que le préfet a fait constater qu'elle a été désinfectée. (D. — Art. 7.)

Dans le cas d'une épidémie, des mises en demeure feraient perdre un temps précieux ; et pour la combattre, on ne doit pas plus attendre la réunion du comité départemental d'hygiène qu'on attend la délibération d'un comité quelconque pour éteindre un incendie. Le plus souvent les personnes ou les sociétés qui possèdent la crèche devanceront vos ordres et la fermeront de leur propre initiative. Mais si, méconnaissant le péril, craignant de mécontenter les familles, ces personnes ou ces sociétés se refusaient ou hésitaient à fermer provisoirement la crèche, vous n'hésiteriez pas à user du droit que l'article 7 vous confère. La protection des enfants de la crèche et la sauvegarde de la santé publique vous feraient un devoir d'une intervention immédiate.

Une crèche fermée pour cause d'épidémie « n'est réouverte qu'après que le préfet a fait constater qu'elle a été désinfectée ». Le choix d'un vérificateur compétent, soustrait dans la limite du possible aux influences locales, s'impose ici à vous. En cas de doute sur l'efficacité des procédés de désinfection, vous ne devrez pas hésiter à me demander de prendre l'avis du comité consultatif d'hygiène publique de France. »

Enseignement technique des marins. — *Circulaire du Ministre de l'Instruction publique du 22 septembre 1898 :*

« M. le Recteur, j'ai l'honneur de vous adresser ci-joint le texte d'un arrêté en date du 20 septembre 1898 (1, que je viens de prendre, le Conseil supérieur de l'Instruction publique entendu, à l'effet d'introduire un cours spécial de leçons de choses appropriées à la profession du marin et du pêcheur, dans certaines écoles primaires du littoral.

Je crois devoir accompagner cet envoi de quelques observations, d'abord pour montrer l'importance des prescriptions arrêtées d'accord avec mon collègue, M. le Ministre de la Marine, ensuite pour préciser le caractère que ce nouvel enseignement doit avoir.

Depuis quelques années, les conditions de la pêche maritime se sont profondément modifiées. Autrefois, le bateau pêcheur pouvait, sans trop s'éloigner de la côte, rencontrer et prendre en quantité abondante le poisson qu'il recherchait. Aujourd'hui, les fonds du large, dans l'Océan et dans la Manche, sont seuls en état de fournir des rendements suffisamment réguliers et rémunérateurs. Le marin est donc forcé de perdre la côte de vue, d'aller à de plus longues distances et de parcourir la mer plus longtemps. Cet éloignement l'expose à tous les dangers de la navigation en pleine mer. Il ne peut s'y soustraire, dans la mesure du possible, que par une connaissance plus étendue des notions que doit posséder tout navigateur.

On a malheureusement constaté que l'instruction professionnelle de marin pêcheur est, en général, demeurée aussi rudimentaire que par le passé. Elle ne s'est pas accrue avec les exigences de la navigation nouvelle. Cette ignorance des notions maritimes essentielles a des conséquences qui ne sont que trop connues. Combien de sinistres auraient pu être évités si le marin s'était mieux rendu compte de la marche de son bateau, s'il avait su fixer le point où il se trouvait et lire les cartes marines. Les pertes fréquentes de bateaux pêcheurs occasionnées par l'inexpérience du marin éloignent les capitaux d'une industrie rémunératrice qui assurerait le bien-être des populations du littoral.

Cependant, grâce à l'initiative privée et surtout aux efforts de la Société pour l'enseignement technique et professionnel des pêches maritimes, des cours spéciaux ont été créés dans certains centres, notamment à Trouville. Ces cours sont suivis avec beaucoup d'assiduité par des personnes de tout âge. A côté de jeunes élèves, on voit des marins accepter avec reconnaissance de redevenir écoliers. Ils n'ont pas, d'ailleurs, à regretter le temps qu'ils consacrent à s'instruire. Ils en sont récompensés par la préférence marquée dont ils sont l'objet lors des embarquements.

Mais, cette évolution, malgré la faveur avec laquelle elle a été accueillie, ne s'est produite, jusqu'à ce jour, que dans un très petit nombre de localités. Il y a un intérêt majeur à la propager. L'on estime que l'instituteur peut

---

(1) Cet arrêté dispose que « dans les écoles primaires élémentaires du littoral dont la liste est arrêtée sur la proposition de l'inspecteur d'académie par le préfet en conseil départemental, il est donné, conformément au programme suivant, des leçons de choses, appropriées à la profession du marin et du pêcheur ».

également, dans ce domaine, faire beaucoup pour la transformation des habitudes et l'accroissement des connaissances générales. On est assurément en droit d'escompter son action et son bon vouloir qui n'ont jamais fait défaut. L'instituteur peut et doit accommoder son enseignement au milieu où il le donne. S'il est des notions qui constituent le fonds commun de l'enseignement, il en est d'autres, d'un ordre particulier, qui conviennent exclusivement à certaines populations. Pourquoi l'école ne servirait-elle pas à les répandre ? Il ne s'agit pas, au surplus, de demander à l'instituteur de donner un enseignement étendu. Les longs commentaires ne sont pas à leur place à l'école primaire, mais, dans n'importe quelle branche de la science, il est un ensemble de notions premières qu'il est possible d'exposer et de faire entendre même à de jeunes intelligences. Je ne pense pas que celles qui sont contenues dans le présent programme soient ni trop nombreuses, ni trop difficiles pour un jeune auditoire. Elles répondent entièrement aux besoins manifestés.

Le programme est divisé en quatre parties qui se rapportent à la profession, aux notions marines pratiques, à l'enseignement pratique local et à des exercices pratiques. L'on voit donc qu'il n'est nullement question de donner aux jeunes élèves du cours moyen un enseignement approfondi des diverses matières contenues dans le programme. Ce que l'on demande à l'instituteur, c'est de faire des leçons de choses, de s'en tenir à des notions élémentaires pratiques, appuyées sur ce que l'enfant voit chaque jour.

Il a paru nécessaire de sanctionner ces études par l'introduction d'une épreuve spéciale à l'examen du certificat d'études primaires élémentaires. Elle remplacera l'épreuve d'agriculture et de dessin. Elle sera obligatoire pour tous les candidats inscrits dans les écoles primaires où des notions de navigation figureront au programme de l'établissement.

Le préfet, en conseil départemental, sur la proposition de l'inspecteur d'Académie, arrêtera la liste des écoles primaires du littoral où cet enseignement sera donné.

A la suite de ce programme figure un autre programme, plus approfondi, et destiné aux élèves du cours supérieur et aux auditeurs du cours d'adultes. Je ne me dissimule pas la difficulté que rencontrera la constitution de l'un ou l'autre cours. Les nécessités de l'embarquement qui font déserter l'école, les travaux à terre au retour des voyages en mer seront trop souvent de graves obstacles. Mais ne pas élaborer ce programme eût pu faire croire qu'il était inutile de le prévoir. Je préfère espérer qu'il trouvera parfois son application.

Je vous prie, M. le Recteur, de communiquer les présentes instructions aux inspecteurs d'académie des départements du littoral et d'assurer, en ce qui vous concerne,

l'application de l'arrêté du 20 septembre 1898 à partir de la rentrée scolaire. »

Réglementation du travail dans l'industrie. — I. *Délivrance des certificats d'aptitude physique.* — *Circulaire ministerielle du 14 juin 1898 :*

« M. le Préfet, la loi du 2 novembre 1892, qui prohibe, en principe, l'admission des enfants dans l'industrie avant l'âge de 13 ans révolus, permet cependant de les employer, à partir de l'âge de 12 ans, à la double condition qu'ils soient munis du certificat d'études primaires prévu par la loi du 28 mars 1882 et du certificat d'aptitude physique qui doit leur être délivré à titre gratuit par l'un des médecins chargés de la surveillance des enfants du premier âge, ou l'un des médecins inspecteurs des écoles ou tout autre médecin chargé d'un service public désigné par le préfet.

Des instructions très précises relatives à l'application de ces dispositions vous ont été adressées, les 20 décembre 1892 et 5 juin 1896. Or je suis informé qu'elles n'auraient pas encore reçu leur exécution ou qu'elles ne seraient appliquées que partiellement là où les médecins chargés de délivrer les certificats d'aptitude physique ne sont point partout désignés. Cette délivrance devant être faite gratuitement, je sais que des préfets ont, parfois, rencontré des difficultés pour s'assurer le concours de médecins désintéressés. Cependant, si le législateur sollicite ici leur intervention, c'est dans un intérêt social qui ne saurait les laisser indifférents. Je suis sûr qu'il aurait suffi, dans bien des cas, de faire appel à leur dévouement pour obtenir leur concours.

Je me plais à reconnaître que, si, contrairement au vœu de la loi, les médecins n'ont pas été désignés sur tous les points du territoire, il est des régions où cette désignation s'est faite de la façon la plus heureuse. Des préfets ont même transmis au service de l'Inspection du travail la liste des médecins chargés du service. Il importe que cette mesure soit généralisée. Veuillez, en conséquence, M. le Préfet, si votre département était un de ceux où le service médical institué par la loi de 1892 n'est pas encore complètement organisé, prendre des dispositions pour que cette organisation soit définitive à brève échéance. La responsabilité de l'autorité préfectorale pourrait se trouver engagée si des enfants de 12 ans, munis du certificat d'études primaires, ne pouvaient entrer dans l'industrie, parce que l'Administration aurait négligé de désigner les médecins qui doivent les examiner et leur délivrer, le cas échéant, un certificat d'aptitude physique.

Les certificats d'aptitude, là où on les délivre, ne sont pas toujours rédigés dans la forme réglementaire. Les médecins doivent se conformer à la formule annexée à la circulaire du 5 juin 1896 (1) et indiquer le travail ou ceux des travaux auxquels l'enfant peut être employé, dans telle ou telle industrie déterminée. Le but de la loi ne serait pas atteint si un enfant, qui a déclaré vouloir commencer son apprentissage dans une industrie, pouvait ensuite, muni d'un certificat conçu en termes trop vagues, embrasser une profession beaucoup plus fatigante, pour l'exercice de laquelle le médecin n'aurait pas donné son autorisation.

Une autre observation s'adresse aux mairies qui se désintéressent trop souvent de cette question et qui ne sont pas en mesure de fournir aux enfants ou à leurs parents les indications nécessaires pour l'obtention du certificat. Les différentes autorités administratives chargées de concourir à l'observation de la loi (et les municipalités sont au premier rang puisqu'elles sont appelées, d'autre part, à délivrer les livrets et à dresser les procès-verbaux de déclarations d'accidents) doivent redoubler de vigilance pour répondre au vœu du législateur. En les invitant à s'y conformer, vous leur rappellerez que les certificats d'aptitude, aussi bien que les certificats d'études primaires, doivent rester annexés aux livrets dont ils attestent la délivrance régulière. Le procédé qui consiste à en constater l'existence par une mention inscrite sur le livret ne saurait suppléer la production des pièces et notamment celle du certificat d'aptitude, qui peut seul permettre à l'inspecteur de vérifier si l'enfant n'est pas occupé à un travail plus pénible que celui qui peut lui être confié.

Je vous prie de m'accuser réception de la présente circulaire et de m'adresser un rapport pour me rendre compte de la suite qui aura été donnée aux instructions qu'elle renferme, ainsi que des résultats qui auront été obtenus. Vous devrez m'indiquer également les mesures qui ont dû être prises, conformément à la circulaire du 5 juin 1896, notamment, à la veille des vacances scolaires, en vue de la délivrance du certificat d'aptitude physique aux enfants des écoles qui veulent entrer dans l'industrie. »

---

(1) Ce modèle est ainsi conçu :

« Je soussigné . . . . ., médecin (*qualité qui donne au médecin le droit de délivrer le certificat*), chargé de l'examen médical des enfants de douze à treize ans qui se destinent à l'industrie, déclare avoir procédé à la visite du jeune . . . ., né le . . . . ., domicilié à . . . . ., et atteste que cet enfant peut être occupé, sans inconvénient pour sa santé dans l'industrie où il désire être employé (*indiquer le travail ou ceux des travaux auxquels l'enfant peut être occupé*). En foi de quoi j'ai délivré le présent certificat. Fait à . . . . . le . . . . . »

II. *Tolérances pour la durée du travail.* — *Dépêche du Ministre du Commerce du 26 août 1898* :

« M. l'Inspecteur divisionnaire, plusieurs fabricants de pains d'épices et de biscuits de Reims ont demandé à bénéficier des tolérances prévues par l'article 5 du décret du 25 juillet 1893 (1) relatif à la prolongation de la durée du travail.

Cette demande, après avoir été l'objet d'une enquête approfondie, a été soumise au Comité consultatif des arts et manufactures.

Le Comité a fait remarquer, tout d'abord, que les fabricants de biscuits ne sont pas unanimes à réclamer les tolérances sollicitées et que même à Reims, la plus importante maison n'a pas cru devoir s'associer à la pétition, parce que le surmenage de la veille se fait sentir le lendemain et que la durée de la journée actuelle lui paraît bien suffisante.

D'autre part, les femmes employées ne sont occupées, du propre aveu d'un industriel, qu'à l'empaquetage et à l'expédition des produits fabriqués ; or cette opération n'a aucun rapport avec la fabrication elle-même, en vue de laquelle a été sollicitée l'autorisation de faire des heures supplémentaires. Il suffit, pour expédier le produit dans de bonnes conditions, d'embaucher pendant les quelques jours de presse un personnel auxiliaire, afin de satisfaire la clientèle, puisque la fabrication proprement dite suffit à tous les besoins.

Dans ces conditions, le Comité a émis l'avis, que je partage, qu'il n'y avait pas lieu de prendre la demande en considération. »

Hygiène et sécurité des travailleurs dans l'industrie. — I. *Usines de location de force motrice.* — *Dépêche du Ministre du Commerce du 14 mai 1898* :

« M. l'Inspecteur divisionnaire, en vous informant, le 31 mars dernier, que le Comité consultatif des arts et manufactures venait de se prononcer en 1898, comme il l'avait fait en 1897, contre le classement des usines de force motrice, je vous avais recommandé de prescrire l'application rigoureuse dans ces établissements des mesures indiquées dans les règlements pour assurer la sécurité des ouvriers en cas d'incendie.

Désirant bien préciser la mission confiée au service de l'inspection, vous me demandez de vous faire connaître si elle consiste uniquement à prescrire les moyens d'assurer l'évacuation prompte et rapide du personnel en cas de sinistre, et non pas, comme on l'aurait déclaré récemment à la commission d'hygiène de la Seine, de veiller en outre à ce que toutes les causes d'incendie soient écartées.

---

(1) Il s'agit, en réalité, du décret du 26 juillet 1893, modifiant le décret du 15 juillet 1893.

Le rôle de l'inspection du travail est nettement défini par les articles 16 et 17 du règlement d'administration publique du 10 mars 1894. Il résulte clairement du rapport du Comité consultatif d'hygiène publique de France du 14 mars 1893 que les auteurs des règlements n'ont eu qu'un objectif : assurer la sécurité des ouvriers en facilitant leur retraite, sans se préoccuper de sauvegarder les bâtiments ou les marchandises (1).

En prenant les dispositions nécessaires pour écarter les causes d'incendie, le service de l'inspection empiéterait sur les attributions du préfet de police, qui tient de la législation des 16 et 24 août 1790 et du 12 messidor an VIII des pouvoirs suffisants pour prescrire toutes les mesures nécessaires à la répression des abus et des dangers signalés tant au point de vue de la salubrité que de la sûreté publiques.

Ce sont les termes dont s'est servi le Comité consultatif des arts et manufactures dans le rapport que je vous ai communiqué et auquel vous devrez vous conformer. »

II. *Appareils destinés à l'évacuation des poussières.* — *Dépêche du Ministre du Commerce du 18 juin 1898 :*

M. l'Inspecteur divisionnaire, j'ai soumis au Comité consultatif des arts et manufactures une demande de délai qui m'a été adressée par un fabricant de noir animal et de gélatine à la suite des mises en demeure qui lui ont été faites d'avoir à assurer dans son usine les prescriptions du décret du 10 mars 1894.

Le service avait imparti un délai d'un an : 1° pour faire enduire de ciment les murs des emplacements où sont déposés les os et les cornes afin de permettre un lavage efficace ; 2° pour disposer un système aspirant destiné à enlever les poussières provenant du sciage des os et des moulins à noir. L'intéressé demande que ce délai soit de dix-huit mois, à raison des transformations qu'il se propose de réaliser dans son usine.

Le Comité, partageant l'avis du service de l'inspection, a considéré que, s'il peut être donné satisfaction sur le premier point, il n'en est pas de même à l'égard des travaux qui doivent être exécutés pour assainir l'atmosphère des ateliers, parce que les appareils aspirateurs peuvent être conçus de manière à pouvoir suivre les machines-outils dont ils doivent être l'une des parties essentielles ; le Comité a, en conséquence, émis l'avis, que j'adopte, qu'il y a lieu d'accorder le délai de dix-huit mois pour les magasins d'os et de cornes qu'il serait inutile d'aménager à la veille de leur déplacement, mais qu'il convient de laisser son plein effet à la mise en demeure pour l'installation, dans les délais fixés, des appareils destinés à l'évacuation des poussières. »

———

Hygiène et sécurité dans les exploitations rurales. — *Loi du 21 juin 1898* (Extrait) (1) :

« ART. 1er. — Les maires sont chargés, sous la surveillance de l'administration supérieure, d'assurer, conformément à la loi du 5 avril 1884, le maintien du bon ordre, de la sécurité et de la salubrité publiques, sauf dans les cas où cette attribution appartient aux préfets. Ils sont également chargés de l'exécution des actes de l'autorité supérieure relatifs à la police rurale.

CHAPITRE Ier. — *De la sécurité publique.*

ART. 2. — Les maires veillent à tout ce qui intéresse et garantit la sécurité publique.

Ils doivent, par des précautions convenables, prévenir les accidents et les fléaux calamiteux, pourvoir d'urgence à toutes les mesures d'assistance et de secours et, s'il y a lieu, provoquer l'intervention de l'administration supérieure.

ART. 3. — Le maire peut prescrire la réparation ou la démolition des murs, bâtiments ou édifices quelconques longeant la voie ou la place publique, lorsqu'ils menacent ruine et qu'ils pourraient, par leur effondrement, compromettre la sécurité.

ART. 4. — Dans les cas prévus par l'arti-

———

(1) La circulaire rappelle les termes du rapport de M. Napias, ainsi conçu :

« La plupart des *réglementations* étrangères sur la sécurité du travail préviennent le danger de l'incendie.

« Il arrive même qu'elles demandent que les ateliers soient munis d'extincteurs, de pompes, etc. Nous n'avons pas cru que le règlement devait aller jusque-là. Ce qui intéresse la sécurité des ouvriers, c'est que, si le danger paraît, l'évacuation soit possible.

« Les appareils extincteurs, les pompes, etc.. sont évidemment très utiles pour sauvegarder les bâtiments, les marchandises, les matières premières, les machines ; mais il appartient à l'industriel de rechercher dans quelle mesure il a intérêt à installer ces appareils protecteurs de sa fortune et nous n'avons pas à nous placer sur ce terrain ni à envisager les choses de ce point de vue.

« Il est évident que nous souhaitons cependant que tous les ateliers, toutes les usines ou manufactures soient munis d'appareils extincteurs et que les ouvriers soient familiarisés avec leur emploi, mais nous ne voyons pas là une prescription impérative au point de vue de la sécurité des ouvriers. »

———

(1) Cette loi porte promulgation du livre III, titre Ier, du *Code rural.* Ce titre est consacré à la *Police administrative.*

. Nous en reproduisons quelques dispositions qui intéressent, directement ou indirectement, l'hygiène et la sécurité des ouvriers ruraux et qui, dans certains cas, devraient se combiner avec celles de la loi du 12 juin 1893.

cle 3, l'arrêté prescrivant la réparation ou la démolition du bâtiment menaçant ruine est notifié au propriétaire, avec sommation d'avoir à effectuer les travaux dans un délai déterminé et, s'il conteste le péril, de faire commettre un expert chargé de procéder contradictoirement, et au jour fixé par l'arrêté, à la constatation de l'état du bâtiment, et de dresser rapport.

Si, au jour indiqué, le propriétaire n'a point fait cesser le péril, et s'il n'a pas cru devoir désigner un expert, il sera passé outre à la visite par l'expert seul nommé par l'administration.

L'arrêté et les rapports d'experts sont transmis immédiatement au conseil de préfecture. Dans les huit jours qui suivent le dépôt au greffe, le conseil, s'il y a désaccord entre les deux experts, désigne un homme de l'art pour procéder à la même opération.

Dans le cas d'une constatation unique, le conseil de préfecture peut ordonner telles vérifications qu'il croit nécessaires.

Le conseil de préfecture, après avoir entendu les parties dûment convoquées conformément à la loi, statue sur le litige de l'expertise, fixe, s'il y a lieu, le délai pour l'exécution des travaux ou pour la démolition ; il peut autoriser le maire à y faire procéder d'office et aux frais du propriétaire, si cette exécution n'a point eu lieu à l'époque prescrite.

Notification de l'arrêté du conseil est faite au propriétaire par la voie administrative.

Recours contre la décision peut être porté devant le Conseil d'État.

Art. 5. — En cas de péril imminent le maire, après avertissement adressé au propriétaire, provoque la nomination, par le juge de paix, d'un homme de l'art, qui est chargé d'examiner l'état des bâtiments dans les vingt-quatre heures qui suivent sa nomination.

Si le rapport de cet expert constate l'urgence ou le péril grave et imminent, le maire ordonne les mesures provisoires nécessaires pour garantir la sécurité.

Dans le cas où ces mesures n'auraient point été exécutées dans le délai imparti par la sommation, le maire a le droit de faire exécuter d'office, et aux frais du propriétaire, les mesures indispensables.

Il est ensuite procédé conformément aux dispositions édictées dans l'article précédent.

Art. 6. — Lorsqu'à défaut du propriétaire le maire a dû prescrire l'exécution des travaux, ainsi qu'il a été prévu aux articles 4 et 5, le montant des frais est avancé par la commune ; il est recouvré comme en matière de contributions directes.

Art. 7. — Dans le cas de danger grave et imminent, comme inondation, rupture de digues, incendie d'une forêt, avalanche, éboulements de terres ou de rochers, ou tout autre accident naturel, le maire prescrit l'exécution des mesures de sûreté exigées par les circons-

tances. Il informe d'urgence le préfet et lui fait connaître les mesures qu'il a prescrites.

Art. 8. — Le maire prescrit que le ramonage des fours, fourneaux et cheminées des maisons, des usines, etc., doit être effectué au moins une fois chaque année.

Il ordonne, s'il y a lieu, la réparation ou, en cas de nécessité, la démolition des fours, fourneaux et cheminées dont l'état de délabrement ferait craindre un incendie ou d'autres accidents.

Les règles prescrites par les articles 4, 5 et 6 sont applicables en cas de réparation ou de démolition.

Art. 9. — Le préfet, sur l'avis conforme du conseil général, peut interdire, dans l'étendue du département, l'emploi de certains matériaux pour la construction des bâtiments ou celle des toitures, ou prescrire les précautions qui devront être adoptées pour cette construction.

Art. 10. — Le préfet, sur l'avis du conseil général et des chambres consultatives d'agriculture, prescrit les précautions nécessaires pour écarter les dangers d'incendie et, notamment, l'interdiction d'allumer des feux dans les champs à moins d'une distance déterminée des bâtiments, vignes, vergers, haies, bois, bruyères, meules de grains, de paille, des dépôts régulièrement autorisés de bois et autres matières inflammables appartenant à autrui.

Il peut, sur l'avis du maire, lever temporairement l'interdiction, afin de permettre ou de faciliter certains travaux.

Art. 11. — Les maires peuvent prescrire que les meules de grains, de paille, de fourrage, etc., seront placées à une distance déterminée des habitations et de la voie publique.

Art. 12. — Le préfet, après avis du conseil général et des chambres consultatives d'agriculture, détermine les mesures à prendre dans toute exploitation agricole où il est fait usage constant ou momentané d'appareils mécaniques, afin d'éviter les dangers spéciaux pouvant résulter de ces appareils, dangers d'incendie ou dangers concernant les personnes.

Art. 13. — Le maire peut prescrire aux propriétaires, usufruitiers, usagers, fermiers ou à tous autres possesseurs ou exploitants d'entourer d'une clôture suffisante les puits et les excavations présentant un danger pour la sécurité publique.

Art. 14. — Les animaux dangereux doivent être tenus enfermés, attachés, enchaînés et de manière qu'ils ne puissent causer aucun accident soit aux personnes, soit aux animaux domestiques.

. . . .

Art. 17. — Les maires prescrivent aux propriétaires de ruches toutes les mesures qui peuvent assurer la sécurité des personnes, des animaux, et aussi la préservation des récoltes et des fruits.

A défaut de l'arrêté préfectoral prévu par l'article 8 du livre Ier, titre IV, du Code rural, les maires déterminent à quelle distance des habitations, des routes des voies publiques, les ruchers découverts doivent être établis.

Toutefois, ne sont assujetties à aucune prescription de distance les ruches isolées des propriétés voisines ou des chemins publics par un mur ou une palissade en planches jointes à hauteur de clôture.

Chapitre II. — *De la salubrité publique.*

Art. 18. — Les maires sont chargés de veiller à tout ce qui intéresse la salubrité publique.

Ils assurent l'exécution des dispositions légales et réglementaires qui ont pour but de prévenir les maladies contagieuses ou épizootiques.

Ils doivent donner avis d'urgence au préfet de tout cas d'épidémie, de tout cas d'épizootie qui leur serait signalé dans le territoire de la commune.

Ils peuvent prendre les mesures provisoires qu'ils jugent utiles pour arrêter la propagation du mal.

Ire Section. — Police sanitaire.

Art. 19. — En cas d'insalubrité constatée par le conseil d'hygiène et de salubrité de l'arrondissement, le maire ordonne la suppression des fosses à purin non étanches et puisards d'absorption.

Sur l'avis même du conseil, le maire peut interdire les dépôts de vidange ou de gadoue qui seraient de nature à compromettre la salubrité publique.

Il détermine les mesures à prendre pour empêcher l'écoulement sur la voie publique des liquides provenant des dépôts de fumiers et des étables.

Les décisions des maires peuvent toujours être l'objet d'un recours au préfet.

Art. 20. — Il est interdit de laisser écouler, de répandre ou de jeter soit sur les places et voies publiques, soit dans les fontaines, dans les mares et abreuvoirs, soit sur les lieux de marchés ou de rassemblements d'hommes ou d'animaux, des substances susceptibles de nuire à la salubrité publique.

Art. 21. — Les maires surveillent, au point de vue de la salubrité, l'état des ruisseaux, rivières, étangs, mares ou amas d'eau. Les questions relatives à la police des eaux restent réglées par les dispositions des titres II et V du livre II du Code rural sur le régime des eaux.

Art. 22. — Le maire doit ordonner les mesures nécessaires pour assurer l'assainissement et, s'il y a lieu, après avis du conseil municipal, la suppression des mares communales placées dans l'intérieur des villages ou dans le voisinage des habitations, toutes les fois que ces mares compromettent la salubrité publique.

A défaut du maire, le préfet peut, sur l'avis du conseil d'hygiène et après enquête *de commodo et incommodo*, décider la suppression immédiate de ces mares, ou prescrire, aux frais de la commune, les travaux reconnus utiles.

La dépense est comprise parmi les dépenses obligatoires prévues à l'article 136 de la loi du 5 avril 1884.

Art. 23. — Le maire prescrit aux propriétaires de mares ou fossés à eau stagnante établis dans le voisinage des habitations d'avoir soit à les supprimer, soit à exécuter les travaux, ou à prendre les mesures nécessaires pour faire cesser toutes causes d'insalubrité.

En cas de refus ou de négligence, le maire dénonce à l'administration préfectorale l'état d'insalubrité constatée.

Le préfet, après avis du conseil d'hygiène et du service hydraulique, peut ordonner la suppression de la mare dangereuse ou prescrire que les travaux reconnus nécessaires seront exécutés d'office aux frais du propriétaire, après mise en demeure préalable.

Le montant de la dépense est recouvré comme en matière de contributions directes, sur un rôle rendu exécutoire par le préfet.

Art. 24. — Le préfet peut interdire la vidange des étangs et autres amas d'eau non courante dans les cas et dans les lieux où cette opération serait de nature à compromettre la salubrité publique.

Art. 25. — Il est interdit de faire rouir du chanvre, ou du lin, ou toutes autres plantes textiles dans les abreuvoirs et lavoirs publics.

Le préfet peut réglementer ou même interdire le rouissage des plantes textiles dans les eaux courantes et dans les étangs. Cette interdiction n'est prononcée qu'après avis du conseil d'hygiène et de salubrité.

Les routoirs agricoles, c'est-à-dire ceux exclusivement destinés à l'usage des cultivateurs, ne sont point, comme les routoirs industriels, assujettis aux prescriptions des décrets des 15 octobre 1810 et 31 décembre 1866, relatifs aux établissements insalubres.

Toutefois, le préfet peut ordonner, sur la demande du conseil municipal ou des propriétaires voisins, la suppression de tout routoir établi à proximité des habitations et dont l'insalubrité serait constatée.

Le maire peut désigner, par un arrêté, les lieux où les routoirs publics seront établis, ainsi que la distance à observer dans le choix des emplacements destinés au séchage des plantes textiles après le rouissage.

Art. 26. — Le président de la République peut, par décret rendu en la forme des règlements d'administration publique, interdire les cultures qui pourraient être nuisibles à l'hygiène et à la salubrité publiques, ou ne les autoriser que dans des conditions déterminées.... »

Réparation des accidents maritimes. — *Règlement d'administration publique du 20 décembre 1898 :*

« Le Président de la République française,
Sur le rapport du ministre de la marine,
Vu la loi du 21 avril 1898 (1), portant création d'une caisse de prévoyance entre les marins français contre les risques et accidents de leur profession, notamment le troisième paragraphe de l'article 21, ainsi conçu : « Un règlement d'administration publique déterminera les justifications à produire pour l'établissement du droit, ainsi que les délais dans lesquels ces justifications devront être présentées » ;
Le conseil d'Etat entendu,

Décrète :

ART. 1er. — Dans les cas prévus par les articles 5 et 6 de la loi du 21 avril 1898, la blessure, la maladie ou la mort de l'inscrit maritime est immédiatement constatée par un rapport détaillé qui spécifie l'époque, le lieu et les circonstances de l'événement.

ART. 2. — Ce rapport est fait par le capitaine, maître ou patron, ou ceux qui les remplacent.

Les déclarations des témoins sont annexées.

Lorsque, pour une cause quelconque, ce rapport ne peut être rédigé à bord, il est dressé au premier atterrissage ; s'il s'y trouve une autorité maritime, coloniale ou consulaire, le rapport est établi par devant cette autorité.

Dans tous les cas, le rapport et les déclarations annexées sont établis en deux expéditions :

L'une est remise à l'autorité maritime, coloniale ou consulaire du lieu de mouillage ou du premier port où abordera le navire, et transmise, sans délai, par cette même autorité au commissaire du quartier d'inscription du marin, pour être tenue à la disposition de l'intéressé ou de ses ayants droit ;

L'autre demeure annexée au rôle d'équipage du navire pour être ultérieurement conservée à l'appui du rôle désarmé.

ART. 3. — Dans tous les cas où le marin a été laissé à terre malade ou blessé, la nature du traitement et, s'il y a lieu, les circonstances du décès sont relatées dans un certificat médical dressé à la requête et sous le visa de l'autorité maritime, coloniale ou consulaire.

Cette autorité conserve une copie dudit certificat et adresse, sans délai, l'original au commissaire du quartier d'inscription du marin, pour être tenu à la disposition de l'intéressé ou de ses ayants droit.

ART. 4. — Toute demande de pension dite

(1) Voir cette loi au *Numéro du premier trimestre* 1898, page 153.

« demi-solde d'infirmité », d'indemnité temporaire ou renouvelable, ou enfin de conversion de cette dernière en pension, après avoir été, dans les conditions déterminées à l'article 21 de la loi du 21 avril 1898, remise contre récépissé extrait d'un registre à souche au commissaire de l'inscription maritime du quartier du domicile du postulant, doit (sauf le cas d'indemnité temporaire) être transmise par cet officier, avec les pièces justificatives ci-dessus spécifiées et un relevé des états de services, au commissaire général ou au chef de service du sous-arrondissement. Celui-ci doit convoquer l'intéressé, en temps utile, pour le faire visiter, lors de la plus prochaine réunion de la commission spéciale instituée par l'article 1er de la loi du 11 avril 1881, sur les pensions dites « demi-soldes ».

Lorsqu'il s'agit d'une demande, soit de transformation d'indemnité temporaire en indemnité renouvelable, soit de conversion de cette dernière indemnité en pension, le dossier des enquêtes administratives prévues par l'article 22 de la loi du 21 avril 1898 est joint à l'appui de la demande et l'instruction se poursuit dans la forme tracée au paragraphe précédent.

ART. 5. — La commission spéciale fait comparaître devant elle l'intéressé, examine son état et consigne le résultat de sa visite dans un procès-verbal établi conformément au modèle annexé au présent décret.

ART. 6. — Lorsque, en raison de son état de santé, un marin est incapable de se présenter devant la commission spéciale, la visite peut, sur autorisation du préfet maritime donnée au vu d'un certificat médical établissant le fait, s'effectuer au domicile de l'intéressé par une délégation de ladite commission.

Le résultat de cette visite est consigné dans un rapport indiquant l'impossibilité pour l'homme de se déplacer et concluant sur le fond de la demande.

Ce rapport est remis à la commission spéciale qui décide si l'intéressé doit se présenter devant elle ; dans le cas contraire, elle formule son appréciation sur l'état physique du marin et conclut sur le fond de la demande.

ART. 7. — Le procès-verbal établi par la commission spéciale et les justifications soumises à son examen doivent être, quelles que soient les conclusions de la commission, transmis sans délai au ministre de la marine.

ART. 8. — Dans les cas prévus par les articles 6, 7 et 9 de la loi du 21 avril 1898, les veuves, orphelins ou ascendants doivent justifier de leur droit aux pensions ou secours annuels institués par ladite loi, par la production d'une copie certifiée conforme par le commissaire du quartier d'inscription du marin, du rapport détaillé et du certificat mentionnés aux articles 1 et 3 du présent décret.

Si le marin a disparu en mer ou s'il était embarqué sur un navire qui a péri corps et biens, la seule justification à produire consiste, soit dans la copie certifiée du procès-verbal de disparition, soit dans les pièces exigées pour la preuve administrative du décès en vue de l'obtention des pensions prévues par la loi du 11 avril 1881.

Les demandes de pensions ou secours annuels sont remises, contre récépissé extrait d'un registre à souche, au commissaire du quartier d'inscription du marin, qui est chargé de les instruire et d'établir les mémoires de propositions.

Art. 9. — Toutes les justifications à fournir par l'intéressé doivent, à peine de déchéance, être produites dans un délai qui, ajouté aux délais impartis par l'article 21 de la loi du 21 avril 1898, ne peut, en aucun cas, dépasser cinq ans.

Art. 10. — Dans le cas où l'intéressé se trouve dans l'impossibilité de produire les justifications mentionnées aux articles 1, 3 et 8 ci-dessus, il doit en aviser le commissaire de son quartier d'inscription, dans le même délai, à peine de déchéance. Il est alors procédé à une enquête par les soins de l'autorité maritime.

Art. 11. — Le conseil supérieur de santé de la marine donne son avis sur toutes les demandes de pensions, d'indemnité ou de secours.

Art. 12. — Le ministre de la marine est chargé de l'exécution du présent décret, qui sera publié au Journal officiel et inséré au Bulletin des lois.

———

° ARRONDISSEMENT MARITIME
SOUS-ARRONDISSEMENT MARITIME
de

MODÈLE

annexé au décret portant règlement d'administration publique en date du 20 décembre 1898.

CAISSE DE PRÉVOYANCE

ENTRE LES MARINS FRANÇAIS CONTRE LES RISQUES ET ACCIDENTS DE LEUR PROFESSION

(Loi du 21 avril 1898.)

PROCÈS-VERBAL DE VISITE D'UN INSCRIT MARITIME QUI SOLLICITE (1).

SÉANCE DU   18 .

En exécution de la loi du 21 avril 1898 et du décret du 20 décembre 1898, portant règlement d'administration publique en exécution de l'article 21 de ladite loi,

La commission spéciale, instituée par l'article 1er de la loi du 11 avril 1881, sur les pensions dites demi-soldes, réunie conformément à la décision de M. le vice-amiral commandant en chef, préfet maritime à   , en date du   et composée de :
MM.
a été appelée à prendre connaissance des pièces du dossier du sieur (2)   ,
inscrit à   , folio   , n°   ,
qui sollicite (1)   .

Après avoir donné lecture des articles 5, 21 et 22 de la loi du 21 avril 1898 et des articles 5, 6 et 7 du décret portant règlement d'administration publique en date du 20 décembre 1898, le président invite la commission à procéder à l'examen de l'état physique dudit marin et des infirmités dont il est atteint.

Après cette visite, celui-ci est invité à se retirer.

Les médecins membres de la commission déclarent que le sieur

En conséquence de cette déclaration, le président pose à la commission la question suivante :
Le sieur   est-il atteint d'une maladie ou d'une infirmité (3).

Les voix ayant été recueillies dans l'ordre déterminé par le décret organique de la commission spéciale, la commission émet l'avis que le sieur (4)   .

Fait à   , les jour, mois et an que dessus.

Les membres de la commission :
Le secrétaire.   *Le président.*

———

Régime du travail et des retraites dans les établissements militaires. — I. *Décret du 18 novembre 1898* (5) :

« Le Président de la République française,

———

(1) « Une pension dite demi-solde d'infirmité.
Ou une indemnité renouvelable.
Ou la conversion d'une indemnité renouvelable en pension dite demi-solde d'infirmité. »

(2) « Nom, prénoms et grade. »
(3) « *Suivant le cas* :
Qui le mette dans l'impossibilité absolue et définitive de continuer la navigation ?
De nature à justifier l'allocation d'une indemnité renouvelable ?
De nature à justifier la conversion de son indemnité renouvelable en pension dite demi-solde d'infirmité ?
Ou bien l'indemnité dont jouit le sieur.... doit-elle être supprimée ? »
(4) « Préciser ici, d'après la loi du 21 avril 1898, l'état physique du marin et indiquer s'il a droit ou non à l'une des allocations qu'elle a instituées. »
(5) Dans un rapport adressé au Président de la République, à l'appui du projet de décret, le Ministre de la Guerre exposait que son administration avait été saisie de nombreuses réclamations relativement à l'application du décret du 26 février 1897.
Tout en reconnaissant, disait-il, que ce décret « réalise une très sérieuse amélioration pour l'avenir, dans le sort des travailleurs, on a fait observer que, dans le présent, il aggrave la situation des ouvriers que leur âge met dans l'impossibilité de se constituer une retraite et qui auront, néan-

Vu le décret du 26 février 1897 (1),

Vu le rapport du ministre de la guerre,

Décrète :

Art. 1er. — Les dispositions des 6e et 7e alinéas de l'article 14 du décret du 26 février 1897 sont abrogées et remplacées par les suivantes (2) :

« Seront défalquées, le cas échéant, du nombre des années de services servant au décompte de ce minimum, les années de services civils ou militaires qui auraient déjà donné droit à des pensions de l'État avant l'entrée dans l'un des établissements de la guerre. »

Art. 2. — Les minima fixés par l'article 15 du décret du 26 février 1897 pour les pensions des ouvriers ayant accompli 30 ans de services civils et militaires ou 25 ans dans le cas d'invalidité sont portés, pour les pensions liquidées en 1897, à 300 francs pour les hommes et 210 francs pour les femmes (3).

Pour les pensions liquidées après 1897, ces chiffres seront augmentés d'année en an-

née (4), de façon à atteindre après 30 années de versement le minimum de 500 francs (360 francs pour les femmes) fixé par l'article 10 dudit décret.

Art. 3. — Les dispositions de l'article 2 du décret du 26 février 1897 relatives à la limite d'âge, ne seront appliquées qu'aux ouvriers embauchés après le 1er mars 1897 et à ceux qui, embauchés avant cette date, auront accompli, lorsqu'ils arriveront à cette limite d'âge, quinze années au moins de services tant civils que militaires.

Art. 4. — Les ouvriers embauchés avant le 1er mars 1897, qui seront licenciés après 60 ans d'âge (55 pour les femmes) et qui auront plus de 15, mais moins de 30 années de services, recevront un secours viager, destiné à compléter la retraite qu'ils auront acquise par les versements effectués depuis le 1er mars 1897 à un minimum de 10 francs par année de service (7 francs pour les femmes), et qui, pour chaque année ayant donné lieu à des versements, s'accroîtra, de manière à atteindre, après 30 années de versements, 500 fr. (360 francs pour les femmes).

Les ouvriers, qui atteindront la limite d'âge de 65 ans sans avoir accompli 15 années de services civils ou militaires et qui seront reconnus hors d'état d'être conservés dans les établissements, recevront, s'ils y ont servi pendant cinq années au moins, un secours dont le montant sera calculé d'après les bases ci-dessus indiquées (5).

---

moins, à subir les rigueurs de la limite d'âge.

« Il m'a paru que ces revendications n'étaient pas sans fondement et le projet de décret ci-joint qui, d'ailleurs, ne touche en rien aux dispositions essentielles de celui du 26 février 1897, mais n'en affecte que les dispositions transitoires, a été établi dans le but d'y donner, dans la mesure qu'autorisent le bien du service et les nécessités budgétaires, une légitime satisfaction. »

(1) Voir ce décret *au numéro du premier trimestre 1897*, p. 8.

(2) Le décret du 26 février 1897, en réglant les *dispositions transitoires* du régime des retraites dans les établissements de la guerre, défalquait des minima prévus : 1° le montant des rentes viagères antérieurement acquises par les versements effectués à la caisse nationale des retraites, soit à titre obligatoire, soit à titre facultatif, avec participation financière de l'État ; 2° le montant des pensions civiles ou militaires liquidées avant l'entrée des ouvriers dans l'établissement.

Le décret du 18 novembre 1898 apporte à ce système deux innovations ;

1° Il ne défalque plus du minimum de retraite transitoire la rente viagère antérieurement acquise avec le concours de l'État. Il met ainsi sur la même ligne, au regard du minimum de pension garanti, l'ouvrier qui, dans certains services, avait été admis ou astreint à faire des versements pour la retraite avant le décret du 26 février 1897 et celui qui n'a commencé ses versements que depuis l'application de ce décret.

2° Pour les ouvriers qui étaient titulaires avant leur entrée dans les établissements militaires d'une pension civile ou militaire, il ne défalque plus cette pension du minimum de retraite transitoire. Mais il défalque du minimum d'années de services exigibles pour cette retraite transitoire (trente années) le nombre d'années de services antérieurement admises en liquidation pour la pension civile ou militaire.

(3) La pension initiale minima liquidée en 1897 était primitivement de 275 francs pour les hommes et de 198 francs pour les femmes. Elle se trouve donc rétroactivement augmentée de 25 fr. pour les hommes et de 12 francs pour les femmes.

(4) La progression annuelle du minimum de retraite pendant la période transitoire était fixée par le décret du 26 février 1897 à 7 fr. 50 pour les hommes et 5 fr. 40 pour les femmes, de manière à passer en trente années du minimum de 1897 (275 fr. et 198 fr.) au minimum de la période normale (500 et 360 fr.).

Le nouveau décret semble adopter le même système, avec des paliers modifiés, puisque le minimum initial est élevé.

Le texte toutefois n'est plus impératif et le ministre de la guerre, n'étant plus lié par un chiffre préfixe de majoration uniforme annuelle, pourrait, à la rigueur, accélérer ou retarder arbitrairement le mouvement ascensionnel des minima garantis.

(5) Ces dispositions ajoutent à la pension d'ancienneté à trente ans de services, prévue par le décret du 26 juillet 1897, une pension proportionnelle sous le titre de « secours viagers ».

Il suffit pour obtenir cette pension d'avoir cinq années de services dans les établissements militaires : la pension est alors, pour les hommes, de 50 francs, et, pour les femmes, de 35 francs. Il est assez malaisé de comprendre l'utilité d'un système de pensions établi sur une ancienneté de services aussi restreinte.

D'autre part, tandis qu'aux termes de l'article 1er, et contrairement aux dispositions primitives du décret du 26 février 1897, le montant de la pension acquise avant le 1er mars 1897 par des versements avec contribution de l'État n'est plus défalqué du minimum de pension garanti pour la période transitoire, et que la garantie de l'État

Art. 5. — Les dispositions du 1er alinéa de l'article 4 du présent décret seront applicables par effet rétroactif aux ouvriers licenciés depuis le 1er juillet 1896 (1) ; tous les licenciements prononcés jusqu'à ce jour resteront d'ailleurs définitifs.

Art. 6. — Le ministre de la guerre est chargé de l'exécution du présent décret. »

II. *Instruction ministérielle du 18 novembre 1898, pour l'application du décret du même jour :*

« Les mesures prescrites par le décret du 18 novembre 1898 à l'égard des ouvriers entrés dans les établissements avant le 1er mars 1897 seront complétées par les dispositions suivantes :

1° Les secours concédés en vertu de l'article 4 du nouveau décret seront liquidés et payés en même temps que la rente viagère acquise sur la Caisse nationale des retraites pour la vieillesse, dans les conditions spécifiées pour les compléments de pension par les instructions A et B du 23 octobre 1897 ;

2° Les ouvriers qui auraient, depuis le 1er mars 1897, effectué leurs versements à la Caisse des retraites à capital réservé, pourront, par exception aux prescriptions de l'instruction A du 23 octobre 1897, bénéficier des dispositions du nouveau décret, en aliénant le capital versé jusqu'à ce jour et en versant désormais à capital aliéné.

En compensation de cette aliénation, les veuves et orphelins des ouvriers décédés, en possession d'un secours viager ou y ayant des titres, pourront recevoir des secours calculés sur la base du tiers du secours attribué ou attribuable à l'ouvrier. Ces secours seront payés dans les mêmes conditions que les ren-

tes temporaires prévues par les articles 12 et 16 du décret du 26 février 1897.

3° Les ouvriers licenciés par limite d'âge ayant droit à un complément de rente ou à un secours viager pourront, désormais, être maintenus au service, non seulement avec le salaire d'activité jusqu'à la date de l'entrée en jouissance de leur rente ou secours, mais encore, s'ils le demandent, jusqu'au paiement des premiers arrérages, à la condition qu'à partir de la date d'entrée en jouissance leur salaire sera réduit d'une quantité équivalente au taux journalier de la rente ou du secours, afin qu'il n'y ait pas double emploi. »

Caisse nationale des retraites pour la vieillesse. — *Décret du 29 décembre 1898 :*

« Le Président de la République française,

Sur la proposition du ministre des finances,

Vu les articles 9, 12 et 22 de la loi du 20 juillet 1886, relative à la caisse nationale des retraites pour la vieillesse ;

Vu l'avis exprimé, dans sa séance du 24 décembre 1898, par la commission supérieure visée à l'article 3 de la loi précitée,

Décrète :

Art. 1er. — Le taux de l'intérêt composé du capital, dont il est tenu compte dans les tarifs d'après lesquels est calculé le montant de la rente viagère à servir aux déposants de la Caisse nationale des retraites pour la vieillesse, est fixé à 3.50 0/0 pour les versements, abandons de capitaux et ajournements de jouissance effectués pendant l'année 1899.

Art. 2. — Le ministre des finances est chargé de l'exécution du présent décret, qui sera inséré au Bulletin des lois et publié au Journal officiel de la République française. »

Majorations de retraites. — *Décret du 15 août 1898 :*

« Le Président de la République française,

Sur le rapport du ministre du commerce, de l'industrie, des postes et des télégraphes. et du ministre des finances,

Vu la loi du 31 décembre 1895, relative à la majoration des pensions de la caisse nationale des retraites ;

Vu l'article 25 de la loi de finances du 13 juillet 1896, modifiant l'article 3 de la loi du 31 décembre 1895 ;

Vu le décret du 9 juin 1896, portant règlement d'administration publique pour l'exécution de la loi du 31 décembre susvisée (2) ;

Vu la loi de finances du 13 avril 1898, et notamment l'article 75 de ladite loi (3) ;

---

se trouve réduite éventuellement d'autant, aux termes de l'article 4, au contraire, cette défalcation doit s'opérer lorsqu'il s'agit non plus de l'attribution de la pension minima intégrale, mais de l'attribution de la pension proportionnelle dénommée « secours viagers » ; dans ce dernier cas, en effet, l'Etat complète jusqu'à concurrence de dix francs par année de service « la retraite ... acquise par les versements *effectués depuis le 1er mars 1897* », et sans tenir compte, par conséquent, des versements antérieurs. On n'aperçoit pas la raison de cette disparité de traitement pour des situations qui paraissent identiques.

(1) Cette disposition paraît, au moins en partie, incompréhensible.

L'article 5 applique rétroactivement aux ouvriers « licenciés depuis le 1er juillet 1896 » le bénéfice des retraites proportionnelles prévues par le premier alinéa de l'article 4.

Or ces retraites proportionnelles sont calculées par voie de majoration de la « retraite acquise... par les versements effectues depuis le 1er mars 1897 ».

Comment une retraite, sur ces bases, pourrait-elle être acquise aux ouvriers licenciés entre le 1er juillet 1896 et le 1er mars 1897 ?

(2) Voir la loi du 31 décembre 1895, l'article 25 de la loi du 13 juillet 1896, le décret du 9 juin 1896 : *Année* 1897, *page* 39, *note.*

(3) Voir cet article : *Année* 1898, *page* 170.

Décrète :

Art. 1er. — Les demandes de majoration de rentes viagères constituées au profit des titulaires de livrets individuels de la caisse nationale des retraites pour la vieillesse et des membres des sociétés de secours mutuels ou de toute autre société de secours et de prévoyance servant des pensions de retraites devront être produites par les intéressés, avec les justifications réglementaires à l'appui, avant le 31 décembre 1898 au plus tard, sous peine d'exclusion.

Art. 2. — L'attribution des majorations et des bonifications spéciales sera faite dans les conditions spécifiées par l'article 25 de la loi du 13 juillet 1896 et par l'article 1er, § 1er, et l'article 3 du décret du 9 juin 1896.

Art. 3. — Auront droit à cette attribution, en 1898, les personnes visées à l'article 1er du présent décret, qui, n'ayant point encore reçu de rente supplémentaire, seront âgées de soixante-huit ans au moins en 1898, et qui, indépendamment des autres conditions exigées par l'article 2 de la loi du 31 décembre 1895, justifieront de dix-huit années de prévoyance.

Art. 4. — Les rentes supplémentaires seront émises avec jouissance du 1er janvier 1898 pour les rentiers âgés de soixante-huit ans au moins au 31 mars 1898, et pour les rentiers atteignant leur soixante-huitième année du 1er avril au 31 décembre 1898, avec jouissance du premier jour du trimestre dans lequel ils atteindront cet âge, à charge de justifier de leur existence à cette date.

Art. 5. — L'administration de la Caisse des dépôts et consignations est chargée de l'instruction des demandes tendant à l'obtention des majorations visées par la loi du 31 décembre 1895 et de la liquidation de ces majorations.

Art. 6. — Les ministres du commerce, de l'industrie, des postes et des télégraphes, et des finances sont chargés de l'exécution du présent décret, qui sera inséré au Bulletin des lois et publié au Journal officiel de la République française. »

Retraites des agents des chemins de fer. — Par *Arrêté du 16 septembre* 1898, le ministre des travaux publics a institué une commission « chargée de l'étude des diverses questions se rattachant à l'organisation des retraites des agents des chemins de fer ».

Sociétés de secours mutuels : Régime fiscal. — *Instruction du Directeur général de l'enregistrement, des domaines et du timbre du 25 juin 1898 :*

« La loi du 1er avril 1898 sur les sociétés de secours mutuels contient plusieurs dispositions intéressant le service.

Cette loi, promulguée au Journal officiel du 4 avril, définit les sociétés de secours mutuels (art. 1er et 2) et les divise (art. 14) en trois catégories :

1° Sociétés libres ;

2° Sociétés approuvées ;

3° Sociétés reconnues comme établissements d'utilité publique.

Elle édicte un certain nombre d'immunités fiscales, les unes au profit de toutes les sociétés, les autres au profit exclusif des sociétés approuvées ou reconnues comme établissements d'utilité publique.

Enfin, elle déclare certaines de ces immunités applicables aux caisses d'assurances en cas de décès ou d'accidents, à la caisse nationale des retraites sur la vieillesse, aux caisses de secours et de retraites des ouvriers mineurs, ainsi qu'aux syndicats professionnels désignés dans l'article 40.

I. — *Dispositions communes à toutes les sociétés de secours mutuels.*

Les membres du conseil d'administration et du bureau des sociétés de secours mutuels sont nommés par le vote au bulletin secret (art. 3).

Les statuts déterminent la composition du bureau et du conseil d'administration, le mode d'élection de leurs membres, la nature et la durée de leurs pouvoirs, les conditions du vote à l'assemblée générale et du droit pour les sociétaires de s'y faire représenter (*art. 5, 3°*).

Aux termes de l'article 6, « lorsque l'assemblée générale sera convoquée, les pouvoirs dont les sociétaires seront porteurs, si les statuts autorisent le vote par procuration, pourront être donnés sous seing privé et *seront affranchis* de tout droit de timbre et d'enregistrement ».

Cette double exemption n'est nullement subordonnée par le texte à la condition que le pouvoir soit sous signature privée ; elle serait par conséquent acquise, le cas échéant, aux procurations passées devant notaire ; enfin, l'objet de la réunion n'importe pas plus que la forme du pouvoir donné pour y répondre : il suffit qu'il s'agisse d'une assemblée générale.

Le même article 6 ajoute : « Les contestations sur la validité des opérations électorales sont portées, dans le délai de quinze jours à dater de l'élection, devant le juge de paix du siège de la société. Elles sont introduites par simple déclaration au greffe. — Le juge de paix statue dans les quinze jours de cette déclaration, *sans frais* ni forme de procédure et sur simple avertissement donné trois jours à l'avance à toutes les parties intéressées. — La décision du juge de paix est en dernier ressort, mais elle peut être déférée à la cour de cassation. — Le pourvoi n'est recevable que s'il est formé dans les dix jours de la notification de la décision. Il est formé par simple requête déposée au greffe de la justice de paix et dénoncée aux défendeurs dans les dix jours qui suivent. Il est dispensé du ministère d'un avocat à la cour et jugé d'urgence *sans frais* ni amende. — Les pièces et mémoires fournis par les parties sont transmis sans frais par le greffier de la cour de cassation. La chambre civile de cette cour statue directement sur le pourvoi. — Tous les actes sont dispensés du timbre et enregistrés *gratis*. »

Ce dernier alinéa comprend, sous le nom générique d'*actes*, les déclarations, avertissements, notifications, requêtes, dénonciations et autres actes de la procédure relative à la solution de l'instance engagée, les pièces et mémoires produits par les parties, les décisions rendues tant par le juge de paix que par la cour de cassation ainsi que les significations de ces jugements et arrêts ; il comprend enfin les expéditions au même titre que les minutes.

Le jugement qui prononce la dissolution d'une société de secours mutuels désigne un administrateur chargé de procéder à la liquidation définitive ; celle-ci s'opère conformément aux statuts et elle est homologuée *sans frais* par le tribunal, à la diligence du procureur de la République (*art.* 11). L'expression *sans frais* implique la dispense de tout droit de timbre et d'enregistrement en faveur de la procédure d'homologation, y compris les jugements et arrêts et leur signification, tant en première instance qu'en appel, s'il y a lieu.

D'après l'article 13 de la loi, les sociétés de secours mutuels régulièrement constituées ont le droit d'ester en justice, tant en demandant qu'en défendant, et peuvent obtenir l'assistance judiciaire aux conditions imposées par la loi du 22 janvier 1851. Il résulte de cette disposition que le droit commun continuera d'être applicable en matière d'instance aux sociétés de secours mutuels, sauf dans les contestations où, d'après les termes de la loi, l'immunité d'impôt leur est acquise de plein droit (Rapp. *art.* 6, 11, 16 *et* 30).

Sociétés approuvées.

Le refus d'approbation ou le retrait de l'approbation accordée peuvent former l'objet d'un recours devant le conseil d'État. Ce recours est affranchi de tout droit (*art.* 16 *et* 30) ; en d'autres termes, les actes de la procédure y relative et les pièces produites sont exemptés de tout impôt, ainsi que l'arrêt rendu par le conseil et la signification de cette décision.

L'article 19 contient des dispositions sur lesquelles l'attention des agents est tout particulièrement appelée.

Aux termes du premier paragraphe, « tous les actes intéressant les sociétés approuvées sont exempts des droits de timbre et d'enregistrement ».

Ce texte reproduit littéralement l'article 11

du décret du 26 mars 1852. Il comporte par conséquent la même interprétation (*Instr.* n° 1932).

Parmi les pièces exonérées figurent donc notamment : les expéditions d'actes de l'état civil délivrées aux présidents des sociétés dans l'intérêt des associations, pourvu qu'elles contiennent la mention expresse de leur objet et de leur destination spéciale (*Instr.* n° 2003, § 6) ; les affiches concernant les sociétés (*Instr.* n° 2329, § 1er, *et* 2607, § 1er) ; les récépissés remis par les préposés de la Caisse des dépôts et consignations aux trésoriers des sociétés pour les dépôts effectués par celles-ci, ainsi que les déclarations de versement que certains trésoriers sont dans l'usage de réclamer en même temps que le récépissé (*Instr.* n° 2823, § 12).

Pas plus sous le régime nouveau que sous l'ancien, l'immunité ne s'applique aux transmissions de biens, même constatées par des actes.

Cette interprétation qui, sous l'empire du décret du 26 mars 1852, résultait d'une décision ministérielle du 6 juillet de la même année (*Instr.* n° 1832), a été expressément consacrée par la loi nouvelle. Le paragraphe 3 de l'article 19 porte, en effet, que la dispense des droits « n'est pas applicable aux transmissions de propriété, d'usufruit ou de jouissance de biens meubles et immeubles, soit entre vifs, soit par décès ».

Le deuxième alinéa du même article exempte « du droit de timbre de quittance les reçus de cotisations des membres honoraires ou participants, les reçus des sommes versées aux pensionnaires ainsi que les registres à souches qui servent au payement des journées de maladies ».

La décision ministérielle du 28 mars 1891 (*Instr.* n° 2823, § 11) qui avait reconnu l'exigibilité du droit de timbre sur les quittances d'arrérages des pensions de retraite payées aux membres de sociétés de secours mutuels approuvées cessera d'être suivie.

La dispense ne saurait, bien entendu, être étendue à des cas autres que ceux qui sont expressément prévus. Il s'ensuit notamment que la décision ministérielle du 8 novembre 1867 (*Instr.* n° 2361, § 9), d'après laquelle la quittance délivrée par l'économe d'un lycée pour constater le payement, par une société de secours mutuels, du prix du trousseau ou de la pension de l'enfant d'un sociétaire, est soumise au droit commun, conserve toute sa vigueur. Une semblable quittance n'est comprise ni dans l'énumération limitative du 2e alinéa de l'article 19, ni dans la disposition générale insérée sous le premier alinéa du même article, spécial aux actes qui intéressent les sociétés elles-mêmes, considérées comme personnes morales, et non les sociétaires personnellement ou leurs familles.

L'article 19 renferme enfin une disposition

commune aux caisses d'assurances instituées par la loi du 11 juillet 1868, à la caisse nationale des retraites pour la vieillesse et aux sociétés de secours mutuels approuvées. Il en sera spécialement question ci-après.

Aux termes de l'article 28 de la loi, « les sociétés de secours mutuels qui accordent à quelques membres ou à quelques-uns d'entre eux des indemnités moyennes supérieures à 5 francs par jour, des allocations annuelles ou des pensions supérieures a 360 francs et des capitaux en cas de vie ou de décès supérieurs à 3.000 francs ne participent pas aux subventions de l'Etat et ne bénéficient ni du taux spécial d'intérêt fixé par les décrets des 26 mars 1852, 26 avril 1856, ni des avantages accordés par la présente loi sous forme de remise de droits d'enregistrement et de frais de justice.

« Les sociétaires qui s'affilieront à plusieurs sociétés en vue de se constituer une pension supérieure à 360 francs ou des capitaux en cas de vie ou de décès supérieurs à 3.000 fr. seront exclus des sociétés de secours mutuels dont ils font partie, sous peine, pour la société, de perdre les avantages concédés par la présente loi. »

Cet article ne concerne pas les sociétés libres. Cela résulte non seulement de la place qu'il occupe dans la loi, mais encore de ce fait qu'il a trait à des sociétés qui reçoivent des subventions de l'Etat et bénéficient d'une majoration du taux de l'intérêt dont les versements à la Caisse des dépôts et consignations sont productifs, ce qui n'est pas le cas des sociétés non approuvées.

Il faut en conclure que les avantages accordés sous forme de remise de droits d'enregistrement et de frais de justice, dont il parle, sont ceux concédés spécialement aux sociétés approuvées, à l'exclusion de ceux qui sont octroyés même aux sociétés libres par les dispositions communes à toutes sociétés (titre Ier de la loi).

Mais il comprend, sous la dénomination de droits d'enregistrement, tous les impôts dont le recouvrement est confié à l'administration et conséquemment les droits de timbre.

Cette interprétation est commandée par l'esprit même de la disposition tel qu'il a été précisé dans les travaux préparatoires (*Rapport fait par M. Audiffred, au nom de la commission de la Chambre, Annexe no 1010 au procès-verbal de la seance du 22 novembre 1894; — Rapport fait par M. Lourties, au nom de la commission du Sénat, Annexe no 100 au procès-verbal de la seance du 23 novembre 1897*).

Les agents qui auront acquis, au moyen d'actes ou pièces régulierement parvenus à leur connaissance, la preuve que des membres de sociétés de secours mutuels approuvées se sont affiliés à plusieurs sociétés pour se constituer, soit une pension supérieure à 360 francs, soit des capitaux en cas de vie ou de décès supérieurs à 3.000 francs, devront en

informer leur directeur qui s'empressera de porter le fait à la connaissance du préfet, afin que l'autorité compétente puisse inviter les sociétés à prononcer l'exclusion de ces sociétaires. Ce n'est que dans le cas où cette mise en demeure ne serait pas suivie d'effet que les sociétés cesseraient, dans la mesure ci-dessus indiquée, de jouir des immunités fiscales que la loi leur confère.

Il importe d'observer à ce sujet que le dernier paragraphe de l'article 28 de la loi n'attache une sanction à l'affiliation d'un sociétaire à plusieurs sociétés qu'autant que le sociétaire y recourt *en vue* de se constituer une pension de plus de 360 francs ou un capital de plus de 3.000 francs. Quand cette intention n'existe pas, la disposition précitée est sans application. Elle ne régit donc pas, notamment, le cas d'un sociétaire appelé à jouir d'une pension supérieure au chiffre susindiqué, sans l'avoir cherché, uniquement parce que les ressources des sociétés dont il est membre se sont accrues depuis qu'il en fait partie.

Sociétés reconnues comme établissements d'utilité publique.

Ces sociétés sont placées, au point de vue fiscal, sur la même ligne que les sociétés approuvées (art. 33). Toutes les explications précédentes concernant celles-ci leur sont, par conséquent, applicables.

Unions de sociétés.

Les unions de sociétés de secours mutuels (art. 8) ont droit aux mêmes exceptions que les sociétés. Sous ce rapport, il convient d'assimiler les unions libres aux sociétés libres, les unions approuvées (art. 10) aux sociétés approuvées, et les unions reconnues comme établissements d'utilité publique (art. 32) aux sociétés de même nature.

Dispositions transitoires.

Les sociétés de secours mutuels antérieurement autorisées ou approuvées sont tenues, dans le délai de deux ans, de se conformer aux prescriptions de la loi nouvelle, à l'exception des sociétés approuvées qui assurent exclusivement leurs membres contre la maladie (art. 37).

Aucune sanction de nature fiscale n'est prononcée contre les sociétés autorisées qui ne se conformeront pas à cette disposition ; ces sociétés, si la dissolution n'en est pas prononcée, continueront par conséquent à jouir des exemptions d'impôts dont les sociétés libres sont appelées à bénéficier.

Quant aux sociétés approuvées qui, dans le délai de deux ans, ne solliciteront pas ou n'obtiendront pas de nouveau l'approbation de leurs statuts, elles seront considérées, à l'expiration de ce délai, comme des sociétés libres et ne profiteront que des immunités accordées à ces dernières.

Sous réserve de ces observations, il est entendu que, pendant le délai dont il s'agit, les sociétés existantes jouiront des dispenses de taxes octroyées par la loi du 1er avril 1898 aux sociétés libres, si elles sont simplement autorisées, et aux sociétés approuvées, si elles ont reçu l'approbation de l'autorité compétente, encore bien qu'elles puissent, aux termes de leurs statuts actuels, attribuer à leurs membres des avantages dépassant les limites fixées par le premier paragraphe de l'article 58 de la loi.

Dispositions communes aux sociétés de secours mutuels approuvées, aux caisses d'assurances en cas de décès ou d'accidents et à la caisse nationale des retraites pour la vieillesse, aux caisses de secours et de retraites des ouvriers mineurs et aux syndicats professionnels.

L'article 19 de la loi du 1er avril 1898 porte : « Conformément aux articles 19 de la loi du 11 juillet 1868 et 24 de la loi du 20 juillet 1886, les certificats, actes de notoriété et autres pièces exclusivement relatives à l'exécution des lois précitées et de la présente loi seront délivrés gratuitement et exempts des droits de timbre et d'enregistrement. »

En ce qui concerne les sociétés de secours mutuels cette disposition complète le premier alinéa de l'article 19 (V. *suprà*), en ajoutant que les actes et pièces visés seront délivrés *gratuitement*.

Elle reproduit en termes identiques l'article 19 de la loi du 11 juillet 1868 relative a la création de deux caisses d'assurances, l'une en cas de décès et l'autre en cas d'accidents résultant de travaux agricoles et industriels ; elle n'apporte, par conséquent, aucune modification à cette loi (Rapp. *Inst.* n° 2661, § 3).

Elle reproduit également dans les mêmes termes l'article 24 de la loi du 20 juillet 1886 sur la caisse nationale des retraites pour la vieillesse (*Inst.* n° 2732) et abroge par suite implicitement l'article 8 de la loi du 30 mars 1888 qui, par dérogation à la première, avait déclaré l'immunité des droits de timbre et d'enregistrement non applicable aux quittances d'arrérages de rentes viagères (*Inst.* n° 2749). Ces quittances se trouvent ainsi dispensées de nouveau du droit de timbre de 0 fr. 10 édicté par l'article 18 de la loi du 23 août 1871, comme elles l'étaient sous l'empire de la loi du 20 juillet 1886.

L'article 38 déclare certaines dispositions de la loi nouvelle, et notamment les articles 13 et 19, applicables aux sociétés régulièrement constituées en conformité du titre III de la loi du 29 juin 1884 dont l'article 28 est abrogé.

Les sociétés dont il s'agit sont les caisses de secours et de retraites des ouvriers mineurs.

Elles jouissaient, en vertu de l'article 20 de la loi du 29 juin 1894, des avantages fiscaux concédés par le décret du 26 mars 1852 aux sociétés de secours mutuels approuvées.

Désormais, elles bénéficieront des immunités plus larges inscrites dans l'article 59 de la loi du 1er avril 1898, sauf application, le cas échéant, de l'article 28.

D'autre part, il résulte des travaux préparatoires qu'en déclarant l'article 13 de la loi nouvelle applicable aux caisses de secours et de retraite des ouvriers mineurs, le législateur a voulu leur accorder le droit d'ester en justice, tant en demandant qu'en défendant, par le président ou le délégué ayant mandat spécial à cet effet, mais n'a pas entendu retirer aux intéressés le bénéfice de la disposition de l'article 27 de la loi du 29 juin 1894 qui les appelle à jouir de plein droit de l'assistance judiciaire (*Instr.* n°s 2866 et 2937).

Enfin l'article 40 est ainsi conçu : « Les syndicats professionnels constitués légalement aux termes de la loi du 21 mars 1884, qui ont prévu dans leurs statuts les secours mutuels entre leurs adhérents, bénéficieront des avantages de la présente loi, à la condition de se conformer à ses prescriptions. »

Cette disposition ne fait que consacrer une assimilation de traitement admise déjà par une décision ministérielle du 13 mai 1891 (*Instr.* n° 2817, § 7 ; V. *J. off.*, 2 juin 1896, *Débats parlem.*, Chambre, p. 818, col. 2).

Observations générales.

Les dispenses octroyées par la loi nouvelle ne concernent que les *droits* de timbre et d'enregistrement, elles ne s'étendent pas à la *formalité* de l'enregistrement qui devra être requise toutes les fois qu'elle sera nécessaire, et donnée gratuitement, s'il y a lieu.

Les actes et pièces appelés à jouir de ces dispenses n'y auront droit qu'autant qu'il résultera de leur contexte ou d'une déclaration inscrite soit à la suite, soit en marge, que les conditions auxquelles la loi a subordonné les immunités se trouvent remplies. Pour les sociétés de secours mutuels notamment, ils devront indiquer qu'il s'agit d'une société approuvée ou reconnue comme établissement d'utilité publique, n'accordant à aucun de ses membres ni des indemnités moyennes supérieures à 5 francs par jour, ni des allocations annuelles ou des pensions supérieures à 360 francs, ni des capitaux en cas de vie ou de décès supérieurs à 3.000 francs (V. toutefois ce qui a été dit *suprà* sous le titre : *Dispositions transitoires*).

Ces énonciations seront considérées comme suffisantes ; les agents seront, d'ailleurs, à même d'en contrôler l'exactitude en se reportant aux statuts, dont le dépôt doit être effectué à la sous-préfecture de l'arrondissement où la société a son siège social ou à la préfecture du département, et dont un extrait doit être inséré dans le Recueil des actes de la préfecture.

L'absence des constatations exigées pour l'application des immunités autoriserait la réclamation des droits de timbre et d'enregistrement, sans préjudice des pénalités qui pourraient être encourues.

Il y aurait également contravention si les actes ou pièces exemptées étaient détournées de leur destination spéciale et employées à un usage autre que celui en vue duquel l'immunité d'impôt leur a été accordée. »

Sociétés de secours mutuels : médailles d'honneur. — I. *Lettre du sous-secrétaire d'Etat a l'Intérieur au Président de la Commission d'assurance et de prévoyance sociales de la Chambre des deputes* (3 août 1898) :

« M. le Président, depuis la promulgation de la loi du 1er avril 1898, j'ai été consulté à maintes reprises sur la question de savoir si son article 39, qui modifie le décret du 27 mars 1858, donne aux membres des sociétés de secours mutuels qui reçoivent en cette qualité des récompenses honorifiques la faculté de porter à leur boutonnière le ruban sans la médaille.

Des avis contradictoires ayant été émis, j'ai pensé qu'à défaut d'un texte précis la commission d'assurance et de prévoyance sociales pourrait m'indiquer quelles ont été les intentions du législateur sur cette question.

Je vous serais donc reconnaissant de vouloir bien me faire connaître si, en votant l'article 39 précité, le Parlement a voulu abroger complètement le décret du 27 mars 1858 et laisser aux mutualistes la faculté de porter le ruban seul, comme le font des personnes auxquelles le gouvernement a accordé des médailles d'honneur pour faits de sauvetage ou longs services consécutifs dans la même maison industrielle. J'ai besoin d'être fixé à ce sujet qui intéresse un grand nombre de mutualistes. »

II. *Réponse du Président de la Commission d'assurance et de prévoyance sociales* (18 novembre 1898) :

« M. le Président du Conseil, vous avez bien voulu me demander, par une lettre en date du 3 août 1898, de consulter la Commission d'assurance et de prévoyance sociales sur l'interprétation à donner à l'article 39 de la loi du 1er avril 1898, relative aux sociétés de secours mutuels.

J'ai l'honneur de vous faire savoir que la Commission, après en avoir délibéré dans sa séance du mardi 15 novembre, a décidé à l'unanimité que l'article 39 abrogeait complètement le décret-loi du 27 mars 1858 et laissait aux mutualistes la faculté de porter le ruban seul, comme le font les titulaires de médailles d'honneur pour faits de sauvetage ou longs services consécutifs dans la même maison. »

Assistance médicale gratuite : délivrance des médicaments. — *Avis du conseil d'Etat du 13 juillet* 1898 (1) :

« Le Conseil d'Etat, consulté par le ministre de l'intérieur sur la question de savoir si, au cas où des pharmaciens refusent de délivrer, pour le service de l'assistance médicale gratuite, des médicaments aux prix portés au tarif départemental, les médecins peuvent distribuer eux-mêmes ces médicaments aux malades de l'assistance gratuite auxquels ils donnent des soins ;

Vu la dépêche ministérielle en date du 29 avril 1898 ;

Vu la loi du 15 juillet 1893 sur l'assistance médicale gratuite ;

Vu la loi du 21 germinal an XI sur l'exercice de la pharmacie ;

Considérant qu'aux termes de l'article premier de la loi du 15 juillet 1893 tout Français malade, privé de ressources, reçoit gratuitement l'assistance médicale ;

Que, pour réaliser l'effet de cette disposition impérative, l'article 4 de cette loi a donné aux conseils généraux des départements la mission d'organiser le service de l'assistance médicale, et, par conséquent, prévu le concours des personnes exerçant l'art de guérir,

---

(1) Cet *Avis* a été communiqué aux prefets, le 19 août 1898, par une circulaire du Directeur de l'Assistance et de l'Hygiène publiques, ainsi conçue :

« M. le Prefet, l'application de la loi du 15 juillet 1893 sur l'assistance medicale gratuite réclame le concours des pharmaciens pour la fourniture des médicaments. D'une manière très générale ce concours a été obtenu ; les pharmaciens ont consenti à delivrer les remèdes aux prix portés sur les tarifs annexés aux règlements departementaux du nouveau service et arrêtés par les conseils généraux en vertu du pouvoir que confère à ces assemblées l'article 4 de la loi. Les conseils généraux n'ont d'ailleurs usé de ce droit que dans un esprit de sagesse et d'équite.

Toutefois un refus était possible. Il n'était pas admissible que le fait, venant a se produire, mît, sur un point donné où il n'y aurait point d'autre officine, un obstacle absolu à l'exécution de la loi de 1893, qui assure (art. 1er) le bénéfice de l'assistance medicale à tout Français malade, privé de ressources.

Il m'a paru que ce refus équivaudrait en réalité à l'absence de pharmacie quant aux benéficiaires du service, que le pharmacien qui se placerait dans ce cas renoncerait par là même au monopole dont la loi le pourvoit dans l'unique intérêt des malades et qu'ainsi les médecins de l'assistance medicale gratuite seraient autorisés à agir dans la localité comme s'il n'y existait pas d'officine.

J'ai cru devoir toutefois provoquer sur ce point l'examen du Conseil d'Etat. La haute Assemblée, dans ses séances des 7 et 13 juillet 1898, a émis l'avis dont vous trouverez ci-joint une copie ; il consacre mon opinion Vous devrez vous en inspirer dans le cas où un pharmacien refuserait son concours au service de l'assistance médicale, suivant les conditions determinées par le conseil général. »

notamment des médecins qui visitent les malades assistés et instituent leur traitement, et des pharmaciens qui préparent et délivrent les médicaments prescrits par ces médecins ;

Que dans le cas où il n'existerait pas, dans la commune d'un malade assisté, de pharmacien consentant a donner son concours aux conditions établies en application de l'article 4 de la loi précitée, il appartient au médecin, pour éviter que cette loi ne soit mise en échec, de remplir seul la tâche de l'assistance médicale ;

Que, dès lors, cette situation exceptionnelle peut être considérée comme plaçant le médecin dans le cas prévu par l'article 27 de la loi du 21 germinal an XI ;

Est d'avis de répondre dans le sens des observations qui précèdent. »

———

Assistance médicale gratuite : contributions financières. — *Circulaire du Directeur de l'assistance et de l'hygiène publiques, du 25 juin 1898 :*

« M. le Préfet, la loi du 15 juillet 1893 sur l'assistance médicale gratuite s'est attachée à déterminer les conditions et les proportions d'après lesquelles, pour mettre en œuvre le principe de la solidarité, les départements doivent subventionner les communes et l'État subventionner les départements.

Après quelques incertitudes, inhérentes à l'application de toute loi nouvelle, la jurisprudence de mon administration est désormais fixée en ce sens que les départements auront droit à la subvention de l'État, même lorsqu'ils n'auront pas eu besoin, pour faire face aux dépenses qu'entraine l'exécution de la loi de 1893, de créer des centimes spéciaux, pourvu que ces dépenses soient payées avec les ressources provenant de l'impôt.

Ces principes, résultant de déclarations que j'ai faites à la tribune du Sénat dans sa séance du 16 décembre 1897, ont été rappelés le 3 mars dernier a plusieurs administrations préfectorales, à l'occasion de la fixation du contingent de l'État dans les dépenses du service de l'assistance médicale pour l'année 1897.

Je les confirme et j'ajoute, ainsi que le précisaient mes déclarations du 16 décembre 1897, que les mêmes règles doivent être appliquées pour la fixation de la subvention du département aux communes, à raison des dépenses d'assistance médicale. Ainsi, les communes auront droit à la subvention du département, même lorsqu'elles ne seront pas dans l'obligation de créer des centimes spéciaux pour supporter la part de dépenses qu'elles payeront sur des ressources provenant de l'impôt.

Les conseils généraux n'hésiteront pas, j'en ai la conviction, à accepter cette interprétation libérale ils ne sauraient, en effet, s'en prévaloir dans les rapports du département avec l'État, sans les appliquer dans les relations du département avec les communes.

Vous aurez à tenir compte désormais de ces principes pour calculer, d'un côté, la subvention du département aux communes, et, de l'autre, la subvention de l'État au département. »

———

Assistance médicale gratuite : enfants rachitiques. — *Circulaire du Directeur de l'assistance et de l'hygiène publiques du 30 juillet 1898 :*

« M. le Préfet, aux termes de l'article 1er de la loi du 15 juillet 1893, tout Français malade, privé de ressources, reçoit gratuitement de la commune, du département ou de l'État, suivant son domicile de secours, l'assistance médicale à domicile ou, s'il y a impossibilité à le soigner utilement à domicile, dans un établissement hospitalier.

Comme le constate la circulaire ministérielle du 18 mai 1894, la loi précitée laisse en dehors de son application les vieillards, les infirmes incurables. « Les malades (dit cette circulaire) sont ceux qui pourraient être admis dans un hôpital, mais ne seraient pas reçus dans un hospice. » Ainsi le caractère curable de l'affection dont souffre un indigent est le critérium auquel on doit s'attacher pour reconnaître si cet indigent est en droit de bénéficier de l'assistance médicale gratuite.

Par lettre du 20 avril dernier, mon prédécesseur a consulté l'Académie de médecine sur le point de savoir s'il existe des affections curables chez telle ou telle catégorie de malades, par exemple chez les enfants pour lesquels le traitement marin est nettement indiqué, s'il est des circonstances où le séjour au bord de la mer, dans un hôpital approprié, est sinon le seul mode de traitement possible, du moins incontestablement le meilleur.

Mon prédécesseur priait en même temps l'Académie d'indiquer les précisions que, pour justifier l'utilité du traitement marin dans chaque cas particulier, il conviendrait d'exiger sur le certificat du médecin qui se serait prononcé en faveur de ce traitement.

M. le président de l'Académie a soumis ces questions à la Commission permanente de l'hygiène de l'enfance.

Un rapport a été présenté au nom de ladite commission par M. le Dr Reclus, et les conclusions de ce remarquable rapport ont été adoptées par l'Académie dans sa séance du 28 juin dernier.

Vous trouverez en annexe de la présente circulaire copie d'une lettre que j'ai reçue de M. le Dr Bergeron, secrétaire perpétuel de l'Académie, et qui est un promoteur éminent du traitement marin . sa lettre contient l'avis de la Commission permanente de l'hygiène de l'enfance.

Cet avis constate que sur l'efficacité du traitement marin tout le monde est d'accord.

« Le rachitisme, dit la commission, la scrofule, la plupart des manifestations de la tuberculose, surtout pendant l'enfance et l'adolescence, guérissent au bord de la mer. Il ne s'agit plus là d'un sujet en litige, mais d'une sorte de dogme au-dessus des contradictions; il s'affirme sur une expérience plus que séculaire. Depuis que le premier hôpital marin fut ouvert à Margate, en 1796, les observations se sont accumulées qui prouvent l'excellence de la thalassothérapie. »

Ce témoignage unanime, péremptoire, émané du corps le plus autorisé, dicte le devoir des assemblées et des administrations qui coopèrent à l'application de la loi du 15 juillet 1893.

Les enfants rachitiques et scrofuleux, soignés au début de leur affection, peuvent être guéris par le traitement marin ; en conséquence, le service de l'assistance médicale gratuite doit, si ces enfants sont privés de ressources, leur procurer ce traitement dans la mesure que permettent le caractère et le nombre des hôpitaux marins existant sur notre territoire.

La limite d'âge pour les admissions varie un peu selon les établissements ; mais ils ne reçoivent que des enfants ou des adolescents. À mon avis, les désignations ne doivent pas, sauf dans des cas exceptionnels, porter sur des malades ayant plus de quatorze ans : toutes choses égales, d'ailleurs, plus est jeune le rachitique ou le scrofuleux soumis au traitement marin, plus il a de chances de guérir et de guérir promptement.

En conformité de l'article 4 de la loi du 15 juillet 1893, le conseil général délibère notamment « sur la détermination et la création des hôpitaux auxquels est rattaché chaque commune ou syndicat de communes ».

Comme l'indique la circulaire ministérielle du 17 août 1895, il ne suffit pas de rattacher chaque commune ou chaque syndicat de communes à l'hôpital le plus voisin, il convient de prévoir le rattachement subsidiaire à un ou plusieurs autres hôpitaux, lorsque l'établissement le plus voisin n'est pas outillé pour soigner utilement tous les cas morbides, par exemple pour pratiquer les grandes opérations chirurgicales, j'ajoute, lorsque n'étant pas situé sur le littoral, il ne peut procurer le traitement marin.

Le fait qu'un hôpital marin est un établissement privé ne s'oppose en rien au rattachement.

Je rappelle à ce sujet le passage suivant de la circulaire ministérielle du 18 mai 1894 :

« L'article 16 de la loi du 7 août 1851 permet de traiter, sous réserve de votre approbation, avec un hôpital privé. Comme l'a indiqué M. le rapporteur de la loi au Sénat dans sa séance du 13 mars 1893, ni la lettre ni l'esprit du texte législatif ne s'opposent à ce que cette faculté soit étendue au conseil général chargé d'organiser l'exécution de la loi du 15 juillet 1893. »

Ce recours à des hôpitaux privés qui, pour le traitement des maladies autres que le rachitisme et la scrofule, est une mesure toute exceptionnelle, sera pour le traitement de ces deux affections le fait général, presque constant.

Il n'existe, en effet, à la connaissance de mon administration, que trois établissements publics affectés aux jeunes rachitiques ou scrofuleux, savoir :

— L'hôpital de Berck-sur-Mer, qui appartient à l'Assistance publique de Paris ;

— L'asile Sainte-Eugénie, à Cap-Breton (Landes) ;

— Le sanatorium Renée Sabran, à Gien (Var), qui appartient aux hospices civils de Lyon.

Voici, d'ailleurs, la liste des établissements publics ou privés que je crois devoir indiquer en ce qui concerne le traitement des jeunes rachitiques ou scrofuleux pour le rattachement prévu par l'article 4 de la loi du 15 juillet 1893 :

— Établissement public de Berck-sur-Mer (Pas-de-Calais) ; assistance publique de Paris.

— Établissement de Saint-Pol-les-Dunkerque (Nord) ; œuvre en instance pour être reconnue d'utilité publique ;

— Établissement de Pen-Bron, près du Croisic (Loire-Inférieure) ; œuvre reconnue d'utilité publique ;

— Établissement de Saint-Trojan, île d'Oloron (Charente-Inférieure) ; œuvre des hôpitaux marins reconnue d'utilité publique ;

— Établissement d'Arcachon (Gironde) ; œuvre privée ;

— Établissement public Sainte-Eugénie, à Cap-Breton (Landes) ;

— Établissement de Banyuls-sur-Mer (Pyrénées-Orientales) ; œuvre des hôpitaux marins, reconnue d'utilité publique ;

— Établissement public Renée Sabran à Gien (Var) ; hospices civils de Lyon.

Il vous appartiendra, en vue du rattachement qui doit être opéré, de proposer un de ces établissements au conseil général, dès la session du mois d'août prochain : je vous prie de soumettre en même temps à cette assemblée un projet de convention avec l'Administration ou avec l'œuvre propriétaire de l'hôpital désigné ; ce projet fixera pour une période déterminée, pour cinq ans par exemple, le prix de journée à payer par le service de l'assistance médicale gratuite de votre département.

Aux termes de l'article 3 de la loi du 15 juillet 1893, « dans le cas où il y a impossibilité de soigner utilement un malade à domicile, le médecin délivre un certificat d'admission à l'hôpital. Ce certificat doit être contresigné par le président du bureau d'assistance ou son délégué.

« L'hôpital ne pourra réclamer à qui de

droit le remboursement des frais de journée qu'autant qu'il représentera le certificat ci-dessus. »

Il va de soi que la production et le contre-seing de ce certificat, qui forme au profit de l'établissement créancier le titre de recette, seront exigées pour l'envoi d'un malade dans un hôpital marin. Mais cette pièce, toujours indispensable, ne serait pas, dans le cas spécial, suffisante.

L'hôpital marin, établissement privé, n'est pas, comme l'hôpital public de rattachement, tenu de recevoir un malade sur le vu du certificat contresigné que prescrit l'article 3 précité ; il est en droit et il ne manquera pas de réclamer les justifications dont l'Académie de médecine a reconnu la nécessité.

Indépendamment du certificat requis par la loi, il devra être produit un bulletin médical contenant les mentions demandées par l'Académie.

En conséquence, ce bulletin portera « une indication précise du siège et de la nature de l'affection, de sa gravité, de l'opportunité d'une intervention opératoire ». Il attestera également, après une minutieuse enquête du médecin, que l'enfant dont celui-ci propose l'admission « n'est ni convalescent de fièvre éruptive, de diphtérie ou de coqueluche, ni atteint de phtisie pulmonaire ou de teigne ».

Je vous prie d'adresser en vue de cet objet les recommandations les plus pressantes aux médecins du service et de les engager à suivre, pour la rédaction de leurs bulletins, les rubriques de celui dont l'œuvre des hôpitaux marins fait usage, et qui est imprimé en annexe de la présente circulaire.

Quelle sera, pour l'admission, la procédure suivie ? Les demandes et les bulletins devront-ils être adressés directement à l'hôpital marin par le médecin ? ou bien le seront-ils par les soins du bureau d'assistance ? Ou bien les ferez-vous envoyer, et vous chargerez-vous de faire auprès de l'établissement marin les démarches nécessaires ? Vous avez toute liberté à cet égard. Vous organiserez ce service spécial au mieux de tous les intérêts engagés. Quelle que soit, d'ailleurs, la voie que vous adoptiez, il va de soi qu'aucun enfant ne devra être dirigé sur un hôpital marin qu'après que l'accord se sera établi avec cet hôpital pour sa réception immédiate.

Il ne faudra jamais exposer un enfant à être renvoyé, faute de place, dans sa commune, et le fait se produirait souvent si la précaution que j'indique n'était pas prise.

Les indigents hospitalisés en exécution de la loi du 15 juillet 1893 et les personnes qui les accompagnent sont, vous le savez, transportés à demi-tarif par les compagnies de chemins de fer ; appartiennent à ces catégories et bénéficieront par suite du même avantage les enfants dirigés par le service de l'assistance médicale gratuite sur un hôpital marin ou en revenant et les personnes qui les ac-

compagneront tant à l'aller qu'au retour.

La circulaire ministérielle du 27 août 1895 vous a rappelé qu'en vertu de l'article 32 de la loi précitée, et aux termes des nomenclatures insérées dans l'instruction du 27 juillet 1896, les mémoires produits par les compagnies pour ces frais de transport ne sont pas passibles du timbre.

Par suite, lorsqu'il y aura lieu d'assurer le transport en chemins de fer d'enfants dirigés sur un hôpital marin, il conviendra de mentionner en tête des réquisitions à demi-tarif (aller et retour) et de la manière la plus apparente l'indication ci-après : « Service de l'assistance médicale gratuite ».

Pour l'application rationnelle du traitement marin à des enfants privés de ressources, il y a deux règles essentielles à suivre, fondées l'une et l'autre sur l'observation thérapeutique.

En premier lieu, je le répète, plus jeunes sont les enfants, pourvu qu'ils soient entièrement sevrés, qui sont soignés dans les sanatoria et plus l'époque à laquelle ils y sont envoyés est rapprochée de celle où ils ont été atteints du rachitisme ou de la scrofule, plus augmentent les chances d'une guérison totale, moins aussi est longue la durée du séjour obligé au sanatorium. A diriger des malades très jeunes sur l'établissement et à les y diriger dès l'apparition du mal, il y a donc un double avantage : le malade guérit plus sûrement, plus complètement et plus vite, pour la même dépense on soigne un plus grand nombre d'enfants.

D'autre part, le traitement doit être prolongé jusqu'à ce qu'il ait produit son plein effet. Renvoyer du sanatorium avant la guérison l'enfant auquel un séjour plus long pourrait la procurer, c'est manquer au devoir d'assistance envers le malade, c'est aussi faire ce qu'on appelle une fausse opération ; à une échéance plus ou moins rapprochée, la rechute est inévitable, et pour ne pas guérir l'hospitalisé, on dépense une somme qui, bien employée, aurait probablement sauvé un autre malade. Cette crainte de renvois anticipés des sanatoria n'est que trop justifiée, et je crois utile de reproduire ci-après les conclusions de l'intéressant rapport médical dont M. le docteur Leroux a donné lecture à l'assemblée générale la plus récente de l'œuvre des hôpitaux marins :

« CONCLUSIONS GÉNÉRALES. — Les résultats que nous venons d'exposer, pris dans leur ensemble, sont bons, mais ils pourraient être meilleurs, si l'on voulait bien tenir compte des observations suivantes :

« 1° Beaucoup d'enfants sont envoyés uniquement pendant la saison d'été, pour une période de quelques semaines, deux ou trois mois au plus. Or, en un si court séjour, surtout s'ils sont atteints d'une manifestation tant soit peu importante, ils ne retirent du traitement marin qu'un bénéfice fort minime, et, par ce fait, la statistique est faussée. Il serait donc juste de faire de ces enfants une catégorie à part.

« 2° De plus, d'autres restent un temps plus long, mais encore trop court en raison de la gravité de leur état. Le résultat est encore incomplet au moment de la sortie des enfants, et le pourcentage des cas de guérison est fatalement diminué.

« 3° Enfin la plupart des enfants qu'on nous envoie sont atteints de tuberculose osseuse, de rachitisme, de manifestations scrofuleuses diverses fort graves ; pour quelques uns, l'état est presque désespéré. Tous ces enfants nous sont confiés beaucoup trop tardivement, alors que pendant des mois à des années on a épuisé toutes les ressources thérapeutiques.

« Grâce à l'efficacité du traitement marin, on sauve un grand nombre de ces enfants ; mais si les administrations départementales et surtout si les médecins voulaient se conformer au vœu que nous avons exprimé dans tous nos rapports, dans toutes nos communications aux congrès, on nous enverrait ces petits malades beaucoup plus tôt. Les résultats seraient beaucoup meilleurs et le séjour beaucoup moins long. C'est non seulement une question d'humanité, puisqu'on supprimerait de longues souffrances aux enfants, mais aussi une question de sage administration puisqu'on éviterait à ces malades un séjour fort long et fort inutile dans les hôpitaux et hospices, et qu'on bénéficierait d'un plus court séjour dans les hôpitaux marins.

« Nous ne cesserons de reproduire ces observations tant qu'on n'en aura pas saisi l'importance : *Traitement marin hâtif et séjour prolongé*, telle est la formule qui seule conduit sûrement au succès. »

Elle guidera, j'en ai la confiance, votre administration et celles qui coopèrent au service de l'assistance médicale gratuite.

La tuberculose pulmonaire trouve chez les rachitiques et les scrofuleux le terrain d'élection le plus favorable ; des constatations unanimes du corps médical, il ressort que le rachitisme et la scrofule ont un remède spécifique, le traitement marin : l'appliquer dans une large mesure, ce sera, en dehors du profit immédiat et considérable des guérisons du rachitisme et de la scrofule, enrayer, par voie de conséquence rapprochée, la tuberculose pulmonaire, la plus meurtrière des maladies ; ce sera ainsi procurer aux jeunes générations un bienfait inappréciable.

Je vous prie de me communiquer ultérieurement sans retard la délibération que le conseil général aura bien voulu prendre au cours de sa prochaine session, pour opérer, en ce qui concerne le traitement marin, le rattachement prévu par l'article 4 de la loi du 15 juillet 1893. »

———

Assistance des vieillards, infirmes et incurables. — *Circulaire du Directeur de l'Assistance et de l'Hygiène publiques du 6 juin 1898 :*

« M. le Préfet, plusieurs de vos collègues paraissent penser que le service de l'assistance aux vieillards, infirmes et incurables, tel qu'il est prévu par l'article 43 de la loi du 29 mars 1897, doit être entièrement centralisé entre les mains de l'autorité et de l'Assemblée départementale, les conseils municipaux n'ayant d'autre rôle que de contribuer à la création des ressources nécessaires à la constitution des pensions.

Cette opinion erronée provient sans doute de l'interprétation inexacte d'un passage de la circulaire du 20 avril 1897 qui appelait les assemblées départementales à délibérer ; peut-être a-t-elle été confirmée par la circulaire du 18 juillet 1897, qui a confié au Conseil général le soin de grouper dans le budget du département les crédits de dépenses et les prévisions de recettes d'où doit dériver le paiement des pensions annuelles. Mais, d'une part, la première de ces instructions, écrite à la veille de la réunion des Conseils généraux, avait pour but, non de définir le caractère de la nouvelle organisation, mais de montrer aux assemblées départementales la portée des engagements qu'elles étaient invitées à prendre sans retard, si elles voulaient faire bénéficier, dès 1897, les malheureux de leur département du concours offert par l'État. D'autre part, la circulaire du 18 juillet 1897 se réfère uniquement à l'exécution financière du service. Or, des considérations administratives peuvent conduire au groupement dans un document unique de l'ensemble de certaines opérations budgétaires, afin de les rendre plus claires et d'en faciliter le contrôle, sans qu'il soit porté atteinte, pour cela, au principe qui doit dominer toutes les œuvres d'Assistance publique, à savoir que le devoir de secourir les souffrants, les faibles, les déshérités incombe à la commune avant toute autre collectivité.

Il importe de bien établir que ce principe a été et doit être respecté en ce qui concerne l'Assistance aux vieillards, infirmes et incurables.

Pratiquement, le Conseil municipal, sur la proposition du bureau d'Assistance, mieux à même que quiconque d'apprécier les misères à soulager, prendra presque toujours l'initiative en votant sa part contributive dans la pension du vieillard, de l'infirme et de l'incurable qui, réunissant les conditions exigées par la loi et précisées par la circulaire du 20 avril 1897, lui aura semblé particulièrement digne d'intérêt. Si le Conseil général, délibérant à son tour, consent à assumer la charge que doit entraîner pour le département l'application du barème A, annexé à la loi du 15 juillet 1893, les propositions de l'Assemblée communale sortiront tout leur effet : le bénéficiaire désigné par elle obtiendra la pension mixte de l'article 43. A la vérité le dernier mot appartiendra au Conseil général; mais cela est nécessaire, car l'ensemble des attributions faites par les communes et impliquant l'allocation de la subvention départementale d'après le barème A pourrait soit excéder la proposition de deux pensions par 1,000 habitants, soit entraîner pour le département une dépense supérieure au chiffre du crédit voté par le Conseil général.

En présence d'un vote du Conseil général refusant le concours financier du département, pourvu que la proportion de 2 pour 1.000 ne soit pas dépassée, un moyen reste encore au Conseil municipal de mener à bien ses intentions charitables, c'est d'augmenter son premier sacrifice du montant de celui que le département aurait dû supporter, la subvention de l'État étant toujours escomptée. Une pareille combinaison, je tiens à vous le faire connaître, n'est nullement inconciliable avec les dispositions de l'article 43 de la loi du 29 mars 1897. Le département peut se substituer à la commune : aucune raison n'existe de proscrire la substitution de la commune au département. Il est vrai qu'en apparence du moins on ne se trouve plus tout à fait dans les conditions prévues par les barèmes A et B de la loi sur l'Assistance médicale. Il est facile d'écarter cette difficulté en admettant que la part de dépense assumée par la commune à la place du département, tiendra lieu du sacrifice que celui-ci aurait dû consentir. Il en sera fait état dans le budget départemental, mais pour ordre seulement, et la somme allouée par l'État à titre de contribution en vertu du barème B sera reversée au titulaire de la pension communale sans profiter en rien à la Caisse départementale qu'elle aura seulement traversée. Le Conseil général n'aura à intervenir que pour voter l'inscription budgétaire. Il aura la faculté, à cette occasion, de s'assurer de la régularité de l'attribution de la pension, de vérifier si les pensions de ce genre, ajoutées à celles que des communes auraient constituées avec le concours du département n'excèdent pas la proportion maxima de 2 pensions par 1,000 habitants ; c'est à ce titre que l'accord entre l'Assemblée départementale et les Conseils municipaux peut être considéré comme nécessaire. Telle est la portée de cette expression de l'article 43 « d'accord avec les Conseils généraux ».

Il pourra parfois arriver qu'exceptionnellement le Conseil général prenne à sa charge, comme il en a la faculté, la totalité de la dépense locale d'assistance et se substitue à la commune ; celle-ci, alors complètement désintéressée, n'a plus à se préoccuper des conséquences financières de l'attribution de la pension. Mais, même dans ce cas, il sera sage de consulter la commission administra-

tive du bureau d'assistance et le Conseil municipal. C'est là une mesure d'instruction qui dépend de vous, M. le Préfet, et que je vous recommande de ne pas mettre le cas échéant.

Sauf cette dernière hypothèse, où l'intervention de l'administration communale ne se justifierait point, la commune exerce donc bien sur le fonctionnement de l'assistance aux vieillards, infirmes et incurables l'action prépondérante qui doit lui revenir en compensation des charges qu'elle est appelée à assurer et que le principe de solidarité lui impose en première ligne, ici comme en matière d'assistance médicale gratuite. Presque toujours son concours demeurera l'amorce indispensable de la pension : elle peut aussi constituer une pension à elle seule, sans l'aide du département ; elle est l'axe du service lui-même.

Je vous prie de vous inspirer à l'avenir des considérations qui précèdent. Elles n'ont pas seulement pour objet de vous renseigner plus exactement sur la portée pratique de la loi nouvelle ; leur but est encore d'en provoquer, en la facilitant, l'application la plus large et la plus féconde. Celle qui en a été faite en 1897, ne l'a été que dans des limites trop restreintes. »

Capacité de la femme : droit de témoignage. — *Circulaire du Ministre de la guerre du 15 octobre 1898 :*

« La loi du 7 décembre 1897 (1) a modifié les articles 37 et 980 du Code civil ainsi que les articles 9 et 11 de la loi du 25 ventôse an XI, et a reconnu, de ce fait, à la femme le droit d'être témoin dans les actes de l'état civil et les actes instrumentaires en général.

Or, comme aux termes de la loi du 15 juillet 1889 et du décret du 28 septembre suivant, les actes d'engagement et de rengagement sont reçus dans les conditions de l'article 37 du Code civil précité, il y aura lieu, à l'avenir, d'admettre les femmes comme témoins dans ces actes.

Quant aux certificats de position à produire aux conseils de revision ou aux chefs de corps par les jeunes gens qui sollicitent le bénéfice des dispenses prévues aux articles 21, 22, 49 et 50, ils continueront, comme par le passé, à être établis sous la responsabilité personnelle de trois pères de famille, dans les formes prescrites par les modèles annexés à l'instruction du 4 décembre 1889.

Il résulte, en effet, du texte même de la loi du 7 décembre 1897 que la femme ne peut être admise en témoignage que pour des faits matériels. »

---

(1) Voir cette loi : *Année* 1897, page 116.

Capacité de la femme : Commissions administratives des établissements de bienfaisance. — I. *Circulaire du Ministre de l'Intérieur du 9 septembre* 1898 :

« M. le Préfet, la circulaire d'un de mes prédécesseurs, du 10 février 1896, a rappelé les règles générales qui, suivant la loi du 5 août 1879, doivent présider au mode de recrutement des commissions administratives des établissements de bienfaisance et d'assistance (hospices et hôpitaux, bureaux de bienfaisance, bureaux d'assistance).

Je vous rappelle ces instructions, je les renouvelle et vous invite expressément à vous y reporter. Pour les compléter, j'ai l'honneur de vous adresser sous ce pli le texte d'un avis du Conseil d'Etat en date du 6 avril 1898 qui est de nature à en faciliter l'exécution puisqu'il ouvre à votre choix un champ plus large ; aux termes de cet avis, que mon administration a provoqué sur le vœu émis par le conseil supérieur de l'assistance publique en sa dernière session et dont j'adopte les conclusions, les femmes peuvent être appelées à faire partie des commissions administratives des établissements publics de bienfaisance, comme déléguées de l'Administration.

La présence des femmes dans les administrations des établissements de bienfaisance et d'assistance peut, en maintes occasions, constituer une mesure des plus utiles, elles sauront sans doute apporter dans le soulagement de la misère et de la maladie cette sollicitude intelligente et douce qui est un si puissant réconfortant pour les malheureux dont l'assistance publique a la charge.

Déjà le gouvernement s'est inspiré de cette idée quand, dans le décret du 15 novembre 1896 portant règlement d'administration publique sur l'assistance à domicile à Paris, il a disposé (art. 4) que les femmes pourraient être nommées administratrices des bureaux de bienfaisance de Paris.

Il résulte de l'avis du Conseil d'Etat du 6 août 1898 que la même faculté peut être étendue aux établissements de province, sans qu'il y ait lieu d'apporter aucune modification à la législation existante.

Il ne vous échappera pas que l'avis contient une réserve relativement à l'aptitude des femmes à être nommées membres des commissions administratives des établissements publics de bienfaisance comme déléguées des conseils municipaux. Cette réserve provient d'une disposition spéciale de la loi du 5 août 1879 (art. 4, § 5), se référant aux lois électorales.

Cependant sur ce point même la question peut faire doute et je ne vous conseillerais pas d'annuler une délibération d'un conseil municipal élisant une femme en qualité d'administrateur d'un établissement de bienfaisance, si d'ailleurs cette femme n'est dans aucun des cas spécifiés au texte précité

Lorsque vous croirez devoir proposer à une nomination, ou nommer vous-même membre d'une commission administrative une femme placée sous l'autorité maritale, il conviendra que vous vous assuriez préalablement de l'assentiment du mari. »

II. *Avis du Conseil d'Etat du 28 juillet* 1898 :

« Le Conseil d'Etat, qui, sur le renvoi ordonné par le ministre de l'intérieur, a examiné la question de savoir si les femmes peuvent être appelées à faire partie des commissions administratives des établissements publics de bienfaisance ;

Considérant que l'article 1er de la loi du 5 août 1879 porte que les commissions administratives des hôpitaux, hospices et bureaux de bienfaisance se composent du maire et de six membres renouvelables, dont deux sont élus par le conseil municipal et quatre nommés par le préfet, que les expressions dont se sert la loi sont générales et se bornent, en introduisant dans les commissions un élément électif, à reproduire les dispositions de la loi du 21 mai 1873 qui ne contenait aucune exclusion à l'égard des femmes ;

Considérant, à la vérité, que l'article 4, § 5, de la loi du 5 août 1879 déclare non éligibles les membres qui se trouveraient dans un des cas d'incapacité prévus par les lois électorales et qu'on peut en inférer que le conseil municipal ne saurait élire des femmes ;

Mais considérant que le paragraphe 4 de l'article 5 ne vise que les membres délégués par le conseil municipal ; qu'aucune disposition de loi n'interdit au préfet d'user du pouvoir de nomination que la loi lui confère pour introduire dans les commissions administratives des femmes majeures jouissant de leurs droits, et qu'il ne peut y avoir que des avantages à faire participer les femmes à l'administration des établissements public de bienfaisance, où leur concours rendrait de réels services ;

Est d'avis :

Que les femmes peuvent être nommées, par les préfets, membres des commissions administratives des établissements publics de bienfaisance. »

DISCUSSIONS PARLEMENTAIRES

DÉPOTS DE PROJETS ET RAPPORTS (1).

Protection de l'enfance. — *Proposition* de loi tendant : 1° à autoriser les tribunaux à remettre les mineurs, acquittés comme ayant agi sans discernement, soit à leurs parents, soit à des particuliers, soit à l'Assistance pu-

---

(1) Etat au 31 décembre 1898.

blique, ou à les placer dans des maisons d'éducation spéciales ; 2° à enlever ces maisons d'éducation à l'administration pénitentiaire et à les rattacher à l'administration de l'Assistance publique (déposée à la Chambre par M. Muteau le 13 décembre 1898, n° 516).

Protection du travail national. — *Proposition* de loi tendant à protéger le travail national (déposée à la Chambre par M. Magniaudé le 4 novembre 1898, n° 297).

— *Proposition* de loi tendant à assujettir les étrangers résidant en France au payement : 1° de la taxe militaire établie par la loi du 15 juillet 1889 ; 2° d'une taxe supplémentaire (déposée à la Chambre par M. de Montfort le 18 novembre 1898, n° 382).

— *Proposition* de loi tendant à soumettre au payement d'une taxe spéciale les patrons qui occupent des ouvriers ou employés étrangers (déposée à la Chambre par M. Holtz le 7 novembre 1898, n° 315).

V. *Salaires.*

Réglementation du travail. — *Proposition* de loi concernant la diminution des heures de travail (déposée à la Chambre par M. Loyer le 16 décembre 1898).

— *Proposition* de loi sur les conditions de travail à insérer dans les cahiers des charges de travaux exécutés au compte de l'Etat, des départements, des communes et des établissements publics (déposée à la Chambre par M. Holtz le 4 novembre 1898, n° 301).

— *Proposition* de loi portant réglementation du travail sur les chantiers de l'Etat, des départements, des communes et des entreprises d'utilité publique exécutées par les particuliers, relative : 1° aux conditions du travail, assurances, accidents, hospitalisation, repos hebdomadaire ; 2° à la limitation du nombre des ouvriers étrangers sur les chantiers ; 3° à la participation des associations ouvrières aux travaux publics (déposée à la Chambre par M. André Castelin le 18 novembre 1898, n° 383).

— *Question* sur les conditions des adjudications pour l'Exposition universelle de 1900 (posée à la Chambre par M. Stanislas Ferrand, séance du 2 décembre 1898, J. O., p. 2340).

Contrat de travail. — *Proposition* de loi sur les règlements d'atelier (déposée à la Chambre par M. Zévaès le 4 novembre 1898, n° 313).

— *Rapport* sur la proposition de loi ayant pour objet d'assurer le maintien du contrat de louage de services pendant les périodes d'instruction militaire des réservistes et des territoriaux (déposée à la Chambre par M. Odilon-Barrot le 18 novembre 1898, n° 381).

— *Discussion* à la Chambre sur la proposition de loi ayant pour objet d'assurer le maintien du contrat de louage de services pendant les périodes d'instruction militaire des réservistes et des territoriaux (séances des 24 et 25 novembre 1898, J. O., p. 2278 et p. 2283).

Prud'hommes. — *Proposition* de loi sur la réforme des conseils de prud'hommes (déposée à la Chambre par M. Paul Beauregard le 8 novembre 1898, n° 324).

— *Proposition* de loi tendant à modifier la législation des conseils de prud'hommes (déposée à la Chambre par M. Dutreix le 14 novembre 1898, n° 356).

— *Proposition* de loi tendant à créer des conseils de prud'hommes mineurs (déposée à la Chambre par M. Basly le 2 décembre 1898, n° 468).

Placement. — *Proposition* de loi relative au placement des employés et ouvriers des deux sexes et de toutes professions (déposée à la Chambre par M. Coutant le 8 novembre 1898, n° 328).

Chômage. — V. *Retraites.*

Ouvriers de l'Etat. — *Proposition* de loi tendant à réglementer la nomination et l'avancement des employés civils appartenant aux établissements de l'artillerie et du génie et à leur attribuer une retraite (déposée à la Chambre par M. Bazille le 4 novembre 1898, n° 300).

Inspection du travail. — *Proposition* de loi tendant à modifier le personnel de l'inspection du travail dans les usines, manufactures, chantiers, et son mode de recrutement (déposée à la Chambre par M. Zévaès le 4 novembre 1898, n° 312).

Délégués mineurs. — *Discussion* à la Chambre de la proposition de loi de M. Basly ayant pour objet de modifier la loi du 8 juillet 1890 sur les délégués à la sécurité des ouvriers mineurs (séance du 8 décembre 1898, J. O., p. 2400).

— *Premier rapport* sur la proposition de loi de M. Basly ayant pour objet de modifier la loi du 8 juillet 1890 sur les délégués à la sécurité des ouvriers mineurs (déposé à la Chambre par M. Groussier le 24 novembre 1898, n° 418).

— *Deuxième rapport* sur la proposition de M. Basly ayant pour objet de modifier la loi du 8 août 1890 sur les délégués à la sécurité des ouvriers mineurs (déposé à la Chambre par M. Groussier le 23 décembre 1898, n° 582).

Médailles d'honneur. — *Proposition* de résolution tendant à rendre applicable aux colonies françaises et à la marine de commerce le décret du 23 novembre 1892, qui modifie, en ce qui concerne l'Algérie, celui du 16 juillet 1886 relatif aux médailles du travail (déposée à la Chambre par M. Louis Brunet le 19 décembre 1898, n° 545).

Salaires. — *Rapport* sur : 1° la proposition de loi, adoptée par le Sénat, sur le payement des salaires des ouvriers ; 2° la proposition de loi de M. Toussaint, ayant pour but d'interdire aux chefs d'industrie ou de commerce, aux administrations privées ou publiques, d'imposer à leurs employés, ouvriers ou apprentis des amendes, des retenues ou des mises à pied ayant pour conséquence une diminution de salaire (déposé à la Chambre par M. Fernand Dubief, le 22 novembre 1898, n° 409).

— *Discussion* à la Chambre d'une proposition de loi sur le payement des salaires des ouvriers (séances des 6 et 8 décembre 1898, J. O., pp. 2375 et 2398).

— *Proposition* de loi ayant pour objet d'assurer aux employés limonadiers, restaurateurs et assimilés l'intégralité de leur salaire par la suppression du versement qui leur est imposé par les employeurs sous la désignation de *frais* (déposée à la Chambre par M. Coutant, le 28 novembre 1898, n° 444).

— *Proposition* de loi relative aux salaires des ouvriers étrangers (déposée à la Chambre par M. Coutant, le 24 novembre 1898, n° 415).

— *Discussion* à la Chambre de la proposition de loi relative aux salaires des ouvriers étrangers (séance du 24 novembre 1898, J. O., p. 2206).

Association. — *Proposition* de loi sur le droit d'association (déposée à la Chambre par M. Charles Gras, le 24 novembre 1898, n° 417).

— *Proposition* de loi sur la liberté d'association (déposée à la Chambre par M. Lemire, le 25 novembre 1898, n° 427).

V. *Syndicats.*

Syndicats professionnels. — *Proposition* de loi portant modification de la loi du 21 mars 1884 sur les syndicats professionnels et tendant à permettre à ces syndicats de créer des habitations à bon marché (déposée à la Chambre par M. Léon Berthet, le 14 novembre 1898, n° 350).

V. *Association.*

Coalitions. — *Proposition* de loi portant modification de la loi du 27 décembre 1892 sur la conciliation et l'arbitrage entre patrons, ouvriers et employés (déposée à la Chambre par M. Bovier-Lapierre, le 22 novembre 1898, n° 408). — *Cette proposition de loi est ainsi conçue* (1) :

« **Art. 1er.** — La loi du 27 décembre 1892 est abrogée et remplacée par les dispositions suivantes :

Les patrons, ouvriers ou employés entre lesquels s'est produit un différend d'ordre collectif doivent soumettre les questions qui les divisent à un comité de conciliation. A défaut d'entente dans ce comité, ils peuvent recourir à un conseil d'arbitrage.

Art. 2. — La tentative obligatoire de conciliation se fera dans les formes suivantes :

Les patrons, ouvriers ou employés adressent, soit ensemble, soit séparément, en personne ou par mandataires, au juge de paix du canton ou de l'un des cantons où existe le différend, une déclaration écrite contenant :

1° Les noms, qualités et domiciles des demandeurs ou de ceux qui les représentent ;

2° L'objet du différend, avec l'exposé succinct des motifs allégués par la partie ;

3° Les noms, qualités et domiciles des personnes auxquelles la proposition de conciliation ou d'arbitrage doit être notifiée ;

4° Les noms, qualités et domiciles des délégués choisis parmi les intéressés par les demandeurs pour les assister ou les représenter, sans que le nombre des personnes désignées puisse être supérieur à cinq.

Art. 3. — Le juge de paix délivre un récépissé de cette déclaration, avec indication de la date et de l'heure du dépôt. Si les deux parties ne sont pas présentes, il la notifie sans frais, dans les vingt-quatre heures, à la partie adverse ou à ses representants, par lettre recommandée ou, au besoin, par affiches apposées aux portes de la justice de paix des cantons et à celles de la mairie des communes sur le territoire desquels s'est produit le différend.

Art. 4. — Au reçu de cette notification, et au plus tard dans les trois jours, les intéressés doivent faire parvenir leur réponse au juge de paix.

Ils désignent dans leur réponse les noms, qualités et domiciles des délégués choisis pour les assister ou les représenter, sans que le nombre des personnes désignées puisse être supérieur à cinq.

Si l'éloignement ou l'absence des personnes auxquelles la proposition est notifiée, ou la nécessité de consulter des mandants, des associés ou un conseil d'administration, ne permettent pas de donner une réponse dans les trois jours, le juge de paix accorde auxdites personnes le délai nécessaire pour donner cette réponse.

Art. 5. — Sur le vu des réponses, le juge de paix invite d'urgence les parties ou les délégués désignés par elles à se réunir en comité de conciliation.

Les réunions ont lieu en présence du juge de paix, qui est à la disposition du comité pour diriger les débats.

Art. 6. — Si le conflit est de nature à entraîner la cessation du travail, le juge de paix invite la partie qui veut y recourir à ajourner cette cessation ou à la suspendre si déjà elle a eu lieu, jusqu'après la publication du procès-verbal du comité de conciliation prévue à l'article 7.

Art. 7. — Si l'accord s'établit, dans ce comité, sur les conditions de la conciliation, ces conditions sont consignées dans un procès-verbal dressé par le juge de paix et signé par les parties ou leurs délégués.

Art. 8. — En cas de cessation du travail, à défaut d'initiative de la part des intéressés, le juge de paix invite d'office, et par les moyens indiqués à l'article 3, leurs patrons ou leurs représentants, et les ouvriers ou employés ou les représentants, tels qu'ils sont désignés dans l'article 9, § 4, ci-après, à procéder au préliminaire

(1) Cette proposition émanant du *Président* de la *Commission du travail*, nous avons cru particulièrement intéressant d'en reproduire le texte.

de conciliation dans les formes prescrites par l'article 2.

ART. 9. — Le refus de recourir à la tentative de conciliation prescrite par les articles 1er et suivants et par l'article 8, le défaut de comparution à la réunion prévue par l'article 4 et l'infraction à l'article 6, § 2, seront punis d'une amende de 1 à 15 francs.

L'amende est prononcée d'office par le juge de paix. La décision est en dernier ressort ; elle est susceptible d'opposition dans le délai de trois jours à partir de la signification qui en aura été faite à la partie condamnée ou à son domicile.

Sont passibles de l'amende, les patrons et chefs d'industrie et les représentants ou mandataires des ouvriers ou employés en conflit désignés dans la déclaration prévue dans l'article 2, §§ 1 et 4, et dans la réponse prévue dans l'article 4, § 2.

A défaut de ces déclaration ou réponse, l'amende sera prononcée, selon les cas, contre les patrons et chefs d'industrie où s'est produit le conflit, ou contre ceux qui auront accepté le mandat de représenter les ouvriers à l'occasion de ce conflit.

Si les ouvriers et employés n'ont fait ni les déclarations ni la réponse prévues dans les articles 2 et 4, et que nul ne puisse être considéré, en vertu du paragraphe qui précède, comme leur représentant, aucune amende ne pourra être prononcée contre les patrons et les chefs d'industrie.

ART. 10. — Si l'accord ne s'établit pas dans le comité de conciliation, le juge de paix invite les parties à recourir à l'arbitrage et à désigner, soit chacune un ou plusieurs arbitres, soit un arbitre commun.

Si les arbitres ne s'entendent pas sur la solution à donner au différend, ils pourront choisir un nouvel arbitre pour les départager.

ART. 11. — Si les arbitres n'arrivent à s'entendre ni sur la solution à donner au différend, ni pour le choix de l'arbitre départiteur, ils le déclareront sur le procès-verbal, et cet arbitre sera nommé par le président du tribunal civil, sur le vu du procès-verbal qui lui sera transmis d'urgence par le juge de paix.

ART. 12. — La décision sur le fond, prise, rédigée et signée par les arbitres, est remise au juge de paix.

ART. 13. — Les procès-verbaux et décisions mentionnés aux articles 6, 7, 8, 9, 10, 11, 12 ci-dessus sont conservés en minute au greffe de la justice de paix, qui en délivre gratuitement une expédition à chacune des parties et en adresse une autre au Ministre du Commerce et de l'Industrie par l'entremise du Préfet.

ART. 14. — La demande ou le refus de conciliation et d'arbitrage, le refus ou l'absence de réponse de la partie adverse, les condamnations prononcées en vertu de l'article 9, la décision du comité de conciliation ou celle des arbitres, notifiés par le juge de paix au maire de chacune des communes ou s'étendait le différend, sont, par chacun de ces maires, rendus publics par affichage à la place réservée aux publications officielles.

L'affichage prescrit par le paragraphe qui précède pourra, en outre, se faire par les parties intéressées. Les affiches seront dispensées du timbre.

ART. 15. — Les locaux nécessaires à la tenue des comités de conciliation et aux réunions des arbitres sont fournis, chauffés et éclairés par les communes où ils siègent.

Les frais qui en résultent sont compris dans les dépenses obligatoires des communes.

Les dépenses des comités de conciliation et d'arbitrage seront fixées par arrêté du Préfet du département et portées au budget départemental comme dépenses obligatoires.

ART. 16. — Tous actes faits en exécution de la présente loi seront dispensés du timbre et enregistrés gratis.

ART. 17. — Dans les professions ou industries où les femmes sont employées, elles pourront être désignées comme déléguées et arbitres.

ART. 18. — La présente loi sera affichée dans les usines, chantiers, ateliers et magasins et adressée aux syndicats professionnels patronaux, ouvriers et mixtes.

ART. 19. — La présente loi est applicable aux colonies de la Guadeloupe, de la Martinique et de la Réunion. »

Coopération. — *Proposition* de loi sur les sociétés coopératives de consommation (déposée à la Chambre par M. Georges Berry, le 18 novembre 1898, n° 389). — *Cette proposition est ainsi conçue* (1) :

« TITRE Ier. — *Dispositions générales.*

ART. 1er. — La loi reconnaît les Sociétés coopératives de consommation, qui ont pour but l'acquisition, la fabrication et la manutention par la Société de toutes denrées, marchandises et autres objets destinés aux besoins personnels des sociétaires ou aux besoins de leur profession ou industrie.

ART. 2. — Les Sociétés coopératives doivent être composées au moins de sept membres. Elles peuvent être formées par acte notarié ou par acte sous-seing privé fait en double original.

ART. 3. — Toute Société coopérative doit effectuer, au greffe du Tribunal de commerce, le dépôt d'un des doubles de l'acte de société s'il est sous-seing privé, ou d'une expédition s'il est notarié, ainsi que le dépôt des actes ou extraits de délibération, prévus aux articles 7, 12 et 17 ci-après.

ART. 4 — Certificat de ces dépôts est délivré par le greffier.

Le capital social initial est déterminé par les statuts constitutifs de la société. Il peut être augmenté, soit par l'adjonction de nouveaux membres, soit par les versements successifs des associés.

ART. 5. — Les actions ou parts sociales ne peuvent être inférieures à 20 francs ni supérieures à 100 francs.

Elles sont nominatives, même après leur entière libération.

La part que chaque sociétaire peut avoir dans le capital social ne peut dépasser 5.000 francs.

ART. 6. — Les actions d'une Société coopérative ne sont négociables qu'après la constitution définitive de cette Société et après la constatation des dépôts prescrits par la présente loi.

La négociation a lieu exclusivement par voie de transfert sur les registres de la Société.

Les statuts peuvent autoriser le Conseil d'ad-

---

(1) Cette proposition a paru traduire les principaux desiderata de la Chambre de Commerce de Paris. Elle mérite, à ce titre, un examen spécial.

ministration ou l'assemblée générale de la Société à s'opposer au transfert, en exerçant, au nom et pour le compte d'un associé, d'un adhérent ou de la Société elle-même, un droit de preemption au prix fixé par le dernier inventaire.

ART. 7. — Aucune Société coopérative n'est definitivement constituée et ne peut commencer à fonctionner qu'après le depôt prévu à l'article 3 et après la souscription de la totalité du capital social et le versement par chaque associé du cinquième au moins du montant des actions ou parts qu'il a souscrites.

Une déclaration signée des fondateurs et déposée par eux sur le bureau de la première assemblée générale constate que la souscription et le versement stipulés au paragraphe précédent ont eu lieu. Elle doit faire l'objet du même dépôt que l'acte constitutif.

ART. 8. — La première assemblee générale doit comprendre la moitié au moins des associés représentant la moitié au moins du capital social en numéraire.

ART. 9. — Les Sociétés cooperatives sont gérées par des administrateurs nommés à temps, revocables, non salariés, pris uniquement parmi les associés. Ces administrateurs peuvent choisir, parmi eux ou parmi les associés, suivant qu'il aura eté stipulé par les statuts un mandataire chargé de la direction. L'administration et la direction ne peuvent être confiées qu'à des Français majeurs jouissant de leurs droits civils.

Le siège social doit être situé en territoire français.

ART. 10. — La responsabilité des associés vis-à-vis des tiers n'est pas limitée au montant de leur souscription.

Les fondateurs, les administrateurs, les directeurs ou gérants, les commissaires des sociétés coopératives restent, quant à la responsabilité de leurs actes, dans les termes du droit commun.

ART. 11. — Le capital est susceptible de diminution par suite de démission, exclusion ou décès d'un ou plusieurs associés, ou pour toute autre cause.

Lorsque cette diminution, constatée par le dernier inventaire, atteindra la moitie du capital social initial, les administrateurs seront tenus de convoquer d'urgence l'assemblée générale, et la Société sera dissoute si cette assemblée n'en décide la continuation à la majorité des associés.

Si la majorité des associes ne peut être atteinte à la première assemblée générale, une seconde assemblée, convoquée huit jours au moins a l'avance, statuera valablement a la majorité des trois quarts des associés présents.

ART. 12. — L'assemblée générale constatera les augmentations de capital résultant des cas prevus à l'article 4, § 2, et les diminutions prevues au premier paragraphe de l'article 11, survenues dans le courant de l'année.

L'extrait de cette delibération fera l'objet d'un dépôt supplémentaire lorsqu'il en resultera une diminution de plus du quart ou une augmentation de plus de moitié dans le capital constaté par l'inventaire de l'exercice précédent.

ART. 13. — Dans tous les actes, factures, publications et autres documents imprimés ou autographiés, la denomination sociale doit toujours être précédee ou suivie immédiatement de ces mots, écrits en toutes lettres et en caractères apparents : « Société coopérative ».

Toute contravention aux dispositions du paragraphe précédent sera punie d'une amende de 50 francs.

ART. 14. — Les statuts fixent les époques des inventaires, qui doivent être au moins annuels.

Ils doivent prévoir la nomination d'un ou plusieurs commissaires, associés ou non, chargés de faire un rapport à l'assemblée générale sur la situation de la Société, sur son bilan et sur les comptes présentes par les administrateurs.

ART. 15. — Il est tenu chaque année au moins, une assemblee générale dans laquelle lecture est donnée du bilan, des comptes présentés par les administrateurs ainsi que du rapport des commissaires ; ce bilan et ces comptes sont soumis à l'approbation des associés.

Ils sont mis a leur disposition, au siège social, huit jours au moins avant la réunion de l'assemblee.

ART. 16. — Si une assemblée ne réunit pas les conditions déterminées par les statuts, il en est convoqué une autre dans le delai de quinze jours francs.

Pour cette nouvelle assemblee, les convocations doivent être envoyées au moins huit jours à l'avance, avec mention des motifs qui ont empêché la première assemblée d'aboutir et indication de l'ordre du jour.

La nouvelle assemblée délibère valablement, quel que soit le nombre des associes présents, mais seulement sur les questions portées à l'ordre du jour de la première assemblee.

ART. 17. — Lorsqu'une assemblee generale doit deliberer soit sur des modifications aux statuts, soit sur des propositions de prorogation ou de dissolution, les associés sont informés au moins quinze jours à l'avance de la date de la reunion et de l'ordre du jour.

L'assemblee doit comprendre la moitié au moins des associés, representant la moitié au moins du capital social. Toutefois le tiers des associés et du capital social sera suffisant pour les Sociétés qui comptent plus de 3.000 associes, le quart pour celles qui en comptent plus de 4.000.

Apres deux convocations sans effet, la troisième assemblee délibère valablement, quel que soit le nombre des membres présents.

Un extrait de toute délibération portant sur les questions ci-dessus specifiees doit faire l'objet du même dépôt que l'acte constitutif de la Société.

ART. 18. — Dans toute assemblée générale, les deliberations sont prises à la majorité des voix ; chaque associe n'a droit qu'à une voix.

Aucun associe ne peut avoir plus d'une voix comme mandataire de membres non presents.

Il est tenu une feuille de présence qui contient les noms et domiciles ou les numeros matricules des associes présents ou représentés.

ART. 19. — Les Societes coopératives de consommation sont sujettes a l'impôt du revenu sur l'interét attribué au capital ainsi que sur les bonis distribues au prorata des acquisitions.

ART. 20. — L'abonnement au timbre ne subira aucune réduction, quelle que soit la diminution du capital social ; mais en cas d'émissions nouvelles, les droits de timbre resteront les mêmes tant que le capital social precedemment soumis à l'abonnement ne sera pas depassé.

ART. 21. — Les Sociétés cooperatives ne sont point dissoutes par la mort, la retraite, l'interdiction, la faillite ou la déconfiture d'un ou de plusieurs de leurs membres ; elles continuent de plein droit entre les autres associés. La dissolution peut être prononcée, sur la demande de toute partie intéressée, lorsqu'un an s'est écoulé depuis l'époque où le nombre des associés est réduit à moins de sept.

ART. 22. — Tout membre d'une Société coopérative peut se retirer dans les conditions prévues par les statuts.

L'assemblée générale, convoquée à cet effet, a le droit de décider, à la majorité des trois quarts des votants, les intéressés présents ou appelés par lettre recommandée adressée huit jours au moins avant la réunion, que l'un ou plusieurs des associés cessent de faire partie de la Société.

ART. 23. — La part du fonds social qui revient à l'associé exclu lui est remboursée d'après le dernier inventaire approuvé, déduction faite, sauf stipulations contraires des statuts, des fonds de réserve et de prévoyance qui restent acquis à la Société.

Il est procédé de même dans les cas prévus par l'article 24, s'il n'en est autrement disposé par les statuts.

Quand la sortie est volontaire, les droits de l'associé sont réglés d'après l'inventaire qui suit sa retraite.

ART. 24. — L'associé qui cessera de faire partie de la société pour une des causes prévues aux articles 21 et 22, ou ses héritiers, resteront tenus pendant trois ans, envers la Société et les tiers, à toutes les obligations existant au moment de la sortie de la Société.

ART. 25. — Un prélèvement pourra être prévu par les statuts pour constituer un fonds de prévoyance, dont l'emploi sera décidé par un vote de l'assemblée générale.

Une part de 10 0/0 au minimum dans les bénéfices nets pourra être attribuée à la direction et au Conseil d'administration.

ART. 26. — Les Sociétés coopératives sont valablement représentées en justice par leur directeur, ou par un délégué du Conseil d'administration, si les statuts n'en ont pas disposé autrement.

TITRE II. — *Des Sociétés coopératives de consommation.*

ART. 27. — Les Sociétés coopératives de consommation doivent répartir chaque année tous les bonis éventuels entre les sociétaires, au prorata de leurs acquisitions, après les prélèvements prévus par la loi et par les statuts. L'intérêt du capital social ne pourra être supérieur à 5 0/0.

Les objets acquis par l'intermédiaire de la Société ne doivent pas être destinés à la revente.

Tout membre d'une Société coopérative de consommation qui se livrera à la vente des objets qu'il se sera procurés par l'intermédiaire de la Société, sera puni d'une amende de 25 francs à 100 francs.

ART. 28. — Toutes les Sociétés de consommation sont soumises à la patente et à toutes les charges qui incombent aux commerçants.

Elles sont tenues de faire à l'administration des contributions indirectes et à la mairie une déclaration d'existence.

ART. 29. — Aucune constitution d'économat n'est autorisée.

TITRE III. — *Dispositions additionnelles.*

ART. 30. — L'inobservation ou la violation des articles 2, 3, 4, 5, 7, 8 et 9, par toute Société coopérative, entraîne la nullité de la Société.

Les associés ne pourront jamais opposer cette nullité aux tiers envers lesquels la Société se trouverait engagée.

ART. 31. — L'émission d'actions ou de coupons d'actions d'une Société constituée contrairement aux prescriptions de la présente loi, est punie d'une amende de 100 francs à 1.000 francs.

Est puni de la même peine le directeur ou gérant qui commence les opérations sociales avant l'entrée en fonctions du Conseil d'administration. Sont punis des peines portées à l'article 405 du Code pénal, sans préjudice de l'application de cet article à tous les faits constitutifs du délit d'escroquerie : 1º ceux qui, par simulation de souscriptions ou de versements, ou par publications faites de mauvaise foi, de souscriptions ou de versements qui n'existaient pas, ou de tous autres faits faux, ont obtenu ou tenté d'obtenir des souscriptions ou versements ; 2º ceux qui, pour provoquer des souscriptions ou des versements, ont, de mauvaise foi, publié les noms de personnes désignées, contrairement à la vérité, comme étant ou devant être attachées à la Société à un titre quelconque ; 3º les directeurs ou gérants qui, en l'absence d'inventaires ou au moyen d'inventaires frauduleux, ont opéré entre les actionnaires ou participants la répartition de dividendes ou de bonis fictifs.

Les membres du Conseil de surveillance ne sont pas solidairement responsables des délits commis par le gérant.

L'article 463 du Code pénal est applicable aux faits prévus ci-dessus, ainsi qu'à la pénalité prévue par l'article 13.

ART. 32. — Sont abrogées les dispositions des lois antérieures en tant qu'elles sont contraires à celles de la présente loi.

ART. 33. — Les Sociétés existant actuellement en vue d'un objet rentrant dans les prévisions de l'article premier jouiront des avantages conférés aux Sociétés coopératives, à la condition, s'il y a lieu, de modifier leurs statuts de manière à les rendre conformes aux dispositions de la présente loi.

ART. 34. — Les dispositions de la présente loi sont applicables à l'Algérie et aux colonies de la Réunion, de la Martinique et de la Guadeloupe. »

Retraites. — *Proposition* de loi tendant à compléter l'article 22 de la loi sur la Caisse Nationale des retraites du 20 juillet 1886 (déposé à la Chambre par M. Suchetet, le 14 novembre 1898).

— *Proposition* de loi ayant pour objet la création d'une caisse nationale garantissant aux travailleurs des deux sexes une indemnité de chômage en cas de maladie et une retraite à l'âge de soixante-dix ans (déposée à la Chambre par M. Dubuisson, le 25 octobre 1898, nº 277).

— *Proposition* de loi sur la Caisse des retraites en faveur des infirmes et des vieillards (déposée à la Chambre par M. Chauvière, le 14 novembre 1898, nº 353).

— *Proposition* de loi sur les retraites pour la vieillesse (déposée par M. Puech, le 14 novembre 1898, nº 357).

— *Projet* de loi sur les retraites ouvrières (dé-

posé à la Chambre le 25 octobre 1898, n° 271).
— *Ce projet est ainsi conçu* (1) :

« TITRE Ier. — *Conditions de la retraite.*

Aᴿᴛ. 1ᵉʳ. — Tout ouvrier ou employé de l'industrie, du commerce ou de l'agriculture, tout domestique et généralement toute personne de nationalité française salariée par un employeur a droit, à l'âge de soixante-cinq ans et dans les conditions prévues par la présente loi, à une retraite qui, avec les majorations éventuelles prévues au Titre III ci-après, ne peut être inférieure à 360 francs.

Les ouvrières ont le même droit à soixante ans.

Aᴿᴛ. 2. — Si le bénéficiaire est mort en jouissance d'une retraite ou ayant droit à la retraite, la veuve non remariée a droit à la moitié de ladite retraite, pourvu que le mariage ait précédé de trois ans au moins la mort du mari et que le divorce ou la séparation de corps n'ait point été prononcé contre la femme.

Aᴿᴛ. 3. — Après le décès ou le nouveau mariage de la veuve, la moitié de la retraite due au père est répartie en secours au profit de ses enfants légitimes ou naturels reconnus, âgés de moins de seize ans.

Aᴿᴛ. 4. — Si, au décès du retraité, les enfants sont orphelins de père et de mère, ils ont droit dans les mêmes conditions à des secours équivalant à la moitié de la retraite due au retraité.

TITRE II. — *Versements.*

Aᴿᴛ. 5. — Tout employeur doit verser dans les dix premiers jours de chaque trimestre à la Caisse nationale des retraites, pour la formation des capitaux constitutifs des retraites, 4 0/0 des salaires en argent ou en nature qu'il a payés à ses ouvriers ou employés pendant le trimestre précédent, dont moitié prélevée sur le salaire et moitié fournie par l'employeur lui-même.

A moins de consentement exprès de l'employeur et de l'employé, il n'y a point lieu à versement pour la partie du salaire annuel excédant 2.400 fr.

Aᴿᴛ. 6. — Pour les ouvriers ou employés occupés moins d'un trimestre consécutif, les versements sont remplacés par l'apposition de timbres-retraites, dans les conditions déterminées par un règlement d'administration publique.

Aᴿᴛ. 7. — L'employeur peut prendre à sa charge une fraction supérieure à la moitié du versement ou sa totalité.

Il peut majorer le prélèvement sur le salaire, à condition que les intéressés y consentent expressément et qu'il majore lui-même sa contribution dans une proportion au moins égale.

Aᴿᴛ. 8. — Les versements sont faits au nom des bénéficiaires sur des livrets individuels, qui leur sont rendus après chaque versement.

Ils sont opérés à capital aliéné.

Aᴿᴛ. 9. — Pour chacun de ces versements, la rente correspondante est calculée d'après un tarif spécial tenant compte des réversions et des secours prévus au titre Ier.

Aᴿᴛ. 10. — L'entrée en jouissance est initialement fixée par le bénéficiaire, sans pouvoir descendre au-dessous de 65 ans pour les hommes et 60 ans pour les femmes et sauf ajournements ultérieurs dans les conditions prévues par l'article 45 de la loi de finances du 29 mars 1897.

Le titulaire peut user de cette dernière faculté sans que son décès, survenu après 65 ans ou 60 ans et avant l'entrée en jouissance ajournée, prive sa veuve ou ses enfants du bénéfice des dispositions du titre Ier.

Aᴿᴛ. 11. — Les versements à faire au nom des ouvriers ou employés en état de minorité sont effectués sans l'autorisation de leur père, mère ou tuteur.

Les versements à faire au nom des ouvrières ou ouvriers mariés sont effectués à leur profit exclusif, par dérogation aux dispositions de l'article 13 de la loi du 20 juillet 1886.

Aᴿᴛ. 12. — Chaque versement opéré dans les conditions visées par la présente loi est l'objet sur le livret individuel d'une mention spéciale destinée à le distinguer des versements facultatifs directement effectués par l'ouvrier ou à son profit.

Cette mention indique le taux de salaire et le nombre de journées de travail qui ont servi de base au versement.

TITRE III. — *Majorations de l'État.*

Aᴿᴛ. 13. — Lors de la liquidation définitive de la retraite, dans les conditions prévues par la loi du 20 juillet 1886, et si cette retraite, en ce qui concerne les versements obligatoires prévus par la présente loi, n'atteint pas 360 francs, le Ministre du Commerce, au moyen des crédits ouverts à cet effet à son budget, fait servir aux intéressés, en même temps que les arrérages de la retraite et par l'intermédiaire de la Caisse nationale des retraites, des majorations trimestrielles destinées à porter la retraite à 360 francs par an, pourvu que, d'après les mentions portées au livret, les versements inscrits conformément à l'article 12 représentent au moins un total de 6.000 journées de travail.

Il n'y a point lieu à majoration, lorsque l'intéressé jouit d'une pension ou indemnité prévue par la loi du 9 avril 1898 et que cette pension ou indemnité, jointe à la retraite, atteint 360 francs.

Aᴿᴛ. 14. — Lorsque, dans les mêmes conditions, la retraite reversée sur la veuve ou les secours dus aux orphelins de père et de mère n'atteignent pas 180 francs, des majorations complémentaires sont servies conformément aux dispositions de l'article précédent.

Si toutefois la veuve jouit en même temps d'une retraite personnelle comme ouvrière, ou dès qu'elle vient à en jouir, la majoration n'est due qu'au cas où les deux retraites n'atteignent pas ensemble 360 francs.

Aᴿᴛ. 15. — Lorsque les versements inscrits conformément à l'article 12 représentent au moins 1.500 journées de travail, la retraite peut être liquidée par anticipation si, en dehors des conditions déterminées par la loi du 9 avril 1898, l'intéressé justifie de blessures graves ou d'infirmités prématurées le mettant dans l'impossibilité absolue de gagner un salaire annuel d'au moins 360 francs.

Ne sont point applicables, en ce cas, les dispositions des trois derniers alinéas de l'article 11 de la loi du 20 juillet 1886.

Le Ministre du Commerce, après enquête et dans les formes déterminées par un règlement d'administration publique, statue sur l'admission à la liquidation.

---

(1) Ce projet est le second projet *gouvernemental* en matière de retraites. On pourra le comparer au projet arrêté à la fin de la dernière législature par la commission d'assurance et de prévoyance sociales de la Chambre des députés. Voir *Année* 1897, page 18.

S'il admet la liquidation, il fait servir à l'intéressé, par l'intermédiaire de la Caisse nationale des retraites et en même temps que les arrérages de la retraite liquidée conformément au premier alinéa de l'article 11 de la loi du 20 juillet 1886, une majoration trimestrielle destinée a porter la retraite à 360 francs.

La retraite de la veuve et les secours attribués aux orphelins sont ultérieurement complétés, s'il y a lieu, dans la même forme et dans les conditions spécifiées à l'article précédent.

Art. 16. — Ces majorations sont imputées sur un fonds spécial géré par la Caisse des depôts et consignations et composé :

1° Des versements trimestriels prévus à l'article 18 ci-après ;

2° Des arrérages non réclamées par les titulaires pendant quatre trimestres consécutifs, par dérogation aux dispositions de l'article 2277 du Code civil et de l'article 33 du décret du 28 décembre 1886 ;

3° Des revenus du fonds de dotation visé à l'article 4 de la loi du 31 décembre 1895, dont le premier alinéa est et demeure abrogé ;

4° Des crédits budgetaires spécialement ouverts au budget du Ministère du commerce à cet effet.

TITRE IV. — *Dispositions diverses.*

Art. 17. — Les dispositions du titre II s'appliquent aux ouvriers et employés étrangers résidant en France.

Art. 18. — Pour les ouvriers et employés étrangers ne résidant pas en France, l'employeur est tenu de verser dans les dix premiers jours de chaque trimestre aux mains du percepteur une somme représentant 4 0/0 des salaires qu'il a payés pendant le trimestre précédent.

Un règlement d'administration publique détermine les déclarations prescrites et le contrôle exercé pour l'exécution de cette disposition.

Les fonds ainsi perçus sont centralisés à la Caisse des dépôts et consignations au titre du fonds spécial visé à l'article 16 ci-dessus.

Art. 19. — Ne sont point régis par la présente loi :

1° Les fonctionnaires, employés et ouvriers de l'Etat, régis par les lois en vigueur sur les pensions civiles ou militaires ;

2° Les inscrits maritimes, régis par les lois relatives à la Caisse des invalides de la marine ;

3° Les ouvriers et employés des exploitations minières, qui demeurent soumis aux dispositions de la loi du 29 juin 1894 ;

4° Les ouvriers et employés des établissements nationaux, civils ou militaires, au profit desquels fonctionnent des caisses spéciales de retraites, si toutefois des décrets rendus sur le rapport du Ministre du commerce et du Ministre dont relèvent les établissements constatent à cet effet que chacune de ces caisses assure à ses bénéficiaires des avantages au moins équivalents à ceux que spécifie la présente loi, sans laisser éventuellement à la charge du budget du Ministère du commerce des majorations supérieures à celles que prévoit le titre III ci-dessus.

5° Les ouvriers des Compagnies de chemins de fer qui ont organisé des caisses de retraites dans les conditions prévues par la législation en vigueur, si toutefois un décret rendu sur le rapport du Ministre du commerce et du Ministre des travaux publics établit à cet effet les constatations spécifiées au paragraphe 4° ci-dessus ;

6° Les employés et ouvriers des départements, des communes, des etablissements départementaux et municipaux au profit desquels fonctionnent des caisses spéciales de retraites régulièrement constituées, si toutefois des décrets rendus sur le rapport du ministre du commerce et du ministre de l'intérieur contiennent à cet effet les constatations spécifiées au paragraphe 4° ci-dessus.

Art. 20. — Toutefois, les ouvriers et employés visés au paragraphe 3° de l'article précédent sont soumis aux dispositions des articles 9 et 11 et du du titre III, les versements faits par eux ou pour eux à capital réservé en exécution de la loi du 29 juin 1894 étant supputés comme faits à capital aliéné, pour le calcul des allocations complémentaires à servir aux retraités, et la rente acquise aux conjoints en exécution de la même loi entrant dans le compte du minimum prévu à l'article 14.

Art. 21. — Ne sont point assujettis à la présente loi :

1° Les employeurs qui ont organisé, dans les conditions prévues par l'article 3 de la loi du 27 décembre 1895, des Caisses syndicales ou patronales de retraites, si toutefois les décrets d'autorisation contiennent à cet effet les constatations spécifiées au paragraphe 4° de l'article 19 ci-dessus ;

2° Les employeurs qui affilient leurs ouvriers et employés, du consentement de ceux-ci, à une société de secours mutuels servant des retraites garanties, dans les termes de la loi du 1er avril 1898, si toutefois ils prennent à leur charge au moins la moitié de la cotisation correspondante et si la société a été préalablement agréée à cet effet par un décret rendu sur la proposition du Ministre du commerce et du Ministre de l'intérieur et contenant les constatations spécifiées au paragraphe 4° de l'article 19 ci-dessus.

Pour les ouvriers et employés non affiliés ou non occupés à titre permanent, les employeurs restent astreints aux dispositions prévues par les articles 5 et 6 ci-dessus.

Demeurent applicables dans tous les cas visés au présent article les dispositions de l'article 18.

Art. 22. — Sont incessibles et insaisissables, pour quelque cause que ce soit :

1° Les allocations complémentaires visées au titre III ;

2° Jusqu'a concurrence de 360 francs, et sans préjudice des dispositions du paragraphe 3° de l'article 581 du Code de procédure civile, les retraites servies dans les conditions prévues par les paragraphes 4°, 5° et 6° de l'article 19 et par le paragraphe 1° de l'article 21.

Art. 23. — Des règlements d'administration publique, rendus sur le rapport du Ministre du commerce, après avis des ministres intéressés, déterminent, en dehors des dispositions prévues aux articles 6, 15, 18 et 26 :

1° Les relations entre la Caisse nationale des retraites et les caisses ou sociétés visées à l'article 19 (paragraphes 4°, 5°, 6°) et à l'article 21 ;

2° Les conditions dans lesquelles ces caisses ou sociétés devront concourir au payement des retraites partiellement constituées auprès d'elles ;

3° Toutes les autres mesures nécessaires à l'exécution de la présente loi.

Art. 24. — Toutes les contestations relatives à la quotité des salaires, en argent ou en nature, servant de base aux versements sont jugés en dernier ressort par le juge de paix du canton où a lieu le payement du salaire.

Le bénéfice de l'assistance judiciaire est accordé de plein droit à l'ouvrier ou employé.

Art. 25. — Toutes les autres contestations relatives à l'application de la présente loi et des règlements d'administration publique rendus pour son exécution sont jugées par les Conseils de préfecture, sauf recours au Conseil d'Etat.

Art. 26. — En cas de fausses déclarations, dans les conditions visées à l'article 18 ci-dessus, ou de résistance aux mesures de contrôle édictées par le règlement d'administration publique prévu au même article, l'employeur est passible d'une amende de 100 à 500 francs.

En cas de récidive dans les douze mois de la première condamnation, l'employeur est condamné à une amende de 500 à 1.000 francs.

Toutes les autres infractions aux dispositions de la présente loi ou des règlements d'administration publique rendus pour son exécution sont passibles d'une amende de 5 à 15 francs, et, en cas de récidive, de 50 à 500 francs.

L'article 463 du Code pénal est applicable aux condamnations prononcées en exécution du présent article.

Art. 27. — La présente loi ne sera applicable que dans les trois mois qui suivront la promulgation des règlements d'administration publique prévus aux articles 6, 15 et 18 ci-dessus.

Art. 28. — La loi du 31 décembre 1895 sur les majorations des pensions de retraites cessera en même temps d'être applicable aux ouvriers et employés appelés à bénéficier de la présente loi.

TITRE V. — *Dispositions transitoires.*

Art. 29. — A partir du treizième mois qui suivra l'application de la loi, telle qu'elle est déterminée à l'article 27, tout ouvrier ou employé, ancien ouvrier ou employé, de nationalité française, âgé de 65 ans révolus et justifiant, dans les conditions déterminées par un règlement d'administration publique, qu'il a accompli vingt années de travail salarié, consécutives ou non, et qu'il ne possède pas de revenu régulier, aura droit à une allocation annuelle de 300 francs non réversible.

S'il possède un revenu régulier inférieur à 300 francs, l'allocation sera égale à la différence.

Ces allocations ne seront attribuées, le cas échéant, que sous défalcation de la retraite revenant à l'ouvrier du chef des versements effectués sous le régime de la présente loi, d'après une liquidation anticipée faite dans les mêmes conditions que la liquidation prevue au premier alinéa de l'article 11 de la loi du 20 juillet 1886.

L'allocation de 300 francs sera attribuée, dans les conditions visées par le présent article et conformément aux dispositions des trois premiers alinéas de l'article 15, aux ouvriers justifiant de cinq années de travail consécutives ou non.

Art. 30. — Ces allocations seront payées trimestriellement par la Caisse nationale des retraites, au vu de titres spéciaux délivrés sur décision du Ministre du Commerce.

Art. 31. — Les sommes nécessaires au service de ces allocations seront avancées par la Caisse nationale des retraites au titre d'un compte spécial ouvert dans les écritures du Trésor public et produiront au profit de la Caisse un intérêt calculé sur le taux moyen de capitalisation de la rente pendant l'année précédente.

Art. 32. — Un rapport annuel présenté au Président de la République par le Ministre du Commerce, distribué aux Chambres et publié au Journal officiel, rendra compte de l'application des dispositions transitoires, et, d'une manière générale, de l'exécution de la présente loi. »

———

Assistance. — *Discussion* au Sénat du projet de loi concernant la représentation des pauvres et l'administration des établissements d'assistance (séance des 15 novembre et 22 novembre 1898, j. o., p. 870 et p. 890).

Habitations ouvrières. — V. *Syndicats.*

Petite propriété. — *Discussion* au Sénat d'une proposition de loi tendant à faciliter la constitution et le maintien de la petite propriété rurale (séances des 5 et 6 décembre 1898, j. o., pp. 946 et 956).

— *Proposition* de loi ayant pour objet de créer le bien de famille insaisissable (déposée à la Chambre par M. Vacher le 21 novembre 1898, n° 396).

Questions féministes. — *Proposition* de loi ayant pour objet de permettre aux femmes munies des diplômes de licencié ou de docteur en droit de prêter le serment d'avocat et d'exercer cette profession (déposée à la Chambre par M. Viviani le 21 novembre 1898, n° 395).

— *Rapport* sur la proposition de loi de M. Viviani ayant pour objet de permettre aux femmes munies des diplômes de licencié ou de docteur en droit de prêter le serment d'avocat et d'exercer cette profession (déposée à la Chambre par M. Viviani le 2 décembre 1898, n° 469).

— *Proposition* de loi tendant à l'abrogation de l'article 340 du Code civil, sur la recherche de la paternité (déposée à la Chambre par M. Gustave Rivet le 7 novembre 1896).

Agiotage. — *Projet* de loi tendant à réprimer les abus commis en matière de vente à crédit de valeurs de bourse (déposé à la chambre le 25 octobre 1898).

Mesures diverses dans l'intérêt des ouvriers. — *Proposition* de loi tendant à la création d'un sous-secrétariat du travail au ministère du commerce et de l'industrie, en remplacement de l'office du travail (déposée à la Chambre par M. Dutreix le 11 novembre 1898, n° 335).

— *Proposition* de loi tendant à l'obligation du payement de l'intérêt légal des sommes versées d'avance à titre de loyer, cautionnement, dépôt, garantie, etc. (déposée à la Chambre par M. Alexis Muzet le 8 novembre 1898, n° 327).

———

BIBLIOGRAPHIE SOCIALE (1)

[Sont spécialement signalés sous cette rubrique tous les ouvrages ou tirages à part de publication récente relatifs à la Législation ouvrière, à l'Économie politique et aux Questions sociales dont les auteurs ou éditeurs veulent bien adresser un exemplaire à la Rédaction de la Revue.]

I. — PROTECTION DES ENFANTS. — ÉDUCATION.

— *Étude critique sur la puissance paternelle et ses limites*, par Paul NOURRISSON, avocat. Paris, 1898, Larose, 22, r. Soufflot. In-8, 283 p. : 6 fr.

La puissance paternelle d'après nos codes et d'après la jurisprudence. Examen des lois récentes sur la matière. Étude critique du régime actuel et des différents projets de réforme proposés (*Ouvrage récompensé par l'Académie des sciences morales et politiques*).

— *Les lois protectrices de l'enfance*, par DRIEUX, substitut du Procureur général près la Cour d'Orléans. Orléans, 1898, Imp. Orléanaise. In-8, 37 p.

Résumé des lois destinées à protéger l'enfant dans le travail industriel, dans la vie familiale, dans le patronage.

— *Protection de la première enfance*, par le Vicomte DE BERNIS, Paris, 1898.

— *De la protection du premier âge*, 2e édit., par LENOIR, juge de paix à Reims. Paris, 1898, Berger-Levrault, 5, r. des Beaux-Arts. Gr in-8, 322 p. : 5 fr.

Commentaire analytique de la loi du 23 décembre 1874 ; dispositions légales, instructions administratives, jurisprudence, indications pratiques.

— *L'éducation du premier âge*, par A. DE MALARCE, secrétaire perpétuel de la Société des Institutions de prévoyance. Paris, 1898, 38, rue de Babylone. In-8, 15 p.

Origines et historique des crèches et des salles d'asile.

— *Enfants révoltés et parents coupables*, par Georges BONJEAN. Paris, 1898, A. Colin, 5, r. Mézières. In-8, 407 p. : 4 fr.

Les différentes catégories d'enfants révoltés ; les causes de la désorganisation familiale ; la culpabilité des parents et ses divers aspects ; sentimentalisme des criminalistes et accroissement de la criminalité. — Réforme nécessaire du droit de correction paternelle ; pratiques du Tribunal de la Seine. — Statistiques.

— *Répertoire de la législation et de la jurisprudence de l'instruction primaire*, par J. BOUFFEZ, inspecteur de l'Enseignement primaire, et MARIE-CARDINE, inspecteur d'Académie. Paris, 1898, A. Colin, 5, r. Mézières. In-8, 308 p. : 2 fr. 75.

Liste chronologique des lois, décrets, arrêtés et instructions sur l'enseignement primaire. — Résumé de la jurisprudence du Conseil d'État, du Conseil supérieur, de la Cour de Cassation, etc. — Répertoire alphabétique, par ordre de matières, renvoyant aux dispositions correspondantes de la législation en vigueur.

— *Instruction et criminalité*, par Jean LABROUCHE. Aire-sur-Adour, 1898, Imp. Labrouche. In-8, 72 p.

Critique des lois scolaires ; leur influence sur la criminalité ; insuffisance des directions familiales.

— *Collège et patronage*, par l'abbé J. LEBER, censeur au Collège Stanislas. Bar-le-Duc, 1898. Imp. de l'Œuvre de Saint-Paul. In-8, 13 p.

Patronages et œuvres catholiques à la sortie de l'enseignement secondaire.

— *Compte rendu de la troisième journée des patronages.* Ligugé, 1898. Imp. St-Martin. In-8, 36 p.

Compte rendu d'un congrès tenu à Paris en juin 1898 : le patronage catholique pour les élèves de l'Enseignement secondaire.

— *Compte rendu du quatrième congrès des œuvres de jeunesse.* Lille, 1898.

— *Plan d'un enseignement supérieur de l'éducation physique*, par DEMENY. Paris, 1898.

— *Les études classiques et la démocratie*, par Alfred FOUILLÉE, membre de l'Institut. Paris, 1898, A. Colin, 5, r. Mézières. In-18, 258 p. : 3 fr.

Nécessité, but et bases d'un enseignement secondaire *libéral* ; causes de la crise actuelle, remèdes et réformes. — Nécessité correspondante d'un enseignement utilitaire ; transformation de l'enseignement *moderne*. — Réforme du baccalauréat et du Conseil supérieur de l'Instruction publique.

— *L'éducation nouvelle*, par Edmond DEMOLINS. Paris, 1898, Didot, 56, r. Jacob. In-8, illustré, 320 p. : 3 fr. 50.

Esprit et organisation d'un enseignement nouveau préparé à l' « École des Roches », d'après les méthodes anglaises ; transformation des professeurs, des élèves, des programmes et de l'emploi du temps. — Notes annexes, notamment sur un type nouveau d'École professionnelle ouvrière.

— *Le rôle de la mère dans l'éducation de ses fils*, par le P. DIDON. Paris, 1898.

— *L'enseignement féminin*, par George FONSEGRIVE. Paris, 1898, Lecoffre, 90, r. Bonaparte. In-18, 55 p.

De la formation des professeurs et du choix des programmes dans l'enseignement secondaire catholique des jeunes filles.

— *Origine et progrès de l'éducation en Amérique*, par BORNEAUD. Paris, 1898.

II. — APPRENTISSAGE. — ENSEIGNEMENT PROFESSIONNEL.

— *Les apprentis dans l'imprimerie*, par P. DUCOURTIEUX, imprimeur à Limoges. Limoges, 1898, Imp. Lavauzelle. In-8, 12 p.

Sur un projet de réglementation d'apprentissage dans l'imprimerie.

— *Projet relatif à la réglementation générale et au contrat d'apprentissage des compositeurs-typographes*, par G. LEFEBVRE. Limoges, 1898, Lavauzelle, in-8, 40 p.

Rapport au Congrès des maîtres-imprimeurs sur les conditions de l'apprentissage dans l'imprimerie ; modèle de contrat.

— *Des écoles ménagères*, par le Dr Alexandre FAIDHERBE. Lille, 1898. Ducoulombier, 78, r. de l'Hôpital Militaire. In-8, 21 p.

Les écoles ménagères en Belgique ; les écoles similaires de Roubaix et de Tourcoing ; organisation et réforme des écoles ménagères.

— *De l'organisation des écoles ménagères en Belgique*, par Em. HARMANT. Bruxelles, 1898.

— *Une école catholique d'arts et métiers en 1599*, par GRISELLE. Paris, 1898.

— *Le centenaire du Conservatoire des arts et métiers*, par le colonel LAUSSEDAT. Paris, 1898, 19, r. des Saints-Pères. In-8, 28 p.

---

(1) Quelques-uns des ouvrages mentionnés dans le numéro précédent ont été repris dans cette bibliographie pour complément d'indications.

— *Questions d'enseignement commercial*, par A. Roir, ancien vice-président de la Chambre syndicale des comptables du departement de la Seine. Paris, 1898, Guillaumin. In-8, 37 p : 2 fr.

— *Rapport sur l'organisation de l'enseignement technique en Belgique*, par Francis Merlant, inspecteur departemental de l'enseignement technique, adjoint au maire de Nantes. Paris, 1898, Imp. Nationale. Gr. in-8, 119 p.

Résumé de l'organisation actuelle de l'Enseignement industriel et commercial en Belgique.

— *Rapport sur la situation des Ecoles industrielles du Hainaut pendant l'année 1896-1897*, par Langlois, 1898. In-8, 214 p.

Rapport sur l'organisation des écoles ; frequentation scolaire ; situation de chaque école ; statistiques ; renseignements documentaires.

III. — RÉGLEMENTATION DU TRAVAIL.

— *A. Tabulation of the Factory laws of European Countries*, par Emma Brooke. Londres, 1898.

— *Réglementation du travail dans l'industrie : législation française*. Paris, 1898. Imp. Nationale. In-8°, 52 p.

Texte des lois et règlements en vigueur.

— *Etude sur la réglementation de la durée du travail industriel*, par Joseph Cruchon, avocat à Avranches. Avranches, 1898, Imp. Nouvelle. In-8, 180 p.

Thèse sur la durée du travail dans l'industrie. — Réglementations dans l'ancien droit Français et dans le droit actuel des principaux pays étrangers — Expose des lois françaises du 2 novembre 1892 et du 9 septembre 1848. — Examen critique des reformes proposées.

— *Le travail des femmes dans l'imprimerie*, par Rivière. Blois, 1898.

— *Lois et règlements concernant le travail des femmes et des enfants, la police des établissements classés*, etc. Bruxelles, 1898.

— *Die deutsche Gewerbeordnung. f. die Praxis*, par Morcinowski. Berlin, 1898.

— *Handausgabe der Gewerbeordnung*, par Reger. Ansbach, 1898.

— *Die Neuordnung der Handwercker-und Lehrlingswesens*, par K. Keil, Stadtrath in Leipzig. Leipzig, 1898, Edouard Avenarius. In-8 cartonne, 120 p.

Exposé et texte annote de la loi du 26 juillet 1897 ; modifications à la legislation sur le travail et l'apprentissage.

— *Handwerkergesetz, mit Erlauterungen herausgegehen von H. von Kruger Regierungsrath*. Dusseldorf, 1898, L. Voss. In-18, cartonne, 87 p.

Commentaire de la loi allemande du 26 juillet 1897.

— *Das Handwerkergesetz*, par Vernewitz. Leipzig, 1898.

— *Geschichte u. Kritik des neuen Handwerkergesetzes vom 26, VII, 1897*, par Boettger. Florenze, 1898.

— *Die Handwerkernovelle Gesetz vom 26, VII, 1897*, par Rohmer. Munschen, 1898.

— *La répression du travail en chambre*, par Eugène Schwiedland, agrege à l'Université de Vienne. Paris, 1897, Larose, 22, r. Soufflot. Gr. in-8, 100 p.

Rapport présenté au Congrès de Bruxelles (1897) sur les raisons et les moyens de combattre la fabrique collective et sur les mesures legislatives prises ou étudiées à cet effet dans les divers pays.

— *Travail du dimanche*, Bruxelles, 1898, J. Lebègue, 46, r. de la Madeleine. In-8, 3 fr.

Enquête de l'Office du travail belge sur le travail du dimanche : analyse des avis des Conseils du Travail et de l'Industrie ; consultation de l'Association pour le repos du dimanche ; resultats d'une enquête dans les grands magasins.

— *La législation autrichienne sur le dimanche dans l'industrie et le commerce*, par Brants. Bruxelles, 1898.

— *Arbeitsnachweisstatistik*. Berlin, 1899. Imp. Julius Sittenfeld. In-8, 142 p.

Compte rendu du Congrès sur le placement tenu à Munich le 27 septembre 1898.

— *Die Einrichtung von Arbeitsnachweisen und Arbeitsnachweis-Verbanden*, par Jastrow, privatdozent an der Universität Berlin. Berlin, 1898, H S. Hermann, Beuthstrasse, 8. Gr. in-8, 173 p. : Mr. 4.

Rapports présentés au congrès allemand sur le placement tenu à Karlsruhe le 13 septembre 1897 ; compte rendu des discussions.

___

V. — CONTRAT DE TRAVAIL. — SALAIRES.

— *Nuovi orizzonti del diritto : il contratto di lavoro e la questione operaia*, par Urangia-Tazzoli. Mantova, 1898.

— *Der gewerbliche Arbeitsvertrag in der Rechtsdurchsetzung*, par Licht. Brünn, 1898.

— *Du Marchandage*, par Bronu. Paris, 1898.

— *Propagation des commandites*. Paris, 1898. Imp. Nouvelle. In-18, 16 p.

Avantages, organisation et comptabilité du travail en système commanditaire dans l'imprimerie (Publication de la chambre syndicale typographique parisienne).

— *La saisie-arrêt des salaires et petits traitements*, par Maurel. Paris, 1898.

— *Quelques exemples de distribution des salaires*, par Lucien March. Nancy, 1898. Imp. Berger-Levrault, 18, r. des Glacis. In-8, 23 p.

Valeur et procédés de calcul du salaire moyen dans les statistiques sur les salaires.

— *La situation des mécaniciens et chauffeurs à la Compagnie des chemins de fer de l Est*. Paris, 1898, Imp. Maulde. In-8, 32 p.

Recrutement, salaires, retraites, durée du travail.

— *La participation aux bénéfices*, par Emile Waxweiler, chef de bureau à l'Office du travail de Belgique. Bruxelles, 1898, O. Mayolez et J. Audiarte, 1, place de l'Universite. In-8, 320 p.

Historique et applications de la participation aux bénéfices ; organisation normale ; échecs et reussites. — Analyse economique et juridique du contrat de participation. — Documents et Règlements relatifs à la participation (*Ouvrage couronné par le Musée social*).

— *Le participationnisme ou la justice dans l'organisation du travail*, par A. Coltarel. Paris, 1898.

___

VI. — HYGIÈNE INDUSTRIELLE. — ACCIDENTS.

— *L'hygiene publique*, par Monod. Paris, 1897.

— *Cours élémentaire d'hygiène*, 4e édit., par E. Aubert et A. Lapreste, agrégés de l'Université. Paris, 1899, Andre fils, 6, r. Casimir Delavigne. In-8 cartonné, 252 p.

Hygiène générale : eau, air, aliments, contagions, habitation. Notions d hygiene professionnelle.

— *Recueil des travaux du Comité consultatif*

d'hygiène publique de France, tome XXVII. Melun, 1898. Imp. administrative. In-8, 600 p.

Rapports sur l'hygiène générale et sur quelques points d'hygiène industrielle.

— *Bulletin de l'association des industriels de France contre les accidents du travail.* Paris, 1898, 3, r. de Lutèce. In-8, 268 p.

Règlement général ; règlements de prévention ; documents législatifs et statistiques sur les accidents.

— *Les accidents du travail*, par CHEYSSON. Paris, 1898.

— *Etude générale sur le risque professionnel dans les accidents du travail*, par GÉLY. Toulouse, 1898.

———

— *Les accidents du travail*, par Adéodat BOISSARD, maître de conférences à la Faculté libre de droit de Lille. Arras, 1898, Sueur-Charruey, 10, r. des Balances. In-8, 56 p.

Etude de législation comparée sur la responsabilité des accidents du travail.

— *La loi du 9 avril 1898*, par P. PIC, professeur à la Faculté de droit de Lyon. Paris, 1898, Larose, 22, r. Soufflot. In-8, 59 p. : 2 fr.

Historique et examen critique de la législation nouvelle sur la responsabilité des accidents du travail.

— *Commentaire de la loi concernant la responsabilité des accidents*, par Louis CHARDINY, avocat. Paris, 1898, A. Rousseau, 14, r. Soufflot. In-8, 343 p. : 5 fr.

Commentaire analytique de la loi du 9 avril 1898 ; historique de ses diverses dispositions et éclaircissements tirés des travaux parlementaires.

— *Loi du 9 avril 1898 sur les responsabilités des accidents*, par GARDISSAL. Paris, 1898.

— *Etude de la loi du 9 avril 1898 sur les responsabilités des accidents*, par G. JOUANNY. Paris, 1898.

— *Les accidents du travail*, par C. PAILLART, président de la Chambre de commerce d'Abbeville. Abbeville, 1898, Paillart. In-8, 14 p.

Rapport à la Chambre de Commerce contre l'application de la loi du 9 avril 1898.

— *La loi sur les accidents du travail*, par BRUN-CHAMPEIN. Avignon, 1898, Imp. Paul Bernard. In-8, 14 p.

Rapport à la Chambre de Commerce d'Avignon sur la loi du 9 avril 1898.

— *Loi du 9 avril 1898 sur la responsabilité des accidents du travail industriel.* Troyes, 1899, Imp. Nouel. In-8, 10 p.

Rapport critique à la Chambre de Commerce de Troyes.

— *Rapport à la Chambre de Commerce de Châlons-sur-Marne sur la loi du 9 avril 1898*, par VINCIENNE, vice-président de la Chambre. Châlons, 1898. In-8, 11 p.

— *La nouvelle loi relative aux accidents*, par Paul DUCOURTIEUX, imprimeur à Limoges. Limoges, 1898. Imp. Lavauzelle. In-8, 11 p.

Critique de la loi du 9 avril 1898.

— *Eine neue Ara Englischer Socialgesetzgebung*, par Otto BIELEFELD. Leipzig, 1898, Duncker U. Humblot. In-8, 107 p. : Mr. 2.20.

La loi anglaise sur la responsabilité des accidents ; historique parlementaire et examen critique

— *La question des accidents du travail*, par LAZZATI. Milan, 1898.

— *Législation des accidents du travail en Italie.* Paris, 1898, 20, r. Louis-le-Grand. In-8, 55 p.

Traduction de la loi italienne du 17 mars 1898 ; Règlement et circulaire consécutifs.

VI. — ASSOCIATION PROFESSIONNELLE.

— *Le droit d'association*, par H. PASCAUD, conseiller à la Cour de Chambéry. Paris, 1890, 110, r. de l'Université. In-8, 59 p.

Mémoire au Congrès des Sociétés savantes sur les conditions de conciliation du droit d'association avec la liberté individuelle et l'ordre social ; législation comparée ; projet de législation pour la France.

— *Conférence sur les syndicats professionnels*, par WALDECK-ROUSSEAU. Paris, 1898.

— *Caractères généraux de la loi de 1884 sur les syndicats professionnels*, par René GONNARD. Lyon, 1898, Rey, 4, r. Gentil. In-8, 46 p. : 3 fr.

Principes généraux de la loi du 21 mars 1884 ; examen des modifications et des sanctions proposées.

— *Les syndicats agricoles : leur œuvre professionnelle, économique et sociale*, par EYMARD. Carpentras, 1898.

— *L'avenir socialiste des syndicats*, par G. SOREL. Paris, 1898.

— *Unions professionnelles*, par BERRYER. Liège, 1898.

— *Les syndicats ouvriers en Angleterre*, par F. FAGNOT, typographe. Paris, 1898, 10, r. M.-le-Prince. In-8, 104 p. : 1 fr.

Résumé de l'ouvrage de Sidney Webb sur l'histoire et la situation du trade-unionisme. — Preface de M. Keufer sur le mouvement syndical.

— *Report on Trade-Unions in 1897.* Londres, 1898, Darling and Son, 1, great St-Thomas Apostle, E. C. In-8, 268 p. 1 s. 4 1/2 d.

Statistique des Trade-Unions en 1897. Relevés comparatifs pour les années 1892 à 1897.

— *Les Bourses du travail*, par TEIXORA BASTOS. Lisbonne, 1898.

VIII. — COALITIONS. — ARBITRAGE.

— *La législation française sur les coalitions ouvrières*, par JOURDAIN. Lille, 1898.

— *The Law relating to Picketing : As Laid Down by Recents Judgments.* Londres, 1899, 7, Victoria Street. In-8, 13 p.

— *Report by the Chief Labur correspondent in the Strikes and Lock-outs.* Londres, Darling and Son, 1, great St-Thomas apostle, E. C. In-8, 270 p. : 1 s. 1 d.

Statistique des grèves anglaises en 1897.

— *Les conseils de conciliation et d'arbitrage des syndicats mixtes de l'industrie roubaisienne et tourquennoise*, par A. BOISSARD, maître de conférences à la Faculté libre de droit de Lille. Paris, 1898, Rondelet, 3, rue de l'Abbaye. In-8, 16 p.

Fonctionnement et statuts.

— *The Law of arbitration and Awards*, 3ᵉ édit., par SLATER. Londres, 1898.

— *Mediation and arbitration.* New-York, 1898, Wynkoop Hallenbeck Crawford. In-8 relié, 394 p.

Rapport du Conseil de conciliation et d'arbitrage de l'Etat de New-York pour l'année 1897.

— *The truth about the New Zealand compulsory*

industrial Conciliation and arbitration act. Londres, The Liberty Review, 17, Johnson's Court, Fleet street. In-18, 38 p. Six p.

IX. — COOPÉRATION.

— *Les premières associations coopératives en Grèce,* par Eugène ROCHETIN, rédacteur au *Journal des Economistes.* Paris, 1898. Imp. Nationale. In-8, 20 p.

Mémoire sur les débuts de la coopération en Grèce à la fin du dix-huitième siècle.

— *La coopération ouvrière à tous les âges,* par RIEU. Paris, 1898.

— *Les associations ouvrières de production,* par FONTAINE. Paris, 1898.

— *The Co-operative City,* par John R. COMMONS. New-York, Truths for the Times. In-16, 16 p.

— *Socialismo e cooperazione,* par BASSI. Milan, 1898.

— *Almanach de la Coopération française,* par E. DE BOYVE. Paris, 1898. Imp. Nouvelle, In-16, 176 p. : 0 fr. 40.

Liste des associations coopératives ; le mouvement coopératif dans les différents pays, etc.

— *Le mouvement syndical et coopératif dans l'agriculture française,* par COULET. Montpellier, 1898.

— *Les associations coopératives en Allemagne,* par Maurice DUFOURMANTELLE. Paris, 1898, Rousseau, 14, r. Soufflot. In-18, 70 p.

Développement de la coopération allemande ; subsides de l'Etat ; concours des Caisses d'Epargne.

— *Les sociétés ouvrières de production,* par Ernest BRELAY, vice-président de la Société d'économie politique de Paris. Paris, 1898. 54, r. de Seine. In-8. 44 p.

Historique de l'association des tonneliers de Morlaix ; critique de l'association coopérative de production.

— *Co-operative credit Banks,* par Henry W. WOLFF. Londres, 1898, King and son, 9, Bridge street, Westminster. In-8 : Six p.

Le crédit mis à la disposition des moins riches par la coopération de crédit ; organisations et variétés en Angleterre et à l'étranger.

— *Les sources nourricières du crédit populaire et agricole et le projet de loi sur les caisses régionales devant le Sénat,* par Ch. RAYNERI, directeur de la banque populaire de Menton. Menton, 1898. Imp. coopérative. In-8, 28 p.

— *Du crédit agricole personnel et mobilier,* par Roger D'ANGLADE. Paris, 1898.

X. — EPARGNE. — PRÉVOYANCE. — ASSURANCE. — ASSISTANCE.

— *Soyez prévoyants,* par Mlle Marie DU CAJU. Frameries, 1898. Imp. Dufrane-Friart. In-8, 112 p.

Recueil de lectures scolaires sur l'épargne, les retraites, la mutualité, les habitations ouvrières.

— *Le livre de la prévoyance,* par Jules LEMOINE-BELLIÈRE. Frameries, 1897. Imp. Dufrane-Friart. In-8, 128 p.

Recueil de lectures scolaires sur la prévoyance, le capital et le travail, l'économie domestique, l'alcoolisme, la mutualité, les retraites, etc.

— *Arithmétique de l'épargne et de la prévoyance,* par Mlle Marie DU CAJU. Frameries, 1897. Imp. Dufrane-Friart. In-8, 165 p.

Recueil scolaire de problèmes et de solutions sur l'épargne, les tarifs de retraites, la mutualité, les assurances pour acquisition d'habitations ouvrières, etc.

— *Ce que peut réaliser un ouvrier prévoyant,* par E. M. J. VAN DEN BERGHE. Bruxelles, J. Lebègue, 46. r. de la Madeleine. In-8, 150 p.

Narrations scolaires sur les moyens d'épargne et de prévoyance en Belgique.

— *Les institutions de prévoyance des grandes compagnies de chemins de fer,* par ALBERT TROMBERT, secretaire de la société pour l'étude de la participation aux bénéfices. Paris. 1899, Chaix, 20, rue Bergère. Gr. in-8, 40 p.

Etude sur le régime des retraites et des secours dans les grandes compagnies.

— *L'institution des bureaux d'épargne des manufactures,* par A. DE MALARCE. Paris, 1898. Imp. Nationale. In-8, 11 p.

— *De l'extension de l'institution des caisses d'épargne postales,* par A. DE MALARCE. Paris, 1898, A. Picard, 82, r. Bonaparte. In-8, 45 p.

— *Handbuch für preussischen Sparkassen,* par KAPPELMANN. Leipzig, 1898, Duncker, u. Humblot. In-8, relié 152 p. : Mk. 3.60.

Dispositions législatives et réglementaires prussiennes sur le régime des caisses d'épargne, de 1783 à 1898 : groupement méthodique et commentaire.

— *Statistiek der Spaar-en Leenbanken in Nederland over het jaar* 1896. S. Gravenhage. 1898, de Gelveoders van Cleef. In-4, 103 p.

Publication du département des Eaux, du Commerce et de l'Industrie.

— *Compte rendu des opérations et de la situation de la caisse générale d'épargne et de crédit sous la garantie de l'Etat, année* 1898. Bruxelles, 1898, Bruylant, 67, r. de la Régence. In-4, 166 p.

— *Compte rendu des travaux du Congrès-Concours mutualiste de Saintes.* Saintes, 1898.

— *Rapport sur la situation des sociétés mutualistes,* 1894-95. Bruxelles, 1897. Imp. Guyot. In-4, 778 p.

Rapport de la Commission permanente des Sociétés mutualistes belges sur les exercices 1891 à 1895 : situation morale ; tableaux statistiques.

— *La première mutualité pour enfants en Belgique,* par l'abbé B. THUYTS, curé à Machelen. Bruges, 1898. Imp. Desclée, de Brouwer et Cie. In-8, 31 p. : 0 fr. 50.

Historique et organisation d'une mutualité pour enfants ; comptabilité ; statuts.

— *Trois années de mutualité scolaire,* par le baron R. DU SART DE BOULAND, gouverneur du Hainaut. Paris, 1898, 54, r. de Seine. In-8, 23 p.

Historique du développement de la mutualité scolaire dans la province du Hainaut ; organisation, progrès réalisés, résultats financiers.

— *Les caisses patronales de retraites des établissements industriels.* Paris, 1898, Berger-Levrault, 5, r. des Beaux-Arts. In-8, 437 p.

Etude de l'*Office du travail* sur les caisses de retraites industrielles : résumé general ; etats statistiques ; monographies. — Retraites patronales par voie de versements à la Caisse Nationale des retraites. — Retraites dans les Compagnies de chemins de fer, etc.

— *Critique sur le double système de retraite des employés du P.-L.-M.,* par MAYER-EBSTEIN, Chalon-s.-Saône, 1898. Imp. Lemoine. In-8, 11 p.

— *Retraites ouvrières : appel aux industriels,* par Louis GRANDMAISON, comptable à la Compagnie générale des conduites d'eau. Liège, 1898, D. Cormaux, 22, r. Vinave d'Ile. In-8, 23 p.

De la généralisation des retraites ouvrières par l'affiliation à la Caisse d'État.

— *Une caisse de retraite patronnée par l'État,* 2e édition, par G. VAN DEN BROUCKE, industriel. Renaix, 1898. Imp. Vandendaele. In-8, 30 p.

Projet d'organisation des retraites ouvrières en Belgique. Indication des mesures déjà prises dans l'intérêt des ouvriers.

— *Manuel pratique des sociétés scolaires de retraites,* par Jules LEMOINE-BELLIÈRE, professeur à l'école industrielle de Morcinelle. Namur, 1898, Wesmael-Charlier, 53, r. du Fer, In-18, 68 p. : 0 fr. 50.

Constitution, organisation, fonctionnement, comptabilité.

— *Du pain sur la planche,* par Hippolyte BUFNOIR. Paris, 1898, 25, rue des Apennins. In-18, 15 p. : 0 fr. 50.

Avantages et combinaisons de l'assurance-vie.

— *De la stipulation pour autrui et de la gestion d'affaires, notamment dans les rapports avec l'assurance sur la vie au profit d'un tiers,* par NAPLES, 1898.

— *Die œsterr.-ungar. Lebensversicherungsgesellschaften im. J.* 1897, par HÖNIG. Vienne, 1898.

— *La législation des assurances fraternelles aux États-Unis,* par Eugène ROCHETIN, rédacteur au *Journal des Économistes.* Paris, 1898, Guillaumin, 14, r. Richelieu, in-8, 75 p.

— *L'antagonisme entre les compagnies françaises et étrangères d'assurances sur la vie,* par Eugène ROCHETIN, rédacteur au *Journal des Économistes.* Paris, 1898, 14, r. Richelieu.

Considérations sur le régime des compagnies américaines d'assurances sur la vie en France et sur leur fonctionnement.

— *L'assurance française aux Français,* par Hippolyte BUFNOIR. Paris, 1898, 15, r. des Apennins. In-18, 15 p. : 0 fr. 50.

Critique des compagnies américaines d'assurances sur la vie.

— *L'assurance contre les accidents agricoles,* par Adolphe SAVOT, président du syndicat viticole de la Côte dijonnaise. Dijon, 1898. Imp. Darantière. In-8, 50 p.

Conférence sur la responsabilité des accidents du travail en matière agricole. Étude critique des nouveaux principes législatifs.

— *L'assurance mutuelle du bétail,* par le comte DE ROCQUIGNY. Paris, 1898, A. Rousseau, 14, r. Soufflot. In-18 : 3 fr.

Variétés de sociétés d'assurances mutuelles contre les pertes de bétail ; associations de prévoyance mutuelle ; caisses de secours ; rôle des syndicats agricoles , application juridique de la loi du 21 mars 1884 ; subventions de l'État. Nombreux modèles de statuts.

— *Die Arbeiterversicherung im Auslande,* par ZACHER, Kaiserl. Geh. Regierungsrat im Reichsversicherungsamt. Berlin, 1898, A. Troschel, Lützowstrasse, 106. In-8, 85 p. : Mk. 2.

4e partie : Résumé et textes de la législation française sur les assurances sociales.

— *L'assurance sociale contre la vieillesse et l'invalidité,* par René GONNARD, secrétaire à la Société d'économie politique de Lyon. Paris, 1898, Fontemoing, 4, r. Le Goff. In-8, 16 p.

Examen des projets législatifs sur les retraites ouvrières.

— *Étude sur les diverses législations ouvrières et sur un projet d'assurances mutuelles,* par Léon MOREL, président de la Chambre syndicale des maîtres imprimeurs de Lyon. Limoges, 1898, Lavauzelle. In-8, 24 p.

La loi du 2 novembre 1892 comparée aux diverses législations étrangères. — Projet d'assurance mutuelle contre la responsabilité des accidents.

— *Accident Insurance Manual* (1898). New-York, 1898. The spectator Company, 95, William Street. In-8, 135 p.

Conditions et tarifs des compagnies et mutualités américaines d'assurance contre les accidents ; classification des risques.

— *La notion du chômage involontaire,* par G. ADAN, directeur général de la *Royale belge.* Bruxelles, 1898, Bruylant, 67, r. de la Régence. In-8, 24 p.

Du risque de chômage involontaire ; son indétermination ; impossibilité de l'assurer.

— *Création de Caisses d'assurance mutuelle contre le chômage,* par Ch. HÉRISSEY, imprimeur à Evreux. In-8, 16 p.

Assurance contre le chômage involontaire ; création de mutualités d'ateliers ; projet de statuts.

— *L'assurance contre le chômage involontaire,* par VIVIER. Paris.

— *Taschen-Kalender* 1898 *zum Gebrauche bei Handhabung der Arbeiterversicherungsgesetze,* par GOETZE, Generalsekretär der Glas-Berufs-genossenschaft, und P. Schindler, expedirendem Sekretär im Reichsversicherungsamt. Berlin, 1898, V. der Liebelschen Buchhandlung, S. W. Anhaltstrasse, 14. 3 vol. in-12, reliés, 662, 230 et 134 p.

Organisation des assurances allemandes contre la maladie et les accidents (vol. I) et contre l'invalidité et la vieillesse (vol. II); organisation, juridictions, corporations ; texte des lois applicables, formulaires et tarifs ; statistique. Tableau officiel des salaires dans les différentes régions de l'empire (vol. III).

— *Die deutschen Lebens-u. Unfall-Versicherungsgesellschaften. Uebersichtliche Darstellung der Geschäftsergebnisse in den J.* 1893-1897, par IRÁNYI. Vienne, 1898.

— *Die Lebensversicherung in ihrer Bedeutung f. das soziale u. Familien-Leben,* par STELTZ. Karlsruhe. 1898.

— *Amtliche Nachrichten der Reichsversicherungsamts f. die Jahrgänge* 1885 *bis* 1897. Berlin, 1898.

— *Führer für das Kranken-Unfall-und-Invaliditäts Gesetz,* par SEEMANN. Karlsruhe, 1898.

— *Das Streitverfahren in den Reichsversicherungsgesetzen,* par Hans STELMAN. Berlin, 1899, A. Troschel. Lützowstrasse, 106. In-8, 54 p.: Mr.1.20.

Classification et examen des litiges élevés en matière d'assurance obligatoire entre les associés et les corporations, entre les associés et les employeurs, entre les diverses corporations, etc.

— *Katechismus des Unfall-Versicherungsgesetzes,* par CHRIST et STOFFERS. Dusseldorf, 1898.

— *Das Krankenversicherungsgesetz,* 2e édit., par Julius HAHN, Amtsgerichtsrath, Berlin, 1898, A. Troschel, Lützowstrasse, in-8, 368 p. : Mr. 6.

Commentaire analytique de la loi du 11 juin 1883, modifiée par loi du 10 avril 1892, sur l'assurance-maladie.

— *Statistik der Krankenversicherung im J.* 1896. Berlin, 1898.

— *Die Innungskrankenkassen nach der No-*

velle zur Gewerbeordnung vom 26, VII, 1897, par HOFFMANN. Berlin, 1898.

— *Oesterreichische Gesetze und Verordnungen betr. die Krankenversicherung der Arbeiter.* Vienne, 1898.

— *Gesetze u. Verordnungen betr. die Unfallversicherung der Arbeiter.* Vienne, 1898.

— *Gesetze und Verordnungen betr. Unfall- und Krankenversicherung der Arbeiter.* Vienne, 1898.

— *Statistisches Jahrbuch des K. K. Ackerbauministeriums für 1896, dritte Lief.* Vienne, 1898, Staatsdruckerei. In-4, 187 p.

Résultats statistiques des assurances obligatoires dans les mines.

— *L'organisation et les organisateurs de la charité,* par H. DÉGLIN, avocat. Nancy, 1898. Imp. Berger-Levrault. In-8, 35 p.

Historique et difficultés de la charité ; initiatives récentes ; l'office central.

— *La Révolution et les pauvres,* par LALLEMAND. Paris, 1898

— *Vagabondage et mendicité,* par Hubert DU PUY, conseiller à la Cour de Dijon. Paris, 1898, Larose, 22, r. Soufflot. In-8, 172 p. : 3 fr. 50.

Inefficacité de la législation répressive du vagabondage et de la mendicité ; injustices actuelles ; coup d'œil sur les législations étrangères ; nécessité de développer l'assistance et de réformer le Code pénal.

— *L'assistance scolaire,* par Louis BONNIN. Bordeaux, 1898, Féret et fils, 15, cours de l'Intendance. In-8, 250 p. : 4 fr.

L'assistance publique et l'assistance scolaire ; les comités de patronage ; leur rôle et leur utilité. — Monographies des sociétés de patronage de Bordeaux. — Fédération de ces sociétés et œuvres communes. — Influence de ces sociétés sur l'enseignement, sur les enfants et sur les parents. — Modèles de statuts et règlements.

— *Les barèmes A et B de la loi du 15 juillet 1893,* par GEORGES RONDEL et ERNEST JOLY, contrôleurs des services de l'assistance médicale gratuite au ministère de l'intérieur. Paris, 1899. Imp. Chamerot. In-8, 32 p. : 1 fr.

Résumé des dispositions financières de la loi de 1893 ; tableaux d'application et de combinaison des barèmes

— *La charité privée à l'étranger,* par Albert MONTHEUIL. Paris, 1898.

— *Das ausländische Armenwesen,* par MUNSTERBERG, Stadtrat in Berlin. Leipzig, 1898, Duncker, u. Humblot. In-8, 79 p. : Mr. 1,40.

L'organisation de l'assistance publique et privée en Autriche, en Suisse, en Angleterre, aux États-Unis, en France, en Italie et en Belgique. — Bibliographie.

— *Armenpflege in Deutschland nach Theorie und Praxis,* par OERTZEN. Gotha, 1898.

— *Kommentar zum bayerischen Gesetze, die öffentliche Armen u. Krankenpflege betr.,* par RIEDEL. Münich, 1898.

XI. — HABITATIONS OUVRIÈRES.

— *Des droits de l'hygiène vis-à-vis de la propriété bâtie,* par P. H. MILLAS, docteur en médecine. Toulouse, 1898. Imp. Cléder. In-8, 229 p.

Thèse sur la construction et l'installation hygiénique des maisons au point de vue réglementaire. — Législation sanitaire de l'habitation en France et dans les principaux pays étrangers.

— *Troisième congrès annuel de la propriété bâtie.* Paris, 1898. Imp. Guérin, Derenne et Cie. In-8, 800 p.

Compte rendu du Congrès organisé à Paris en mai et juin 1898 par la Chambre syndicale des propriétés immobilières de la Ville de Paris. — Parmi les questions rapportées : organisation de caisses de loyers pour les ouvriers, habitations à bon marché, logements insalubres, etc.

— *Étude sur la législation des logements insalubres,* par G. DE GARRON DE LA BÉVIÈRE. Paris, 1898, Larose, 22, r. Soufflot. In-8, 172 p. : 4 fr.

Exposé historique et doctrinal de la loi du 13 avril 1850. Jurisprudence. Législation comparée.

— *Les habitations à bon marché,* par Jules SIEGFRIED, 1898.

— *Construction d'habitations à bon marché par la commune.* Bruxelles, 1898.

— *Enquête de l'habitation ouvrière dans le département des Ardennes.* Paris, 1898, 15, r. de la Ville l'Évêque. In-8, 23 p.

— *Enquête sur l'habitation ouvrière dans l'arrondissement de Marennes.* Paris, 1898, 15, r. de la Ville l'Évêque. In-8, 13 p.

— *Enquête sur l'habitation ouvrière dans la ville de St-Quentin.* Paris, 1898, 15, r. de la Ville l'Évêque. In-8, 23 p.

— *Rapports du Conseil supérieur d'hygiène publique sur les travaux des comités de patronage des habitations ouvrières en 1896 et en 1897.* Bruxelles, 1898. Imp. Guyot. 2 vol. in-8, 60 et 59 p.

Publications du Ministère belge de l'Agriculture et des Travaux publics.

— *Essai sur le homestead européen,* par SKARZYNSKI. Paris, 1898.

XII. — ALCOOLISME.

— *La consommation des boissons alcooliques à Roubaix,* par le Dr FAIDHERBE. Bruges, 1897. Imp. Houdmont. In-8, 25 p.

Nature et quantité des boissons consommées ; remèdes nécessaires ; les cabarets et la police des mœurs.

— *L'alcoolisme,* par AUBERT et A. LAPRESTE, agrégés de l'Université. Paris, 1898, André fils, 6, r. Casimir-Delavigne. In-18 cartonné de 48 p.

Causes, conséquences, moyens de combat (Manuel scolaire).

— *Les dangers de l'alcool et de l'alcoolisme,* par LABORDE et LEGRAIN. Paris, Lavauzelle, 118, Bd. St-Germain. In-16, 35 p. : 0 fr. 30.

Manuel à l'usage de l'armée sur les dangers physiologiques et sociaux de l'alcoolisme.

— *La lutte contre l'alcoolisme,* par CLIQUENNOIS-PAQUE. Lille, 1898. Imp. Dugardin. In-8, 36 p.

Conférence sur les dangers de l'alcoolisme et ses remèdes.

— *L'alcool, l'alcoolisme et le fisc,* par J. M. COUILLANDEAU, docteur en droit, commis principal des contributions indirectes. Poitiers, 1898, Oudin. In-8, 206 p.

Thèse sur l'alcoolisme et le régime fiscal de l'alcool. Effets physiologiques et économiques de l'alcoolisme ; moyens de résistance légale et de propagande morale ; — Législation fiscale actuelle en France et à l'étranger ; élévation des droits ; répression de la fraude ; critique des monopoles projetés de rectification et de vente.

— *Le régime fiscal et économique de l'alcool en France,* par BÉCHADE. Bordeaux, 1898.

— *Economic aspects of the Liquor problem.*

Washington, 1898, Government printing office. In-8, relié, 275 p.

Rapport du *Commissioner of Labor* sur la production, la consommation et le commerce des spiritueux. Statistiques. Législation des divers Etats.

XIII. — POPULATION.

— *Natalité et démocratie*, par Arsène DUMONT, membre des Sociétés d'anthropologie et de statistique de Paris. Paris, 1898, Schleicher, 15, r. des Saints-Pères. In-18, 230 p.

Conférences faites à l'école d'anthropologie : la dépopulation française et sa gravité ; sa cause et ses fausses interprétations ; rapports de la natalité et des idées démocratiques actuelles ; variations de la natalité et devoir social.

— *La dépopulation dans l'Orne*, par Arsène DUMONT. Paris, 1898.

XIV. — CRIMINALITÉ ET QUESTIONS PÉNITENTIAIRES.

— *La justice pénale, son évolution, ses défauts, son avenir*, par Enrico FERRI, professeur à l'Université de Rome et à l'Université nouvelle de Bruxelles. Bruxelles, 1898, Larcier, 26, r. des Minimes. In-8, 87 p.

Evolution de la criminalité et de la justice pénale ; état actuel ; préservations sociales contre la criminalité ; traitement des criminels.

— *L'évolution de l'idée criminaliste au XIXᵉ siècle et ses conséquences*, par CAIGNART DE MAILLY. Paris, 1898, 54, r. de Seine. In-8, 32 p.

— *Congrès international pour l'étude des questions relatives au patronage des condamnés, des enfants moralement abandonnés et des aliénés.* Bruxelles, 1898.

— *Table des vingt premières années de la Revue pénitentiaire*, publiée sous la direction de M. Fernand DAGUIN. Paris, Marchal et Billard, 27, place Dauphine. Gr. in-8, 155 p.

Table alphabétique des sujets traités dans le *Bulletin de la Société des prisons* et la *Revue pénitentiaire*, de 1877 à 1896.

XV. — QUESTIONS FÉMINISTES.

— *Le féminisme*, par DESTABLE, 1898.

— *La question féministe*, par ROSLER, trad. de Rochay. Paris, 1898.

— *Le mouvement féministe*, par CHASSIN, substitut du procureur général près la Cour de Pau. Pau, 1898. In-8, 32 p.

Examen des lois du 7 décembre 1897 et du 23 janvier 1898.

— *Psychologie comparée de l'homme et de la femme*, par C. RENOOZ. Paris, Bibl. de la Nouvelle Encyclopédie, 76, r. de Rennes. In-8, 576 p. : 10 fr.

Théories sur la psychologie sexuelle de l'homme et de la femme, les relations psychologiques d'homme à femme, l'antagonisme des sexes, la restitution de la morale individuelle, familiale et sociale dans les rapports intersexuels.

— *Différences sexuelles de la mentalité*, par Noémi DOREL. Paris, 1898, Biblioth. de la Nouvelle Encyclopédie, 76, r. de Rennes. In-8, 20 p. : 1 fr.

— *Le rôle social de la femme*, par Mme Anna LAMPÉRIÈRE, Paris, 1898, Alcan, 108, Boulev. St-Germain. In-8, 175 p. : 2 fr. 50.

Les écarts des revendications féministes et les vraies utilisations de l'activité féminine. — Le rôle de la femme dans la famille ; l'idée et le régime du mariage ; situation réciproque des époux ; la famille ouvrière. — L'éducation de la femme.

— *Einige Worte üb. den Beruf der Frau*, par Maria Johanna BAUER. Augsburg, Institut v. Dr M. Huttler. In-12, relié, 113 p. : Mr. 2.20.

La situation de la femme : la vie de la jeune fille dans le monde ; la vie de la femme mariée ou de la veuve ; la vie dans le cloître.

— *Jahrbuch für die deutsche Frauenwelt* (1899). Stuttgart, 1898, Greiner, u. Pfeiffer. In-12, relié, 260 p. : Mr. 3.

Publication de luxe, avec portraits, sur le monde féministe allemand : poésies et maximes de femmes ; articles sur les études féminines, les carrières féminines, le travail industriel des femmes, l'inspection féminine des fabriques, la littérature féminine, etc.

— *La donna italiana secondo i più recenti studi*, par FRATI. Turin, 1899.

— *La donna : considerazioni*, par ANGELINI. Pontedera, 1898.

— *Ein Beitrag zur Erziehungsfrage unserer Töchter.* Braunschweig, 1898.

— *I dritti delle donne dal passato all'avvenire*, par CHIARIZIA. Aquila, 1898.

— *La capacité de la femme mariée*, par Jean LEROLLE, avocat. Paris, 1898. Larose, 22, r. Soufflot. Gr. in-8, 281 p. : 6 fr.

Historique de la condition juridique de la femme en France ; condition de la femme mariée ; examen critique du Code civil ; extension de la capacité de la femme mariée ; droit de la femme aux produits de son travail ; réforme des stipulations du régime légal.

— *De l'incapacité de la femme mariée en droit français*, par VERNET. Paris, 1898.

— *La recherche de la paternité naturelle*, par LHOSTIS, Rennes, 1898.

— *La femme avocat*, par VIALLAFONT, 1898.

— *Commentaire de la loi du 7 décembre 1897 sur le témoignage des femmes dans les actes publics*, par DIDIO, avocat. Paris, 1898.

— *Deux petits discours*, par Mme Henri SCHMAHL. Paris, 1898, 21, r. Gazan. In-8, 48 p.

Historique de la loi récente sur le témoignage des femmes. — L'abolition de la prostitution réglementée et l'extension des droits de la femme.

— *Qu'est-ce que la fédération ?* par un membre du comité exécutif. Paris, 1898, Giard et Brière, 16, r. Soufflot. In-18, 78 p. : 1 fr.

Critique de la prostitution réglementée . efforts et but de la Fédération internationale tendant à son abolition. Statuts de la branche française .

— *Rapport au Congrès de Londres sur la lutte contre la prostitution réglementée en France*, par Auguste DE MORSIER. Alençon, 1898. Imp. Guy. In-8, 31 p.

Exposé de la question , travaux de la branche française de la Fédération internationale tendant à l'abolition de la prostitution réglementée.

— *L'assistance et l'éducation des jeunes servantes*, par Mme Henri SCHMAHL. Paris, 1898.

— *Criminalità femminile*, par ORSINI. Orvieto, 1898

XVI. — RÉGIME INDUSTRIEL ET FISCAL.

— *Documents relatifs à l'histoire de l'industrie et du commerce en France depuis le 1ᵉʳ siècle avant J.-C. jusqu'à la fin du XIIIᵉ siècle*, par Gustave FAGNIEZ. Paris, 1898, A. Picard, 82, r. Bonaparte. In-8, 414 p. : 9 fr. 50.

Recueil de documents originaux relatifs à la situation économique de l'ancienne France, aux corporations, aux règlements de fabrique, au régime du travail, aux salaires, aux coalitions, etc.

— *Les industries monopolisées aux Etats-Unis*, par Paul DE ROUSIERS. Paris, 1898, A. Colin, 5, fr. Mézières. In-18, 356 p. : 4 fr.

Etude sur les essais de monopolisation de l'industrie américaine : adversaires et partisans des Trusts ; organisation et fonctionnement des Trusts du pétrole, du sucre, de l'acier, du whiskey, du cordage ; les Trusts dans leur rapport avec les brevets d'invention et avec les services publics. — Relations de la concentration industrielle et de la concurrence ; péril économique et politique des Trusts.

— *Aperçu historique sur les syndicats de vente des combustibles dans le bassin Rhénan-Westphalien*, par E. GRUNER et E. FUSTER. Paris, 1898, 55, r. de Châteaudun. In-8, 84 p.

Etude des conventions successives limitant la production générale ; conventions spéciales à certaines spécialités ou à certaines circonscriptions ; syndicat de vente ; résultats statistiques des opérations.

— *Notre marine marchande*, par Charles ROUX, ancien député. Paris, 1898, A. Colin, 5, r. Mézières. In-18, 410 p. : 4 fr.

Le commerce et l'industrie maritimes en France dans le passé et dans le présent ; causes de décadence ; navigation postale ; mouvement des ports ; legislation sur les primes.

XVII. — GÉNÉRALITÉS ÉCONOMIQUES ET SOCIOLOGIQUES.

— *The Encyclopedia of social Reform*, par William R.P. BLISS, avec la collaboration de plusieurs spécialistes, New-York, 1897, Funk and Wagnalls Company. Gr. in-8, relié, 1440 p. à deux colonnes.

Dictionnaire des sciences sociales et des faits sociaux : Agriculture, Anarchisme, Arbitrage et conciliation, Banque, Sociétés de construction, Bi-métallisme, Monométallisme, Capital, Socialisme, Reformes municipales, Communisme, Démocratie, Legislation directe, Cooperation, Education, Libre échange, Reformes sociales en France, Enseignement professionnel, Assurances, Economie politique, Profits, Prostitution, Chemins de fer, Trade-Unions, Chômage, Salaires, etc., etc.

— *Recherches sur l'histoire de l'Economie politique*, par NYS. Paris, 1898.

— *Histoire des doctrines économiques*, par RAMBAUD. Paris, 1898.

— *Histoire des doctrines économiques*, par COSSA. Paris, 1898.

— *Histoire économique de la propriété, des salaires, des denrées et de tous les prix en général depuis l'an 1200 jusqu'en l'an 1800*, par le vicomte G. D'AVENEL, tomes III et IV. Paris, 1898, Leroux, 28, r. Bonaparte. 2 vol. gr. in-8. 701 et 603.

Etude documentaire sur les salaires des paysans et des domestiques de 1200 à 1525, de 1525 à 1600, de 1600 à 1800 ; sur les salaires des ouvriers de métier de 1200 à 1600 et de 1600 à 1800 : sur le prix du blé, du pain, de la viande, des boissons, de l'habillement, du loyer, de l'éclairage, du chauffage au moyen âge et dans les temps modernes. — Influence de la population sur les salaires ; rapports du travail avec l'Etat ; — Tableaux statistiques.

— *De la méthode dans les sciences économiques*, par LEVASSEUR, 1898.

— *Notions élémentaires d'économie politique, de droit civil et d'instruction civique*. Poitiers, 1898, Oudin, 4, r. de l'Eperon. In-8, 138 p.

Manuel élémentaire à l'usage des aspirants au surnumérariat, des contributions indirectes : organisation politique, judiciaire et administrative ; organisation financière ; notions de droit civil et d'économie politique.

— *Vocabulaire-manuel de l'Economie politique*, par Alfred NEYMARCK, ancien président de la société de statistique de Paris. Paris, 1898, A. Colin, 5, r. Mézières. In-18, cartonné, de 480 p.

Recueil, par ordre alphabétique des matières, de notions économiques et de définitions ou éclaircissements empruntés aux économistes. — Sources bibliographiques sur les principales questions.

— *Etudes d'économie politique appliquée*, par Léon WALRAS. Paris, 1898, Pichon, 24, r. Soufflot, In-8, 500 p. : 7 fr. 50.

Etudes économiques, mathématiques et statistiques sur : les variations de valeur de la monnaie ; les principes, les systèmes et les problèmes monétaires ; les interventions et monopoles d'Etat en matière de chemins de fer ; la defense des salaires ; la théorie du credit et du billet de banque ; le comptabilisme social ; la bourse et l'agiotage — La science pure et la pratique dans la production de la richesse sociale.

— *Economie politique scientifique*, par Ch. ARENOT, ingénieur. Paris, 1898, Larose, 22, r. Soufflot. In-8, 142 p. : 3 fr.

Examen des contradictions en matière économique et discussion de définitions rationnelles : production, productivité, échange, valeur, consommation.

— *Esquisse d'un tableau raisonné des causes, de la production, de la circulation, de la distribution et de la consommation de la richesse*, par TESSONNEAU. Paris, 1898.

— *Grundzüge der Volkswirthschaftslehre*, par FLEISCHNER. Leipzig, 1898.

— *Del consumo delle Richezze*, par Emilio COSSA. Bologne, 1898, Lib. Luigi Beltrami. In-8, 275 p. : 5 fr.

Résumé des doctrines des divers économistes sur la consommation des richesses, depuis Adam Smith jusqu'à nos jours. — La théorie de la consommation chez les différents économistes italiens.

— *Filosofia del Monopolio*, par Alessandro GAVELLI. Milan, 1898, Hoepli. In-8, 280 p. : 4 fr.

L'origine du monopole. — Théorie de la valeur ; critique des différentes écoles ; système dialectique de la valeur multiple ; moyens de realisation.

— *La Borda e il capitale improduttivo*, par Camillo SUPINO. Milan, 1898, Hoepli. In-8, 180 p. : 3 fr.

La mobilisation de la richesse ; rôle des Bourses ; variétés du capital improductif ; ses influences diverses sur la circulation des valeurs et sur la richesse nationale.

— *Le budget national*, par Hubert VALLEROUX. Paris, 1898, Bloud et Barral, 44, r. Madame. In-16, 46 p. : 0 fr. 10.

— *L'économie dite politique et les sciences morales*, par Adrien NAVILLE, professeur à l'Université de Genève. Genève, 1897.

L'économique limitée à l'exploitation des phénomènes ; les sciences morales, maitresses des enseignements à dégager.

— *L'économie sociale*, par René WORMS, agrégé à la Faculté de droit de Caen. Paris, 1898. Giard et Brière, 16, r. Soufflot. In-8, 21 p.

Antécédents, caractère, domaine et méthodes de l'economie sociale.

— *Les principes des sciences sociales*, par E. JOYAU. Clermont-Ferrand, 1897, Imp. Mont-Louis. In-8, 13 p.

Caractère et methodes de la science sociale la liberté et le socialisme.

— *Discours prononcé à la séance générale du Congrès des sociétés savantes* (1898), par DARLU, professeur de philosophie. Paris, 1898, Imp. Nationale. In-8.

Considérations sur l'état actuel et sur la méthode des sciences sociales.

— *Zur Vertheidigung der organischen Methode in der Sociologie*, par LILIENFELD. Berlin, 1898.

— *The Study and Teaching of Sociology*, par LINDSAY. Philadelphie, 1898.

— *Les fondements de l'éthique*, par E. DE ROBERTY, professeur à l'Université nouvelle de Bruxelles. Paris, 1898, Alcan, 108, Bd. St-Germain. In-18, 210 p. : 2 fr. 50.

Etude de l'éthique dans ses trois bases : distinction de l'abstrait et du concret ; problème de la cause et de la fin ; idée d'évolution. Théorie du crime, ou mal collectif, et du bien collectif, ou progrès.

— *Etudes de psychologie sociale*, par TARDE. Paris, 1898.

— *Synthèse sociologique*, par SIMONS, avocat. Liège, 1898.

— *Annales de l'Institut international de sociologie*, t. IV. Paris, 1898.

— *Metafisica scienza e moralità*, par Francesco DE SARLO. Rome, 1898, Ermano Loescher. In-8, 267 p. : 3 fr. 50.

Etude philosophique et critique sur les fondements de la moralité. Le socialisme et la philosophie. La vie morale et la vie sociale.

— *Des problèmes de la vie et de la mort et de quelques questions sociales qui s'y rattachent*, par JACQUINET. Paris, 1898, Perrin, 35, quai des Grands-Augustins. In-8, 127 p.

Etude philosophique sur la conception de la Vie physique et intellectuelle et sur la pensée de la mort. L'ordre et le progrès social : famille, patrie, religion, autorité, liberté.

— *Sociology and Philanthropy*, par Frédérick HOWARD WINES. Philadelphie, 1898, American academy political and social science. In-8, 56 p. : 15 cents.

— *Sociology applied to Politics*, par F. SIGEL. Philadelphie, 1898, American academy political and social science. In-8, 37 p. : 35 cents

— *Sociale Vorträge*, par FREUND. Munster, 1898.

— *Die soziale Lage der arbeitenden Klassen*, par E. HIRSCHBERG. Berlin, 1898.

— *Sociale Friedenspolitik der letzten 10 Jahre in Deutschland*, par BORGHT. Aachen, 1898.

— *Les lois sociales*, par G. TARDE. Paris, 1898, Alcan, 108, Bd. St Germain. In-18, 167 p. : 2 fr.50.

Synthèse de publications précédentes sur les *Lois de l'imitation*, *l'Opposition universelle* et la *Logique sociale* ; l'évolution des phénomènes sociaux traduite dans les trois lois combinées de répétition, d'opposition et d'adaptation.

— *Les questions sociales dans l'antiquité*, par Louis MÉNARD, docteur ès lettres. Paris, 1898.

Importance des leçons de l'histoire dans l'étude des questions sociales.

— *Platon et la question sociale*, par J. TIGER. Paris, 1898.

— *Leçons sur le mouvement social*, par HAURIOU. Paris, 1898.

— *Essai sur la question sociale*, par CHAPLET. Laval, 1898.

— *Les institutions professionnelles et industrielles*, par Herbert SPENCER, trad. Henry de Varigny, Paris, 1898.

— *Nécessité et efficacité des œuvres sociales*, par Mme C. DES PREZ DE LA VILLE TUAL. Paris, 1898.

— *La vie sociale moderne*, par Maurice HEINS.

Gand, 1898, Ad. Hoste, 47, r. des Champs. In-8, 152 p. : 2 fr. 50.

Causeries économiques sur la valeur, le travail, les salaires, l'épargne, la propriété, l'association, etc.

— *Parasitisme organique et parasitisme social*, par Jean MASSART, chargé de cours à l'Université libre de Bruxelles, et Emile VANDERVELDE, professeur à l'Université nouvelle de Bruxelles. Paris, 1898, Schleicher, 15, r. des Saints-Pères. In-8, 167 p. : 2 fr. 50.

Parallèle entre le parasitisme organique et le parasitisme social ; leur évolution ; leurs effets ; leur éviction et leur prévention.

— *Capital et travail et la réorganisation de la société*, par HITZE. Louvain, 1898.

— *Etude et page d'histoire sociale*, par MAUGER, ancien directeur de la manufacture de Trélazé. Paris, 1898, Société libre d'édition des gens de lettres, 30, r. Laffitte. In-18, 70 p. : 1 fr.

Vues et critiques sur la protection des biens des orphelins, le progrès du machinisme, l'impôt progressif, l'organisation des retraites, etc.

— *Un prolétariat méconnu : étude sur la situation sociale et économique des ouvriers juifs*, par SOLOWEITSCHIK. Paris, 1898.

— *Le livre du XXᵉ siècle*, par COTTIN. Paris, 1898.

— *La famille dans les différentes sociétés*, par C. N STARCKE. Paris, 1898.

— *La liberté individuelle*, par Emile GIFLKENS. Bruxelles, 1898.

— *Liberty and Property Refence League : Annual Report* 1898. Londres, 1898, 7, Victoria street. In-8, 13 p.

— *Une renaissance de l'individualisme*, par Arnold MASCABEL. Louvain, 1898. Imp. Polleunis et Ceuterick, 30, r. des Orphelins. In-8, 35 p.

Examen critique des ouvrages de M. Demolins sur les Anglo-Saxons.

— *Essai sur les lois agraires*, par Robert DREYFUS. Paris, 1898, Calmann Lévy, 3, r. Auber. In-18, 252 p : 3 fr. 50.

Histoire des révolutions agraires sous la république romaine. Les premiers partages agraires et les premiers démagogues ; le socialisme sompturaire. L'Italie aux temps des Gracques. Les crises sociales : Sylla, Cicéron, César.

— *Colectivismo agrario en España*, par COSTA. Madrid, 1898.

— *Le travail*, par J. RUSKIN (traduction). Paris, 1898. Lecoffre. In-8, 29 p. : 0 fr. 50.

Conférence à des ouvriers sur la nécessité, la répartition et le prix du travail.

— *Die Arbeit in ihrem Wesen, ihrer Entwicklung u. kulturgeschichtlichen Bedeutung*, par REICHENBACH. Zurich, 1898. Buchh. des schweiz. Grütlivereins, obere Kirchgasse, 17. In-8, 165 p. : 1 fr. 25.

Etude sur le travail, son caractère, sa nécessité, son importance sociale ; travail manuel et travail intellectuel ; obligation du travail et droit au travail ; surmenage et délassement.

— *Die Arbeit und ihr Recht*, par Robert SCHELLWIEN. Leipzig, 1898. A. Janssen. In-8, 283 p. : Mr. 3.

Etude sur les rapports de l'économie politique et du droit en matière de travail ; le problème social de la richesse et du travail ; la valeur et la plus-value ; l'état et les réformes du droit public et privé.

— *Die Demokratie*, par SCHWARCZ. Leipzig, 1898.

— *L'honnête ouvrier ; ses devoirs, ses droits,* par Van den Berghe. Bruxelles, 1898, J. Lebègue, 46, r. de la Madeleine In-8, 152 p. : 1 fr. 25.

Recueil de narrations scolaires.

— *Ouvrier, travail, salaire,* par Sicard. Montpellier, 1898.

— *La teoria del fondo salari e la questione operaia,* par Lenzi. Siena, 1898.

— *Les salaires et l accroissement de la richesse générale,* par Antoine, Paris, 1898.

— *Recherches sur l'histoire des corps d'arts et métiers,* par Alphonse Drapé, docteur en droit. Paris, 1898, A. Rousseau, 14, r. Soufflot. Gr.in-8, 260 p.

Histoire des corps de métiers en Roussillon sous l'ancien régime. Vie intérieure et extérieure des anciennes corporations autonomes. La réglementation corporative du XV⁰ au XVIII⁰ siècle ; historique législatif. Textes documentaires.

— *Lyon en* 1789, par Charléty, professeur du cours municipal d'histoire. Lyon, 1898. Imp. Storck. In-8, 21 p.

La situation économique et ouvrière de Lyon en 1789.

— *La seconde République,* par Louis Ménard, docteur ès lettres. Paris, 1898, Bibliothèque de *la Plume,* 31, r. Bonaparte. In-18, 44 p.

Leçon sur l'histoire résumée de la République de 1848.

— *The paternal state in France and Germany,* par Henry Galllieur. Londres, 1898. Harper and Brothers, 45, Albemale street. In-8, relié, de 240 p. : 5 fr.

Histoire comparée des idées morales et politiques, en France et en Allemagne, dans le passé et dans le présent.

— *The History of English democratic Ideas in the seventeenth century,* par G. P. Gooch. Cambridge, 1898, C. J. Clay and sons. In-8, relié, de 370 p. : 5 s.

Origine des idées démocratiques modernes. — Les idées démocratiques en Angleterre avant le dix-septième siècle ; développement de ces idées au dix-septième siècle : causes, milieux, aspects et alternatives de leur évolution.

— *Englands Arbeiterschaft* 1887 *u.* 1897, par Sidney Webb, trad. par Doru-Landé. Göttingen, 1898, Bandenhoeck u. Ruprecht. In-8, 30 p. : Mr. 0.60.

Situation comparée des ouvriers anglais en 1837 et en 1897 : salaires, durée du travail, chômage, habitation.

— *The Labour protection Association : Report of Proceedings,* 1898. Londres, 1898, 7, Victoria Street. In-8, 13 p.

— *Die Entwickelung der deutschen Arbeiterschutzgesetzgebung seit* 1890, par Alfred Weber. Leipzig, 1897, Duncker u. Humblot. In-8, 50 p.

Rapport au Congrès de 1897 sur la législation protectrice du travail en Allemagne depuis 1890.

— *La vie ouvrière aux Etats-Unis,* par Henry Clément. Paris, 1898, 54, r. de Seine. In-8, 17 p.

— *XI⁰ Rapport annuel de la Fédération ouvrière suisse* (1897). Genève, 1898. Imp. ouvrière. In-8, 104 p.

Rapport du Comité directeur de la Fédération ouvrière suisse. — Rapport du Secrétariat ouvrier suisse. — Avis sur le projet de loi concernant les maladies et les accidents.

— *La Belgique dentellière,* par Carlier. Bruxelles, 1898.

———

— *Contribution à l'étude du mouvement social*

chrétien, par Pierre Monicat, docteur en droit. Paris, 1898, Rondelet, 3, r. de l'Abbaye. In-8, 300 p. : 5 fr.

Historique et phases du mouvement social chrétien en France au XIX⁰ siècle. — Les chrétiens sociaux au regard des interventions d'État et du régime corporatif. — L'école sociale chrétienne en comparaison avec les autres doctrines économiques récentes.

— *L'Eglise et le travail manuel,* par l'abbé Maxime Sabatier. Paris, 1898, Bloud et Barral, 4, r. Madame. In-12, 63 p. : 0 fr. 60.

Historique des idées et des pratiques chrétiennes en ce qui concerne le travail manuel.

— *La richesse et la pauvreté,* par l'abbé Tissier, directeur de l'institution Notre-Dame. Chartres, 1898. Imp. Garnier. In-8, 17 p.

Rôle social et chrétien de la richesse.

— *La monnaie et les capitalistes chrétiens,* par A. Chabry.

— *Propriété, capital et travail,* par l'abbé Naudet, professeur au Collège libre des sciences sociales. Paris, 1898, Bloud et Barral, 4, r. Madame. In-18, 416 p. : 3 fr. 50.

Antécédents et esprit du christianisme social. — Conception de la propriété et du capital. — Idée chrétienne du travail : situation des travailleurs, contrat de travail, rapports humains entre le patron et l'ouvrier, protection du travail de la femme et de l'enfant, rémunération du travail, salaire familial. — Ancien régime du travail ; nécessité de préparer la représentation professionnelle et l'organisation des métiers.

— *L'œuvre des jardins ouvriers,* par J.-B. Piolet. Paris, 1898, Retaux, 82, r. Bonaparte. In-18, 148 p. : 1 fr. 50.

Organisation et fonctionnement d'une œuvre catholique de jardins ouvriers à St-Etienne.

— *L'action sociale catholique,* par l'abbé Liabn, 1898.

— *Die Verhandlungen des* 9⁰ *evangelisch-sozialen Kongresses.* Göttingen, 1898, Bandenhoeck u. Ruprecht. In-8, 169 p. : Mr. 2.

Compte rendu du Congrès Evangélique Social tenu à Berlin les 2 et 3 juin 1898 ; rapports et discussions. — Rôle social de Luther ; organisation des travailleurs ; l'idéal moral et religieux chez les ouvriers industriels, etc.

— *Arbeiter Katechismus f. deutsche evangelische Arbeiter,* par Grafbenteich. Gladbach, 1898.

— *Freunde und Feinde der Arbeiter od. christlichsocial od. socialdemokratisch ?* Wornsdorf, 1898.

———

— *Annuaire de l'économie politique et de la statistique pour* 1898, par Block. Paris, 1898.

— *Kleines statistisches Taschenbuch über alle Länder der Erde* (1898), par Friedrich Umlauft. Vienne, 1898, Hartleben. 1. Seilerstätte, 19. In-16, 100 p. : 1 M. 50 Pf.

Renseignements statistiques sur tous les pays du monde : armée, marine, finances, commerce, etc.

— *Statistische Tabelle über alle Staaten der Erde,* par A. Hartleben. Vienne, 1898, Hartleben. 1, Seilerstätte, 19. 50 Pf.

Placard synoptique indiquant la population, les forces militaires, les budgets, le commerce, etc., des divers Etats.

— *Annuaire statistique de la ville de Paris.* Paris, 1898. Masson, 120, boulevard St-Germain. In-8, 858 p. : 6 fr.

— *La statistique agricole décennale de* 1892, par Edmond Fléchey, membre du conseil supérieur de statistique. Nancy, 1898. Imp. Berger-Levrault, 18, r. des Glacis. In-8, 27 p.

— *Die Bergwerksproduction*. Vienne, 1898, Staatsdruckerei. In 8, 179 p.

Statistique de la production métallurgique en 1897, publiée par le ministère de l'agriculture autrichien.

— *Atlas de statistique comparée de la monnaie*, par H. Denis, professeur à l'Université libre de Bruxelles. Bruxelles, 1898, Institut des sciences sociales.

Trois graphiques indiquant l'histoire des métaux précieux, la valeur annuelle de production et le monnayage.

— *Statistique de l'industrie minérale et des appareils à vapeur en France et en Algérie pour l'année 1897*. Paris, 1898. Imp. Nationale. In-4, 410 p. : 10 fr.

Statistique des exploitations minérales, des usines métallurgiques, des appareils à vapeur.

— *Rapport général sur la situation de l'industrie métallurgique*. Charleroy, 1898. Imp Heary-Quinet. Gr. in-8, 233 p.

Rapport de l'association des maîtres de forges de Charleroi sur la situation de la métallurgie, pendant l'année 1897, en Belgique et dans les principaux pays producteurs.

— *Statistique des chemins de fer français au 31 décembre 1896. Deuxième partie : France, intérêt local; Algérie et Tunisie*. Paris, 1898. Imp. Nationale. In-4, 460 p. : 5 fr.

— *Report relating to changes in rates of wages and Hours of Labour in the united Kingdom*. Londres, 1898, Darling and son, 1, great St-Thomas Apostle, E. C. In-8, 300 p. : 1 s. 2 1/2 d.

Statistique des salaires et de la durée du travail dans l'industrie anglaise en 189.

— *Report of the Bureau of statistics of Labor for the Year 1895*. New-York, 1896, Wynkoop Hallenbeck Crawford. 2 vol. in-8, reliés, 588 et 756 p. — *Report fort the Year 1896*. New-York, 1897, ibid., 1 vol. in-8, relié, 1050 p.

Statistique du travail dans l'Etat de New-York en 1896 et en 1897 : organisation du travail, salaires, chômages, etc. Textes législatifs.

XVIII. — SOCIALISME.

— *Che chosa sia et che chosa vogha il socialismo*, par Ceretti. Venise, 1898.

— *Il socialismo*, par Colajouni. Milan, 1898.

— *Umanesimo e socialismo : studio critico-sociale*, par Armelani. Vitigliano, 1898.

— *Formes et essence du socialisme* par Merlino. Paris. 1898.

— *Psychologie du socialisme*, par Gustave Le Bon. Paris, 1898, Alcan, 108, Bv. Saint-Germain. In-8, 503 p. : 7 fr. 50.

Antiquité et développements nouveaux des théories socialistes; leurs principes fondamentaux; classification et état d'esprit de leurs adeptes — Tendances modernes du socialisme à la forme religieuse; son impuissance. — Aspects divers du socialisme suivant les races; socialisme germanique, socialisme anglo-saxon; socialisme des peuples latins Concept latin de l'éducation et de l'Etat. — Les aspirations socialistes dans leurs rapports avec l'évolution industrielle et la concurrence économique des peuples — Les aspirations socialistes dans leurs rapports avec les idées démocratiques, avec la répartition des richesses, avec les luttes de classes, avec les formes modernes de la solidarité. Les éléments de succès du socialisme et les moyens de resistance.

— *Le socialisme utopique*, par André Lichtenberger, docteur ès lettres. Paris, 1898, Alcan, 108, Bv. St-Germain, In-18, 277 p. : 3 fr. 50.

Recueil d'études sur quelques précurseurs des théories socialistes au XVIIIe siècle : Misress Afra Behnn, Nicolas Guendeville, Iphigène de la Ruche, Jeaurien, Linguel, Charles Robert Gosselin, Jean Claude Chappuis, John Oswald, etc..

— *Der Socialismus*, 7e édit., par Victor Cathrein. Freiburg i B., 1898, Herder. In-8, 318 p. : Mr 2.20.

Historique sommaire des idées socialistes; le socialisme et la conception matérialiste de l'histoire; critique des autres fondements du système socialiste; ses impossibilités pratiques.

— *Le socialisme et la révolution française*, par André Lichtenberger, docteur ès lettres. Paris, 1898, Alcan, 108, Bv. St-Germain. In-8, 315 p. : 5 fr.

Etude historique sur les théories ou idées socialistes dans les cahiers de 1789, dans les premiers travaux parlementaires de la Constituante, dans les doctrines jacobines, dans la politique sociale de la Convention. — Le Babouvisme; les systèmes socialistes et l'opinion publique sous la Révolution. — Part d'influence des idées socialistes dans les mesures législatives, de 1789 à 1796

— *Vue synthétique sur la doctrine de Ch Fourier*, 7e édit., par Hippolyte Renaud, ancien élève de l'Ecole polytechnique. Paris, 1898, Bibl. phalanstérienne, 50, r. de Maistre. In-18, 364 p.

Exposé général de la doctrine phalanstérienne. — L'homme; l'organisation communale; l'éducation; la répartition des richesses; la propriété et la liberté. - L'organisation sociale.

— *Le socialisme au jour le jour*, par Jules Guesde. Paris, 1899, Giard et Brière, 16, r. Soufflot. In-18, 495 p. : 3 fr. 50.

Recueil d'articles publiés de 1884 à 1886 dans le *Cri du peuple*; abus de la propriété, excès des profits, autour d'une grève; inanité des réformes bourgeoises; les solutions socialistes.

— *Etudes sociales : Socialisme, Collectivisme, Anarchie*, par P. Paultre. Châteaudun, 1898. Imp. Prudhomme. In-16, 77 p.

Distinction et critique des doctrines socialistes et du système collectiviste.

— *Socialisme et liberté*, par Rienzi. Paris, 1898.

— *Le socialisme contemporain et la propriété*, par Gabriel Audant. Paris, 1898, Bloud et Barral, 4, r. Madame. In-12, 63 p. : 0 fr. 60.

Historique sommaire des questions agraires; la propriété française et le socialisme.

— *Sul socialismo cristiano : appunti*, par Santoponte. Castrocaro, 1898.

— *L'Eglise et le socialisme*, par V. Compas. Charleville. In-18, 31 p. : 0 fr. 25.

Socialisme et anticléricalisme.

— *Simples questions de socialisme évolutionniste*, par Nivel D. Lille, 1898.

— *Les prolétariennes : lettres ouvertes aux ouvriers*, par Lafranchise. Lyon, 1898.

— *Le socialisme en Espagne*, par G. Mayer-Sencier. Paris, 1898.

— *La crise scientifique et philosophique du marxisme contemporain*. par Masaryk. Paris, 1898.

— *Littérature et morale dans le parti socialiste allemand*, par Ernest Seillière. Paris, 1898, Plon, 10, r. Garancière. In-18, 386 p. : 3 fr. 50.

Essais sur l'état d'esprit des socialistes allemands : la littérature socialiste enfantine; la propagande féministe; conceptions de l'Etat futur; Karl Marx intime; la théorie matérialiste de l'histoire.

— *Die sozialdemokratischen Gewerkschaften in Deutschland*, par Schmoele. Iéna, 1898.

— *Verhandlungen des Parteitages der deutschen Sozialdemokratie Oesterreichs*. Vienne, 1898.

XIX. — GÉNÉRALITÉS JURIDIQUES.

— *L'esprit de la législation napoléonienne*, par Maxime LEROY, avocat a la Cour de Nancy. Nancy, 1898, Crepin-Leblond, 21, r. Saint-Dizier. In-8, 280 p.

Opposition entre les conceptions juridiques du premier empire et les idées sociales actuelles. Etude historique et sociologique des dispositions maitresses du Code civil, du Code pénal, du Code de commerce et du Code de procédure.

— *Annuaire de législation française* (17e année), par la Société de legislation comparée. Paris, 1898, Cotillon, 24, r. Soufflot. Gr. in-8, 254 p

Résumé et commentaire des lois et règlements promulgués en France pendant l'année 1897.

— *Le Code ouvrier*, 2e édit., par Louis ANDRÉ, procureur de la République à Chartres, et Léon GUIBOURG, juge au Tribunal civil de Provins. Paris, 1898, Chevalier-Marescq, 20, r. Soufflot. In-8 : 10 fr.

Exposé de la législation et de la jurisprudence sur · le contrat d'apprentissage, le contrat de louage de services ou d'industrie, la protection du travail national, l'hygiène et la sécurité, les accidents du travail, les associations ouvrières, les institutions de prevoyance, les differends entre patrons et ouvriers.

— *De la responsabilité civile*, par Ch. MUTEAU, conseiller honoraire à la Cour de Paris. Paris, 1898, Chevalier-Marescq, 20, r. Soufflot. In-8, 640 p. : 10 fr.

Etude générale de doctrine et de jurisprudence sur l'article 1382 du Code civil et sur les conditions et la mesure de la responsabilité civile : cas de responsabilite, competence, procedure, resumé de la jurisprudence (accidents, grèves, louage de services, etc.).

— *Traité résumé de droit commercial et maritime*, par E. VALABRÈGLE, professeur de droit commercial à la Faculte de droit de Montpellier Paris, 1898, Marchal et Billard, 27, place Dauphine. In-8, 187 p. : 10 fr.

Exposé sommaire de doctrine et de jurisprudence concernant toutes les matieres de droit commercial et maritime (notamment, en ce qui concerne la legislation ouvrière ; les sociétés, les societes à capital variable, les sociétés de credit agricole, le gage, la faillite, etc)

— *Les conseils de prud'hommes : leur organisation et leur fonctionnement au point de vue économique et social*, par CLEIFTIE. Paris, 1898.

— *Le patron et l'ouvrier devant les conseils de prud'hommes*, 2e édit., par NOUVION-JACQUET, president du Conseil des prud'hommes de Reims. Paris, 1898, Larose, 22, r. Soufflot. Gr. in-8, 179 p. : 3 fr. 50.

L'organisation actuelle et projetée des conseils de prud'hommes. — Resume juridique et pratique des diverses législations appliquees par les prud'hommes apprentissage, louage d'ouvrage, etc.

— *Compte général de l'administration de la justice civile et commerciale en France et en Algérie pendant l'année 1895*. Paris, 1898. Imp. Nationale. In-4, 192 p.

— *Annuaire de la législation du travail* (1re année). Bruxelles, 1898, J. Lebègue, 47, r. de la Madeleine. Gr. in-8, 402 p. : 4 fr. 50.

Texte des principales lois votées pendant l'année 1897 en Belgique, en Allemagne, en Autriche, en France, en Angleterre, aux Etats-Unis, etc.

— *Abstract of Laws concerning the Welfare of every citizen of New-York*. New-York, Truths for the times. In-16, 24 p.

— *Gesetze, Verordnungen u. Kundmachungen aus dem Dienstbereiche des K. K. Ackerbauministerium* (Jahr. 1897). Vienne, 1898.

— *Ley juridica de la Industria*, par PRAT DE LA RIBA. Barcelone, 1898.

XX. — ENSEIGNEMENT SOCIAL. — BIBLIOGRAPHIE. — DIVERS.

— *The Place of the Political and social sciences in Modern education*, par Edmond J. JAMES, professeur à l'Université de Chicago. Philadelphie, 1898, American Academy of political and social science. In-8, 76 p. : 25 cents.

— *The Study and Teaching of sociology*, par Samuel Mac Cune LINDSAY, professeur de sociologie à l'Université de Pensylvanie. Philadelphie, 1898, American Academy of Political and social science. In-8, 48 p. : 0.35.

— *Enseignement spécial des sciences politiques et sociales*. Bruxelles, 1898, Bruylant, 67, r. de la Regence. In-8, 31 p.

Programmes d'enseignement de l'Université libre de Bruxelles.

— *Université nouvelle de Bruxelles : Programme des cours pour 1898-99* Bruxelles, 1898, 117 p.

Indication des enseignements des diverses Facultés, notamment de la Faculté des sciences sociales.

— *Le musée rétrospectif de l'économie sociale à l'Exposition de 1900*, par Charles ROBERT. Paris, 1898, Chaix, 20, r. Bergère In-8, 20 p.

— *Cinquième congrès des maitres imprimeurs de France*. Paris, 1898, Lavauzelle, 10, r.Danton. In-8, 502 p.

Compte rendu du congrès tenu à Limoges en juillet 1898. — Rapports sur plusieurs questions ouvrières : reglementation de l'apprentissage, limitation des apprentis, loi sur la responsabilite des accidents, caisse d'assurance mutuelle contre le chômage, commissions regionales mixtes de conciliation et d'arbitrage.

— *Travaux des Conseils généraux en 1897*, par J. DE CRISENOY, ancien conseiller d'Etat. Paris, Berger-Levrault, 5, r. des Beaux-arts. In-8, 427 p. : 5 fr.

Analyse des vœux et délibérations des conseils généraux en 1897 : assurances agricoles, credit agricole, enfants assistés, assistance par le travail, assistance medicale, assistance des vieillards et des incurables, etc

---

— *Le commerce et l'industrie à Orléans en l'an VII*. Orléans, 1898. Imp. orléanaise. In-8, 26 p.

Mémoire adressé au Ministre de l'Intérieur par la Chambre de Commerce d'Orleans en prairial an XIII (*Extrait des archives de la Chambre de commerce*).

— *Chambre de commerce d'Arras : Ses travaux du 3 octobre 1896 au 10 mai 1898*.Arras, 1898.Imp. Bouvry. Gr. in-8, 207 p.

— *Exposé sommaire des travaux de la Chambre de commerce de Calais*. Calais, 1898, Tartar. In-8, 330 p.

Extraits des procès-verbaux et de la correspondance de la Chambre, en 1897, sur les accidents du travail, l'enseignement professionnel, etc.

— *Compte rendu des travaux de la Chambre de commerce de Cognac pendant l'année 1897*. Cognac, 1898. Imp. Berauld. In-8, 53 p.

— *Compte rendu des travaux de la Chambre de commerce du Havre*. Havre, 1898. Imp. de la Bourse. Gr. in-8, 700 p.

Deliberations et avis de la Chambre en 1897 sur la responsabilite des accidents, l'assurance des accidents maritimes, le placement, le contrat de louage d'ouvrage, etc.

— *Compte rendu des travaux de la Chambre de

commerce de Lyon. Lyon, 1898. Imp. du *Salut public*. Gr. in-8, 440 p.

Délibérations de la Chambre pendant l'année 1897, sur les accidents de fabrique, la réglementation du travail, etc.

— *Travaux de la Chambre de commerce de Paris*. Paris, 1898, Librairies-Imprimeries réunies, 2, r. Mignon. In-8, 636 p.

Délibérations et rapports de la Chambre en 1897 sur les salaires, le chômage, les accidents, l'enseignement technique, etc

---

CONGRÈS

Congrès des conseillers municipaux socialistes. — Les trois premiers congrès publiés de la *Fédération des conseillers municipaux socialistes de France* ont eu lieu à Saint-Ouen, du 11 au 13 septembre 1892 (1), à Saint-Denis, du 13 au 16 juillet 1893 (2) et à Paris, du 12 au 15 juillet 1895 (3).

Parmi les résolutions adoptées, signalons les suivantes :

Inspection des ateliers. — Le congrès a voté « l'extension aux écoles et aux ateliers des inspecteurs de salubrité, les inspecteurs étant choisis pour les usines parmi les intéressés au sein des chambres syndicales ouvrières, avec le concours des techniciens ».

Adjudications. — « Le congrès se prononce contre le système des adjudications. Que les efforts des municipalités tendent à obtenir du parlement le pouvoir d'exécuter elles-mêmes les travaux d'utilité publique, de voirie et autres pour la commune.

Mais, autant que les adjudications subsisteront, élaborer des cahiers des charges portant les clauses suivantes :

Établir des prix de série basés sur les tarifs élaborés par les syndicats ouvriers ;

L'application de la journée de travail à huit heures ;

La liberté au conseil municipal d'ouvrir des chantiers communaux, selon les besoins et les circonstances ;

Pour faciliter l'accès aux coopératives ouvrières des adjudications, les exonérer de tout cautionnement ;

Créer ou acheter les matériaux de travaux et les mettre au service des sociétés ouvrières, à charge pour elles de l'amortissement et d'observer les dispositions consignées dans les cahiers des charges ;

N'occuper dans les travaux communaux les ouvriers étrangers que s'ils font partie des chambres syndicales ;

La suppression du marchandage. »

Services municipaux. — « Le congrès invite les municipalités à s'efforcer par tous les moyens possibles de fonder des boucheries et des boulangeries municipales en les faisant précéder de services d'approvisionnement et d'alimentation ;

Il les invite en outre à établir des services médicaux, pharmaceutiques et dispensaires...

La commune doit pouvoir exécuter directement ses travaux ou par les associations ouvrières organisées.

Les services d'alimentation, d'approvisionnement, de travaux, les services d'assistance, d'hygiène, de pharmacie et de médecine doivent être communalisés.

Les biens communaux doivent être agrandis par un impôt spécial sur la richesse, afin de permettre une exploitation communale pour l'occupation des ouvriers sans travail.

La commune adopte tous les orphelins, vieillards, infirmes, et pourvoit par le secours à domicile de l'hospitalisation à leurs besoins.

Une caisse de chômage et de secours doit pourvoir à tous les cas de chômage et d'accidents... »

Conditions du travail. — « Le seul mode rationnel d'exécution des travaux de la commune et de l'État doit être l'exécution en régie ou par les associations ouvrières, car ainsi seulement le travail peut être bien fait, et suivant les conditions du travail réclamées par la classe ouvrière.

Ces conditions du travail sont particulièrement :

1° La limitation de la durée du travail à huit heures par jour et à six jours par semaine ;

2° Le tarif syndical ouvrier ou un salaire ne pouvant en aucun cas descendre au-dessous d'un minimum nécessaire et suffisant pour les besoins de l'ouvrier et de sa famille ;

3° La suppression du marchandage et de tout intermédiaire ;

4° L'hygiène de l'atelier et du chantier ;

5° La garantie contre l'accident, le chômage, la vieillesse et la maladie ;

6° L'inspection des ateliers et chantiers et le contrôle des conditions du travail par les délégués des chambres syndicales et des corporations ouvrières. »

---

(1) Paris, Imp. Woenstendieck, 1893, in-8°.
(2) Paris, Imp. Centrale, in-8°.
(3) Paris, 10, rue Chabanais, in-8°.

TABLES DES MATIÈRES DE LA REVUE

(DEUXIÈME ANNÉE : 1898)

Les chiffres *arabes* indiquent les *pages*.

I. — TABLE ANALYTIQUE

I. LÉGISLATION.

Les Caisses patronales de retraite et de prévoyance et la loi du 27 décembre 1895 (*suite*), 137.

---

4 novembre 1897. — Dépêche du Ministre du commerce : Inspection du travail, 194.

13 novembre 1897. — Dépêche du Ministre du commerce : Cumul des tolérances, 190.

15 novembre 1897. — Dépêche du Ministre du commerce : Arrêt des moteurs, 194.

18 novembre 1897. — Dépêche du Ministre du commerce : Application du décret du 18 mars 1894, en cas de procès entre propriétaire et locataire, 193.

19 novembre 1897. — Dépêche du Ministre du commerce : Application des articles 5 et 6 du décret du 26 juillet 1895, 190.

29 novembre 1897. — Circulaire du Ministre du commerce : Inapplicabilité des lois de 1892 et de 1893 aux opérations de chargement et de déchargement des navires, 189.

30 novembre 1897. — Circulaire du Ministre du commerce : Inapplicabilité de la loi du 12 juin 1893 aux chantiers établis par les entrepreneurs sur le domaine des Compagnies de chemins de fer, 191.

20 décembre 1897. — Arrêté du Ministre de l'intérieur : Réglementation des crèches, 187.

---

6 janvier 1898. — Dépêche du Ministre du commerce : Jour de repos hebdomadaire, 190.

12 janvier 1898. — Décision du Ministre de la guerre : Retraites des ouvriers civils des établissements militaires, 173.

23 janvier 1898. — Loi : Electorat des femmes pour l'élection aux tribunaux de commerce, 174.

25 janvier 1898. — Circulaire du Ministre des travaux publics : Inapplicabilité de la loi du 12 juin 1893 aux chantiers établis par les entrepreneurs sur le domaine des Compagnies de chemins de fer, 191.

15 février 1898. — Dépêche du Ministre du commerce : Application de la loi du 12 juin 1893 aux usines de force motrice et aux établissements où il est fait emploi d'appareils mécaniques, 192.

19 février 1898. — Dépêche du Ministre du commerce : Travaux interdits aux travailleurs protégés, 189.

24 février 1898. — Décret : Tolérances pour la durée du travail, 172.

1er mars 1898. — Dépêche du Ministre du commerce : Application du décret du 10 mars 1894 dans les immeubles communs à plusieurs industries, 193.

5 mars 1898. — Circulaire du Ministre de l'intérieur : Calcul des subventions de l'Etat pour l'assistance médicale gratuite, 198.

5 mars 1898. — Circulaire du Ministre de l'intérieur : Répartition entre les sociétés de secours mutuels de l'émolument des comptes abandonnés des Caisses d'épargne, 197.

10 mars 1898. — Dépêche du Ministre du commerce : Participation des inspecteurs du travail aux travaux des comités de patronage, 188.

12 mars 1898. — Circulaire du Ministre de l'intérieur : Délivrance des livrets prescrits par la loi du 2 novembre 1892, 188.

16 mars 1898. — Loi : Modification de la loi du 2 août 1882 sur la répression des outrages aux bonnes mœurs, 173.

16 mars 1898. — Note de la Direction de l'Assistance et de l'Hygiène publiques : Inscription des mutualistes sur les listes communales d'assistance médicale gratuite, 197.

24 mars 1898. — Dépêche du Ministre du commerce : Application du décret du 29 juillet 1897 (tolérances pour la durée du travail et pour le travail de nuit), 190.

26 mars 1898. — Décret : Médailles d'honneur pour les cantonniers de la voirie départementale et communale, 194.

30 mars 1898. — Loi : Déclaration d'utilité publique du chemin de fer métropolitain (conditions du travail dans les chantiers communaux), 171.

1er avril 1898. — Loi : Sociétés de secours mutuels, 157.

4 avril 1898. — Arrêté du Ministre de l'intérieur : Médailles d'honneur pour les cantonniers de la voirie départementale et communale, 195.

9 avril 1898. — Loi : Responsabilités des accidents dont les ouvriers sont victimes dans leur travail, 143.

13 avril 1898. — Loi : Fixation du budget général des dépenses et des recettes de l'exercice 1898 (Rentes viagères ; Impôts sur les assurances ; Retraites ; Assistance médicale ; Assurance et Assistance pour les sapeurs-pompiers ; Majorations de pensions ; Assurances mutuelles agricoles ; Secours aux reservistes), 168.

13 avril 1898. — Circulaire du Ministre du commerce : Forme des mises en demeure, 192.

13 avril 1898. — Dépêche du Ministre du commerce : Inapplicabilité de la loi du 2 novembre 1892 aux exploitations forestières, 189.

14 avril 1898. — Circulaire du Ministre du commerce : Protection des meules et evacuation des poussières, 193.

15 avril 1898. — Circulaire du Ministre de l'agriculture : Assurances mutuelles agricoles, 199.

19 avril 1898. — Loi : répression des violences, voies de fait, actes de cruauté et attentats commis envers les enfants, 185.

20 avril 1898. — Décret : Retraites des cantonniers de l'Etat, 196.

21 avril 1898. — Loi : Création d'une Caisse de prévoyance entre les marins français contre les risques et accidents de leur profession, 153.

25 avril 1898. — Circulaire du Ministre des travaux publics : Caisses de secours des ouvriers mineurs, 173.

26 avril 1898. — Arrêté du Ministre de l'intérieur : Majoration des pensions de retraite des sociétés de secours mutuels, 196.

26 avril 1898. — Décision du Ministre de la guerre : Retraites des ouvriers civils des établissements militaires, 195.

14 mai 1898. — Décret : Répartition entre les sociétés de secours mutuels de l'émolument des

II. PROJETS ET TRAVAUX PARLEMENTAIRES

(V. *Table alphabétique.*)

III. CONGRÈS

IV. BIBLIOGRAPHIE SOCIALE

(Cette bibliographie contient mention de plus de 800 ouvrages, dont plus de 350 sont l'objet d'indications détaillées).

II. — TABLE ALPHABÉTIQUE

PP. signifie : *Projets parlementaires*. — BIBL. signifie : *Bibliographie sociale*.

Le Gérant: H. LE SOUDIER.